AGE
阈
KALI

让 我 们 一 起 追 寻

The Age of Kali : Indian Travels and Encounters
By William Dalrymple
Copyright © William Dalrymple 1998
This edition arrangd with DAVID GODWIN ASSOCIATES LTD. (DGA LTD.)
Through BIG APLLE AGENCY, INC., LABUAN, MALAYSIA.
Simplified Chinese edition copyright:
2022 by Social Sciences Academic Press (China)
All rights reserved.

本书根据 Harper Press 2010 年平装版翻译，
封底有甲骨文防伪标签者为正版授权。

迦利时代
南亚次大陆游记

THE AGE OF KALI

WILLIAM DALRYMPLE

INDIAN TRAVELS AND ENCOUNTERS

〔英〕威廉·达尔林普尔 —— 著
杨沁 —— 译

社会科学文献出版社
SOCIAL SCIENCES ACADEMIC PRESS (CHINA)

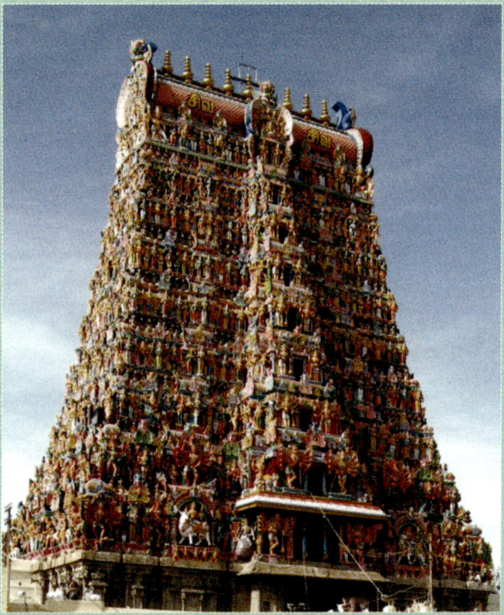

本书获誉

达尔林普尔是一个敏锐的观察者，和他从多个角度观察印度同等重要的是，他还将印度折射并传播开来。他将众多令人惊讶的人物集合在一起，循循善诱，让他们讲出自己的故事。虽然这些篇章用他的话讲都是"个人经验和直接观察的结果"，但他拒绝用自己的阴影去遮蔽他们……他熟谙印度的历史与文化，这让他笔下少了一些移居海外的印度作家常有的感伤乡愁或单调嘲讽。

——凯瑟琳·弗兰克（Katherine Frank），
《文学评论》（*Literary Review*）

威廉·达尔林普尔在文学界一举成名，跟与他同时代的三十多岁的作家相比可谓绝无仅有……这本书汇集了19篇（实为20篇）印度次大陆或次大陆附近地区人们的故事。达尔林普尔这部作品完全满足了读者的期待。此外，他还出于良好的意愿额外提供了一些内容：将他常有的魅力和博学都倾注其中……这对他的作品来说是一个有价值的补充。

——罗伯特·特威格尔（Robert Twigger），
《旁观者》（*Spectator*）

对印度次大陆的生活进行了原汁原味的探索，有时又趣味十足……达尔林普尔知识渊博，在寥寥数行的对话中就能描摹出人物的性格，这种高超的技巧同他善于接近政坛要人和达官显贵一样令人印象深刻。所有对印度有兴趣的读者都能在这本书中得到享受、有所收获。

——大卫·古多尔爵士（Sir David Goodall），
《纪念碑》（*The Tablet*）

这本书是19篇（20篇）关于印度次大陆的文章合集，作者是旅行文学领域的一颗耀眼的明星。全书内容广泛，知识渊博，令人大开眼界。

——《星期日独立报》（*Independent on Sunday*）

达尔林普尔有一个令人羡慕的本领：无论走到哪里都能让别人敞开心扉倾诉。他有一双最敏锐的眼睛，还有一双善于捕捉素材的耳朵，这让全书每一页都成为一种享受。

——《星期日电讯报》（*Sunday Telegraph*）

精彩绝伦。

——《观察者》（*Observer*）

达尔林普尔笔下的印度和奈保尔的一样栩栩如生。

——西蒙·詹金斯（Simon Jenkins），
《时代》（*The Times*）

必读之书。这本文集极具趣味性和知识性，达尔林普尔在十年旅行中写成,他为现代印度面临的所有极端问题提供了一幅迷人的图景。

——《快报》(*Express*)

达尔林普尔对前景比较悲观,但他的叙述风格轻盈优雅,展现出自己的人性和洞察力。他的写作表明,真正的作家的能力在于展示而不仅仅是讲述,这些都在不断充实前景展望以外的内容。

——卡尔·麦克杜格尔(Carl Macdougal),
《格拉斯哥先驱报》(*The Herald*)

达尔林普尔在设置场景和营造气氛方面具有非凡的能力……一部令人印象深刻的文集,充满调查的激情和人性化的批评眼光。

——科林·卡德韦尔(Colin Cardwell),
《苏格兰星期日报》(*Scotland on Sunday*)

《迦利时代》是一幅印度次大陆徘徊于混乱、西化和古老传统之间的全景图……和达尔林普尔以前的书一样,内容丰富,引人入胜,富有趣味性。

——马丁·盖福德(Martin Gayford),
《旁观者》年度图书

威廉·达尔林普尔是一位引人入胜、博学多才,有时还非常勇敢的解说家……《迦利时代》值得欣赏,更值得关注。

——萨拉·柯蒂斯(Sarah Curtis),
《泰晤士报文学增刊》(*TLS*)

前面几章读起来不像是写给《名利场》的外国游记，而是对世界末日的预言。然而，一旦干净清新的语言洗去怀疑者心中的偏见，达尔林普尔就会像理查德·汉内（Richard Hannay，巴肯所著《三十九级台阶》的主人公）一样微笑着出现在兴都库什山脉。他描述自己勇敢前往那些任何正常写手都不会考虑的地方，深得巴肯（英国小说家）的精髓……除了散文的风格之外，最令人钦佩的是，达尔林普尔对自己的人身安全抱着一种爱德华时代的态度，好像危险并不存在。他是一个如此有魅力的旅伴，让你希望旅程能永远进行下去。

——安格斯·沃尔夫·默里（Angus Wolfe Murray），
《苏格兰人报》（*Scotsman*）

一部优秀的文集，调研堪称完美，当然，还包含了机智的幽默……达尔林普尔眼光独到，视野广阔，令人肃然起敬，从贝娜齐尔·布托的言情小说，到杰迈玛·汗的"待办事项"清单，从勒克瑙衰败的宫殿到马杜赖的米纳克希神庙……优质的报道，纯粹的乐趣。

——苏吉塔·卡特亚尔（Sugita Katyal），
《商业世界》（*Business World*）

印度次大陆素来是威廉·达尔林普尔最热衷的猎场，他从这片土地的广袤和复杂中提取了精彩的故事。他曾在德里待了六年，其间他在新闻领域取得了丰硕的成果，写出了畅销书《精灵之城》。喜爱他的读者对他非凡的描述能力和历史敏锐性赞叹不已，而这本新出版的作品集让我们有机会发现他不为人知的另一些方面……尤其是在描述访问泰米尔猛虎组织的见闻时，达尔林普尔书写了一支残酷而高效的游击队，描绘了不惧死亡的战士，没有记者能成功完成如此令人震惊的篇章。贯穿全书的是达尔林普尔的幽默本色。

——比努·K. 约翰（Binoo K. John），
《展望》（*Outlook*）

令人愉快的阅读之旅……这本书与同类书相比卓然不同。达尔林普尔在采访之路上勇往直前，这甚至会让最资深的印度记者羡慕不已。

——德布拉杰·慕克吉（Debraj Mookerjee），
《先锋》（*Pioneer*）

达尔林普尔行文潇洒自如……他对历史十分敏感，同时对当下也不惜笔墨。他作为作家的优势在于阐释清晰，涉猎广泛，善于把握概括性陈述……这是一本非常值得一读的书。

——阿肖克·马利克（Ashok Malik），
《今日印度》（*India Today*）

威廉·达尔林普尔正在迅速证明自己是旅行文学领域的明星人物之一……《迦利时代》没有描述月光下的泰姬陵，也没有司空见惯的印度式冥想，而是一系列跨越十年、内容充实、具有启示性的重量级文章。从弥漫着香水味的孟买沙龙到法制崩溃的比哈尔邦，威廉·达尔林普尔再次用理性的眼光审视了这个令人困惑的国家。

——苏珊·库罗萨瓦（Susan Kurosawa），
《澳大利亚人报》（*Australian*）

令人震惊,发人深省……虽然达尔林普尔对印度未来的看法是暗淡且不可逆转的,但同时也是迷人的、疯狂的、美丽的、令人惊叹的、难以抗拒的。《迦利时代》是一本必须要写,也必须要读的印度之书。

——《布告》(Bulletin)

当我读到最后两章时,我得出了两个结论。第一,我喜欢达尔林普尔的写作,不管内容如何;第二,我也喜欢他的内容……我觉得达尔林普尔的书富有温暖的同情,而且行文幽默,非常耐心,非常成熟。

——曼朱拉·帕德马纳班(Manjula Padmanabhan),
《印度书评》(Indian Review of Books)

一个好的旅行作家会驱使你更清晰地看见自己的世界。他不受情感或政治派别的直接影响,而是摆脱党派成见,以敏锐的洞察力来展示世界。威廉·达尔林普尔就具有这样的眼光,此外,他还从经验中积累了关于印度次大陆的丰富知识。他花了十年时间——其中六年在德里——来探索这个地区。他不是投机取巧的精明之人,不靠东方的"异域情调"博取眼球,不迎合轻信的西方读者。书中的文章具有敏锐的洞察力,从不妄下结论,而且非常有趣……他的散文非常简洁,而且经过了耗时费力的研究。

——马诺哈尔·谢蒂(Manohar Shetty),
《德干先驱报》(Deccan Herald)

献给乔克（Jock），
他早在我之前就预见到了问题的关键

目 录

序　言 …………………………………………………… 001

第一部　北方 …………………………………………… 001
　第一章　迦利时代 …………………………………… 003
　第二章　在阿瓦德王国 ……………………………… 031
　第三章　寡妇之城 …………………………………… 058
　第四章　勇士女王：瓜廖尔的母亲 ………………… 070
　第五章　东方伊顿 …………………………………… 096

第二部　在拉贾斯坦邦 ………………………………… 111
　第六章　巴维里·黛维的悲伤故事 ………………… 113
　第七章　种姓战争 …………………………………… 129
　第八章　萨蒂女神 …………………………………… 142

第三部　新印度 ………………………………………… 155
　第九章　孟买的两张画像 …………………………… 157
　第十章　糟糕的吮指美味：班加罗尔和快餐入侵者 …… 185

第四部　南方 ································· 205
　第十一章　在鱼眼女神庭院 ················· 207
　第十二章　在查米纳塔门下 ················· 225
　第十三章　至高萨克提 ····················· 253

第五部　在印度洋上 ··························· 265
　第十四章　在唐娜·乔治娜庄园 ············· 267
　第十五章　沿猛虎之路而上 ················· 280
　第十六章　巫师之墓 ······················· 310

第六部　巴基斯坦 ····························· 329
　第十七章　伊姆兰·汗：零分出局 ··········· 331
　第十八章　边境之上 ······················· 371
　第十九章　铁轨上的血迹 ··················· 400
　第二十章　贝娜齐尔·布托：卡拉奇的言情小说 ··· 410

术语表 ······································· 440
索　引 ······································· 446

序　言

《迦利时代》(*The Age of Kali*)① 是一部漫游文集，是我在印度次大陆（即南亚次大陆）旅行十年后的文字结晶。在这十年里，我有六年固定住在德里（Delhi），创作我的第二本书《精灵之城》(*City of Djinns*)，其余四年里，我每年都会有几个月的时间四处旅行，过着更为漂泊的生活。旅行带我见识了巴基斯坦西北边境省②的毒枭堡垒和泰米尔伊拉姆猛虎解放组织（Liberation Tigers of Tamil Eelam）③ 隐匿在丛林中的藏身窠穴，见识了孟买（Bombay）五光十色的酒会和比哈尔邦（Bihar）血腥的家族仇杀，见识了勒克瑙（Lucknow）衰败的旧时宫殿和喀拉拉邦（Kerala）的至高萨克提（Parashakti）④神庙，嗜血的萨克提女神就端坐在由五具尸体构成的宝座上。本书所有文章均来自个人经验和直接观察。

---

① Kali 意为"冲突""混乱""争斗"，注意与印度教中的迦梨女神（Kālī 或 Kālikā，分别意为"时间"和"黑色的"）相区别。（如无特别说明，本书脚注均为译者注，后文不再特别说明。）
② 西北边境省于 2010 年 3 月改名为"开伯尔－普赫图赫瓦省"。
③ 又译泰米尔猛虎组织，斯里兰卡反政府武装组织，国际社会公认的恐怖组织。
④ 印度教信徒尤其是性力派信奉萨克提（Shakti）为宇宙初始的创造力量，萨克提也象征女神的生殖力，当其被人格化时便成为至尊无上的女神。

本书题目来源于古代印度教的宇宙概念：时间被划分为四个时代（yug）①，按照印度传统骰子游戏的四种面数名称、由好到坏地命名；每个后续时代的道德水平和社会风气都相应地比上一时代更加堕落。传说中古老的黄金时代（Krita Yug）以骰子的最高面数命名，也被称为"满分时代"。而就像我在次大陆的旅行中被反复告诫的那样，印度当下正处于迦利时代（Kali Yug），骰子的面数最低，这一时代充满冲突、腐化、黑暗和瓦解。在迦利时代，伟大的毗湿奴和湿婆沉入睡梦，无法听到信众的祈祷，传统习俗分崩离析：任何事情都有可能发生。正如成书于7世纪的《毗湿奴往世书》所记载的：

> 迦利时代的国王沉溺于堕落，他们强夺臣民的财产，但大多数将渐渐失去权力，迅速崛起而又转瞬坍塌。随之资产和财富将按等级分配，只有弄虚作假才能赢得诉讼。腐化堕落成为普遍的生存之道。最终，迦利时代的人们无法满足贪得无厌的君主，纷纷逃往山间峡谷避难，他们衣衫褴褛，将养育过多的子女。因而在迦利时代，冲突和堕落将持续不断，直至人类走向毁灭。

当我漫游到巴基斯坦和印度北部时，有些时刻我真的能切身体会到我们就被笼罩在迦利时代之中。在拉合尔（Lahore）北部盗贼横行的贫瘠之地、在比哈尔邦和北方邦（Uttar Pradesh）东部地区，我发现这些古老的大地正在承受急遽的

---

① 本书中使用了印度英语中大量借自印地语、乌尔都语等语言的词语，在转写过程中会出现拼写不一样的情况，书中首次提到借用词时译者会标注作者采用的拼法。

变化，古老的信条和旧的社会秩序一去不返，而新的秩序尚未完全建立。在勒克瑙，我目睹一个学生会里两个互相对立的派系间爆发了一场战争，双方都武装着手榴弹和冲锋枪；在邻近的比哈尔邦，这里已经完全臣服于暴力和腐败的浪潮，地方性的种姓冲突将其吞噬殆尽。形势糟糕至极，据说该邦的犯罪分子和政府官员实际上不分彼此，政府公开放弃了提供水电甚至维持安全的职能，连做做样子都不愿意。随着邦政府失去控制权，比哈尔邦现在似乎已经接近于一种完全无政府的状态。

根据《毗湿奴往世书》的记载，迦利时代是世界被"千阳之火"摧毁前的最后一个阶段，其后世界便完成了一次轮回，时间暂停，直到下一个轮回再次开启。令人感到不祥的是，就在我决定使用"迦利时代"作为本书题目的那个星期，印人党（Bharatiya Janata Party，BJP）① 的首位总理阿塔尔·贝哈里·瓦杰帕伊（Atal Behari Vajpayee）在博克兰（Pokhran）引爆了属于"印度教徒的"核弹，一些在印度的人认为，这无异于"迦利时代"达到灾变顶点的标志。爆炸发生后，兴高采烈的民众涌上街头欢庆，一些印人党活动人士开始鼓动在爆炸地兴建一座印度教萨克提神庙②，而好几份印度报纸则引用了《薄伽梵歌》（Gita）里的诗句，1945年，罗伯特·奥本海默（Robert Oppenheimer）在阿拉莫戈多（Alamogordo）目睹人类第一颗原子弹试爆时也曾想到这些诗句：

---

① 全称为印度人民党，印度现今执政党，属右翼政党，其政策反映了印度教民族主义立场。
② 这次核试爆又名"萨克提行动"（Operation Shakti），故纪念神庙以萨克提命名。

> 倘若有一千个太阳同时出现在天空，
> 光芒才能与这位灵魂伟大者相比。
> ……
> 我是毁灭世界的成熟时神，
> 我在这里收回一切世界。①

尽管如此，印度一直对那些看衰其前景的人不屑一顾。当然，在巴基斯坦和恒河谷地以外，德干高原和印度南部的一些地区中，我看到了一个似乎不太符合"迦利时代"的种种描述的世界。在该国非常偏南和偏西的地区，尽管泰米尔纳德邦（Tamil Nadu）不时会发生政治动荡，经济却在悄然发展，社会持续稳定，其发展前景与基于巴特那（Patna）和勒克瑙而做出的大难将临的预测大相径庭。在我看来，印度目前面临的巨大问题是，南部和西部的繁荣是否能够抵御从比哈尔邦蔓延到整个北方地区的混乱和衰退。

这本书包含许多敏感话题，因此必然会招致一些抗议和异见，尤其是那些容易对来自海外的批评之声耿耿于怀的印度人，这也很容易理解；但这本书是爱的产物。它的主题包含着一个我极其崇敬的世界，从我能自主决定自己的人生那一天起，我选择在这个世界里度过我大部分的时光。18岁那年，我作为背包客第一次来到这个地区参观，那时我就完全被她征服了：印度让我兴奋，让我惊讶，让我畏惧，更让我激动不已。自此，她带给我的惊喜从未间断；我希望无论如何，这本书能经久不息地传递愉悦和震撼的力量。

---

① 引自《薄伽梵歌》第十一章，黄宝生译，商务印书馆，2010年。

过去十年里，次大陆东西南北许多朋友的深情厚谊都让我感到无以为报。毕竟，很少有地方，人们会欣然向一个满身疲惫、满脸懵懂的旅行者敞开家门。我愿向下列人士致以谢意，他们都热情地给予了我宝贵的帮助和建议：贾韦德·阿卜杜拉（Javed Abdulla）、拉姆·阿德瓦尼（Ram Advani）、比尔奇兹·阿拉丁（Bilkiz Alladin）、S. K. 贝迪（S. K. Bedi）、德夫·贝内加尔（Dev Benegal）、大卫及拉什娜·达维达尔（David and Rachna Davidar）、法里德·法里迪（Farid Faridi）、萨加里卡·高希（Sagarika Ghosh）、萨尔曼（Salman）、库苏姆及纳菲娜·海达尔（Kusum and Navina Haidar）、苏丹娜·哈桑（Sultana Hasan）、安妮和马丁·霍华德（Annie and Martin Howard）、米尔·穆阿扎姆·侯赛因和梅赫鲁尼萨夫人（Mir Moazam Husain and the Begum Mehrunissa）、瓦贾哈特·侯赛因将军（General Wajahat Husain）、S. M. 尤努斯·加法里博士（Dr S. M. Yunus Jaffery）、O. P. 贾因（O. P. Jain）、努西·贾米勒（Nussi Jamil）、阿姆里塔·雅韦里（Amrita Jhaveri）、戈里和大卫·基林（Gauri and David Keeling）、苏尼塔·科利（Sunita Kohli）、穆明·拉蒂夫（Momin Latif）、迪特尔·路德维希（Dieter Ludwig）、苏莱曼·马哈茂德巴德（Suleiman Mahmudabad）、萨姆和希琳·米勒（Sam and Shireen Miller）、萨钦（Sachin）、苏迪尔和罗斯林·穆尔吉（Sudhir and Rosleen Mulji）、穆什塔克·纳克维（Mushtaq Naqvi）、赛义德·

纳克维（Saeed Naqvi）、马克·尼科尔森（Mark Nicholson）、纳文·帕特奈克（Naveen Patnaik）、艾哈迈德和安吉·拉希德（Ahmed and Angie Rashid）、阿兰达蒂·洛伊和普拉迪普·克里森（Arundhati Roy and Pradip Krishen）、优素福·萨拉赫丁（Yusouf Salahuddin）、阿尔维克·萨卡尔（Arvik Sarkar）、瓦苏·辛迪亚（Vasu Scindia）、阿拉达纳·塞特（Aradhana Seth）、朱格努和纳吉姆·塞蒂（Jugnu and Najam Sethi）、巴尔温德·辛格（Balvinder Singh）、库什万特·辛格（Khuswant Singh）、马古和贾斯万特·辛格（Magoo and Jaswant Singh）、马拉和特吉比尔·辛格（Mala and Tejbir Singh）、西达尔特和拉希米·辛格（Siddarth and Rashmi Singh）、莫汉·索哈伊（Mohan Sohai）、吉格梅·塔希（Jigme Tashi）、塔伦和吉坦·特吉帕尔（Tarun and Gitan Tejpal）、蒂齐亚诺和安吉拉·泰尔扎尼（Tiziano and Angela Terzani）、亚当和法里巴·汤姆森（Adam and Fariba Thomson）、马克·塔利和吉利恩·赖特（Mark Tully and Gillian Wright）、L. C. 佳吉博士（Dr L. C. Tyagi）、沙米恩·瓦拉德拉詹（Shameem Varadrajan）、帕万和雷努卡·维尔马（Pavan and Renuka Verma）。

　　我尤其要感谢桑吉夫·斯里瓦斯塔瓦（Sanjeev Srivastava），他陪我经历了所有在拉贾斯坦邦（Rajasthan）的故事，并就那种生活状态向我提供了精彩的洞见。阿尔温德·达斯（Arvind Das）在比哈尔邦的故事上给予了我宝贵的帮助，他那本绝佳的研究著作《比哈尔共和国》（*The Republic of Bihar*）激发了我许多灵感。关于勒克瑙的故事，罗西·卢埃林-琼斯（Rosie Llewellyn-Jones）向我提供了珍贵的联系方式和建议，而潘卡吉·布塔利亚（Pankaj Bhutalia）对《寡妇之城》有同样贡献，他制作了一部关于该城的感人肺腑的纪录片。普里亚特·利亚纳盖（Priyath Liyanage）和阿巴斯·纳西尔（Abbas Nasir）都及时让我了解斯里兰卡和巴基斯坦的最新进展情况。卡兰·卡普尔（Karan Kapoor）和巴勃罗·巴塞洛缪（Pablo Bartholomew）相互协助拍摄了这本书许多章节里原有的插图；他们也协助安排了许多采访，他们都是非常美好并且耐心的旅行伴侣和良友。

格里夫斯旅行社（Greaves Travel）的梅赫拉·达尔顿（Mehra Dalton）为旅行做出了安排（有一次旅行还得到了旅行社的赞助）。

洛拉·布博希（Lola Bubosh）、尼克·科尔里奇（Nick Coleridge）、乔恩·康奈尔（Jon Connel）、戴德丽·费尔南德（Deidre Fernand）、伊恩·杰克（Ian Jack）、大卫·詹金斯（David Jenkins）、多米尼克·劳森（Dominic Lawson）、萨拉·米勒（Sarah Miller）、丽贝卡·尼科尔森（Rebecca Nicolson）、贾丝廷·皮卡尔蒂（Justine Picardie）、琼·塔珀（Joan Tapper）、博贝特·温德尔（Bobert Winder）和居利·韦尔斯（Gully Wells）都曾委托我撰文，并且（或者）慷慨地允许转载，虽然出版时一些文章和最初在杂志发表时内容大不相同：有的经过了编辑、删减和重写；有的合并到了一起；有的还在适当的地方补充了新的附言，以便让读者知晓最新进展。《迦利时代》最初发表于《格兰塔》（Granta）；《巴维里·黛维的悲伤故事》、《种姓战争》、《巴巴·塞加尔》①、《糟糕的吮指美味》发表于《观察者》；《贝娜齐尔·布托》、《勇士女王》、

---

① 该文内容合并入《孟买的两张画像》一章。

《寡妇之城》、《肖芭·德》① 发表于《星期日泰晤士杂志》（Sunday Times Magazine）；《沿猛虎之路而上》和《边境之上》的部分内容发表于《GQ》；《至高萨克提》发表于《独立杂志》（Independent Magazine）；《伊姆兰·汗》发表于《尚流》（Tatler）；《萨蒂女神》和《伊姆兰·汗》的部分内容发表于《星期日电讯杂志》（Sunday Telegraph Magazine）；《边境之上》发表于《康泰纳仕悦游杂志》（Condé Nast Traveller）；《巫师之墓》发表于《岛屿杂志》（Islands Magazine）；《在唐娜·乔治娜庄园》和《迦利时代》的部分内容发表于《旁观者》。所有文章的版权都由最初的出版机构所有，重版均取得了授权。

潘卡吉·米什拉（Pankaj Mishra）、帕特里克·弗伦奇（Patrick French）、菲利普·马斯登（Philip Marsden）、萨姆·米勒（Sam Miller）、珍妮·弗雷泽（Jenny Fraser）、露西·沃拉克（Lucy Warrack）花费多时，仔细地检查了打字文稿，迈克·菲什威克（Mike Fishwick）和罗伯特·莱西（Robert Lacey）在最后校稿阶段用红笔发挥了出色的作用，迈克、罗伯特同安妮·罗伯逊（Annie Robertson）和海伦·埃利斯（Helen Ellis）一道，还有哈珀柯林斯（HarperCollins）印度分社的雷努卡·查特吉（Renuka Chatterjee），他们通力合作，向我提供了一个作者可能希望出版社提供的一切帮助。向他们所有人致以衷心的感谢。

最重要的是，我希望能向乔纳森·邦德（Jonathan Bond）表示谢意，自从我终于决定离开自己在德里的公寓后，他就收

---

① 该文内容合并入《孟买的两张画像》一章。

留我住在他那幢位于孙德尔讷格尔（Sundernagar）① 的绝佳房子里，每次一住就是好几个星期。他、吉格梅（Jigme）和蒂普（Tipoo）全都忍受着婴儿、妻子、女佣、记者、朋友、同事和阿尔特尔公司（Airtel）② 欠费收缴人员的干扰，无论白天还是夜晚，无论盛夏还是寒冬，他们都带着难以置信的平静和忍耐，尤其是在黎明还未来临，宝宝们就决定起床，并用不断啼哭展现自己存在感的时候。

最后，一如既往地，我必须感谢奥利维娅（Olivia），她陪伴我经历了大多数旅程，帮助我修改和重写了所有文章，并再次提供了所有插图。只有她才真正知道她为我付出了多少，如果没有她，我的工作将濒于停滞。对她、伊比（Ibby）和萨姆（Sam），我愿再次献上我所有的爱。

威廉·达尔林普尔
1998年9月于佩奇庭院（Pages' Yard）

---

① 喜马偕尔邦的一个城镇。
② 印度最大的电信服务商。

第一部 北方

第一章　迦利时代

巴特那，1997年

1992年2月13日晚，200多名不可接触者①武装分子包围了印度北部比哈尔邦高种姓人群聚居的巴拉（Barra）村。夜幕中，袭击者借着燃烧着的薄木板的火光，将村庄中所有男性从睡梦中拖起来，驱赶到空地上，然后用一把锈迹斑斑的收割用镰刀，一个接一个地割开了他们的喉咙。

《印度快报》（*Indian Express*）②只在中间版面某个不起眼的地方对这一屠杀事件做了简短报道，当我和德里的朋友们谈起这件事时，他们对此毫不意外。他们说，比哈尔邦经常发生这种事情。2000多年前，释迦牟尼在比哈尔邦首府巴特那附近的一棵菩提树下悟道成佛，但这可能是该邦历史上最后一条为外界所知的好消息。如今，比哈尔邦因暴力、腐败和地方种姓冲突而声名狼藉。确实，形势糟糕至极，据说现在这里的犯罪分子和政府官员实际上是不分彼此：该邦立法议会成员中至少33%的人有过犯罪记录，而像杜拉里·昌德·亚达夫（Dular Chand Yadav）这样的人，即使遭到上百起持械抢劫和50起谋杀案件控诉，依然可以成为人民院③比哈尔选区的荣誉议员。

我从印度媒体上的简短新闻里注意到两则故事，它们印证了这个邦的形势已经糟糕到了何种程度。

---

① 又称"贱民"、"达利特人"（Dalits），是印度种姓制度中的最低等级。
② 印度的一份英语日报，在精英阶层中有很大影响力。
③ 印度议会的下议院。

第一个是关于比哈尔铁路上的日常情景。1996年10月的一天早上，从新德里开往加尔各答的"首都快车"（Rajdhani Express）在戈莫（Gomoh）意外停车，这是位于比哈尔邦南部的一个小站。当地议员蒙塔兹·安萨里（Mumtaz Ansari）带着他的三名保镖进入了一等车厢，安萨里和他的随从都没买票，但他们竟强行把四名有票的乘客从座位上赶走。其中一名乘客是退休的政府官员，他忿忿不平地对这种驱逐表示抗议。安萨里则回答说，他就是法律制定者，所以他也有权违背法律。当这名老人试图继续抗议时，议员大手一挥，命令保镖揍了他一顿。而就在下一站，安萨里受到一群支持者的迎接，这些人包括另一名议员和十名武装打手。他们把退休官员拖出车厢，继续殴打，当列车驶离时，老人被扔在站台上，鲜血横流。

第二个故事是关于比哈尔邦的行政部门。1994年10月，一个名叫G.克里希纳亚（G. Krishnaiah）的年轻毕业生得到了比哈尔邦北部戈巴尔根杰（Gopalganj）地区法官的职位，该地偏僻落后，几乎处于无政府状态。这当然不是什么好差事，戈巴尔根杰素来被认为是印度最无法无天的地区之一，就在两周前，克里希纳亚的前任、上一位地区法官在爆炸袭击中身亡，而炸弹就藏在他办公室的一个公文包里。然而，克里希纳亚干劲十足，充满理想主义。他满怀热情地开始了新工作，上任伊始便接受印度国家电视台全印电视台（Doordashan）的简短采访，宣布了一系列整治该地区的措施，包括管控犯罪、促进就业、提升戈巴尔根杰地区不可接触者的地位等。

现在回看采访片段，这个年轻官员如此踌躇满志地谈论自己消除暴力的举措，这似乎已注定他的结局会更加骇人听闻。两个月后，克里希纳亚在黄昏时分独自沿着一条道开车，偶遇当地一个黑帮头目的送葬队伍，死去的头目前一天刚刚在一场枪战中丧生。送葬队伍的领头人是当地议员阿南德·莫汉·辛格（Anand Mohan Singh），辛格在参政之前的20年间大多时候都是被悬赏缉拿的逃犯身份：那时候警方对他提起了将近70项指控，从谋杀、预谋犯罪、绑架到非法持有枪支弹药等，不一而足。事后警方收集的证言显示，辛格"吩咐手下以私刑处死这个自命不凡的官员"，送葬队伍便包围了克里希纳亚的汽车，辛格的一名手下朝他连开三枪。克里希纳亚虽身负重伤但依然活着，送葬队伍于是在辛格的唆使下把他从车里拖出来，并用石头把他慢慢砸死。

一名现任议员竟然因命令群众动用私刑、谋杀公务员而被捕，这已经够匪夷所思了，但接下来发生的事更能证明近年来印度政治糟糕到了何种程度。阿南德·莫汉·辛格锒铛入狱，但他在狱中参加了1996年度大选并继续保持议员席位，继而取得保释以参加议会。最近，他在一场议会辩论中大放厥词，再度引发关注，他在人民院辩论会上对坐在另一侧的政敌喊话"再说一遍，老子不会放过你，要打掉你的牙齿"。鉴于印度当下的司法形同虚设，几乎没人相信警方的检控会有胜诉的概率。

朋友们解释说，种种乱象是因为这些年来，暴力手段几乎已经完全控制了比哈尔邦的方方面面。据说在巴特那现在已经没人再去费劲买二手车了，相反，武装分子会在光天化日之下任意拦截车辆，强迫司机下车并签署事先准备好的销售合同。由于比哈尔邦政府财政捉襟见肘，无力向公共项目承包商支付款项，承包商被迫采取绑架政府工程师和官员的策略来拿到欠款。还有一些为了获得项目不择手段的承包商，相互之间大打出手。我读过这样一份报道:为了获得在一个无名村庄里修建一座小桥的招标工程,穆扎法尔布尔(Muzaffarpur)地区工程公司雇用的暴徒(goonda)之间爆发了一场枪战。在一些高种姓地区,焚烧不可接触者的现象十分普遍,可以说已经成为一项有组织的运动。低种姓群体也相应地进行了形式各异的自卫反抗,据说在那些改名为"列宁那加"(Leninnagar)和"斯大林布尔"(Stalinpur)①的村庄,村民正在紧张地为战争做准备。据估计,目前比哈尔邦不同区域内有十支主要的私人武装军队;在一些地方暴力已经完全失控,内战一触即发。

朋友们告诉我,比哈尔邦的事态还在继续恶化,而这就是常态。但巴拉屠杀事件骇人听闻的程度依然在我脑中挥之不去,一年后,当我到达巴特那时,我决定租一辆车去这个村子看一看。

从巴特那前往巴拉的路是我在印度生活五年以来走过的最糟糕的路:虽然这条路是比哈尔邦的一条高速干线,路面上却遍布弹坑大小的坑洞。道路两旁散落着废弃卡车锈迹斑斑的残骸,仿佛一连串充满暗喻的提醒:记住死亡②。

当我行驶在路上,我有一种正在与20世纪渐行渐远的感觉。先是电缆塔中断,接着路上再也看不到汽车和卡车,甚至连那些锈迹斑斑的汽车残骸也消失了。在农村地区看不到手动泵这样的现代化奢侈品,取而代之的是水井。我们驶过一驾马

---

① 印度不少地名以"那加"和"布尔"结尾,如克什米尔首府斯利那加(Srinagar)、蓝色之城焦特布尔(Jodhpur),此处地名应为戏仿。

② 此处原文为"mementi mori",似有误,应为"memento mori"。这是中世纪西方基督教对生命必然消亡的反思,意在提醒修行者培养超脱死亡的美德。(书中采用的楷体或黑体对应原书的斜体或粗体。——编注)

拉车和四个抬轿子的男人。他们示意我们停车，告诉我们前面有强盗，我们必须在天黑前驶离这条路。

我们沿着一条脏兮兮的路右转，终于抵达了巴拉。这个古老的小村庄坐落在一个古旧陶窑周围的平地上，其人口全部属于布米哈尔（Bhumihar）种姓，即在公元前300年前后的阿育王时代转信佛教的婆罗门教徒。千年之后，印度教强势复兴，佛教在印度灭亡，这群人便被剥夺了婆罗门祭司种姓。布米哈尔占据种姓金字塔顶端的时代比罗马人首次征服不列颠岛还要早250年，现在他们依然属于高种姓，但再也无法夺回曾经的至高地位了。

我的向导是阿肖克·辛格（Ashok Singh），大屠杀中两名男性幸存者之一。他带我走到一座堤岸前，那里为42名被杀害的村民竖立了一块白色小纪念碑。从田野上吹来一阵热风，干涸的田地上尘暴漫卷，沙土飞扬。我问："你是怎么逃脱的？"

"我没有，"他说着便摘下围巾，让我看他脖子上镰刀从后颈割开留下的可怕疤痕，"他们割伤了我，以为我死了，就把我扔在一边。"

阿肖克开始细致地讲述事件始末。他说，那天晚上，他像往常一样，8点半吃完晚饭后便上床睡觉。一周前这里发生过一起暴行，高种姓的布米哈尔民兵组织——种姓解放阵线（Savarna Liberation Front）在邻区轮奸并杀害了十名"神子"（Harijan）① 妇女。但巴拉村离那个地方很远，所以没人想到会有什么事发生。阿肖克和他的兄弟、父亲、叔叔都躺在绳索

---

① 意为"神的孩子"，是圣雄甘地为不可接触者所取的称呼，甘地试图以这种方式消除对不可接触者的歧视，但后来这个词也演变出侮辱意味。

床（charpoy）① 上睡着了，但 10 点半时忽然被爆炸声惊醒。他们惊恐万状，连忙跑向女眷的卧室，提醒他们的妻子和母亲。爆炸声和炮火声越来越清晰。紧接着，一根燃烧棒被扔到了他们的茅草屋顶上。这时，外面有人大喊，让所有人要么束手就擒走出去，要么就等着被烧死。

"屋顶一着火，叔叔和我就一直在想办法灭火。我们根本没注意到外面在喊些什么，所以最后那些贱民就破门而入，把我们拖了出去。他们有上百号人，全副武装，拿着枪、长矛、弓、棍子（lathi），还有镰刀。他们把女人留在房子这边，但用长布条把男人们都捆了起来。"

"他们说自己是从哪儿来的吗？他们属于哪一支民兵？"

"没说，但他们都是本地人。我们从他们的口音里听出来了。刚开始，他们让我们待在原地，然后把村里的房子烧的烧，炸的炸，全部毁坏了。后来他们说'要去开个会'，就把我们男人拖到村子边上，让我们围着坐成一圈，然后开始一个接一个地屠杀，就在我们坐着的地方。一大群人都在围观，但只有两个人在动手，所以花了很长时间。我吓破了胆，脑子里一片空白。

"他们杀死了我所有的兄弟，杀死了我的父亲，杀死了我的叔叔和堂表兄弟。最后轮到我了，一个男人把我往前推，另一个举起镰刀，在我脖子上砍了三下。我的后颈和脑袋伤得很重，我一下子失去了知觉。等我醒来就已经躺在迦耶（Gaya）的医院里了。三周前我才刚刚下床。"

---

① 一种简易床，通常为木结构，中间以绳索或带子编织而成，在印度农村地区较为常见。

"你很走运。"

"你怎么能这么说呢？我失去了八个亲人。"

阿肖克的脸皱成一团，眼睛看向地面。过了一会儿，他才开始直视我的眼睛。"我想报仇，"他低声说，"只是我还没那个能力。"

阿肖克带我去看他和村里的寡妇们用政府的抚恤金建起来的房子。这些房子都是小型城堡：高大方正，没有窗户，只在三层为箭矢预留了狭小的缝隙。16世纪苏格兰中央政权完全瘫痪时，苏格兰边境上曾建起一座座防御塔楼，而这些房子在无意间几乎成了苏格兰塔楼的小型翻版。比哈尔邦已经退回黑暗时代，这些房子就是最好的例证。

阿肖克一边轻轻揉着脖子上的巨大疤痕，一边说："现在那些'神子'拒绝在我们的田地里干活，剩下的布米哈尔男人也不够多，我们没法亲自去耕种。当'神子'们在路上从我们身边走过时，他们还会品头论足：'我们还没把你给了结了'或是'你会和你的兄弟们落得同样的下场'。这些贱民对已发生的事情很是满意。他们越来越胖，举手投足表现得跟婆罗门一样。但对我们布米哈尔来说，每当太阳落山，夜幕降临，我们就开始担惊受怕。每天晚上我都做噩梦。他们可能会再来，我们怎么样才能制止他们？警察和拉鲁·普拉萨德·亚达夫（Laloo Prasad Yadav）领导的（比哈尔邦）政府都站在他们那边，大屠杀就是拉鲁干的好事。"

"这话怎么讲？"

"拉鲁来自低种姓，"阿肖克说，"他总是怂恿这些低贱的人（nichla）起来反抗我们。大屠杀后拉鲁来到了村子，我们都朝他扔石头。我们每天都盼着他赶紧下台。"

9 "但你们的新房子不能保护你们吗?"我问。

"我们的房子很坚固,"阿肖克答道,"但我们很脆弱。我们总不可能天天都待在房子里吧,我们也得四处活动。"

这时,牧人赶着水牛群回村挤奶了。在我们站立之处的周围,女人们燃起粪堆,开始做晚饭。已经临近黄昏时分,我想起轿夫对我们的警告,需要在天黑之前驶离公路,回到巴特那。

"政府不会保护我们,"当我们走回汽车时,阿肖克说,"所以我们只能靠神的怜悯过活了。现在是迦利时代,一个分崩离析的时期。低种姓的人正在上升,一切都在土崩瓦解。"

1994年,我在印度居住了五年后终于离开了德里。我处理掉我的公寓,前往中东地区写一本书。两年半后,我再次回到次大陆,发现在我离开期间,一场社会变革已在印度悄然进行,来自低种姓的政客接连在不同的邦攫取了权力。这一进程似乎是从比哈尔邦开始的,从拉鲁·普拉萨德·亚达夫这个巴拉村屠杀的罪魁祸首开始。在许多方面,拉鲁似乎都是印度这一趋势性转变的典型代表,于是我决定回到比哈尔邦,想办法和他见个面。

尽管相似的变革同时也在北方邦发生,但当拉鲁于1991年掌权时,他依然是北印政坛上的一匹黑马。此时,印度政权依然牢牢掌握在高种姓者手中：尼赫鲁、他的女儿甘地夫人以及甘地夫人的儿子拉吉夫（Rajiv）都是婆罗门，拉吉夫的继任者、国大党（Congress Party）领导人及总理纳拉辛哈·拉奥（Narasimha Rao）同样如此。印度独立50年以来，有44年处于婆罗门领导人的统治之下。种姓金字塔的第二阶层刹帝利（Kshatriya）则统治了两年多时间，分别是1989年至1990年的 V. P. 辛格（V. P. Singh）政府和1990年至1991年的钱德拉·谢卡尔（Chandra Shekhar）政府。在英国政府离开印度后的半个世纪里，低种姓或中间种姓的总理掌权时间尚不足四年。

拉鲁来自农村，是一个低种姓牧人的儿子。在20世纪六七十年代，像他这样背景的人需要突破重重阻力才能获得受教育的机会并涉足政坛。事实上，尽管低种姓人群、不可接触者和部落民加起来多达比哈尔邦人口的73%，但在1962年，比哈尔邦的立法议会中超过60%的议员来自顶层的两大种姓，而低种姓背景的议员占比还不到7%。不过，从1980年代初期开始，低种姓的政治势力持续变强，高种姓则迅速衰落。在1984年的大选中，比哈尔邦在国家议会的高种姓议员人数下降至25名，其中包括七名婆罗门。到1989年，这一人数减至18名，婆罗门仍占七名。1991年，亦即拉鲁接替一名刹帝利担任首席部长、在比哈尔邦掌权的那一年，高种姓议员人数跌至十名，其中仅有一名婆罗门。从1989年到1991年，国大党已经找不出一名婆罗门能获得比哈尔邦的议席。在比哈尔邦立法议会也发生了同样的戏剧性逆转。目前，比哈尔邦的立法议会成员中仅有10.2%来自顶层的两大种姓，52.5%的议员都拥有低种姓背景。

童年时代,拉鲁在村子里受尽高种姓的欺侮,这一经历塑造了他的政治观念。从涉足政坛之初,他就猛烈抨击婆罗门和抬头的印度教势力,因为后者的复兴会在诸多领域重新固化种姓体系。"我们要和那些披着宗教外衣的人(即婆罗门)抗争,"他告诉他的听众,"几个世纪以来,神职人员靠愚弄村民大发横财。现在我告诉他们,他们应该自己学着怎么挤奶,怎么放牧,不然他们只能挨饿。"在其他一些场合,他公开对印度教的神灵表示怀疑:"罗摩(Ram)①应该惩罚这些穷凶极恶的原教旨主义者,也就是说,如果他真的存在的话。但他从来都没出现过。如果他真的存在,就不会有这么多穷人白白死去,就不会有这些穷苦、这些争斗……"

在印度这样深陷宗教信仰的国家,如此明目张胆地反对婆罗门的无神论实在是破天荒的,至少在北方地区是如此。但出乎很多人的意料,此番言论奏效了。在1991年的大选中,拉鲁得到穷人、低种姓者和受压迫的穆斯林群体的联合支持,他以压倒性优势轻松赢得选举并执政。从那时起,拉鲁一直成功将政权握在手里,尽管在1996年的大选中他的得票率略有下降,尽管有越来越多的确凿证据显示,他的政府——实际上是他的家族——极其腐败,操控着对整个邦的财富劫掠。有个案子尤其使他声名狼藉:他被指控挪用了大量农业补贴,印度媒体将该案称为"数千万的饲料骗局"。

虽然拉鲁在大选中的支持率有所下降,但由于他组建了执政联盟,他在全国范围内的政治影响力却在增强。1991年在比哈尔邦发生的事也在1996年印度北方地区的选举中

---

① 印度史诗《罗摩衍那》中的人物,被信众认为是毗湿奴的化身。

继续上演，在全国范围内，来自农村地区的低种姓候选人夺得邦政府控制权，而来自高种姓精英的候选人则一致从权位上跌落。H. V. 德韦·高达（H. V. Deve Gowda）是来自卡纳塔克邦（Karnataka）的一个中间种姓农民，由于受到许多代表低种姓人群利益的地方政党的支持，他取代婆罗门纳拉辛哈·拉奥宣誓成为总理。比哈尔邦开风气之先，其他各地也在陆续跟进。

对这场社会变革的影响有两种看法。一方面，悲观者指出，英国化的婆罗门精英中曾产生贾瓦哈拉尔·尼赫鲁（Jawaharlal Nehru）和英迪拉·甘地（Indira Gandhi）这样有才干的领导者，而农村低种姓势力的崛起则会导致半文盲式的乡村暴徒跻身领导层，譬如拉鲁和北方邦首席部长穆拉亚姆·辛格·亚达夫（Mulayam Singh Yadav），穆拉亚姆曾是个名不见经传的摔跤手，也有人说他是黑帮成员，而现在他一跃成为印度的国防部部长。很多类似底层出身的官僚只会写自己的名字，他们无疑没有能力在国际外交和经济事务中表现得更为出色。

另一方面，过去十年婆罗门的统治中是拉吉夫·甘地这样的人在掌权，拉吉夫虽然有良好的教养，却只能口头上讲印地语，他对印度这样一个 80% 的人口都居住在农村的国家的现实国情知之甚少。十年前，德里的酒会上随便找两个人，他们可能不是总理的老校友就是他的内阁成员。一场重大的民主革命几乎悄然无声地就发生了，城市中的英式精英被挤到了印度政坛的边缘位置，在德里忽然没人认识掌权者了。正如穆拉亚姆·辛格·亚达夫在升任国家内阁成员时所言："这是弱势阶层和被压迫者第一次掌握权力，我们将运用手中的权力，改变他们的命运。"

拉鲁也同样公开表示出这种施政倾向。迄今为止，他在政治上的成就可能并没有为低种姓穷人带来多少实质性的福利，但毫无疑问地增强了他们的信心。低种姓群体不再安于停留在社会底层，也不再甘受婆罗门的欺凌。正如1960年代的民权运动促使美国黑人觉醒一般，拉鲁让他们和权力发生关联，使他们开始有了政治意识。

低种姓政客的崛起也遏制了印度教复兴运动的势头，他们向大众表明，印度教神权政体正是被千年来压迫他们的那些种姓群体控制的，如果他们把票投给这些人，他们将一无所获。1992年，在阿约提亚（Ayodhya）的巴布里清真寺（Babri）①被摧毁后，印度教徒和穆斯林之间爆发了一系列血腥的骚乱，整个印度陷入了死亡的阴影，就连此前平静的商业之都孟买也发生了暴动。但比哈尔出人意料地（几乎可以说是奇迹般地）平静。拉鲁向蠢蠢欲动的比哈尔警方发出了一系列清晰的警告，从而得以控制住了针对穆斯林的屠杀行为，而在印度其他地区，屠杀导致逾2000人死亡。

印度的政治走向向来都难以预测，但毫无疑问的是，尼赫鲁试图建立一个世俗、民主的印度的理想已经破灭，在印度最腐败落后的邦区，低种姓、半文盲式的首席部长反倒成为尼赫鲁理念的守护人，这一现象已成为印度现代历史上最令人意外的趋势之一。

---

① 巴布里清真寺为信仰伊斯兰教的莫卧儿帝国君主巴布尔所建，但其所在地被许多印度教徒认为是罗摩的出生地，故其一直是印度教徒和穆斯林之间争夺的焦点。

关于比哈尔邦的资料我读得越多，就越清晰地认识到，拉鲁是该邦目前事态的关键。但要在德里向比哈尔邦打电话事实上是不可能的，打到万里之外的英国反倒更加容易。我无法联系到拉鲁，百般无奈，只得在没有事先安排采访的情况下订了一班飞往巴特那的航班，赶上什么算什么吧。不过，我的运气实在是出奇地好，拉鲁正巧在德里有一场集会演讲，当他飞回巴特那时，恰恰和我在同一个航班上。

我最初知晓这一点是因为飞往比哈尔邦的航班为了等拉鲁登机延误了半个小时，后来他终于现身了，带着他一半的内阁成员，大步流星地跨上飞机，像个战无不胜的英雄。

拉鲁其实是个个头矮小、肩膀宽阔、身体壮实的男人，他过早变得灰白的头发梳成了一种男孩气的蓬发造型，像早期的披头士。他给自己预留了机舱第一排的全部座位，他的助手、议员和保镖们则坐满了后面的七排。这些人都身材高大，神色看上去带有一丝阴沉。所有人，包括拉鲁在内，都穿着白色手工棉布制作的宽松裤子，圣雄甘地曾把穿土布视为和穷人站在一起的象征，但在合成化纤材料便宜得多的当下，这种服饰毋庸置疑地成了政治权力的象征。

航班延误，团体订票，拉鲁像个腐化的罗马皇帝似的摊开四肢、横躺在第一排座位上的奢侈之举，无不生动地表明，我此前听到的有关拉鲁的传闻绝非虚言，就政治品德而言他绝非善类。为了爬上权力巅峰，他必须以比哈尔邦的方式玩弄政治伎俩。在最近一次选举中，一位议员史无前例地宣称："没有100个持枪的武装人员，你就根本没希望在比哈尔邦赢得选举。"为了成为首席部长，你就需要比你的对手拥有更多暴徒、更多枪支。拉鲁并非纯洁无瑕。

尽管如此，在这个印度最难以管理、无政府主义盛行的邦区，他的政府至少还是相对有效的。比哈尔邦一名退休公务员在描述这位新首席部长的管理时援引了考底利耶（Chanakya）——公元前300年前后印度一位马基雅维利式的政治家——的话："考底利耶说，如果你想统治印度，你必须令人畏惧。拉鲁便令人畏惧。他喜欢摆出一副淳朴村民的模样，但在他的外表之下，没人敢跟他耍花招。他是个暴戾的人，没人胆敢忽视他的命令。"

毫无疑问，飞机前排的下属们似乎完全被他们的领导迷住了。他们围着首席部长，或从座位上探出身子，或蹲坐在他面前，被他的笑话逗得哈哈大笑。当我终于说服一名议员把我介绍给他的领导时，这名议员走到拉鲁跟前，可以说是以跪地姿势向他禀告了我的来意。

拉鲁一口答应了。他暗示我应该坐到他身后那排座位上——任由那名议员跪在一边——并问我他能做些什么。我提出想找个时间采访他。他冷漠地挥挥手，叫来一名秘书，秘书把采访安排在了当天下午5点半。

"但是，"他说，"我们现在就可以开始采访。"

"这里？在飞机上？"

"为什么不呢？我们还有十分钟才抵达。"

我询问拉鲁的童年生活。他表现出非常愿意谈论这个话题的样子。他懒洋洋地靠着飞机一侧，双腿伸直，占了两个座位。

"我的父亲是个小农，"他开始说道，挠了挠他的拇指球，丝毫不觉得有何尴尬，完全是地道的乡巴佬做派，"他照看高种姓人的奶牛和水牛，自己也有三英亩地。他不识字，穿着托蒂（dhoti）①，自己一辈子都没有一双鞋。我的母亲靠卖凝乳和牛奶为生，她也不识字。我们住的小屋是泥巴砌成的，上面盖着茅草顶，没有门窗：就那么敞开着，猫狗或者豺狼都可以随便进来。

"我们家有七个孩子，我有五个兄弟和一个妹妹。钱从来都不够花。我们长大一点后都被送去喂水牛。后来，我的两个哥哥去了城市（巴特那），在机场旁边的一个养牛场里找到了工作。他们每天能挣45派萨（paise）②，相当于五便士。当哥哥们攒够钱后，他们就把我叫去巴特那，送我去学校读书。我当时12岁，直到那时候我甚至连ABC都不知道。"

我问："村里的高种姓人是怎么对待您的？"

拉鲁笑起来。其他议员——他们都聚集在拉鲁周围，恭敬地聆听着领导说出的话——也爆发出一阵似乎早已准备好的响亮笑声。

"整个童年时代，我都被地主们任意毒打和辱骂，"拉鲁说，"他们可以无缘无故地惩罚我。因为我们来自亚达夫种姓，我们甚至没有资格坐在椅子上，他们只让我们坐在地上。所有那些侮辱我都记住了。现在，我坐在椅子上，我想要那些

---

① 一种外表类似裤子的裹裙，是印度男性的传统服饰，圣雄甘地在公共场合常穿托蒂。
② 印度货币单位，等于1卢比的1%。

人坐在地上。在我心里，我想给他们一个教训。我不恨他们，但他们的心态应该……"他停住了，搜寻着一个合适的词语，"他们的心态应该转变。我们的国家已经独立 50 年了，但种姓制度没有一丁点儿变化，也没有社会公正。我想终止种姓制，我想让不同种姓之间的人通婚。但那些婆罗门祭司是不会同意的。"

"但您怎么能希望摧毁一个延续了 3500 多年的制度呢？"我问，"种姓制难道不是印度教的社会基础吗？"

"这是个邪恶的制度，"拉鲁直截了当地说，"它必须被废除。"

飞机正朝着巴特那下降。我能看到恒河如一条灰色的缎带绕过这座城市的边缘，经过一段段河边石梯（ghats）蜿蜒向前，流向比哈尔邦肥沃的冲积平原。

"现在回你的座位去，"拉鲁简短地说道，"今天下午我再和你聊。"

没人会觉得巴特那是一座美丽的城市，但再度来访，我发现自己还是一度忘了这里究竟有多糟糕。当你从郊区驶向市中心时，道路两旁没有一棵树，渐渐开始出现零星的用粗麻布搭建的棚屋。棚屋慢慢扩张为贫民窟。贫民窟四周都是垃圾堆。山羊、猪、狗和孩子们便围着这些垃圾堆，争相捡拾残羹剩饭。走得越远，情况便越糟糕。道路两旁是露天排水沟，沟边则躺着从遭受饥荒的农村逃来的瘦弱农民。阴沟里的老鼠有猫那么大，它们公然在人力车之间蹦来蹦去。

在乐施会（Oxfam）的救济广告上，印度遍是乞丐、残疾人、人满为患的麻风病医院："捐献十英镑，帮助悉多（Sita）重见光明……"比哈尔邦则是次大陆上最后几个真正符合这一形象的地区之一。在独立50年之后，印度实际上已经成为世界第七大工业国，拥有一批数量巨大、生活优裕、具有奋进精神的中产阶级。

尽管印度西南部的大部分地区看起来都在高歌猛进，有望在未来获得适度繁荣、提升卫生健康水平并消除文盲，比哈尔邦却在扮演一个沉重的反向力角色，将这个国家的北部地区拽回中世纪。在该邦少有的几个真正能盈利的产业中，其中一项便是制造假药——把盐做成阿司匹林药丸，用糖片假冒抗生素——比哈尔邦在这一领域遥遥领先于南亚其他地区。最近，一个制造假冒产品的比哈尔企业扩大了生产范围，开始以白垩为原料大量生产一种叫作"高路洁"① 的牙膏。在其他领域，比哈尔邦尽管矿产资源格外丰富，土地也十分肥沃，却依然是印度最贫穷的地区。

不仅经济发展停滞不前，比哈尔邦的犯罪也处于完全失控的状态：1997年1月到6月，诸如武装抢劫、打劫、暴乱、谋杀等各类暴力案件达64085起，包括2625起谋杀、1116起绑架和127起任意绑架，这就意味着比哈尔邦每天都要发生14起谋杀，每隔四小时就有一起绑架案。无论以何种发展或繁荣指数来衡量，比哈尔邦都会无可争议地垫底。这里的识字

---

① 原文为Colfate，是假冒高露洁（Colgate）的产品。

率最低、警方拘留期间的死亡人数最多、道路最差、犯罪率最高、电影院最少,人均收入不足印度平均水平的一半。不久前,比哈尔邦甚至爆发了一场严重的饥荒。这个邦正在衰朽,现在接近一种无政府的状态。

在我再次飞往比哈尔邦那天,《印度斯坦时报》(*Hindustan Times*)比哈尔邦版的首页报道了六个引人注目的事件,每个事件似乎都在自行印证这个邦的政府正在坍塌的事实。

报纸的头版头条是关于一群部落民的报道。他们居住在比哈尔邦南部山区,要求建立一个独立的邦。他们刚刚突袭了一座矿,成功劫走"大约600千克葛里炸药、1000多支雷管和1500米的电气胶带"。

下方是一则枪战的报道,在这场枪战中,巴特那警方击毙了"一个臭名昭著、数次持械抢劫(dacoity)的罪犯,所犯罪行包括一起绑架古普塔(Gupta)饼干公司老板的案件"。

接下来是一条来自议会反对派的声明,谴责比哈尔邦政府"对该邦已经接近饥荒状态的严峻形势漠不关心"。

还有一则报道,标题是《穆扎法尔布尔的犯罪增加》,报道详述了警方过去三个月里在"116起骚乱"中抓捕了"1437名犯罪分子",据说自新年以来,该镇便屡受骚乱之苦。

头版底部宣布了一项关于复兴比哈尔停滞的旅游业的新法案:成立一个准军事性的"旅游者保护部队",该部队将向鼓起勇气、希望前往释迦牟尼得道成佛之地菩提迦耶(Bodhgaya)[①]游览的日本游客提供全副武装的护卫。

但最令人震惊的事件发生在巴特那大学。愤怒的考生

[①] 位于今印度比哈尔邦迦耶城附近。

"点燃了一辆警用吉普车,并毁坏了副校长的汽车"。是什么导致了这一事件?削减学生补助?不是。"根据报道,这位副校长突然检查了考场,发现所有的考生都在作弊。他命令对考生搜身,从考生那里找出了两大麻布袋纸条、小抄和书本……然后考生们走出考场,肆无忌惮地采取了恶意破坏行动。"

那天下午,我拜访了那位副校长,想证实报道是否有所夸张。莫希努丁(Mohinuddin)教授个子矮小,身材精瘦,戴着一副厚厚的黑框眼镜。与我料想的相反,他坚持认为媒体对暴力行径进行了低调处理。学生们在作弊被发现时就袭击了他,他们朝他抛掷桌椅,迫使他不得不躲进一个用沙袋封堵起来的警察局里寻求庇护。尽管六名值班警察英勇抵抗,暴徒们还是继续朝警察局投掷简陋的燃烧弹,成功将他从避难所里驱赶出来。后来,学生们还不肯善罢甘休,对他发出了死亡威胁。"幸运的是,我是个鳏夫,"教授说道,"我只要担心自己的安危就可以了。"

离莫希努丁教授的住所不远处,就是《印度时报》(*Times of India*)巴特那版编辑乌塔姆·森古普塔(Uttam Sengupta)的家。和他这位钻研学术的邻居一样,森古普塔先生这个星期也过得惶惶不安。两天前,有人用一把锯短的霰弹枪朝他乱射,子弹打在了他那辆旧菲亚特的后车门上。森古普塔先生逃过一劫,也没有受伤,但身心受到很大刺激。

森古普塔认为,比哈尔邦内正在发生的一切不啻宣告该邦正在走向死亡。他说,许多问题都源于比哈尔邦政府已然破产,无力提供最基本的政府职能。印度国家火力发电公司(The National Thermal Power Corporation),即印度的国家电网,最近威胁说如果比哈尔邦再不偿还欠款,就要切断这里的电力供应。在巴特那医院,没有床单,没有药品,没有绷带,整座城市里唯一的 X 光机已经停止运转整整一年了，因为医院没钱购买配件。一到夜晚，由于街灯没有灯泡，巴特那就陷入一片漆黑。[作家阿尔温德·达斯（Arvind Das）仔细研究过这个问题，根据他的说法，巴特那应该需要 6000 个灯泡。在印度传统节日排灯节（Diwali）① 到来的时候，政府凑够了 2200 个左右，但平时只有其中少部分能投入使用。除了偶尔会有一些企业集资把某条街照亮，其他情况下，每天太阳落山后，巴特那，这座居住着上百万人口的城市，便会陷入中世纪般的黑暗中。]

森古普塔说道，比起巴特那，农村地区的情况则更加、更加糟糕。在首府之外的地区，电力实际上已经停止供应——尽管印度的煤几乎都出自比哈尔邦内的矿田。没有电力，工业生产便只能停下来。没有在建的道路，也没有可以运转的公共交通网。在农村地区，教育实际上已经荒废，识字率正在快速下降：自 1981 年以来，成人文盲人数已经从 1300 万升至 1500 万。

这种制度性的崩溃会带来两个重要影响，森古普塔告诉我。首先，那些有能力的人——坦率来说，也就是有钱有权者——迁移到了其他地方。其次，那些留下来的人则要设法应付。这就导致了一种非官方的私营化浪潮。由于政府不再提供电力、医疗和教育，那些本该享受这些资源的人就不得不自己想办法获取。住在公寓楼里的中产阶级居民已经开始集资购买发电机，私人教育辅导机构和私人医疗诊所也如雨后春笋般冒

---

① 排灯节，也称万灯节、印度灯节或光明节，是印度教、耆那教与锡克教庆祝"以光明驱走黑暗，以善良战胜邪恶"的节日，是印度最重要的节日之一。

了出来。

私营化的趋势不仅存在于城市中，在农村地区，富裕的村民开始自己修建道路，以便让自己能够通向市场。在缺少邦公共汽车的地区，人们甚至又开始使用轿子。上一次我去巴拉村途中遇到的那四个男人是四兄弟，他们刚刚把一个妇女抬到她在附近村庄的亲戚家，正在回程路上。他们说，轿子是他们自己做的，他们现在靠抬轿子挣的钱比在地里干活还多。

这些现象令人称道，但当人们开始自行其是地维护法律和秩序时，则会带来灾难性的后果。首先是从地主开始，他们招募了武装组织，最初是用来对付心怀不满的雇农。与之针锋相对的是，穷人也予以还击，他们组成了业余的游击队，靠当地铁匠打造的枪来武装自己。现在，农村的大片地区要么被地主的私人军队控制，要么就落入其死对头毛派武装分子①手中。

德里的报刊在发表关于比哈尔邦种种混乱和暴行的文章时，总是倾向于强调该邦很"落后"这一点。他们认为，比哈尔邦需要发展：修建更多道路、更多学校、更多生育计划中心。但随着政治和种姓暴力从巴特那蔓延开来，波及北印其他地区，比哈尔邦看起来虽然不怎么先进，但也不是那么落后：它是印度其他地区的风向标。从某种现实意义上说，比哈尔邦可以称得上是"黑暗之心"，在每一个跳动的节拍中，它不断抽取着暴力和腐败，输往次大陆的其他地区。印度有记载的首次选举舞弊案发生在1962年大选中的比哈尔邦。30年后，这

---

① 1960年代，一些印度共产党成员不满印共（马克思主义）的妥协政策，公开与其决裂，转而领导无地农民进行武装暴动。由于其骨干成员声称以毛泽东思想为指导，为穷人而斗争，故该组织自称印共（毛），武装人员亦被称为"毛派分子"。

已蔓延至全国。重大刑事犯首次赢得议席也发生在 1980 年的比哈尔邦选举中，同样，现在这种情况也在印度见怪不怪了。

比哈尔邦的痼疾是如此深重且具有传染性，以至于它给印度整个国家的经济奇迹打上了一个问号。问题在于，当比哈尔邦和东部地区的道德沦丧蔓延开来，这个国家南部和西部的繁荣是否可以扭转整个国家的发展势头？没有人会怀疑，如果"比哈尔邦效应"——腐败、践踏法律、烧杀劫掠的种姓军队以及崩溃的政府——在现实中压过积极面而成为主流，那么，用乌塔姆·森古普塔的话说，"在南斯拉夫发生过的一切将轻而易举地在印度重演"。

那个星期，我在巴特那交谈过的每个人都有一种共识：趋于瓦解的种姓体系是一个毒瘤，比哈尔邦的许多暴力乱象都根源于此。

受影响最严重的地区是巴拉村旁边的一个县：杰汉纳巴德（Jehanabad）区，位于巴特那以南。那里活跃着两大敌对的武装分子：一派是种姓解放阵线，他们代表拥有土地的高种姓布米哈尔的利益；另一派是毛派共产主义中心（Maoist Communist Centre），他们则代表耕种布米哈尔土地的低种姓和不可接触者的利益。每个星期，布米哈尔都会进行"神子狩猎"，他们开着吉普车车队去屠杀"不听话的不可接触者"，从而"杀鸡儆猴"；农民们也会以牙还牙，他们夜里从田野里偷偷冒出来，神不知鬼不觉地将压迫他们的一两个地主斩首。警方几乎不会保护任何一方。

　　类似的战争发生在比哈尔邦各地，种姓冲突又为那些试图在政治舞台上站稳脚跟的罪犯提供了巨大的机会。阿南德·莫汉·辛格就是以高种姓保护者的身份一战成名，他的对手便是法外之徒、低种姓议员帕普·亚达夫（Pappu Yadav）。帕普·亚达夫首次赢得议席的方式也如出一辙，他率领一支低种姓游击部队袭击了高种姓地主，试图上演比哈尔邦式的种族清洗，在他的选区内将拉杰普特（Rajput）① 和婆罗门家庭赶尽杀绝。1991年6月，在他着手进行这项工作时，他被提起三项谋杀指控，同时根据《国家安全法》（National Security Act），以制造"内战紧张局势"的罪名被记录在案。而在目前的议会中，他仍是比哈尔邦北部布尔尼亚（Purnea）地区的议员。

　　越是近距离观察就越清楚：种姓仇恨以及日渐增多的种姓冲突是比哈尔邦大部分问题的症结所在。在遭受了如此漫长的压迫后，低种姓现在开始主张自身的权利；高种姓则开始奋力反击，试图保住已有的优势地位。此外，为低种姓预留就业配额的政策已经开始在全国范围内断断续续地推行，这又重新激活了社会各个阶层的种姓意识。就业配额的预留比例各邦不尽相同——从哈里亚纳邦（Haryana）的2%到泰米尔纳德邦的65%不等——但在印度全境内，一场重大的社会变革正在展开。变革在印度行政服务局

---

① 拉杰普特人主要分布在印度北部和西部地区，有尚武传统，自称为刹帝利种姓。

（India Administrative Service，IAS）① 这样的机构尤其明显，在实施预留政策以前，占人口总数仅 5% 的婆罗门占据了该局 58% 的岗位。

在 1960 年代及 1970 年代，大部分受过教育的印度人都相信种姓会开始消亡。而现在，种姓却突然成了全国关注的焦点，或者可以说是印度政治中最重要的单一议题。

那天下午晚些时候，我来到首席部长的官邸，发现拉鲁正坐在屋外，双腿跷在一张桌子上。他被一群打手和谄媚的下属包围着，对此我已见怪不怪。他们的面容让我想起那件发生在火车上的事，一名公务员被拉鲁的一个议员殴打，于是我问他媒体的报道是否准确。

"为什么你不问问当事人呢？"拉鲁答道。他朝站在他左边的一个议员挥挥手："这就是蒙塔兹·安萨里。"

安萨里身材颀长，嘴边留着浓密的髭须，穿着白色宽松裤子，他发出一阵咯咯的笑声。

"这完全是个莫须有的故事，"他说，咧嘴露出一个灿烂的笑容，"内容毫无根据，只不过是我的政治对手的宣传罢了。"

---

① IAS 是印度文官体系的核心组织，加入 IAS 意味着成为公务员，享有崇高的社会地位。

"只是他党内的工作人员打了那个人,"拉鲁解释道,"安萨里和这件事毫无关系。"

"所以那个人的确被打了?"

"只是扇了几个耳光,"安萨里说,"手下的那些人办事不妥。"

"事后您采取了什么行动呢?"我问拉鲁。

"我告诉我的议员们:'你们不能这样做。任何一个公民都是国家的主人,我们只是公仆。'"

"您就做了这些?"

"我对发生的事情进行了谴责,"拉鲁笑容满面地说着,"我也谴责了安萨里先生。"

拉鲁和安萨里都爆发出一阵笑声。然后拉鲁喝尽杯中的茶水,把茶渣越过肩头向后甩去,一扬手将杯子扔在草地上,并叫一个戴头巾的仆人把它捡起来。"来吧,"他说着站了起来,示意我也跟他一起,"这只是一件微不足道的小事。我带你去看看我的农场。"

我还没来得及表示异议,拉鲁已经挽起了我的手臂。他带我去转悠的地方曾经是英国总督官邸中整洁优雅的玫瑰园。除房子后面的一小块草坪以外,整片土地都被耕犁出来,变成了一块块农田。角落里是拉鲁的鱼塘和蜂箱,在另一片畜牧农场里有兔子笼、奶牛棚和水牛棚。在棚区之间的土地上则是一条条平整的犁沟,里面种着辣椒、菠菜和西红柿。"这是萨图粉(sattu)①,"他说,"吃了非常利于放屁。"

"这些东西都是给谁吃的呢?"我问。

---

① 由磨碎的豆类和谷物混合而成,主要是印度比哈尔邦和北方邦的食物,是素食者重要的蛋白质来源。

"我呀——还有我的妻子和家人。我们这种农民就喜欢吃新鲜的东西。吃不完的我们就分给穷人。"

在我们参观一台由拉鲁的一个表弟操作的新打谷机时,拉鲁谈起了婆罗门政治权力集团。

"印人党和国大党都是婆罗门政党,"他说,"落后种姓群体没有理由把票投给他们。在比哈尔邦,他们已经认识到了这一点。总有一天,每个地方的人们都会认识到这一点。这些政党得到的支持将像夏天的脏水坑一样逐渐干涸。"

"低层种姓群体势必上升,"他一边说着,一边带我走回车里,"即使现在,他们也正在觉醒,发出自己的声音。你会看到我们将打破这些人的权力……"

拉鲁站在车辆通道的阴影中,仿佛在进行公共演讲似的宣布:"我们将得到源源不断的选票,没有人能够阻止我们。"

司机急不可待地出发了:马上就要天黑了,他希望能在日落之前回到酒店。他说,即使在巴特那,也只有疯子才会天黑以后还待在比哈尔邦的路上。

附言

1997年春,印度中央调查局(Indian Central Bureau of Investigation)逐步锁定了拉鲁,尽管在警方开始调查证人之前,许多关键目击者遭遇了离奇而致命的"意外事件"。随着调查展开,拉鲁政府在"饲料骗局"中贪污的总数额也浮出水面:将近100亿卢比,约等于1.8亿英镑[①]——放在任何地

[①] 这是作者按照写作时的汇率换算的,与目前的汇率有所出入。本书其他处的货币换算亦是如此。

方，这都是一个不小的数字，而按照比哈尔邦的标准则更是一个天文数字。1997年5月，拉鲁终于被捕，但当他终于承受不住下台的压力时，他发动了一场具有其鲜明特色的无耻的政变（putsch）：辞去比哈尔邦首席部长的职务，但仅将政府统治权移交给他不识字的妻子——拉布里·黛维（Rabri Devi）。在笔者撰写本文之时，她继续统治着比哈尔邦。

尽管有这些丑闻出现，在1998年的大选中，拉鲁所在政党的表现依然好于所有人的预期。他的确是人民党（Janata Dal）① 元老中极少数不会遭遇选举滑铁卢的人物之一，再一次向所有人证明（如果还需要证明的话），印度所有参加选举的政客都同样奸猾狡诈，所以无论他们被揭露出来的不正当行为多么有破坏性，都诡异地不会对他们产生任何影响。拉鲁在保释出狱、等候审判期间参加了选举并获得连任，支持率虽然有所下降，但也令人满意地获得了多数票，然后他的——或者从法律上说，他妻子的——政府和国大党组成联合政府，他重回权力宝座。

在投票过程中，尽管印度军方的所有军团都部署在现场，比哈尔邦的暴力活动依然达到了令人惊叹的新高度。有人使用迫击炮和地雷协助选举舞弊，导致《政治家》（Statesman）日报写下了一个令人难忘的标题——《比哈尔邦死者众多：警方被炸成碎片》。或许永远不会有人知道死亡人数究竟有多少，但毫无疑问，选举当天有超过50人死亡，包括一名候选人。一个受到谋杀指控、名叫布里杰·贝哈里·普拉萨德

---

① V. P. 辛格1988年创立的政党，拉鲁曾是该党成员。1997年，拉鲁等人从该党脱离，创立全国人民党（Rashtriya Janata Dal），拉鲁担任党主席。

（Brij Behari Prasad）的人，后来在拉鲁政府中获得了电力部部长的职位，虽然有报道称，最近他为了逃避抓捕已经"潜逃"。

　　同时，比哈尔邦的无政府主义也月复一月地愈演愈烈。今年冬天，我一个朋友试图开车从巴特那前往比哈尔邦北部的布尔尼亚地区，那里有一系列莫卧儿帝国时代的遗址，他想去勘察一番。旅行的第一天，就在光天化日之下，他的汽车在国道上被一群歹徒（dacoit）拦下，对方拿着各式各样的长矛、刀剑和自制武器。朋友所有的东西——钱、相机和行李，都被洗劫一空。但好在他早就预料到了这场不测之祸，事先在袜子里藏了一些美元，所以他勇敢地继续上路了。走了20英里后，他被第二帮劫匪拦了下来，他们对他进行了脱衣搜身，把他的美元、鞋袜和汽车统统劫走了。他不得不赤脚走回了巴特那。

第二章　在阿瓦德王国

勒克瑙，1998 年

在 1857 年印度民族大起义①前夕，阿瓦德王国②的首都勒克瑙毫无疑问是被殖民前的印度最大、最繁荣、最开化的城市。她那壮阔的天际线——由穹顶、高楼、鎏金的圆顶塔构成，还有那些宫殿，那些令人赏心悦目的花园、纪念大道和宽阔的广场（maidan）——让游人不由得想起君士坦丁堡、巴黎甚至威尼斯。这座城市以使用典雅的乌尔都语③和繁复的社交礼仪而著称，在次大陆的诸多城市中最为精妙雅致；她拥有取得最高艺术成就的舞者；她的菜肴因豪华繁复、精细烹制而闻名遐迩。此外，坐落在这座城市中心的是勒克瑙宴饮无度、奢靡堕落的宫廷。关于 700 个妻妾和无数舞女（nautch girl）的香艳故事象征着数代东方学者心中的狂热幻想，但这一次，这种幻想似乎与骄奢淫逸的现实并未相隔太远。

"但看看她现在的样子，"穆什塔克（Mushtaq）倚着屋顶忧伤地说道，"看看，已经所剩无几……"

我们站在穆什塔克学校的屋顶上，学校位于勒克瑙市中心

---

① 印度民族大起义指 1857—1858 年印度反对英国东印度公司殖民统治的一次大型起义，另有印度叛乱、印度哗变等称谓。起义以失败告终，但导致东印度公司将管辖的领土移交给英国政府直接管理，印度正式被纳入英国的殖民统治，称为英属印度（British Raj），莫卧儿帝国正式覆灭。

② 阿瓦德原为莫卧儿帝国统治下的一个省，后成为世袭土邦，英国殖民统治期间称为"阿格拉和奥德联合省"，区域大致相当于今天的北方邦。

③ 乌尔都语产生于 8 世纪到 11 世纪，是阿拉伯穆斯林带来的阿拉伯语、波斯语、突厥语等和北印度民间俗语交流融合的结果。19 世纪，乌尔都语被正式文学语言化。现今为巴基斯坦官方语言。

最古老的街区之一阿米纳巴德（Aminabad）。这是一个寒意恻恻、雾气蒙蒙的冬日清晨，透过我们周围和地面上的薄雾，一座座鼓胀的鎏金穹顶跃然耸立，那是这座城市遗留下来的清真寺和伊曼巴拉（Imambara）①。一队鸽子绕着穹顶盘旋往复，然后停在一片罗望子树林一侧。不远处，一个小男孩正从一座带穹顶的莫卧儿小亭子上方跑下来，手里放着风筝。眼前这幅图景依然壮美，这依然是伊斯兰世界中最美的天际线之一，但即使我们站在一个绝佳的观景位置，却无疑仍旧能看到衰落的迹象。

"看到穹顶上长的草了吗？"穆什塔克指着宏伟的贾玛清真寺（Jama Masjid）上方那三座大穹顶说，"那里已经整整30年没有粉刷过了。看看底部那些裂缝！如今，修复这些建筑的技术也不复存在了，匠人们都早已离去。纳瓦布（Nawab）②们会寻遍印度各地，甚至到印度以外的地方聘请手艺人，有来自塔什干（Tashkent）和撒马尔罕（Samarkand）的艺术家，有来自伊斯法罕（Isfahan）和布哈拉（Bukhara）的石匠。那时候匠人们会收到不菲的酬劳，但现在根本没人会想着要修复这些建筑。它们只是被抛在一旁，等着腐坏。我这辈子目睹了所有这些变化。"

一个德里的朋友听说我打算去参观勒克瑙，便向我介绍了穆什塔克·纳克维（Mushtaq Naqvi）。他说，穆什塔克是老勒克瑙最后的遗民之一，他是诗人、教师、作家，熟知勒克瑙的

---

① 伊斯兰教什叶派在穆哈兰姆月，即伊斯兰历第一个月举行集会的带柱子的大厅，集会上会朗读及讲解纪念穆罕默德外孙侯赛因及哈桑的经文。
② 莫卧儿帝国皇帝赐予土邦的半自治穆斯林世袭统治者的一种尊称，其主要职责是维护莫卧儿皇帝在某省的主权以及管理。纳瓦布在英国统治期间仍然存在，直到印度独立以后，土邦逐渐并入联邦，到1970年代纳瓦布完全消失。

一切。但令所有人略感惊讶的是,尽管勒克瑙自印度独立后已经发生巨变,他依然选择永不离开这座他出生的城市。在与德里的朋友们交谈时,我很快意识到,"尽管勒克瑙已经发生巨变"这句话似乎可以被加在所有形容这座城市的言辞的后面,仿佛人人都已承认,勒克瑙的光荣时代只遗留在过去。

所有人都一致认为,这座城市最辉煌的时代是在18世纪,其时她正处于阿瓦德(或奥德)诸位纳瓦布的昌盛统治之下——用一位权威人士的话来说,那时勒克瑙就像"印度(革命前的)德黑兰、蒙特卡洛(Monte Carlo)① 和拉斯维加斯,还带着一点格林德伯恩(Glyndebourne)② 歌剧院的气质"。即使在发生了1857年大起义,继而英国人又进行了血腥的报复性镇压以后,勒克瑙依然得以重生,成为英属印度时代最宏伟的城市之一。

最终撕裂这座城市的是1947年的印巴分治,在勒克瑙,印度教和伊斯兰教文化素来交融共存,但在史无前例的杀戮中,每个人都必须选择站在印度或是巴基斯坦一边,这种交融文化无可避免地遭到了灭顶之灾。到1947年底,勒克瑙中受过教育的穆斯林贵族大量迁往巴基斯坦,继而涌入这座城市的是来自旁遮普(Punjab)地区的非穆斯林难民。他们把留下来的穆斯林看作最大的嫌疑对象——视他们为危险的狂热分子和巴基斯坦的"第五纵队",他们还把自己那独树一帜的、野心勃勃的商业文化带到了这座城市。老勒克瑙遗留下来的那些颇具宫廷气度、优雅精致的事物

---

① 摩洛哥城市,以豪华的赌场闻名于世。
② 一座位于伦敦附近的乡村庄园,有每年举办歌剧节的传统。

迅速走向消亡。日落时分路上不再洒水,建筑不再一年一度地粉刷翻新,花园枯萎凋落,垃圾秽物开始堆积在人行道上,无人清扫。

50年之后,勒克瑙不再以文雅著称,相反,粗俗腐败的政客和蠢笨无能的官僚倒是远近闻名。她曾被视作印度最文明的城市,这里的人们的举止和言辞曾令印度其他地区的人相形见绌,如今,她的名声却在急速败坏,随着黑帮势力迅速坐大,警方的野蛮执法、腐败不堪尽人皆知,她沦为这个国度里最绝望、最落后、最暴力的城市之一。

"你应该已经看到,那边的天际线有些令人悲伤的变化。"当我们朝东看时我对穆什塔克说道,在东边,平庸无奇的高楼大厦完全遮住了位于城中心的18世纪建筑景观,也让老建筑显得更加渺小。

"在30年时间里,这座城市所有的美感都消失殆尽,"他答道,"勒克瑙曾有'印度花园'的美誉,到处都是棕榈树、花圃和绿植。而今,大部分地区都被混凝土啃噬了,剩下的则沦为贫民窟。你看到那边那幢坍塌的建筑了吗?"

穆什塔克指着不远处的一处废墟。那里定然曾经是一幢相当恢宏的建筑,如今却只剩下少许尖顶拱门和几根破损的石柱,三面环绕着临时搭建的棚屋,另一面则是一片发臭的水塘。在废墟边缘,一头奶牛正咀嚼着一堆麦麸。

"现在已经难以想象了,"穆什塔克说,"但当我还是个小男孩时,那里是勒克瑙最美的庭院式宅邸(haveli)[①]之一,

[①] 这个词源自阿拉伯语,莫卧儿王朝时在印度流行,后来泛指印度次大陆上各种风格的豪宅、联排别墅或寺庙。

在它的中心位置是一间华丽的镜厅（shish mahal）①。那座宅邸覆盖了如今被棚屋占据的所有区域，臭水塘的位置原来是庭院中间的人工湖。阿米纳巴德和侯赛纳巴德（Hussainabad）所有的贵族妇人（Begum）都会去那里游泳。到处都是花园。看到那些交缠带刺的铁丝网了吗？那里曾是一片果香芬芳的橘树园。你能想象这些吗？"

我再次打量起眼前的风景，试图想象她以往的芳华。

"但最糟糕的是，"穆什塔克继续道，"这座城市外部的腐坏其实只是象征着她内部发生的事：内里烂透了。"

"这话是什么意思呢？"我问。

"在纳瓦布统治的时代，勒克瑙经历了一场文艺复兴，它代表了印度－伊斯兰精华最伟大却也是最后一次华丽绽放。纳瓦布们个个都是谦谦君子，在文学艺术领域有很深的造诣。比如瓦吉德·阿里·沙阿（Wajd Ali Shah）②，他著有上百本书，是一位了不起的诗人和舞蹈家。但勒克瑙的文化不只限于精英阶层：即使娼妓也可以引用伟大的波斯诗人的诗句，即使马车夫和集市商贩也能讲一口最纯正的乌尔都语，他们高雅的举止在整个印度享有美誉。"

"那现在呢？"

"现在，我们最伟大的诗人米尔③的坟墓就躺在铁轨之下。他所代表的文化的遗物看起来不堪一击，这实在令人绝望。在分治以后，一切都变了样。留下来的穆斯林都是中下阶层，他

---

① 即以镜片装饰厅室内部墙面，制造出华美璀璨、交相辉映的视觉效果。
② 阿瓦德王国最后一位纳瓦布。
③ 即米尔·塔基·米尔（Mir Taqi Mir），18世纪莫卧儿王朝时期的乌尔都语诗人，也是塑造乌尔都语的先驱之一。

们根本没有能跟旁遮普人竞争的技术和教育水平,而后者又有钱又有商业头脑,店铺里总是灯火通明。穆斯林拥有的一切都迅速瓦解了:宫殿和庭院的主人成了看门人(chowkidar)。如果你看见任何一位上年纪的贵族妇人,你都不会认出她来。他们所有的荣光都被夺走了,他们的庭院则荒芜败落。他们从来不去工作——只因为不知道该怎么做。由于他们从不筹划未来的事,很多人现在已经一贫如洗。有的人家不得不强迫女儿去卖身。"

"真的吗?"

"真的。我跟你讲一件会让你落泪的事。我认识一个年轻女孩,才18岁,出身于一个贵族家庭,也被迫从事这项生计。她穿着罩袍(chador),人力车师傅把她拉到克拉克旅馆(Clarke's Hotel),一个富有的旁遮普商人打算在那里花500卢比享用她。这个商人喝了威士忌,但当女孩褪下衣衫时,他被她的美、她与生俱来的庄严气度震慑住了,他完全无法触碰这个女孩,于是把钱给她,让她离开了。"

穆什塔克悲伤地摇着头:"所以你看,不仅是建筑,这座城市的人也在堕落,这座城市衰落的历史就写在她的子民的身上。看看街上流浪的孩子们,他们会变成罪犯。纳瓦布的曾孙们在拉人力车。如果你在这个问题上深入下去,写书时就会热泪盈眶。"

他指着一幢半毁坏的庭院的屋顶平台:"看到那边的房子了吗?在我还是个学生的时候,那里住着一位贵族。他来自一个微末的纳瓦布家族。他一个人住,但每天都会去茶铺(chaikhana)闲聊(gupshup)。他是一个很骄傲的人,很看重自己的贵族出身,总是穿一身老式的长罩袍(angurka)。但他所有的财产都在分治中烧成灰烬了，他也没有工作，没人知道他是靠什么活下来的。

"后来有一天，他没来茶铺。第二天、第三天也不见他的踪影。最后在第四天，邻居闻到他的房子里飘出一阵恶臭，于是破门而入，发现他躺在绳索床上，已经死了。房间里没有铺盖，没有其他家具，没有书，空无一物。他把自己所有的东西都卖光了，除了他身上那套衣服，但他又舍不下颜面去乞讨，甚至不愿告诉任何人他的困难。邻居们把他送到医学院验尸，发现他死于饥饿。"

"来吧，"穆什塔克说，"我们去集市（chowk）上看看吧，我会在那里告诉你这座城市的现状，和她以前的模样。"

穆什塔克说道，在莫卧儿帝国的鼎盛时期，即17世纪早期，泰姬陵（Taj Mahal）的建造者沙·贾汗（Shah Jehan）统治王国的疆域从北部的兴都库什山（Hindu Kush）几乎绵延到南部戈尔孔达（Golconda）① 恢宏的钻石矿区附近。但在18世纪，由于内部连年战乱，同时外部又接连遭遇来自波斯、阿富汗侵略者的袭击，帝国逐渐分崩离析，印度的重心也无可避免地开始东移，从德里移到了勒克瑙。纳瓦布们坚持声称他们只

---

① 位于印度中南部海得拉巴附近，是历史上著名的钻石之都，16世纪至17世纪达到全盛时期，出产了一些世界闻名的钻石。

是莫卧儿帝国的省级统治者，但事实上他们掌握着大量实权和不可胜数的财富，比莫卧儿帝国晚期那些权力衰微、在德里的皇位上昙花一现的君主要富有得多。

渐渐地，随着莫卧儿帝国对艺术的资助能力越来越弱，大量诗人、作家、建筑家和细密画家从德里迁到了勒克瑙，纳瓦布们将当时的天下英才都聚集到自己麾下。其中就有米尔这样的人，他应该是所有乌尔都语诗人中最杰出的一位，1782年，他不堪忍受暴力的侵扰，为了躲避莫卧儿帝国首都的动荡，不得不在66岁高龄离开他心爱的德里。

纳瓦布们都是伟大的建造者。在不到50年的时间里，他们成功将一座满是狭窄巷道的中世纪小城变成了伊斯兰世界最伟大的都城之一。"不是罗马，不是雅典，不是君士坦丁堡，我见过的任何一座城市都不像她这样美，让我这样震撼而痴迷……"英国战地记者威廉·罗素（William Russell）在大起义期间写道，"阳光在鎏金的穹顶和塔尖嬉戏，处处植被丰茂，绿树成荫，花园芬芳，让我隐隐记起站在圣克洛德那边的山上眺望布洛涅森林①的美景……如果不是周围枪声四起，子弹穿过空气发出阵阵噪声，这片景色该有多么宁静怡人啊！"

在穆斯林统治印度600年后，纳瓦布们在勒克瑙取得的成就象征着印度-伊斯兰文明融合最后的天鹅之歌，这是最后一次生命能量和灵感的大爆发，在接下来的20世纪，印度穆斯林的一切都被剥夺了，只剩下分治、绝望和无法遏制的衰落。

自我抵达这座城市后，在好几个晴朗而寒冷的冬日里，我坐上人力车在老城里四处颠簸，寻访了一些旧日遗迹。有时候

---

① 坐落在巴黎城西，曾是皇家林苑。

人们认为，纳瓦布时代的建筑包含了一种堕落，它们背离了伟大的莫卧儿黄金时代的纯粹规范，这种说法是有一定道理的。比如，勒克瑙没有一处建筑能与纯正完美的泰姬陵媲美。此外，在酝酿大起义的那几年中，勒克瑙新修的部分建筑的确陷入某种绚烂浮夸、沉溺于感官享乐的风格中，而这似乎准确地折射出当时这座城市淫逸无度、笙歌燕舞，最终走向灭亡的社会氛围。时至今日，勒克瑙一家美术馆入口的帘布上还画着最后一位纳瓦布瓦吉德·阿里·沙阿裸露着乳头调情的形象，一位古板的英国夫人（memsahib）曾因目睹此画而晕过去，而这张画恰恰鲜明地展示出那个时代的特征。类似过度颓靡的感觉在纳瓦布晚期的诗歌中也能觅得踪迹，这些诗歌可谓穆斯林诗人笔下最毫无禁忌地表现肉欲和感官享乐的句子：

> 我热爱乳房
> 如同热爱石榴树；
> 除了此树，我的墓上
> 不得栽种其他草木。
> ——纳西克（Nasikh）

面对这样的诗句，米尔曾批评道，勒克瑙大多数诗人都不会写诗，最好还是让他们去"沉溺于接吻和诱骗良家妇女"比较好。

纳瓦布晚期的建筑同样采取了毫无节制、浮夸堆砌的风格，米尔可能对此持有相同的意见。到了晚期，勒克瑙的建造者们发展出一种独特而张扬的阿瓦德式洛可可风，其形式和装饰方法似乎更多借鉴自欧洲的舞厅和游乐场，而非巴布尔和

"跛足"帖木儿（Timur the Lame）① 简朴的神殿和堡垒。朴素和克制荡然无存，即使在为死者修建墓穴时亦是如此，墓穴内部的每一寸地方都以大量色彩绚烂的石膏绘饰，如羽毛般轻细的笔画描成艳丽的花朵形状，杂乱无章地交织在一起。

尽管如此，勒克瑙最好的建筑——那些建于18世纪晚期的作品——证明了这里有过一个光辉灿烂、极尽繁荣、整个印度无可匹敌的白银时代。大伊曼巴拉（Great Imambara）建筑群是纳瓦布阿萨夫·乌德-道拉（Asaf ud-Daula）1784年为举行什叶派宗教集会而修建的，这里有世界上最大的拱形厅堂之一，修建目的是在饥荒之年为民众提供就业岗位。建筑群上的涂鸦也未在后来的纳瓦布建筑上出现过。大伊曼巴拉与其后的建筑风格迥异，这是一幢广阔而极其宏伟的建筑：长长的拱廊间回声相闻，拱廊的尖顶朝着洋葱形的鎏金大穹顶的方向耸起，此外，还有胡椒瓶形的小穹顶形成连绵起伏的波纹线；角落里耸立着尖塔，塔顶是坚固而设计精美的穹顶凉亭（chattri）。整个建筑群被大清真寺和鲁米门（Rumi Darwaza）② 环绕着，散发出一种勇敢、鲁莽、奢华、自信的气派。很明显，勒克瑙意在从气派上超越莫卧儿晚期的德里，大伊曼巴拉表明，她完全能以十足的气派做到这一点。

而今，如果开车穿过现代勒克瑙那些阴郁的街道，你会感到纳瓦布时代留下的大量建筑超然于周围的混乱世相，如同某种失落文明的纪念碑，与眼前的一切似乎毫无关联，就像金字

---

① 帖木儿是突厥化的蒙古贵族、帖木儿帝国的创立者，他曾征服德里苏丹国，其后裔巴布尔创建了莫卧儿帝国。
② 通往勒克瑙老城区的入口大门，其设计恢宏华丽，仿造君士坦丁堡的一扇大门而建。

塔与现代埃及毫无关联一样。有时候，你又会觉得几乎难以相信，这些建筑的历史居然还不到 200 年，在那时，勒克瑙被誉为亚洲最富有的王国之一。而今天，这座城市就和印度其他地方一样破败而贫穷。人力车夫间的口角一浪又一浪地传过崎岖不平的道路，车身颠簸地陷入坑洼又猛地弹起。路边到处是随意丢弃的垃圾，狗和老鼠争相在垃圾堆里搜寻，狗鼻子发出哼哼的声音。在这旁边，一排排表情绝望的街头小贩蹲坐在肮脏的蒲席上，展示着他们那绚丽又廉价的塑料钥匙环和假劳力士手表。公园里没有草坪，苗圃里没有鲜花，铁丝网衰败无力地竖在曾是美丽的莫卧儿花园的地方，那里曾有长尾鹦鹉和孔雀发出悦耳的鸣叫。在纳瓦布老城的废墟上，印度独立后修建的楼群拔地而起，楼身有季风刮过留下的痕迹，四面都是深深的裂痕，现在，它们就像废墟一样，透露出坍塌即将来临的信号。

纳瓦布们的奢靡和后殖民时代骤然而至的衰败穷困形成了巨大的反差，这种反差带来的痛苦几乎令人难以忍受：似乎在这座城市的每个地方，标准和期待都在普遍下降。

即使纳瓦布治下的勒克瑙正在修建她最伟大的建筑，阿瓦德王国依然敏锐地觉察到，自己已经来日无多。1764 年，纳瓦布们甚至尚未将都城定在勒克瑙，他们的军队就已在一场战役中输给了东印度公司。在 19 世纪早期的进程中，东印度公司就像癌细胞一样扩散，不断蚕食着阿瓦德的领土：在不到 50 年的时间里，王国内一半以上的领土成了英国的属地。但令人惊讶的是，纳瓦布们依然对欧洲人有求必应，心满意足地赏玩着西方人为宫廷带来的各种小玩意儿和娱乐，他们欢迎欧洲的杂耍演员、肖像画师、手表修理匠、钢琴调音师甚至时髦的伦敦理发师来到勒克瑙，并向他们的服务支付高额的报酬。

如果纳瓦布偶尔在外国访客前穿戴成英国海军上将的模样，甚至扮作英国教堂里的牧师，勒克瑙的欧洲人就会报以赞美。而勒克瑙 18 世纪晚期的许多细密画却显示，那时候这里的欧洲人反而一边穿着白色的阿瓦德长袍躺在地毯上，嘴里抽着水烟筒，一边观看着面前舞女的曼妙身姿。甚至那些从未放弃穿戴欧洲服饰的人看起来也会遵从纳瓦布社会的习俗：比如克劳德·马丁（Claude Martin）少将，他的妻妾包括他最爱的妻子布洛内（Boulone）和她的三个姐妹。这种男女间的奇闻逸事也不是单向的：至少有两位英国夫人被选入了阿瓦德王室的宫闱之中，纳瓦布曾为她们中的一位沃尔特斯（Walters）小姐修筑清真寺，寺庙保存至今。

城中留存下来的许多建筑都折射了印度与欧洲融合的特殊历史时刻。康斯坦蒂亚（Constantia）原是克劳德·马丁的宏伟陵墓，如今是马蒂尼埃学院（La Martiniere College），它一半带有纳瓦布式的梦幻，一半是殖民者军营的哥特风格，或许可以算作印度最壮观的混合风格建筑。就像马丁本人一样，他将穆斯林王子的生活方式和自己对艺术科学的兴趣完全融合在一起——他写作波斯双行诗，拥有一座天文观测台，在制作地图、植物学、热气球甚至肾脏手术等方面进行实验——所以他的陵墓里既有英国乔治王朝风格的柱廊，又有中世纪城堡的射弹孔和炮塔；帕拉弟奥式①的拱廊与莫卧儿风格的圆屋顶并存；在陵墓内部，色彩绚丽的纳瓦布石膏绘饰环绕着韦奇伍德（Wedgwood）②浮雕，上面镌刻着经典的欧洲神像。

马丁将康斯坦蒂亚设计成了印度境内最恢宏的欧洲陵墓，使其成为东印度公司对泰姬陵的回应，同时，这座建筑的设计也很注重防御性。18世纪的印度动荡不安，暴力丛生，在1770年代的一次起义中，马丁不得不用两门装满霰弹的大炮来保卫他的官邸。这件事让他终生难忘，所以他将康斯坦蒂亚建造成了抵御危险的最后堡垒。建筑正面由数列大炮拱卫，沉重的铁门封锁了狭窄的螺旋形楼梯，确保楼梯连接的各层能免遭炮火袭击。在建筑正面，马丁竖立起两座庞大的东印度公司石狮，它们被设计成嘴里托举着燃烧火炬的样子。在暗夜中，发光的猛兽口吐火焰，浓烟滚滚，马丁意在用这幅图景吓退那些心怀不轨的入侵者。

在这座处于东方和西方、纳瓦布旧世界和英国统治新世界的断裂之中的城市，康斯坦蒂亚独一无二，它以刻意的奢华和纯然的古怪表现着这座城市的富足、进取和开明。直到今天，这座非凡的建筑依然完好无损地耸立着，依然用院墙紧紧守卫着自己的领地。当你坐着人力车渐渐靠近时，你会经过一条美妙的林荫道，道旁满是白杨、罗望子、桉树和木麻黄，在道路尽头，你会经过一座完美的莫卧儿穹顶式墓穴，这是马丁为他的爱妻布洛内修筑的。正如他在遗嘱中动人心弦地写道："她

---

① 帕拉弟奥（Andrea Palladio, 1508—1580），意大利建筑师，其建筑风格推崇古希腊和罗马传统建筑的对称思想和美学特征。
② 创立于1759年的英国品牌，以生产优质的骨瓷餐具、茶具器皿、浮雕玉石等器具闻名，象征着典型的英国文化与生活风格。

选择永不弃我而去,她坚持陪伴我一同生活,自从我们在一起生活,我们从未向对方说过一句置气的话。"

在离康斯坦蒂亚不远之处,过铁道十字口再坐一小段人力车,我意外发现了一幢同时期的建筑,虽然它规模更小,却同样引人注目。后来才知道,这是纳瓦布们一个最心爱的游乐行宫的遗址,名叫迪尔库沙(Dilkusha),意为"欢乐之心"。尽管名字非常波斯化,迪尔库沙的建造模板实际上却是一幢优雅的英格兰乡间别墅:位于诺森伯兰郡(Northumberland)的锡顿德勒沃尔(Seaton Delaval)庄园——除了朴素的帕拉弟奥式设计风格之外,还安上了四座华丽绚烂、光彩夺目的八角形尖塔。

这个时期是印度-欧洲文化产生融合的特殊历史时刻,这一时刻孕育着尚未实现的诸多可能性,而勒克瑙随后的历史又经常被人遗忘。但双方互相借鉴增益的进程并未持续下去。随着19世纪的来临,英国方面对纳瓦布们的索取越来越多,也越来越表现出高人一等的傲慢。他们开始对勒克瑙的建筑和传统嗤之以鼻,开始日益深信"本土"文化中毫无可供学习之处。纳瓦布和英国方面的关系逐渐变得紧张:似乎生机勃勃、包容外来文明、彬彬有礼的勒克瑙直接挑战了笃信福音派、日益骄横的加尔各答的权威。1857年,在英国方面强行废黜最后一位纳瓦布后,勒克瑙进行了反击,起义军包围了防御森严的英国官邸。

经过将近两年的围攻和勒克瑙巷道中绝望的赤膊战,英国人打败了起义军,并对这座被征服的城市实施了报复。纳瓦布首都的大片区域被夷为平地,该地区的行政中心转移到了安拉阿巴德(Allahabad),持续将近半个世纪。所有和起义相关的场所都被英国方面仔细地保留了下来——遭受围攻后布满凹痕的官邸遗址、牺牲的英国将领的坟墓、城区中增援部队遭到埋伏或被迫撤退的每个地点——此举将勒克瑙的许多地方变成了一座大型的帝国战争露天纪念馆，密密麻麻地放置着墓穴、尖头大炮、方尖碑和阵亡名册的外壳。但勒克瑙的宫廷和行政权都被夺走了，剩下的东西只能招来猎奇的英国游客，她渐渐成了今日这一潭死水的忧郁模样。

"但就在我的童年时代，勒克瑙一些古老的优雅做派还是存在的，"穆什塔克说，"我会带你去看看，我说的话是什么意思。"

我们一起走过集市，那些狭小的铺面格间组成的迷宫曾经是勒克瑙文化生活的中心。在我们头顶上方，精雕细镂的木质阳台架在格间的窗台上，人影就在那些木质护栏后轻快地闪动。我们时不时会走过一座高大庭院带山墙装饰的拱门：拱门依然威严耸立，但它通往的古老宅邸却往往已变成了仓库（godown）或货栈。缠绕成一团的电线沿着集市一边垂下来，为了让电线穿过，人们通常会粗暴地凿开老宅的墙面和拱廊。

在格间住所下方是一爿爿奇妙的、盒子般的小商铺，所有商铺都分门别类地排列着：一排售卖自制烟火的铺面，后面另一排小店里则有堆积如山的番石榴或金盏菊花环①；一些卖耳

---

① 番石榴和金盏菊花环常用于节庆之日敬献神灵，所以会和烟火放在一起出售。

垢清洁器——将清洁器放入顾客内耳,顺着耳垢旋转即可清除——紧接着必然是售卖银质搅拌器的配套铺面,搅拌器是以手工将银锤击成精美的薄片制成的,用来制作质地黏稠的勒克瑙甜品。

"在我还是个小男孩时,那是在分治以前,我经常和哥哥一起来这里,"穆什塔克说,"那时候,集市里还充满了熏香店的芬芳气息。他们会用不同的熏香搭配不同的季节:香根草(khas)用于热季,印果(bhela)用于季风季,海娜(henna)则适合凉季。到处都是遍布鲜花的货摊,人们从花园或辗转从乡下将它们采集而来。集市以拥有最好的食物、最美味的烤串和北印最出众的美人而闻名。"

"最出众的美人?"我环顾四周,只看到一个全身裹着黑色罩袍的女人偶然掠过,她穿得如此严实,简直像个黑色蜂箱。

"哎,"穆什塔克说,"你看,那时候,最后一些舞女还在这里。"

"她们是妓女?"

"不是西方理解的妓女,虽然她们也可以提供那种服务。"

"那么她们和妓女有什么区别呢?"我问。

穆什塔克答道:"在很多地方,舞女可以说是文化的守护者。撇开别的不说,几个世纪以来她们传承着印度传统音乐;她们被称为塔薇芙(tawwaif),是良好礼仪的化身。年轻男子会被送到她们那里去学习行为举止:如何卷起或接受槟榔果(paan),如何表示谢意,如何行额手礼(salaam),如何站起,如何离开房间——还有关于人生种种需要了解的知识。

"年轻男子会到舞女高层厢房的阳台上,背诵诗篇和加扎勒（ghazal）①。在此之前，会先把水洒到地上降温，再把地毯铺开，上面覆盖白色床单。客人周围要摆放好水烟袋和蜡烛，还有匠人刚刚做好的陶罐（surahi），灼热的陶器中会散发出季风时节雨水的味道。这一切都布置好后，背诵仪式才会开始。在那时，但凡一个稍微渴望被视为有教养的人，他就得找一位老师，学习如何作诗。"

一群水牛被赶进狭窄的巷道，朝着远处道路尽头的市场走去，为了给它们让路，我们走到一家烤肉店的台阶上。店里飘来烤肉和香料的香味。

"大部分舞女都会教年轻男子说标准的乌尔都语，你看，在勒克瑙，语言不仅是一种交流工具，还是文化的投射——它既绚丽又微妙。但现在语言已经变了。比起乌尔都语，旁遮普语是一种非常粗俗的语言：如果你听两个旁遮普人在谈话，你会觉得他们好像在吵架。但由于迁移到这里的旁遮普人数量众多，勒克瑙古老典雅的乌尔都语现在几乎没人说了。留下来的人里面，懂乌尔都语的本来就不多，现在还能说的就更少了。"

"你遇到过舞女吗？"

"遇到过，"穆什塔克说，"我哥哥以前在集市上供养着一位情人，有一次，他也带我去了。我永远不会忘记她：她虽然出身贫寒，却十分美丽——气质优雅，举手投足都很得体。她的妆容完整，佩戴的珠宝在油灯下闪闪发亮。对我来说，她看起来就像一位公主——但那时我才12岁，等到我长到可以自

---

① 一种由对句构成的抒情诗，起源于7世纪的阿拉伯诗歌，12世纪传入南亚，由波斯语或乌尔都语写成。

己拥有一位舞女的年纪,她们都走了。那整个孕育出宫廷诗歌之夜(mehfil)和诗歌会(mushaira)的文化都随着她们消失了。"

"所以什么也没留下?"我问,"这里再也没人能背诵伟大的勒克瑙诗歌了吗?谁还记得那些古老的故事?"

"哦,有个人,"穆什塔克说,"你应该去和苏莱曼(Suleiman)聊聊,马赫穆达巴德王公(Rajah of Mahmudabad)。他是个非凡的人。"

40　　我在勒克瑙徘徊得越久,苏莱曼·马赫穆达巴德这个名字就听得越多。无论何时,只要我提起勒克瑙优雅旧世界的遗民这个话题,他的名字都会或早或晚地出现在谈话中。毫无疑问,勒克瑙的人们以他为傲,将他视作某种知识宝库,当他们的城市沉入海底,他贮藏着打捞上来的所有智慧和文化的残骸。

一个星期后,我终于在勒克瑙一个朋友家中和他见面了。法里德·法里迪(Farid Faridi)的客人们聚集在一个小客厅里,一面小口啜饮进口威士忌,一面为最近勒克瑙的政客们犯下的暴行忧心忡忡。一个月前,当着全印电视台的摄像头,邦议会的议员们在辩论厅里用话筒架、桌子和碎瓶子互相攻击。事件导致多人严重受伤,尤其是印人党一方比较惨重,他们抵达议会大楼的人不多,也不如他们的对手那般武装齐全,最终约有 30 人因重伤被送往医院。现在尘嚣四起，大家都在讨论他们是否会采取报复行动。

"权力从有教养的人手里转移到了粗人手中，"一位客人说，"我们上一位首席部长是一位来自农村的摔跤冠军。你能想象吗？"

"我们所有的政客现在都是流氓和罪犯，"我的邻座说，"而警方又消极纵容，怯懦不前，完全不采取任何措施去阻止他们接管邦内的事务。"

"现在这种形势下，我们感到十分绝望，"法里迪说，"我们熟知的世界已经坍塌，我们对此无能为力。"

"我们唯一能做的就是坐在客厅里，看着这些罪犯洗劫我们的国家。"我的邻座说道。

"警方以前还会抓捕他们，"第一位客人说道，"但现在他们只会花时间给他们保驾护航。"

马赫穆达巴德晚到了，但主人以极尊敬的态度欢迎他的到来，自始至终都称呼他为"王公阁下"（Rajah Sahib）。他身材瘦小，身着传统的阿瓦德晚装：一件丝质高领长外套（sherwani）配纯白棉质宽松长裤。我对他的成就已颇有耳闻——他精通乌尔都语、阿拉伯语、波斯语，同时也对法语和英语得心应手，他在剑桥读了天体物理学研究生，他曾是拉吉夫·甘地执政时期一个颇有成就的议员——但我依然没有料到，这位忧心不安的博学者自踏进房间那一刻起，就轻而易举地左右了谈话的内容。

午夜将近，马赫穆达巴德离开时问我第二天有没有时间。如果有，他说，他欢迎我陪他去一座城堡（qila），那是他的祖先在勒克瑙城郊乡下的堡垒。他将于上午 11 点出发；如果我能在那时赶到,我可以一道前往,陪伴他共度这段旅程。

第二天我发现,苏莱曼现今在勒克瑙的临时住所①是纳瓦布最后一座辉煌的宫殿,盖萨尔巴格(Kaiserbagh,意为"帝王花园")残存的一翼。盖萨尔巴格的部分结构毁于大起义,在此之前,它比法国杜伊勒里宫(Tuileries)和卢浮宫加起来的面积还大,但剩下的部分——那些斑驳脱落的黄色石膏绘饰、各种奇奇怪怪的缺漏,让它看起来更像一座残损的西西里宫殿(palazzo)。一辆锈迹斑斑、连轮子都没有了的奥斯汀② 8系老式车停在宫殿的车辆通道上,旁边蹲坐着一群年老的仆人,他们都穿着白色手织布料做成的衣服,看上去和周围十分相宜。

苏莱曼在书房里,正在招待一群前来求助的请愿者。距他能抽出身来、打电话让司机开车来接他还有一个小时。很快,勒克瑙那杂乱无章的郊区远远落在我们身后,我们沿着一条漫长而笔直、两旁都是白杨树的道路,朝着一片耸起的路堤驶去。路旁绵延着种植芥末的黄色田野,画面只是间或被一丛棕榈树或偶然出现的池塘打破,池中满是皮质坚韧的水牛。苏莱曼在途中谈起了他的童年时代,故事慢慢浮现,他大部分时间都是在中东流亡时度过的。

"我的父亲,"他说道,"是真纳(Jinnah)的好朋友,也是他领导的穆斯林联盟的早期支持者。实际上,他提供了财力上的许多支持,成了联盟的财务主管。但是,尽管他一心追随真纳,却似乎从未真正明白分治究竟会带来什么。在分治前一夜,当流血冲突爆发时,他悄然离开了这个国家,经由伊朗去

---

① 原文为法语。
② 英国汽车品牌,以生产经济型小轿车而闻名。

往伊拉克卡尔巴拉（Kerbala）①。从那里我们又继续前往贝鲁特。十年以后他才取得巴基斯坦公民身份，即使在那以后，他大部分时间还是待在伦敦。"

"他后悔过帮助真纳吗？"

"他太骄傲了，不愿意承认这一点，"苏莱曼说道，"但我觉得是的，他肯定对分治带来的苦难以及他为促成分治所扮演的角色痛心不已。自那以后，他从未在某处定居或返回家园。我想他意识到了自己的行为让多少人流离失所，他选择在世间流浪，作为一种自我惩罚的方式。"

马赫穆达巴德堡位于勒克瑙城郊仅30千米处，但路况十分糟糕，我们花了两个多小时才得以抵达。最终，我们看到一对尖塔（这是苏莱曼的父亲仿照卡尔巴拉的清真寺所建）伸出树影，城堡正对着一片小湖泊，四周有低矮的围墙。

这是一幢宏大的建筑，和我见过的马蒂尼埃学院和迪尔库沙同属于印度-帕拉弟奥式风格。外墙由于修筑迎宾大门或鼓楼（naqqar khana）被打破了，上面饰有象征阿瓦德王国的鱼形纹章。往里耸立着老式城堡的土墙，城堡正面弯折成18世纪经典的凸形样式，再往上是一排排阳台，更高处则是莫卧儿式起伏的亭盖和穹顶。

城堡十分宏伟，但正如勒克瑙许多建筑年久失修一样，马赫穆达巴德堡也未能幸免。正门前方的草坪上青草都已枯死，花圃中残留的花朵枯萎垂落，城堡顶上冒出了灌木。在旧时代，鼓楼顶层的厅室里会坐满音乐家，他们敲起定音鼓，吹响印度唢呐（shenai），宣布王公的到来。现在却空空如也，当

---

① 伊拉克城市，伊斯兰教什叶派的圣地。

然,仆人肯定是不缺的。当我们驶入城堡内院时,二三十个仆人聚在那里迎候王公,所有人都虔诚地鞠躬并行额手礼。苏莱曼下车时,站在最前面的一个人扑下身子去触摸他的脚。

我跟随他走进城堡,穿过昏暗的大厅和狭窄的楼梯,一队仆人跟在我身后。脚下落满厚厚的灰尘,仿佛这是童话故事中森林里某座被人遗忘的城堡。我们走过一扇碎裂的门,来到一间古老的舞厅,这里空旷、宽敞,说话能听到回声。地板以前可以自动弹起,但现在许多木板已不翼而飞,剩下的则随意堆积着天花板上落下的石膏块。墙上挂着一位珠光宝气的王公的家庭画像,画像已经裂开了,一半留在画框里,一半悬在外头。看上去,这间屋子至少已经有十年没人来过了。

苏莱曼推开一扇门,带着我们朝以前的图书馆走去。蛛网摇摇晃晃,宛若掉落的墙皮;扶手椅上的印花布已在脱落。到处都是书籍,1920年代的精装本堆积成山,但你先得用手帕擦去灰尘,才能看清书脊,发现经典的字行——塔西佗《编年史》、亚里士多德作品集——紧挨着一些早已被时光遗忘的题目,像《事务员的竞争》(*The Competiton Wallah*)、《印度西北部省份的种族》(*The Races of the North-West Provinces of India*)之类。

"图书馆是我的祖先了解世界的窗口,"苏莱曼说,"但如你所见,如同其他事物一样,它也会很快衰朽。"

我环顾四周,地板上没有地毯,就那样裸露着,覆满污迹和灰尘。天花板裂开了漏洞,透过破损的石膏可以看到木梁,就像皮肉受伤后露出骨头。苏莱曼站在窗前,试图把百叶窗拉开,他用劲太大,差点把整个窗框推出了固定的位置。最后,百叶窗终于放弃抵抗打开了,它仅靠着最后一个剩下的转轴悬在窗框上，让人不免提心吊胆。

一个仆人轻轻走进来，苏莱曼要了一些冷饮，并问午膳什么时候好。仆人看上去十分慌乱，显然，勒克瑙那边并没有告诉这边的仆人我们会在这里用午膳，也许那天电话线不能正常使用。

"以前并不是这样的，"苏莱曼说道，沉重地坐进一把虫蛀的扶手椅里，头上亮着一只没有任何装饰的电灯泡，"1965年印巴战争爆发，政府认定城堡是敌方资产，就把它查封了。1957年，我父亲最终决定加入巴基斯坦国籍，虽然他从未住在巴基斯坦，但这一点已经够了。所有东西都被锁了起来，大门也封禁了。我的母亲——她从来没有加入巴基斯坦国籍——在阳台上住了三四个月，最终政府同意她睡到一间屋子里。后来又过了两年，她才获准使用卫生间。她以极好的风度忍受了这一切。直到辞世前，她都表现得好像什么也没发生一样。"

正在这时，仆人又出现了，告诉我们冷饮已经没有了。苏莱曼皱起眉头，让他拿些水来，尽快准备好午膳，然后打发他离开了。

"我刚才说到哪里了？"他问，处理混乱烦琐的家务让他分了神。

"说到城堡被查封了。"

"啊，对。印度武装警察部队（The Indian Armed Constabulary）在这里住了两年，城堡还不只是疏于打理的问题，它是被洗劫了。有两件重要的银器被偷走了——据说一共有十吨重……"

"十吨？都是白银？"

"大家都是这么说的。"苏莱曼神情恍惚地说道。他看了看表，已经快3点了，显然他脑子里想的都是没有准备好的午膳。"十吨重……虽然可能有所夸张，但毫无疑问，一切有价值的东西都被拿走了，甚至椅子的银质衬背也被剥了下来。"

"部队里的守卫和强盗互相串通吗？"

"案子还在调查。肇事者指向了一些被抓获的穷人。很明显，他们只是些没有保护伞的小鱼小虾。"

苏莱曼走向窗边，用乌尔都语冲着楼下院子里的仆人们下达了几句命令。

"我让他们拿些瓶装水上来。我不能喝这里的水，我的胃——你不知道我经历过什么样的折磨，那种痛苦。我必须一直吃这些糟糕的抗生素。我去看过专家医师，但他们也无能为力。"

不一会儿仆人又出现了。瓶装水也没有了，他说。还没好，王公阁下，饭（khana）还没有准备好。他不安地拖着脚向后退去，嘴里喃喃道歉。

"这些仆人究竟在干什么？"苏莱曼说，"他们不能这样对待我们。"

他开始在他宫殿的废墟之上来来回回地踱步，不时迈过落在地上的石膏块。

"每次我到这里来都会感到严重的抑郁，"他说，"这里让我感觉非常疲惫——内在的心力交瘁。"

他停下来，试图找到恰当的词语："这里有……太多的坍塌，这种感觉就像试图阻止堤坝崩溃。可能也是因为我没有在这儿长住……但无论我走到哪里，这种感觉都如影随形。我只要一想到这里就会被这种感觉击溃。"

他再次停下来，举起双手，那样子看上去十分绝望："我在任何一个隧道尽头都看不到光亮。年复一年，我觉得自己的抗争越来越没有意义。有时候，那种想逃离这一切的冲动会让人无法抵御——就只是把这一切抛下，骑上一头驴，带上几本书，然后消失不见。"

"过来，"他说着，突然挽起我的手臂，"我无法呼吸了，这间屋子里没有空气……"

王公引导我沿着一段又一段昏暗狭窄的楼梯拾级而上，最后我们终于到达了城堡顶部的天台。在护城河以外的远处、越过平原的地方，袅袅炊烟从早早开始准备晚饭的人家中升起，在树梢之处形成了一层水平的雾气。对我而言，这是一个美丽而平静的印度冬日傍晚，一幅让我越来越喜爱的图景，苏莱曼却似乎在这样的景色中感到灾难将至。他依然紧张而焦躁，这片美景并未让他冷静下来。

"你知道，"他解释说，"不仅是城堡让我抑郁，更是这里的人们的遭遇。独立以后，他们没收了之前在农村吸血的柴明达尔（zamindar，即封建地主）的财产，接下来本来还有很多事情需要做。继而却是那些犯罪的政客崛起了：他们填补了真空，而今更是成了社会楷模。更糟糕的是，他们树立了一系列价值观——如果你还能称其为价值观的话——让民众效仿：腐败、欺骗、狡诈以及粗糙愚钝的物质主义。这些都被视作通往成功的康庄大道。

"我熟知的那个世界已经彻底被腐化、被摧毁了。当我看到现代勒克瑙遍地垃圾污秽、想起我年轻时候的花草树木时，我的抑郁会阵阵发作。即使在这里，那些脏东西也无孔不入。瞧瞧那个可怕的怪物！"

苏莱曼指向远方，越过田野，在一家制糖厂上空，一股厚厚的浓烟正盘旋升起。

"那家工厂排放的污染物会产生松软的粉末，每天都会落到村子里。这是非法排放，别的国家都不会容忍这样的污染物。我找经理谈过，他向我保证，马上会采取措施，但当然是什么结果也没有。"

"如果您重返政坛，也许可以让它关闭？"我建议道。

"我再也不会回去了，"苏莱曼说，"在立法议会里经过了两个任期后，我公开声明，如果国大党继续庇护犯罪分子，我就会退党。新一代印度政客没有思想，没有原则。多数情况下，他们都是普通刑事犯，来参政只是为了捞取点什么。拉吉夫逝世前我去看望了他，告诉他正在发生的事。他对我说的话很有兴趣，但什么都没做。他是个好人，但十分软弱，也不自信。他没有做任何事来阻止社会的溃烂。"

"您真的觉得事情已经糟糕到那般田地了吗？"我问。

"教育、医疗、卫生，一切都在衰退。空气中到处弥漫着苦难和折磨的气息。在过去 15 年里，情况变得更加、更加糟糕了。上周，就在离勒克瑙外几英里的地方，强盗们在光天化日之下堵住交通，抢劫行人。后来才发现，这伙强盗原来就是警察。

"第一次参加立法议会选举时，我以史无前例的支持率高票当选。也许你说得对，也许我应该继续留在政坛。但我所看到的一切让自己感到恐怖。那些人……为了赢得多数票，他们肆意破坏规则、践踏法律、摧毁机构。这些行为带来了什么影响，大家都有目共睹。你看见道路了吗？那些路真是让人忍无可忍。20 年前，从勒克瑙到这里只需要一个小时，现在需要花费双倍时间。电力实际上已经不存在了，或者在最好的情况下，时有时无。这里没有医疗，没有教育，什么都没有。独立过去了 50 年，附近有的村子里依然没有饮用水。现在路上还出现了抢劫，由于警察和政客们与这些抢劫犯暗中勾结，所以他们也就视若无睹。"

"但这不就恰恰是您需要留在政坛的原因吗?"我说,"如果所有诚实正直的人都离开了,犯罪分子当然就会接管一切。"

"如今想在印度从政,同时又保持诚实正直是不可能的,"苏莱曼答道,"你必须经历那些非常丑恶、非常可怕的事情,这个过程不可能丝毫不影响你的心性。它的本质就是极具腐蚀性的,它会将你灵魂里最宝贵、最重要的东西啃噬殆尽,它就像一种酸,不断侵蚀着一个人的正直和热忱。很快,你就会发现自己也在做完全不道德的事,你就会问自己:'接下来呢?'"

我们看着夕阳沉沦在制糖厂上方,沉默了几分钟。身后,仆人又出现了,告诉我们王公的豆糊(dal)和米饭终于做好了。现在已经快到5点了。

"在印度的一些地方,或许你还可以通过从政做些好事,"苏莱曼说,"但勒克瑙就像一个黑洞。人们有种不祥的预感,觉得这里的黑暗力量会获胜。每一年、每个月、每个星期,这里都是江河日下。犯罪分子觉得他们可以肆意妄为,享受豁免:如果他们本人不是真的立法议会成员,他们也定然会攀附政治关系。他们只要拿出所得的10%分给本地议员和警察,就可以一往无前,不受任何制约地洗劫这个国家。"

"一切都开始分崩离析,"苏莱曼说道,依然站在栏杆旁向下方望去,"一切。"

他朝着下方渐渐黯淡的田野探出身去。现在暮色已临,从平原上吹来一阵冷风。"这个地区所有的经济和社会结构都在坍塌,"他说,"就像莫卧儿帝国末期一样。我们正在倒退回黑暗时代。"

第三章　寡妇之城

维伦达文，北方邦，1997 年

信众眼里常常能看到不信神者看不到的景象。对大多数世俗游客而言，维伦达文（Vrindavan）看上去只是印度北部一个破败的市集小镇，遍地尘土，大街上充斥着牛、乞丐、自行车和人力车。但对虔诚的朝圣者而言，这是神祇黑天（Krishna）① 居住的地方，因此——至少从这个意义上讲——这里是弥漫着罗望子树和榄仁树芳香的人间天堂。

虔诚的印度教徒相信，黑天现今仍生活在这座宫殿破败、寺庙（ashram）林立的城镇。在露天排水沟旁和小摊上，人们售卖着色彩艳丽的儿童黑天印刷画像。河岸边一位苍老的苦行僧（sadhu）告诫我，在维伦达文要仔细聆听，如果你足够专注，就依然能听到远处飘扬着黑天的笛声。苦行僧还说，人们有时在早晨一瞥，会看到这位神在河边石阶上沐浴；而在晚上则会看到他和罗陀（Radha）② 一同走在亚穆纳河（Jumna）岸边。

每年，成千上万的印度教信徒会来到维伦达文，他们沿着连接了这座市镇大部分神庙和圣地的转经路线（parikrama）③，赤脚走到亚穆纳河边。然后，大部分信众还会继续前往邻近的

---

① 毗湿奴是印度教中世界的保护之身，其与湿婆是最受教徒崇敬的两大神祇。传说中毗湿奴有1000个称号，有多个化身，其中最重要的化身之一便是奎师那，即"黑天"。黑天自幼在牧场长大，常以顽皮可爱的儿童或吹笛牧人的形象出现。
② 罗陀是一名牧女，后来成为黑天的伴侣。
③ 印度教徒认为，信徒沿圣地周围的特定路线绕行可吸收特殊的能量，这种仪式在锡克教、耆那教、佛教中也存在。

另一处圣地——牛增山（Govardhan）。传说中，黑天曾用小指将此山举起，用它像伞一样保护牧民。现在，这里只剩下一片小土丘了，但对朝圣者们来说这不是什么难题：根据传说，世上的罪孽滋生得越多，这座山便消损得越厉害。

然而，一些人来到维伦达文后便再也没有离开。对许多印度教徒而言，这里是全印度最为神圣之地，因此，没有任何地方比这里更适合度过临终的时日，没有任何地方比这里更适合等待死亡的到来。

朝圣者来自许多不同的种姓和社群，有大富大贵者，也有一贫如洗者，有的来自北方，有的来自南方，但有一个群体尤其庞大：寡妇。一旦踏入维伦达文，你就会注意到她们：佝偻着背，身穿白色纱丽，头发剃光，拿着乞讨钵伸出手来，额头上用灰抹着音叉型的记号，表示她们是黑天的信徒。她们中一些人感觉自己成了家人的累赘，便偷偷离开了家；一些人则是被儿子或女婿厌弃，不得已逃了出来。大部分则是被赶出了家门。在传统的印度社会里，一个女人在丈夫死去那一刻便失去了她所有的社会地位。她不能再穿彩色服饰、佩戴珠宝或吃肉。她不能改嫁（至少如果她的种姓高到一定程度便不被允许，低种姓和不可接触者妇女可以随心所欲），也不能拥有财产。人们可能不再期待她实施萨蒂（sati），也就是在丈夫的火葬柴堆中殉夫，但在许多传统的社群，尤其是边远农村地区，人们仍然期待她们削去头发，过苦行的生活，睡在地上，她活着的唯一目的就是为逝去的丈夫斋戒祈祷。

在古代印度传统中，老人看到孙辈出生便会遁入山林，在人生的最后时日进行祈祷、朝圣和斋戒，这种做法存在一定的合理性。在现代印度，这种习俗大都已经消亡，但在一些地方依然存在，比如在孟加拉国的农村地区就演化出一种新的形式，人们会把丧夫的奶奶逐出家门，把她们送到"寡妇城"。

每天都有来自印度各地的寡妇们来到维伦达文。她们来这里寻求黑天的保护、唱诵祷文并冥想自己的死亡。她们生活在赤贫之中。一个寡妇唱诵四个小时的祷文，主庙会给她一杯米和两卢比，大约相当于四便士。否则，这些老妇——令人惊讶的是，她们中相当一部分人来自富裕、高种姓并拥有田地的家庭——就只能靠乞讨为生。她们没有隐私，没有享乐，没有假日。她们唯有祈祷，直到倒地不起、死亡来临的那一刻。目前，城镇里有 8000 个这样的寡妇，这一数字每年还在增加。

"如果我坐在一棵树下，"当地一位保护女性权益的活动人士卡玛拉·高希（Kamala Ghosh）说，"向你讲述维伦达文的寡妇们的不幸，树上的叶子会像泪水一样纷纷落下。"

"我 17 岁时，丈夫就死了，"卡纳克拉达（Kanaklatha）说，"他胃里有些毛病，我带他去了加尔各答的很多医院，但也没有好转。他受了一个月的折磨，然后就死了。"

老妇人的目光从我身上掠过，她阴郁的双目定定望向神圣的亚穆纳河的石阶和河道。

"我现在还记得，他们把他带到我跟前时他的样子，"她说，"他长得很清秀，五官标致，轮廓分明。他活着的时候，眼睛格外地大，但现在它们都阖上了：他看上去就像是睡着了。然后他们把他带走了。他是我们村的地主，很受人尊敬。但我们没有孩子，他死后，田地都被村里的恶霸夺走了，什么也没留给我。

"我在原来的地方待了两年，然后被迫去了加尔各答，在那里当女佣。我不习惯给人家做仆人，每天都哭哭啼啼的。我问戈文达（Govinda）①：'我造了什么孽要遭受这些？'我怎么才能向别人倾诉，我的痛苦有多深呢？三年后，黑天在梦中向我显灵了，他说我应该来这里。那是1955年的事，我已经在这里待了40年。"

"您从来没想过要回去吗？"

"从来没有！我丈夫死后，他们把我拥有的一切都抢走了，我发誓再也不会看我的村子一眼，我再也不会回去了。"

我们站在维伦达文最主要的集市里。人力车沿着满是车辙的道路，经过拴住的水牛和甜食铺外成群飞动的蜜蜂，嘎吱嘎吱地从我们身旁经过。在我们身后伫立着巴格万·巴詹寺庙（Shri Bhagwan Bhajan ashram）的门廊。从大门内传来鸣钟敲钹和寡妇们唱诵祷文的声音，那持续不断的唱诵宛若一道高高低低的潺湲涡流："诃利罗摩，诃利黑天，诃利罗摩，诃利黑天……"② 在2000名妇女的唱诵声之上，你偶尔能听到领唱者用高音唱出几段孟加拉语诗文：

谁能拯救黑天摧毁的人？

---

① 戈文达是毗湿奴的称号之一，意为"牧牛者""牛的保护者"，这个称号专门代指黑天。

② "诃利"是毗湿奴最常用的名号之一，其意义有多种解释，一种说法认为其象征毗湿奴的力量源泉，含有带走邪恶和罪过之意。

谁能摧毁黑天拯救的人？①

现在是上午 10 点，卡纳克拉达刚刚完成一班四个小时的工作。她手里拿着报酬：一截布里包着一小杯米粒，还有她的两卢比。"我们试着去记住唱诵的内容，"卡纳克拉达见我盯着她，便继续说道，"但多数时候我们只是为了吃点东西而唱下去。如果我们生病了，不能去唱了，寺庙不会来救助的，我们就只能挨饿。"

卡纳克拉达说，她每天都 4 点半起床。她要先花一个小时做祈祷，再给她的黑天神像沐浴穿戴，然后去河边石阶沐浴。从 6 点到 10 点她在寺庙里唱诵，完事以后，她便开始一整天在维伦达文的集市里乞讨。

"我和我母亲住在一起，"卡纳克拉达说，"她已经 95 岁了，我父亲在我 16 岁时死了，那时候她就来到了这里。每个月我们要交 100 卢比的租金，这是我生活里最头疼的问题。现在我已经拖欠两个月了。每天我都乞求戈文达帮帮我们过活下去，我知道他会关照我们的。"

"经历了这些，你怎么还相信他会关照你们呢？"

"如果戈文达不关照我们，还有谁会呢？"卡纳克拉达说，"如果我连他都不信，我还怎么活下去呢？"

寡妇直直地看着我。"我所有的愿望就是侍奉他，"她坚持地说，"我们吃的、喝的都是他赐予的，没有他我们就会一无所有。他想让事情变成什么样，那就是事情应该成为的样子。"

---

① 原文为孟加拉语。

"来吧,"她说着,脸上露出欣欣然的表情,"来看看我的戈文达的样子,他真是太美了。"

老妇人甚至没等看我是否跟上来了,便以令人吃惊的速度蹒跚着沿街走去。她领我穿过迷宫般的小路和巷子,经过一座座路边的神龛和装饰得五彩缤纷的寺庙,最后我们到了河岸石阶边的一座小院落。在那狭小、昏暗、憋闷的房间里,卡纳克拉达的母亲正躺在地上。她剃着光头,像她的女儿那样额上用灰抹着记号,但她牙齿都掉光了,身体萎缩干瘪,像个未发育成型的胚胎那样蜷缩在一块单薄的棉布上。在她周围散落着一些锅碗瓢盆。卡纳克拉达靠着她蹲在地上,轻轻拍打着她的头。

"我母亲以前是个很强壮的女人,"她说,"但两年前她得了内出血,从那以后她就衰弱了。现在她只能躺在这张床上。如果我能买得起一杯果汁给她,她都会比现在好些。我希望她死的时候不要遭什么罪,但万一有什么不好的事情发生,而我们负担不起医药费,一想到这里我就饱受折磨。"

"都是命,"她的母亲说道,"年轻的时候,我们从来都想不到我们的结局会是这个样子。"

"我们家以前拥有田产,"卡纳克拉达解释道,"现在我们只能乞讨为生。即使现在,当我乞讨的时候,想到自己出生在一个好人家,我还是会觉得很羞愧。所有的寡妇都是这样的,我们以前是有用的,但那已经是过去的事了,现在我们都是没用的废品。这就是我们的命运(karma)。"

"只有戈文达知道我们的痛苦和不幸,"母亲说道,"别人都无法理解。"

"但比起其他的……"

"您这话什么意思呢?"我问。

"比起其他的寡妇,至少我们母女还在一起。但我知道很多女人是被她们的亲生孩子赶出家门的。等到她们的儿子发现她们在维伦达文的大街上乞讨,他们就不许她们再给孙辈们写信了。

"我们从没犯过什么罪,"老妇人说,"为什么却要经历所有这些呢?"

"有时候我甚至觉得,自焚殉夫都比过完寡妇的一生要好些,"卡纳克拉达说,"那时候,我觉得在丈夫的火葬柴堆上自焚很恐怖,但经过这么多年的痛苦和折磨以后,我会想,自焚殉夫真的不是个更好的选择吗?现在我全部的指望就是侍奉戈文达和我的母亲,在祈祷中过完我的余生。这里,进来,看看我的小黑天吧。"

卡纳克拉达示意我应该从她母亲身上跨过去。她指着小房间的尽头,那里,在一只煤油炉旁边的木凳上站着一对黑天的小黄铜像,它们都穿着藏红花色①的玩偶服饰。一个是孩童时代的黑天,另一个是青年时代、手里拿着笛子翩翩起舞的黑天。

"看看他有多俊美!"卡纳克拉达说,"每天我都会给他沐浴、换衣服,给他供奉食物。黑天是我的保护神,他不会拒绝任何女人的乞求。"

她走到神龛面前,朝着神像低下头。

"有时候在我梦里他会到我身边来,"她说,"我向他倾诉我的悲伤,他会告诉我该怎么办。但只要我一醒来,他就消失了……"

---

① 即火焰燃烧时的橘红色,是印度教的神圣色。

那天晚上，在附近一座寺庙里，我和卡纳克拉达的房东见面了，他是个婆罗门祭司，名字叫作彭迪特·克里希纳·戈帕尔·舒克拉（Pundit Krishna Gopal Shukla）。

"如果那些女人明天死了，"他说着，朝地上吐了一口唾沫，"我还得花钱把她们火化了。这本来应该是寺庙的责任。他们从朝圣者身上赚了这么多钱。我已经为这些寡妇做了很多事，我把房子租给她们，甚至还给她们提供免费的水。"

根据舒克拉的说法，德里商人在维伦达文建造了越来越多的寡妇寺庙用于洗黑钱。他们可以捐一笔钱给寺庙，得到一张数额比捐款大得多的收据，纸面金额则可以用来抵扣税收。只要一牵扯到寺庙的拥有者，寡妇们就只是为达到某种财务目标可兹利用的手段，一条用于巧妙避税的捷径。

毋庸置疑，维伦达文的寺庙会收到相当可观的捐助资金。为了吸引捐赠者，一座中型寺庙会承诺竖立大理石功德匾，凡捐助额达到 2000 卢比（40 英镑）者，寺庙会将其姓名刻在匾额之上，并保证寡妇们将为捐赠者"此后七代子孙"唱诵拜赞歌（bhajan）①。功德匾不仅覆盖了飞机库般大的寺庙建筑的每一面墙，地上、天花板上也到处都是。许多捐赠者都是英国

---

① 印度传统音乐中的一种祷告歌，内容包括经文中的插曲与逸事、圣人的教导、颂神等。

的印度教徒：在那些记录着来自阿格拉（Agra）、瓦拉纳西（Varanasi）和加尔各答的捐赠匾额旁，还有不少来自印度文化情调并不浓厚的地方，比如绍索尔（Southall）、诺霍特（Northolt）和莱斯特（Leicester）。

"他们对这些老妇人很差劲，"舒克拉说，"他们一点也不尊重她们，给她们的报酬根本不够让人生活。对新来的寡妇，一些寺庙还提出要调低她们的收入，他们声称这是为了除去寡妇以后火化的花费。但一旦她们死了，他们只是把她们的尸体装进麻袋，扔到亚穆纳河里。"

舒克拉和我沿着转经路线穿过这座市镇拥挤的街道。一路上，我们经过一行又一行的寡妇们，她们都剃着光头，向我们伸出乞讨钵。

"我祖上的许多代人都在维伦达文做祭司，"我们一边走，舒克拉一边说道，"这座市镇以前很美，但现在它面积扩大了，变得脏乱不堪，到处都被污染了。以前，人们到这儿来会找到宁静，现在他们只能找到腐败和精神污染。"

我问祭司，印度媒体上偶尔出现的关于寺庙管理者的故事是不是真的：据报道，他们习惯把十几岁的美貌寡妇当作情妇，或者一次将她们以一万卢比（200英镑）的价格出售。

"这种情况是有的，"他说，"很多寺庙现在都和犯罪分子有勾结，甚至一些苦行僧也牵涉其中。他们诱骗年轻的女孩进来，然后把她们卖给当地的地主。地主享用过这些女孩后，可以把她们卖给德里的妓院。他们打点好了警察，所以警察也不会干涉。"

当地的女性组织印证了舒克拉的说法。"去维伦达文周边的村子看看吧，"卡玛拉·高希说，"然后你就会发现，所有地主都有小寡妇情人。等到玩腻了，他们就把小寡妇卖到德里和孟买的妓院。我们这儿有的寡妇只有十岁。"我在维伦达文交谈过的所有人都一致认为，各方没有实施任何措施来帮助寡妇们免遭类似的剥削，尤其是警方毫无作为。

　　舒克拉和我现在站在巴格万·巴詹寺庙前，这是当地最大的寺庙，也是那天早上我遇见卡纳克拉达的地方。一个唱诵祈祷班次刚刚结束，街上挤满了身穿白色纱丽、疲惫不堪的老妇人。寺庙台阶上坐着一个身穿白色手工棉布服饰的肥胖男人，舒克拉说他就是寺庙的管理者之一。我向他询问了一些关于寺庙的指控，但胖男人只是耸了耸肩。

　　"寡妇们到这里来只是因为她们热爱黑天，"他说，"她们完成唱诵后，我们会给她们一些米和两卢比，那是我们的责任。但我们没有义务照料她们，她们离开后要去干什么是她们自己的事。"

　　寺庙里有两个广阔的大厅，每个厅里的地上都蹲坐着1000名身穿相似白色纱丽的寡妇，她们看上去大多五六十岁，但也三三两两混杂着一些年轻得多的女人，而坐在大厅的边缘位置、倚靠着墙，或者偶尔全然躺在地上的则是一些年龄很大的妇人。她们当中有的人明显神志不清，像受伤的鸟儿那样发出高声的尖叫，另一些人则强迫症似的一遍遍梳着自己的头发，或驱赶着并不存在的苍蝇。寡妇们坐在两个紧闭的大厅里，唯一的灯光来自天花板中央垂下来的一对没有任何装饰的电灯泡，灯光在房间边缘投下深重的、狄更斯时代式的阴影。整个地方散发着尿液和脏衣服的恶臭。

　　然后，两个房间中央各有一名女人站起来，开始打起铙钹，另一个地方钟声开始奏鸣。一个新的班次开始了。一个领唱开始唱起颂歌，2000名寡妇以和声回应着，声音不断绵延，越来越快："诃利罗摩，诃利黑天，诃利罗摩，诃利黑天……"

这种表达对神灵热爱的形式是由16世纪伟大的孟加拉圣人柴塔尼亚·摩诃巴布（Chaitanya Mahaprabhu）发明的，这是一个俄耳甫斯式的传奇人物，信徒认为他是黑天的化身。在妻子被蛇咬伤而死后，柴塔尼亚开始云游四方，去往和黑天一生有关系的所有地方，他建造了许多新寺庙，对那些老旧破败的则加以修葺，尤其在维伦达文，这里许多神龛和寺庙早已荒草丛生、年久失修。

柴塔尼亚对黑天的热爱是一种深沉的精神情感，同时代人为他书写的传记《永恒的柴塔尼亚》（*Chaitanya Charit Amrita*）中，处处皆是他陷入神秘狂喜的记述，诸如"高声歌唱，跳舞，哭泣，爬树，像疯子一样来回奔跑，大声呼喊罗陀和黑天的名字"。柴塔尼亚鼓励信众聚集，一起唱诵一种叫作科尔坦（kirtan）的赞歌，这种赞歌需要铙钹和钟声伴奏，节奏越来越快，有助于帮助信徒抵达神秘狂喜的境界。诸多记述表明，在柴塔尼亚生活的时代，成千上万的信众陷入这种催眠术般的节奏中，进入精神恍惚的状态，他们疯狂地舞蹈扭动，在这种歇斯底里的宗教激情中完全失去了理智。柴塔尼亚信徒的许多聚会变得狂喜而失控，导致该地的莫卧儿统治者试图禁止这个教派，并以扰乱社会秩序的罪名抓捕领导者。根据《永恒的柴塔尼亚》的记述，甚至野兽也受到科尔坦的影响：

当象群看到柴塔尼亚走出维伦达文的森林，它们一面呼喊着"黑天"，一面伴随着爱跳起舞蹈，四处奔跑。一些大象在地上打滚，一些则高声号叫。当这位大师高唱科尔坦，鹿群便向他云集，排列在他两侧。然后出现了六七只老虎，它们加入鹿群，陪伴着大师，鹿群和老虎一同跳起舞来，高喊着"黑天！黑天！"，并互相亲吻拥抱。即使维伦达文的树木和藤蔓也充满了狂喜，它们一听到大师的声音，便兴高采烈地抽出嫩芽和卷须。

但如今再也无法想象，还有什么能比维伦达文的寡妇们唱诵的场景更令人心有戚戚。大厅后方，疯女人在尖叫。在前方，筋疲力尽的老妇挣扎着，试图跟上领唱的调子，许多人昏昏欲睡，直到一个手拿棍棒、在走廊里来回巡逻的寺庙管理者过去捅她们一下。难以想象，还有什么场景会比眼前这一幕更揪心、更悲惨。维伦达文，黑天在尘世的天堂，如今已成为一个难以用文字形容的苦难深重之地。

在这个班次结束时，外面暮色已缓缓降临，一对婆罗门祭司走进大厅，开始表演阿尔蒂（arti）①。他们举起燃烧的木板，面对站在大厅中央的黑天像转动火焰。同时，寡妇们发出一阵可怕的哭泣声：一种怪异、高音调的哀号。她们将手交叠在一起，做出乞求的姿势，夜幕已临，当祭司关上寺庙大门时，她们都低垂着头站在神像前。然后，妇人们开始朝外面移动。

"这不是人生，"一个老妇人从阴影中走出来赶上我，向我乞讨一卢比，"在我们丈夫死的那天，我们就都死了。有谁能描述我们的痛苦呢？我们悲伤的心时时都放在火上炙烤。现在，我们只是在等待这一切终结的那天罢了。"

---

① 印度教中向神灵供奉光的礼拜仪式。

第四章　勇士女王：瓜廖尔的母亲

瓜廖尔，中央邦，1993 年

警察总监有一头长过耳垂的浓密黑发，他的太阳镜在冬天明亮的阳光下闪闪发亮。他望向落满尘土的机场跑道，栏杆外站着一排排荷枪实弹的卫兵。在跑道尽头，面朝警卫的是一群当地的达官显贵，他们正坐在一片帆布篷的荫凉下等候着。警察总监抬头看看天空，又低头看看手表，然后按了按腰际的卡宾枪柄，确认它依然还在。

"所以，"我说，"你觉得会出问题？"

"问题？"他答道，"什么问题？"

"抗议？游行？骚乱？"

"反社会因素总是存在的，"警察总监说着，又拍了拍他的卡宾枪，"但我们都会处理掉。"

突然，达官显贵纷纷从椅子上站了起来，一架遥远的飞机从天际传来隐约的轰鸣声。那架小喷气式飞机盘旋着，越来越低，最后着陆时扬起一团团尘土。在短暂的等待后，舱门打开，卫兵们挺直身子，全神贯注。

一个人人都在翘首以待的身影出现在飞机昏暗的舱门口：既不是头戴鸭舌帽的将军，也不是拎着公文包的政府部长，相反，一个苍颜灰发的女人从私人飞机的悬梯上蹒跚走下来，拎着一个白色的小手袋。她身穿白色纱丽，走到阳光下时，她的头上搭着一条轻薄的穆斯林佩戴的纱巾。站在悬梯尽头等候的是一个身材壮实、身穿高领套头衫和皮外套的男人。他是个光头，看起来城府颇深，和《007 之金手指》（*Goldfinger*）里的布洛菲尔德（Blofeld）倒是有点像。

第四章 勇士女王：瓜廖尔的母亲

当女人走下最后一级悬梯，集合在此的接机委员会一拥而上，扑倒在地，争先恐后地想第一个触摸到她的脚。女人朝翻滚在地的显贵们轻轻点头致意，然后把手袋交给"布洛菲尔德"，继续走向恭候在此的豪车。一个穿制服的仆人关上车门。"布洛菲尔德"从另一侧上车，司机启动了。

轿车后跟着一列负责护卫的警方敞篷吉普车，每辆车里都坐满了武装着突击步枪和冲锋枪的准军事部队。车子呼啸而过，护卫队穿过机场跑道外的大门，掠过一辆辆牛车和人力车，最后消失在印度傍晚尘土飞扬、燥热憋闷的雾霾中。

如果你问印度人如何看待维贾雅拉杰·辛迪亚（Vijayaraje Scindia）——瓜廖尔（Gwalior）王公的遗孀、世界印度教大会（Vishva Hindu Parishad，VHP）[①]副主席、日益壮大的印度教复兴派武装部队的元老——就会得到许多不同的答案。但所有人都认可她是一个女强人。这位"拉吉玛塔"（Rajmata）[②]就像撒切尔夫人一样，她们都拥有无法撼动的坚定信仰和使命感，也都激起了最强烈的回应。

在拉吉玛塔主政的年代，人们同时称她是疯女人和圣人，

[①] 印度右翼印度教组织，创立于1964年，其目标是"组织和巩固印度教社会，服务和保护印度教法"。

[②] Rajmata在印地语中指印度王室的母亲，维贾雅拉杰·辛迪亚被尊为"拉吉玛塔"，亦有政敌因其作风强悍而攻击其为"愤怒母亲"。

危险的保守派和国家救星，顽固不化、自以为是的老疯子和勇敢坚韧、具有远见的领导者。她已经79岁高龄，却仍然是一个谜。虽然她的父亲出身于印度一个无名小村庄的普通小农家庭，她却成功与次大陆上最出众的摩诃罗阁（Maharajah）①之一结合，并与他多年联合统治着一片与葡萄牙面积相当的土地。她积累了丰厚的财产，仅在她那宏伟豪华的宫殿中就装点着世界上第二大的枝形吊灯。但随着1947年印度独立，她的王国也解体了，到1970年代中期，她从事的政治活动导致她数月身陷囹圄，不得不与妓女、流氓和杀人犯共同待在一个肮脏的囚室里。

拉吉玛塔非常虔诚，每天至少要花两个小时祈祷。极少有人会否认——即使她的政敌也不例外——她是印度最出色的政治家之一，在近50年的时间里，她为信仰不懈斗争、忍受一切，即推翻日益腐败和渴求权力的国大党，并让信奉印度教民族主义的右翼政党印人党取而代之。

拉吉玛塔希望引发的政治变革并非不可能，而从长期来看，这将会使印度从一个宽容的世俗民主国家转变为某种意义上的极端印度教民族主义国家。更重要的是，如果她成功实现目标，印度最大的宗教少数派——1.5亿人口的穆斯林——将会发现，他们实际上成了自己国家的二等公民。虽然从个人角度来讲，拉吉玛塔并非恶人，甚至可以称得上是一位神圣的女性，但她所在党派政治议程的诸多议题仍将带来深远的问题。

和印度其他政党相比，印人党的特殊之处在于，它在成立之初就是作为国民志愿服务团（Rashtriya Swayamsewak Sangh,

---

① 梵语头衔，意为"伟大的统治者"，是对王公的尊称。

RSS）的政治分支而存在的，而后者是一个信奉新法西斯主义的准军事秘密组织。时至今日，印人党中多数高级别官员都有RSS背景，不少人还同时在印人党和RSS中任职。RSS和印人党都认为，印度首先是印度教徒的国家，宗教少数派尤其是穆斯林只有在承认这一点的基础上才能在这个国度里生存，这也是其意识形态的核心。

正如黎巴嫩的长枪党（Phalange）一样，RSS也是直接模仿1930年代①欧洲的法西斯运动而成立的；它也像它的榜样那样，在进行多数日常游行时，成员均身着卡其色服装。RSS认为这一点对于其培养一批有献身精神和纪律意识的准军事追随者来说至关重要，同时它还认为，这样的一批人是其复兴民族力量、保持民族纯洁性的基石，他们将带回某种失落已久的黄金时代。

每天清晨，印度北部大城市以外的破败小镇（mofussil）上都能看到RSS成员们列队操练的身影，他们身着童子军服装，挥舞着竹质手杖，很容易招人笑话，但他们的创立理念却是极其严肃的。马达夫·戈尔瓦尔卡（Madhav Gowalkar）是RSS的早期领导人，至今仍被尊称为"精神领袖"（Guru），他直接从希特勒对待德国宗教少数派的做法中汲取了灵感。"为了保持民族纯洁性和民族文化，德国对闪米特人，即犹太人进行了清洗，令世人震惊，"戈尔瓦尔卡在其著作《我们，或我们的民族地位的界定》（*We, or Our Nationhood Defined*）中语带钦羡地写道，"那里表现出最高形式的民族自豪感。德国也知道，要从根源上同化异质的种族和文化几乎是不可能做

---

① 此处时间疑作者表述有误，RSS成立于1925年。

到的事……印度斯坦（Hindustan）① 的非印度教徒必须懂得……要敬畏印度教，他们只能以印度教民族的荣耀为尊，除此以外不应信奉其他任何思想，不应索取，也不值得被给予任何权利"。

在印巴分治的过程中，RSS 也制造了大量针对印度穆斯林的骇人听闻的暴行，1948 年，以"迎合宗教少数派"为由暗杀圣雄甘地的纳图拉姆·戈德森（Nathuram Godse）就是 RSS 的前成员。现今，RSS 和印人党都不再仅仅是一种新法西斯式印度教原教旨主义的极端形式的宣传媒介，在此基础上还有了长足的发展，尤其是印人党广泛吸收了大量保守主义和民族主义观念。更重要的是，尽管国大党自 1980 年代以来一直声称自己是世俗党派，却在保护印度宗教少数派方面越来越不作为，此举导致印度穆斯林对国大党的不信任感与日俱增，从而使得印人党开始崛起，至少在部分地区已然如此。

虽然如此，印人党及其印度教民族主义同盟却不断卷入遍布北印的反穆斯林活动中，这些活动几乎每月都会爆发一次，在 20 世纪即将到来之时成为印度的标志性特征。无论 RSS 和印人党的领袖们有多受人尊敬，无论印度的精英对其释放的信息有多习以为常，每当爆发骚乱时，当地 RSS 和印人党的骨干们总是难以置身事外。事实上，随着拉吉玛塔的印人党势头越来越强、其意识形态越来越受到欢迎和尊崇，印度宗教冲突的规模和影响不断扩大，这是自半个世纪前的印巴分治大屠杀以来绝无仅有的现象。

---

① 现代民族国家形成之前的地理概念，指印度次大陆北部及西北部地区。

抛开所有这些，如果你见到拉吉玛塔，和她一起共进早餐，坐在旁边听她说话，你会觉得她是那种在英国乡村的节日庆典上赢得"最可爱奶奶"称号的人，根本不会做任何邪恶的事。

"请用，威廉先生，"她说道，"你得再吃一个番石榴，这是当季最美味的食物。"

"我不能再吃了，我得小心我的体重了。"

"当我还是个小女孩的时候，我总觉得腰上要是能再长点肉会更好。在那个年代，我们觉得那是身体健康的标志。"

"实在是不用了，感谢您。"

"没关系，我把它放在这儿，你喝茶的时候再吃。"

她拍了拍手，一个穿制服的仆人将那个小小的绿色水果拿开，放进了一个饰有花纹的盘子里。

拉吉玛塔坐在瓜廖尔杰伊·维拉斯宫（Jal Vilas Palace）豪华餐厅里一张桌子的顶端。她一面从面前巨大的水晶碗里拿起水果片小口吃着，一面谈笑风生地讲起她的生平经历。虽然现在才是早上 8 点，但这位老太太已经起床两个半小时了，她需要用这段时间来进行清晨供奉仪式（puja）[①]。

[①] 指印度教徒礼敬、祭祀神祇的仪式，供奉可在印度教寺庙或家中的神龛前进行。

"每个人都会怒气冲冲，"她说，"因为清晨我在做其他事之前，都必须花至少两个小时为我的小黑天沐浴，给他穿衣服、装饰好花环。他喜欢什么样的方式，我就会按什么样的方式去做。"

"真的吗？"

"噢，是的。"

"你和……黑天有很亲密的关系？"我问。

"我无法确切描述那到底是什么样的，"拉吉玛塔说，"我的意思是，真的没必要，那个太私人化了，那……那就像一对恋人，你总不能对他们说，'说说你们俩在一起时都干了些什么'吧。"

萨达尔·安格雷（Sardar Angre），前一天我在机场见过的那个像布洛菲尔德的人，此刻沉默地坐在我旁边，依然穿着他的皮外套。当我们谈论起拉吉玛塔的供奉时他一直不说话，表现出专心致志吃着煎蛋饼的样子。

拉吉玛塔的丈夫在 1961 年 7 月死后，王公遗孀和新的摩诃罗阇，即她的儿子马哈达夫·拉奥·辛迪亚（Mahadav Rao Scindia）产生了不和，萨达尔·安格雷此刻挺身而出，开始以她持久的政治伙伴和顾问的角色行事。萨达尔来自一个贵族家庭，他的家族从 18 世纪起就听命于瓜廖尔君主。时光流逝，他一如既往地以谦恭尊敬的态度辅佐着拉吉玛塔，反之，她也会听取他的意见和指导。他们是一对和谐的搭档：他干练、理智、务实，她则充满神秘气息和堂吉诃德式的幻想。

早餐桌上的谈话不可避免地转向了政治，拉吉玛塔评论道，最近加入印人党的人数急剧上升，这看起来是神灵的庇佑。

"真的，"她说，"这简直就是个奇迹。"

"不，不，阁下，"萨达尔·安格雷以谨慎的语调说道，"这是人民的意愿。"

"这只是你的看法，"拉吉玛塔坚定地说，"但我看到了神灵的手，我相信这是哈奴曼（Hanuman）① 所为。"

"您真的认为印人党某种程度上是……有神灵相助的？"我问。

"我有这种感觉，"拉吉玛塔说着朝我转过身，以一种兴奋的密谋般的语气低语道，"就在这几天还会有奇迹发生。"

见我在口袋笔记本上匆匆记下拉吉玛塔的话，萨达尔·安格雷嗅到了危险的味道，他用印地语对拉吉玛塔严肃低语道："现代社会已经不相信奇迹了。"

"你错了，萨达尔，"拉吉玛塔毫不让步，"就在昨天，我在《读者文摘》上读到了一个发生在美国的了不起的奇迹：一些残疾人痊愈了——我记不太清楚细节了，但如果这些人相信……"

萨达尔·安格雷皱起了眉头。

"如果你走在正确的路上，"拉吉玛塔坚持道，"真理总会获得胜利。我的哈奴曼总是站在真理的一边。我蒙受了他的保护，哈奴曼总是会帮我们解决各种问题。他会移除我们道路上的一切障碍。"

目睹萨达尔的表情，我说："我觉得萨达尔·安格雷不太喜欢您谈论宗教。"

---

① 印度史诗《罗摩衍那》中的神猴，毗湿奴的信徒认为其也是毗湿奴的化身。

"不，不——您大错特错了，"拉吉玛塔说，"他也非常虔诚。有一天我四处找他，他没有接我的电话。所以我走到他的房间，发现他正盘腿坐在他的黑天神像前……"

萨达尔·安格雷显然脸红了，但拉吉玛塔依然兴致盎然。

"……泪水从他脸上落下来。我以前也没想到——这么务实的一个人……"

一位仆人拿来了一大沓当天早上的报纸，这让萨达尔·安格雷逃过了更多的尴尬。他和拉吉玛塔开始浏览新闻。

"骚乱，骚乱，骚乱，"拉吉玛塔说，"每天都是这样。"

萨达尔·安格雷却仔细阅读起一份印地语报纸，上面有关于他和拉吉玛塔儿子长期不和的最新报道。这场已经持续了15年的冲突——自爆发之日起，它就受到全国的密切关注——会周期性地升温，目前就正处在一个升温节点上。萨达尔·安格雷将报道内容念给拉吉玛塔听。

"这都是我的错，"拉吉玛塔握着他的手说，"一个母亲的软弱。"

我看起来肯定有些不明就里，因为接下来他们马上向我介绍了这场著名事件的来龙去脉。1975年，当甘地夫人拘捕反对派、暂停实施宪法、宣布国家进入紧急状态时，拉吉玛塔也从瓜廖尔金碧辉煌的宫殿中被送往了一个陌生的环境——位于德里附近臭名昭著的蒂哈尔（Tihar）监狱①。但她的儿子和国大党达成了一项政治交易，得以逃往尼泊尔，任由拉吉玛塔在监狱中遭受折磨。她从未原谅过他。此外，摩诃罗阇目前在国大党政府中担任部长，无论从政治上还是私情上都是她的敌

---

① 蒂哈尔监狱是印度，也是南亚地区最大的综合监狱，关押过许多名人。

人，这场分裂家庭的战斗也在更普遍的意义上折射着这个国家的政治分裂。

"他没有站起来和囚禁他亲生母亲的人战斗，"萨达尔·安格雷低沉的声音中带着愤懑，"他本应该转入地下，加入抵抗甘地夫人的力量。但相反，他彻底投降了，在他伟大的家族中没有人做过这样的事。他背叛了自己的祖先。"

"在他掌权的时候，萨达尔·安格雷的住所被警方搜查，很明显他们是听命于马哈达夫·拉奥行事的。他一半的财产都被夺走了，相片也都被销毁了……"

"我的两条罗威纳犬（Rottweiller）也被他们开枪打死了……"

"但最糟糕的是，"拉吉玛塔继续道，"在紧急状态期间，他把我扔在一个满是罪犯和妓女的监狱里。想想看吧：监狱里有个女人身上背负了24起案子，包括四起谋杀案。他觉得，他的母亲就应该和这些人为伍。"

"您在监狱里是怎么捱过来的？"我问。

"我对我的哈奴曼充满信念，"拉吉玛塔答道，"他给了我帮助。"

"哈奴曼在狱中向您显现了？"我问。

"没有，"拉吉玛塔答道，一面叹息，一面哀伤地摇着头，"但他在我心中言语，他告诉我，所有的人——即使是那些最冥顽不灵的罪犯——只要你向他们展现爱，他们就会向你回应。"

拉吉玛塔抬起眼睛，望向天空的方向："而他真的说对了，你知道吧，他们确实如此。一个杀人犯成了我的厨师，我想我从来没有过如此忠实的仆人。我离开监狱的时候泪流满面——我将要离开这么多亲密的朋友。"

一个仆人从前厅走来，在拉吉玛塔耳畔低语了一阵。她点点头，用纸巾轻轻擦拭嘴唇，然后站了起来。

"我得走了，"她说，"几位女士来见我了。"

她接着说道："我相信，萨达尔·安格雷会很乐意带您四处转转。"

萨达尔·安格雷带着我转遍了宫殿的每一个角落。

我跟着他穿过连绵铺开的一个又一个房间和大厅——一片大理石的海洋，在高大的维多利亚式穿衣镜中交相辉映。

走上楼梯，处处都是朽坏的印花棉布和脱落的石膏，空气里弥漫着一股淡淡的，然而又确凿无疑的衰败气息。不少房间里都没有亮灯，看样子已经很久没有使用了。那些在屋顶悬梁上筑巢的麻雀是这里唯一的访客，一簇厚厚的陈年蛛网在房间拐角处形成了一片扇形拱顶。当百叶窗拉开的时候，破窗而入的光线霎时照亮了厚厚的积灰，它们在亮光中旋转闪动。

看上去只有拉吉玛塔的房间还有人真正爱护和打理。房间的一个角落里有一座小小的银质神龛，里面装满了神像。神像前，一排香还正散着袅袅青烟。房间的各处表面都装饰着其他虔信物件，它们混乱而繁复地叠在一起：印度教圣人和苦行僧的照片、一对湿婆的林伽（lingam）①、一幅描绘黑天童年时代

---

① 象征作为创世之神的湿婆的生殖器，是信徒膜拜湿婆的标志。

吹笛的黑色画像。

让人有些惊讶的是，床边立着一张拉吉玛塔的儿子在他婚礼上的照片。尽管他们的分歧和在公众面前的纷争带来了无尽的伤痛，拉吉玛塔依然保持着强烈的母性。

"过来看看。"萨达尔·安格雷见我的目光落在照片上，便朝我说道。

他打开双扇门，走到阳台上。我们一道放眼望去，花园通向一片长长的草坪，再越过一片棕榈树林，目光尽头是一座精致的莫卧儿式亭子。

然后我注意到，在这座宫殿一边几百码的位置，坐落着另一座更宏伟的建筑。突然之间我才意识到，我刚刚参观的建筑只是一座小型的、隐藏在杰伊·维拉斯宫主体建筑一侧的独立偏殿，不过是某种花园别墅而已。那座更加恢宏的建筑是萨达尔的敌人摩诃罗阇的住所。和我们所在的建筑一样，它也兴建于19世纪晚期，采用了意大利巴洛克风格：像某种巨型米兰式婚礼蛋糕一下子空降到了印度中部的丛林之中。

就在那里，在那幢更宏伟的建筑中，保留着印度19世纪的摩诃罗阇们创造的两大最知名的奇观。楼上闪耀着一盏巨大的枝形吊灯，据说其大小只亚于沙皇在圣彼得堡冬宫的另一盏灯。由于这盏灯过于沉重，在安装之前，人们修建了一条一英里长的坡道，让12头大象沿坡道爬上屋顶。建筑师先是确认拱顶确实能承受12头庞然巨兽加在一起的重量，然后才有信心下令将这盏枝形吊灯悬挂在此。

同时，楼下的宴会厅中还建造了宫殿的另一个奇景：一列实心银质的火车模型，火车绕着餐桌运行时，左侧窗口对着摩诃罗阇的男宾客们。当一位客人拿起车厢里的玻璃水瓶时，火车便会停下来，等到客人将瓶子放回原处，火车再轰鸣着绕餐桌边缘转轨驶向下一位宾客。

这两大奇观以及实际上整个宫殿建筑群都是为迎接1875年威尔士亲王夫妇的不幸来访而修建的。其时辛迪亚家族的掌权者觉得自己现有的宫殿无法取悦欧洲王室，便下令建造一座全亚洲最气势恢宏、最有现代气息的宫殿。新的建筑耗资巨大。900多间厅室的每面墙裙上都装饰着金树叶，每一块地板上都铺着实心大理石。每件器具都是最好的：仓库里堆满布鲁日的挂毯，奇彭代尔①式座椅和路易十四时代硕大的镜子也都从欧洲进口而来。美中不足的只有一件事：摩诃罗阁从来没想过要花费心思去寻找一位合适的建筑设计师。

相反，他只是找了一个经验不足的外行，并指示本地的一位印度海军上校帮着监工。迈克尔·菲洛斯（Michael Filose）上校没有接受过正式的建筑学训练——事实上，在开始建造杰伊·维拉斯宫之前，他只参与过一幢建筑的施工：瓜廖尔监狱。但摩诃罗阁并不觉得这是什么问题，他打发菲洛斯去巴黎看看凡尔赛宫，并指示他尽快赶回来，在威尔士亲王抵达之前在瓜廖尔打造一幢类似的建筑。

不知道哪里出了问题，威尔士亲王抵达那天晚上，银质火车突然刹住车，火车左侧的玻璃水瓶掉出来，恰好落在了亲王腿上。当晚晚些时候还出现了另一场灾难。未来的亚历山德拉（Alexandra）王后决定睡前洗个澡。巨大的大理石浴盆放满水后开始轻微颤动，然后缓缓下沉，直到没入地板，消失不见。

---

① 托马斯·奇彭代尔（Thomas Chippendale, 1718—1779），18世纪英国最杰出的家具设计师和制作者，被誉为"欧洲家具之父"。

第四章 勇士女王：瓜廖尔的母亲

在萨达尔·安格雷和我离开杰伊·维拉斯宫时，我们偶然遇到了其他几个上年纪的、从过去瓜廖尔王国遗留下来的贵族（sardar）。领头的是布里格迪尔·帕瓦尔（Brigadier Pawar），一道的还有他的妻子瓦玛拉（Vanmala）和另一位先生，整个谈话中大家只是叫他"少校"。萨达尔和瓦玛拉站在一旁聊天的时候，我问这两位老贵族，摩诃罗阇和拉吉玛塔统治瓜廖尔的年代已然逝去，他们最怀念旧时光里的什么东西？

"嗯，实际上，"布里格迪尔·帕瓦尔说，"我们怀念旧时光里的一切，太怀念了，所以不能单独挑出一样东西：我们怀念每一样东西。"

"以前那些日子里，每个人都有时间。"少校说。

"有时间列队、骑马、狩猎老虎……"

"没有太多竞争，"少校继续说道，"所有东西都摆在那里。但现在你想获得每一样东西都必须努力争取。"

"以前我们都过着受庇佑的生活，现在的竞争更激烈了。"

"只有把某个人拉下来，你自己才能爬上去。"

两位老人悲伤地看着对方。

"您无法想象过去那些日子有多么灿烂而富足，"瓦玛拉的声音填补了这个沉默的瞬间，"如果我开始向您描述一番，您会觉得我是在编故事。"

"以前每位贵族都有15匹马、一头大象，"少校说，"但现在我们连一头驴都养不起。"

"并且，不光是贵族很怀念过去，"瓦玛拉说，"所有人民都是这样。这就是为何拉吉玛塔——以及整个辛迪亚家族——至今仍然广受欢迎。无论何时，只要他们中有人站出来参加选举，人民就会把票投给他们。"

"但为什么会这样呢?"我问,"难道人民不是更喜欢民主吗?"

"不是。"帕瓦尔夫妇异口同声地说。

"绝对不是。"少校说。

"你看,以前没有腐败,"布里格迪尔说,"摩诃罗阇们都勤于政务,一切都运行得井井有条。"

"以前,这座城市维护得很美,"少校说,"摩诃罗阇自己会到城里到处视察,你知道吗,在晚上,乔装打扮,他会亲自去看管理得怎么样。他真的认为,他的臣民都是他的孩子。现在,不管你走到哪里,到处都是腐败和勒索。"

"现在,"瓦玛拉说,"公务部门里的每位官员(babu)都觉得他们是摩诃罗阇,他们会想尽办法给普通人出难题。但在以前,只有一位国王,瓜廖尔人民有信心,只要他们讲出自己的故事,摩诃罗阇就会聆听并且尽力解决。"

"对他们来说,摩诃罗阇和拉吉玛塔就像父母亲一样。"少校说。

"现在一切都不复存在了。"布里格迪尔·帕瓦尔说。

"那个世界已经一去不返了。"少校说。

"现在只剩我们的回忆了,"布里格迪尔·帕瓦尔说,"就这些,这就是我们拥有的全部东西。"

摩诃罗阇逝世后,他们的遗体会在离杰伊·维拉斯宫不远

处的一处圣地火化。和帕瓦尔夫妇及少校道别后,萨达尔·安格雷开着他的吉普车,带我去那个地方看看。

纪念碑——在原先放置火葬柴堆的地方竖起的一系列彼此独立的大理石碑——遍布在一圈围墙中,这是一座巨大的、大教堂般的寺庙的一部分。

"这座建筑群有自己的工作人员,"我们驶入时萨达尔·安格雷说道,"每个神龛里都放着一位摩诃罗阇的半身像,工作人员会给这些雕像换衣服、准备食物、演奏音乐,就像他们依然还活着一样。"

他跳下吉普车,引我走到其中一座纪念碑前。

"拉吉玛塔仙逝后也会如此,"他说,"你看,在瓜廖尔,人们依然相信摩诃罗阇是神——至少带着一半的神性。他们认为,已经辞世的摩诃罗阇依然以雕像的形式活着。"

"你相信这个吗?"我问。

"不。"萨达尔·安格雷说。

我笑起来,但马上意识到我误会了他的意思。"不是,事实上我相信有轮回转世,"萨达尔·安格雷说道,"我相信摩诃罗阇们在别的地方活在别的躯体之中,而不是活在雕像里。"

萨达尔·安格雷挪动脚步,将我带到一个神龛前。柱廊中竖立着一个小小的大理石湿婆林伽;往前去,在主殿中——通常来讲,寺庙中的这个位置是留给神像的——矗立着一位女士的大型雕像,她身着1930年代的印度服饰,看起来满面欢欣。

"这是拉吉玛塔阁下亡夫的母亲,"萨达尔·安格雷说,"看!她换了一件新的粉色纱丽。"

的确如此,但这还不是全部。她的大理石脖子上看起来像是最近挂上了一条钻石项链；有人还在她两眼之间的位置用檀木灰点了吉祥痣（tikka）。雕像边上放着一张顶上带蚊帐的小床，床上放着全套盖毯和枕头；床边的桌子上立着相框，照片里是这位王后和她的丈夫。

萨达尔·安格雷向我解释着雕像的日常活动。早晨，它伴着乐师的演奏醒来。然后祭司会小心翼翼地给它进行颇具仪式感的沐浴，接着女仆会给它换衣服。之后，雕像用完午膳，下午小憩一会儿。到了晚上，茶点时间过后，它会欣赏一场小型音乐会，再享受晚餐：豆糊、米饭、两种蔬菜、薄煎饼和某种印度黏布丁。然后放好床褥，准备就寝——一天的程序都完成了——关灯。夜里休息的时候，雕像就可以做自己的事了。

陪葬品——王后身后需要的一切东西——散落在四周。我有种强烈的感觉，仿佛自己在埃及法老拉美西斯二世逝世20年后闯入了一座金字塔。

"对我们来说，死亡没什么大不了的，"后来，在我们共进午餐时，拉吉玛塔说道，"在我们看来，这只是意味着换了个环境。"

"就像搬家一样？"

"正是如此。"

然后，虽然饭菜还未摆上，我却准确猜出了我们会吃什么：豆糊、米饭、两种蔬菜和薄煎饼，饭后甜点是某种印度黏布丁。我们的午餐和雕像的一模一样，都是在同一个厨房里烹饪的，口味和菜式正是老摩诃罗阇们喜欢的。

当天我离开了瓜廖尔，拉吉玛塔的魅力令我折服，也让我深感惊异：我所见到的是一个老式而古怪的王公遗孀，印度媒体上诋毁她的人却将她描述成一个咄咄逼人的法西斯分子，二者实在难以统一。她的怪癖也许有点另类,但也让人觉得可爱,她身上绝对没有邪恶的东西。

我把我的笔记本放到一个底层的抽屉里,把上面的东西忘得一干二净。

后来,11个月之后,1992年12月6日,拉吉玛塔再次登上重磅头条,这一次她站在了各方抨击的风口浪尖。

此前五年里,巴布里清真寺争端一直是印度政坛的焦点议题。这场争端涉及阿约提亚一座兴建于16世纪的清真寺,传说这里是印度教神灵罗摩的出生地,曾建有一座印度教寺庙,但穆斯林入侵此地时在原址上修建了清真寺。

1989年以来,每年都有拉吉玛塔领导的各式印度教团体在有争议的清真寺举行年度游行,他们会举行宗教仪式,表明希望在清真寺的位置重建罗摩庙。1992年,他们声称游行会正常举行,但事态的发展超出了预料。

在拉吉玛塔和其他印人党领袖的煽动下,广大游行者陷入了疯狂,20万激进的印度教徒冲破了路障,他们高喊着诸如"罗摩必胜!""印度斯坦属于印度教徒!""穆斯林去死!"等口号,开始用大锤、绳索、十字镐甚至徒手上阵拆毁清真寺。

清真寺的三座穹顶一个接一个地倒在地上,仿佛象征着印度久负盛名的三大传统——宽容、民主和世俗主义相继倾覆。

在短短四个多小时内，整座清真寺被夷为废墟，确切地说，是变成了一堆碎石瓦砾。

当清真寺的最后一块砖石被扔下来滚落在地时，一群印度教激进分子大喊着"记者都去死吧"，开始用刀具和铁条攻击一群外国记者，并砸碎了摄像机和电视录制设备。暴徒尝到了血腥的味道，开始杀害当地所有他们能找到的穆斯林，完事后再一把火烧掉穆斯林的房子。

当这一切发生时，辛迪亚家族的拉吉玛塔——早前，她在一份递交给印度高等法院（Indian High Court）、呼吁保证清真寺安全的请愿书上签过字——站在观景平台上激动地欢呼雀跃，仿佛她是个足球迷，眼看自己支持的球队赢得了世界杯。拆毁行动继续进行时，她一把抓起麦克风，通过天朗（Tannoy）音响给激进分子加油打气。

那天下午晚些时候，当她正要离开这座城镇时，部分记者拦住了她的豪车。他们问她会不会至少对攻击记者的行为做出谴责。她只回答了两个字："好事（Acha hoguy）。"

接下来的两周里，骚乱席卷了印度：愤怒的穆斯林人群涌上街头游行示威，等待他们的却是警察的屠杀。正是这些警察，先前默许印度教激进分子捣毁了清真寺，当时他们袖手旁观，没有开过一枪。在拆毁清真寺引发的后续暴行中，总共大约有2000人死亡，8000人受伤。

孟买发生了一些最严重的骚乱，但事态在圣诞节前夕完全平息下来，就像其他地方一样。然后，在1993年1月7日晚上，有人朝一个印度教徒的棚屋扔了汽油弹，这家人被残忍地活活烧死。至今仍然不清楚究竟是谁制造了这起杀戮，看起来证据指向了一个为不择手段的房地产开发商效命的犯罪团伙。

但当地的印度教原教旨主义者却认定这是穆斯林所为,他们展开了一系列有组织的血腥复仇行动。

接下来的一周,整个孟买燃起了熊熊火光,武装暴徒四处追击穆斯林,他们焚毁穆斯林的住所,在大街上流窜作案,见到穆斯林就泼酸或挥刀袭击。一些颇有成就的穆斯林中产阶级——工厂主、富裕的店主、报纸编辑——也成了攻击的特定目标。城市里一些相对贫穷的穆斯林街区完全被火焰吞噬。在一些地方,市政水管被切断,当穆斯林拿着水桶偷偷跑出他们的贫民窟时,等待他们的是一群暴徒的围攻。暴徒朝他们浇上煤油再点火,活活烧死了上百人。在警方(96%都是印度教徒)的默许下,总共约有四万名印度教活动分子参与了这场恶意蓄谋的暴乱。在两个星期的时间里,孟买,这座蓬勃兴盛的印度商业之都,变成了次大陆上的贝鲁特和萨拉热窝。

当军队终于出动并宣布宵禁后,暴徒才把袭击用的酸性炸弹、弹簧刀和AK-47步枪收起,藏在了隐秘的地方,此时至少已有1400人——绝大多数是一贫如洗的穆斯林——遭到屠杀。更多人受伤、毁容。成千上万的其他人则从这座城市逃到祖上的农村里避难。孟买商界精英成立的一个施压组织"和平公民"发布了一份备忘录,其内容显示,暴行"发生在一座迄今被视为国际大都市的开放城市,此举完全是一项蓄意改变这座城市种族结构的计划"。

这场大规模屠杀和种族清洗背后是当地一个和拉吉玛塔的印人党结盟的印度教民族主义政党——湿婆神军党(Shiv Sena)。该党领导人名叫巴尔·撒克里(Bal Thackeray),此前是一名漫画家,他毫不避讳地宣称暴徒是在他的控制下行事的，并在接受一家杂志社采访时吹嘘他的目标是"把印度1.1亿穆斯林都踢出去，把他们统统赶到巴基斯坦"。"他们的所作所为是不是和纳粹德国治下的犹太人差不多？"记者引用了他的问话，"如果是的话，那他们得到犹太人在德国那样的待遇也就无可非议了。"

我在一份报纸的报道里读到，拉吉玛塔对这场流血冲突毫无谴责之意，反而公开表示她将撒克里和湿婆神军党视为印人党的亲密盟友：他们的目标是对的，她说，只是一些方法稍微有点争议。

她对于此事的立场，她对几千名印度穆斯林被血腥地屠戮明显漠不关心——实际上是漠视整个国家逐步滑向族群无政府状态——这和她此前在瓜廖尔留给我的"慈祥老奶奶"的印象大相径庭。我困惑不解，决定再次拜访拉吉玛塔，试图弄清楚一个女人在不同环境下怎能如此判若两人。

我给她在德里的助手打电话，发现这位79岁的老人现今正忙于到印度中部的丛林和乡村地区搞竞选宣传活动：在经历了近日的动乱后，她期待现政府会在3月之前倒台，等到时机成熟时，她希望自己能做好参加大选的准备。助手说，他联系不上拉吉玛塔，她组织活动的地方在旧王国的偏远角落，那里根本用不上电话。但他告诉我，如果我下周末能去到一个叫作希沃布里（Shivpuri）的小镇，我也许能在她经过那里时碰到她。

我按照他的建议做了。星期日上午，我在希沃布里当地贵族的家里见到了拉吉玛塔。她说她将在半个小时之后南下博帕尔（Bhopal）。她现在没有时间和我交谈，但如果我与她坐车同行，那么我就可以在途中采访她。

"噢!"我们共同坐在她向前奔驰的豪车里时她说道,"我真希望清真寺倒塌的时候你就在阿约提亚!当我看到那三座穹顶倒下来时,我想:'这是神想要的结果,这是**他的**旨意。'"

"但那些谋杀呢?孟买发生的那些屠杀呢?"我说,"你不会说,巴尔·撒克里的那些湿婆神军党暴徒也是神之手吧,对不对?"

"我不会批评撒克里,"拉吉玛塔亲切地说,"国大党姑息了穆斯林这么多年,发生的这些事只是一种反作用力。撒克里是有点极端,但是……"

"不是,"萨达尔·安格雷说,"他做得很正确。必须让穆斯林明白,他们应该为印度感到自豪。如果穆斯林不认为自己是印度人,我们就不会容忍他们。看看在板球比赛时发生了什么吧:穆斯林总是支持巴基斯坦。"

我想知道安格雷能否意识到,他无意间与特比特勋爵(Lord Tebbit)① 的观点不谋而合,但我决定还是不要把问题变得复杂。我只是简单地说:"你总不能因为有些人支持了错误的板球队,就认为杀人是合法的吧。"

---

① 诺曼·特比特(Norman Tebbit, 1931—),实为男爵,英国保守党政治家,撒切尔夫人的内阁要员,在北爱尔兰问题上立场强硬。

"印度教徒性格都很温顺，"拉吉玛塔说，"他们总是欢迎任何人——甚至包括犹太人。"她点了点头，仿佛在强调，她明显认为这已经到达了忍耐的极限。"他们并不暴力。"

"他们在那时候看上去可不太温顺。"我说。

"已经姑息了穆斯林这么多年。"安格雷重复道。

"警方似乎根本就没有太姑息他们，"我说，"他们总是站在印度教徒一边。"

"这样说吧，物以类聚是很自然的，"拉吉玛塔轻快地答道，"你不能指望印度教的警察去攻击他们自己的印度教同胞。"

"那些强奸穆斯林妇女的警察呢？有很多关于这些事的报道。"

拉吉玛塔思考了一分钟，然后答道："我想，做这种事的警察也许之前看到，穆斯林也对印度教的妇女实施了类似的暴行，那会让他们陷入愤怒和悲伤，从而失去理智。"

她把目光投向我，亲切地微笑着，仿佛她刚刚已经解决了所有的问题。

"总之，"她说，"只要穆斯林遵从印度教徒的意识形态，那他们就不会再遇到什么麻烦了。"

"但你不能指望，上亿的穆斯林都放弃自己的信仰，然后全部皈依印度教。"

"这就是问题的关键了，穆斯林应该认识到他们是印度人，巴布尔（莫卧儿王朝的开国皇帝）不是他们的祖先，罗摩才是。他们应该接受我们共同的文化，和我们一起团结在神的名下。这就是答案。总之，"她皱起眉头又补充了几句，"他们人太多了，赶也赶不走。"

一个人该如何看待这样一位天真又虔诚的老太太呢？她能对自己的支持者残杀无辜之人视而不见，她能巧妙地否认她所煽动起来的情绪和躺在窄巷烂泥里的尸首之间的联系，拉吉玛塔的盲目令人不安，也提醒人们：一个崇尚最令人厌恶的政治信条的个体并不一定是令人厌恶的，显而易见，个人的魅力和温和的性格并不能保证其能抵御暴力民族主义、极度排外的宗教原教旨主义和认知偏执。

拉吉玛塔在我记忆里的最后形象，是她在印度中部一个偏远地区对着一群支持她的崇拜者演讲。当她演讲完毕时，人群欢呼拍手，敲响鼓点，并献上金盏菊花环戴在她的脖子上，她沿着一条警戒线缓缓走向等待着的直升机。这时，直升机的螺旋桨叶已经开始旋转了。

"哪些人跟您一起走？哪些人留下来呢？"一名助手问。

"我不知道，反正我会走。我只知道这个。"拉吉玛塔答道，带着一丝疑虑看了一眼直升机。

"您害怕飞行吗？"我问。

"不，不，"她答道，"我对飞行已经驾轻就熟了，但得坐在靠近机翼的位置。"

然后她微笑起来。

"我的哈奴曼也会飞。他飞到斯里兰卡去解救了悉多。当然了，他不需要直升机……"

助手们都在等待。老太太在螺旋桨叶下方弯下身子，匆匆走进驾驶员机舱，她已然准备好，待抵达她的旧王国的另一个区域后，再进行一番竞选活动。

一群村民在一旁看着，螺旋桨叶越转越快。一阵狂风般的声响呼啸而起，遮天蔽日的尘土从拉吉玛塔几分钟前演讲的台子上刮过。

一些村民惊慌起来，四散寻找掩蔽的地方；另一些人则伏倒在地。当他们抬起头来，他们看见拉吉玛塔像一位飞天的印度教女神那样腾空而起，而她仿佛就坐在金翅鸟（Garuda）①——神灵那会飞的坐骑的羽翼之上。

附言

1997年，拉吉玛塔的心脏病严重发作了一次，但接受了搭桥手术后，她又以84岁高龄不屈不挠地将全部时间投入政治活动。她在1998年的大选中保住了席位，虽然只是以微弱优势取胜，且领先幅度有所下降。

自从阿约提亚清真寺被摧毁后，印人党人气飙升，影响力持续扩大。1992年的议会大选中，其席位从上一届的89席增加到113席。1996年，这一数字增长到161席，印人党也因此成为人民院的第一大单一政党。它成功组建了执政联盟，但由于没能通过关键的信任投票，联盟仅短暂维持了两个星期。最终，印人党在1998年的大选中以史无前例的179票胜选，但票数依然未能过半，它不得不依靠五花八门的少数族裔党派

---

① 印度教中的神鸟，又译迦楼罗，是毗湿奴的坐骑，亦出现在佛教和耆那教神话中。

组建联合政府，而这些党派中，有一些强烈反对印人党的极端右翼政策。

更重要的是，自1990年代中期以来，印人党之所以能逐渐进入政治主流，很大程度上是通过抑制其关于印度教的煽动性言论来实现的。该党重要的温和派阿塔尔·贝哈里·瓦杰帕伊（Atal Behari Vajpayee）被任命为首脑，而包括拉吉玛塔在内的许多极端要人却被边缘化了。尽管如此，外界仍须观察，印人党这种使人相对容易接受的新面貌到底意味着该党的根本性转向，抑或仅仅是一种诱骗选民的伪装。而现实中，印人党政府决定试爆属于"印度教徒的"核弹，紧接着反巴基斯坦的鹰派言论甚嚣尘上，一些印人党的活动分子呼吁在爆炸地点修建神庙，这些似乎暗示着，该党的极端分子和顽固派并未失势。

第五章　东方伊顿

勒克瑙，1997 年

1997 年 3 月 7 日黎明前夕，两个身影出现在印度最古老、曾经最知名的公立学校——位于勒克瑙的马蒂尼埃学院，他们朝着学院边上一座传统样式的独座房屋走去。

他们悄无声息地走到房屋后面，发现一扇破损的玻璃窗正对着一张床，床上躺着该学院有英国血统的印度体育教员弗雷德里克·戈梅斯（Frederick Gomes）。两人瞄准目标，互相示意，各以一把点 763 毛瑟枪和点 380 手枪向沉睡之人射击。一枪打偏了，但另一枪打中了戈梅斯的大腿，教员瞬间从床上一跃而起，跟跟跄跄地朝走廊跑去。

根据警方事后公布的现场报告，两名杀手随后绕到房屋前方，踹开前门，对着惊恐不已的教员又开了几枪，教员试图跑回卧室时背部也受伤了。尽管血流如注，戈梅斯仍然成功关上门，用一把椅子抵在门后。但杀手回到房屋后面，透过窗户朝房间里扫射。后来，学校另一名教员发现了戈梅斯的尸体，这位体育教员身上至少有八处中弹：胸部四枪、腿上一枪、背上两枪以及太阳穴上的致命一枪。

这起谋杀至今未破案，但当时在印度引起了很大轰动，尤其是后来发现，一些枪（虽然与凶手使用的武器不同）还在该校学生中间倒手。马蒂尼埃学院一向以严谨、卓越的校风享有盛誉，连吉卜林①这样高贵（pukka）的人物，都会相宜地把他

---

① 即拉迪亚德·吉卜林（Rudyard Kipling，1865—1936），生于印度孟买，英国作家、诗人，1907 年获得诺贝尔文学奖，代表作有《吉姆》等。

小说中的英雄吉姆送到位于勒克瑙的"圣泽维尔学院"求学,很明显,这所学校便是以马蒂尼埃学院为原型的。在英属印度时期,这所学院培养了好几代地区法官、帝国公务员和印度军官,这些维多利亚时代的学生中,不少人的名字——如卡莱尔(Carlisle)、莱昂斯(Lyons)、宾斯(Binns)、查尔斯顿(Charleston)、雷蒙德(Raymond)——至今仍镌刻在学校门前的石阶上。自那时起,在马蒂尼埃学院接受教育的学生中,有好几位成为尼赫鲁-甘地统治时代的要人,另外还有大量内阁部长、企业家和报纸编辑。如果印度地方上日益增长的暴力和腐败行径已经能渗入这样一个机构,那么人们不得不问,其他地方还有什么希望呢?"这次谋杀是我们这个时代的隐喻,"赛义德·纳克维(Saeed Naqvi)毕业于该校,目前是印度最知名的时政评论家之一,他告诉我,"在学术机构区域、在马蒂尼埃学院的神圣校区内发生这种程度的暴力事件,象征着印度又回到了圣雄甘地曾完全禁止的老路上。"

在英国,现在可能到处都是纪念印度独立 50 周年的庆祝活动,但在印度气氛却并不热烈。《印度时报》在 1997 年共和国日①的一条社论中指出:"在这个历史性的年份,缔造共和国的先辈们身上涌动的蓬勃希望、理想主义和热烈期待已然所剩无几。从他们的角度来看,我们当下弥漫着可悲的无奈感,弥漫着日益厚重的不确定感。表面上我们的全球地位即将取得突破性提升,但事实上,印度穷困潦倒的那一部分正在吞噬印度繁荣发展的那一部分的边缘。"

---

① 为纪念 1950 年 1 月 26 日印度宪法诞生,印度将每年 1 月 26 日设立为"共和国日",节日当天,总统府和印度门之间的大道上会举行阅兵和游行庆祝活动。

英国人留下的公立学校遍布次大陆各地,虽然衰退和腐败已然在这些殖民时代的老旧机构中滋长,这些学校却依然闭目塞听,激烈反对任何后殖民时代与时俱进的改造。自 1947 年以来,印度和英国双方均已经历长足的发展,但印度的公立学校仍不管不顾,还是原封不动地坚持着 20 世纪初英国的教学方式和教育理念。"独立没有给马蒂尼埃学院带来任何变化,"一位毕业于该校的老人告诉我,"课程没变,学生没变,游戏活动没变,纪律要求也没变。直到 1960 年代中期,他们还让学校上空飘扬着联合旗(Union Jack)①。他们按照篝火节之夜(Guy Fawkes Day)② 的方式来庆祝印度传统节日排灯节。甚至直到今天,他们依然按照英国人的观点讲授第一次独立战争③。"

　　"文学、诗歌和音乐仍然都是英国的,"另一位马蒂尼埃学院的老校友告诉我,"那些礼仪、品位和习惯全是英国的,甚至连运动项目都是英国的。在我求学的年代,关于欧洲大陆历史文化的内容非常少,关于印度历史文化的则根本没有。事实上,学校鼓励我们把在家学习的乌尔都语文化悉数忘掉,取而代之的是,向我们教授灿烂辉煌的英国文明,告诉我们嚼槟榔果的印度人本质上就是未开化的蒙昧之徒,从来没有取得过任何成就。看看英国人向我们灌输的这些东西有多过分,太阳永远不会在大英帝国的领土上落下。他们教导我们去相信,说印地语、背诵乌尔都语诗歌、穿卡迪(khadi)④ 服饰、嚼槟

---

① 即英国国旗。
② 每年 11 月 5 日在英国举行的庆祝活动,人们会搭建篝火,燃放焰火,焚烧假人。
③ 即 1857—1858 年印度民族大起义。
④ 一种手工纺织的天然纤维布料,源自印度次大陆的东部地区,通常用棉织成。

椰果、朝痰盂里吐痰——这些都是粗俗下流的举动,过了一阵子,在我们看来事情似乎真的就变成这样了。至今依然还会有人这么认为。"

马蒂尼埃学院是1845年由法国人克劳德·马丁少将创办的。他是个谜一般的人物,同时为东印度公司和印度最后的穆斯林统治者、勒克瑙的纳瓦布们服务。马丁生前过着莫卧儿人式的生活,并沿袭莫卧儿传统,为自己修建了一座墓园,纪念生平取得的功绩。但他在遗嘱中打破传统,留下了一个有些怪异的命令,要在他广大的墓园中建立一所学校,学校招收的孩子要来自各种不同的宗教背景。

所以,在这座兼有印度和巴洛克风格的奇怪墓园里,印度第一所英国公立学校于1845年成立了。在这里,泰晤士河畔的学校里应有的一切都被精确地复制到了戈默蒂河(Gomti)两岸,从校规里哪些食物不可食用到怪人集聚的教师团队,一应俱全。据赛义德·纳克维说,在所有这些东西中,最值得纪念的就是哈里森先生(Mr. Harrison)。

"哈里森先生留着浓密的小胡子,他经常给胡子上蜡,"赛义德回忆道,"他有一只会说话的鹦鹉,经常说一些'力争上游,力争上游'之类公立学校里常见的陈词滥调。我有一个朋友叫乔芬(Chaufin),出于很多实际的原因很讨厌'蜡胡子',于是他经常早上5点就起床,试图教鹦鹉说:'蜡胡子是个混蛋,蜡胡子是个混蛋。'

"他怀揣着一种坚定的使命感和目的性来做这件事,所以鹦鹉在一年的时间里就学会了,每次'蜡胡子'经过时它就叽叽喳喳叫起来:'蜡胡子是个混蛋,蜡胡子是个混蛋。'

"起先,'蜡胡子'觉得这只是个玩笑。但有一天,他带着校长杜特（Doutre）参观，试图展示他在宿舍区做的所有美妙的设计和布置，当他经过时，鹦鹉又背起了那句著名的台词。所以这个故事的结局非常恐怖，因为盛怒之下的'蜡胡子'把鹦鹉的脖子扭断了，'蜡胡子'的鹦鹉就落得了这么个下场。"

表面上，自从赛义德30年前毕业后，马蒂尼埃学院的一切似乎都没有变化。现在，信仰各式宗教的男孩们一如既往地每天做礼拜，听着穿白色罩袍、由穆斯林和印度教徒组成的唱诗班唱着《赞美颂》、《耶路撒冷》和《上帝是我的牧人》。硕士生依旧穿着黑色学位袍，课程和校服依然严格按照1930年代英国公立学校的制式，卡其布、板球、约翰·巴肯（John Buchan）[①]的著作、男孩间的秘密恋情等在表面上必须严格"符合礼仪要求"。从不讲授乌尔都语和印地语文学，相反，学生们依然学习着华兹华斯、丁尼生和拜伦的伟大诗句。

一天清晨，寄宿生都去做礼拜了，全体师生都集合在一起唱着校歌《闪亮的荣誉》，我在学校那座壮观的莫卧儿－哥特式图书馆里和几个正在预习功课的男孩聊了聊。在房间后面，负责管理纪律的法里迪女士（Mrs Faridi）——那天清晨早些时候，她坐在小礼拜堂那架古老的脚踏风琴旁弓着身子演奏——环视四周，她愤怒的目光透过角质镜框，高喊着："现在都认真点，同学们！都认真点！"

我顺从地坐到一张桌子旁，挨着三个17岁的男孩：萨米尔（Samir）、普拉迪普（Pradeep）和托尼（Tony），他们分别

---

① 英国政治家、小说家，著有多部惊险悬疑小说。

是穆斯林、印度教徒和有英国血统的印度基督徒。我问他们是否知道，小说《吉姆》中寄宿学校的原型圣泽维尔学院就是马蒂尼埃学院。

"我们都知道，"萨米尔说，"但我们从来没读过那本书。"

"我在星空卫视上看过电影，"普拉迪普说，他说的电视台属于默多克在印度投资的卫星风险项目，"电影很好，我的意思是，当我看到电影是在马蒂尼埃学院拍摄的时候，我感到很骄傲。"

"你们还读过什么其他的英国书籍？"我问。

"我们上课用的所有书都是英国的。"托尼说。

"是的，"萨米尔说，"我们还在学莎士比亚、《远大前程》、艾米丽·勃朗特、夏洛蒂·勃朗特——诸如此类的小说。"

"你能随便背诵几句英国的诗歌吗？"

"当然，"普拉迪普说，"狂风是一股黑暗的急流，流过了林间，昏月是一只鬼船，摇摆在云海的波面①……这些东西我们都知道。"

"勒克瑙和德里那些伟大的乌尔都语诗人呢？像迦利布（Ghalib）、米尔·塔基·米尔、达格（Dagh）等，你们会学他们的诗吗？"

"不会，"普拉迪普说，"我们根本就不会学勒克瑙的文化，也不会学印度文化。我们只学习英国的诗人和小说家。"

"你们觉得这样奇怪吗？"

---

① 这是英国诗人阿尔弗雷德·诺伊斯（Alfred Noyes, 1880—1958）名作《强盗》中的诗句，余光中译。

"也许吧，"萨米尔不太确定地说，"我从来没想过这个问题。"

"那1857年——印度民族大起义呢？"我问，"老师们是怎么教的？"

一阵不安的沉默。

"这个嘛，你知道当时有50名马蒂尼埃学院的学生去保卫英国官邸吗？"萨米尔说，"所以，只要是涉及学校的事，我们都和英国人站在一边。当我们去参观官邸、看到马蒂尼埃学院的名字刻在墙上时，我们都为那些学生感到很自豪。"

"但是在印度其他地方，"普拉迪普补充道，"我们就支持印度一方，当然了，对不对？"三个男孩互相看着彼此，紧张地笑了起来。

"但如果你们当时在场，"我坚持道，"你们会站在哪一边呢？支持学校还是自己国家的人民？"

"呃……"萨米尔支吾道。

"我不知道。"普拉迪普说。

"这个问题很难。"托尼说。

尽管类似亲英的感情依然大量存在，最近发生在马蒂尼埃学院的谋杀案却粉碎了某种幻想，在印度这片日渐波涛汹涌的海面上，次大陆上的公立学校不可能成为承载着英国传统而永远安然屹立的岛屿。类似马蒂尼埃学院这样的学校，尽管在外观和作风上依然完全保留了英国特性，但它们已经开始意识到，自己处在不堪一击的泡沫之中。

勒克瑙是印度最大的邦——北方邦的首府，北方邦拥有1.2亿常住人口，地理上处于印度的中心位置，这也具有一种象征意味：它的许多问题深深困扰着现代印度。在过去十年间，该邦的政治急遽腐化，至于腐化的速度究竟到了何种骇人听闻的程度，或许邦议会成员中犯罪分子的数量最能说明问题。1985年，有35名立法议会成员受到刑事案件指控。到1989年，这一数字增长到50名。仅仅两年后的1991年，犯罪总人数翻倍不止，达到103人。在1993年的选举中，北方邦有过犯罪记录的议员总数高达150名。

这种北印新型政客的典型代表就是穆拉亚姆·辛格·亚达夫，他原本是个来自农村地区的半文盲摔跤手，后来却飞速蹿升，连续两个任期担任北方邦首席部长，并在此后成为印度国防部部长。在进入高级政治圈之前，穆拉亚姆受到的刑事案件指控超过20起，包括非法监禁、参与骚乱、煽动破坏稳定和刑事恐吓。

穆拉亚姆担任北方邦首席部长期间，该邦的政治底线达到了新低。有段时间，当反对党领袖玛雅瓦蒂（Mayawati）和她的手下住在该邦的迎宾酒店时，穆拉亚姆手下的一帮议员，在勒克瑙大学学生会（200多人，都武装着自制的枪支弹药）的支持下，试图谋杀玛雅瓦蒂。后来，两派政客和警方之间爆发了一场枪战，所有这一切都被一家电视台的摄制组记录下来了，穆拉亚姆政府随后倒台。

莫汉·索哈伊（Mohan Sohai）是加尔各答报纸《政治家》驻勒克瑙记者，在长达十多年的时间里，他持续观察着北方邦的政治腐化问题。"不同政治党派的领导人为了招募该邦最重要的犯罪分子和黑帮成员为其效力，相互间会展开激烈的竞争。当然，犯罪分子乐见于此。一旦他们步入政坛，以往通缉他们的警察就会反过来保护他们，而那些针对他们的未结诉讼案件——谋杀、绑架、抢盗——要么被压下来，要么调查极为缓慢，至少得等个几十年才能开庭审理。更糟糕的是，如果他们已经锒铛入狱，但在狱中赢得了议员席位，他们几乎会毫无悬念地保释出狱，参加议会。情况只是变得越来越糟。民主正受到严重威胁。"

在这种背景下，暴力和腐化渗透到马蒂尼埃学院或许只是时间问题：如果说有什么问题的话，那就是某些暴行竟然没有发生得更早，这实在令人惊讶。毕竟，勒克瑙许多臭名昭著的政客的孩子都是这所学校的学生，包括穆拉亚姆的一个侄子。更重要的是，学校那片绝佳的板球场挨着的两个村庄，据说就是勒克瑙毒贩团伙的大本营，而这一团队的领导人苏拉杰·帕尔·亚达夫（Suraj Pal Yadav）和穆拉亚姆是同种姓的兄弟，此人也是北印地区警方最想捉拿归案的罪犯之一。有一种说法认为，戈梅斯偶然撞见了某些犯罪行动，从而被亚达夫团伙暗杀。

然而，勒克瑙警方却认为，幕后凶手很有可能就是马蒂尼埃学院自己的学生，当然，警方似乎不难锁定拥有作案动机的嫌疑人。作为马蒂尼埃学院的体育教员，戈梅斯被控对学生进行责打和惩罚，这让他树敌颇多。在暗杀发生一个月前，他在一个寄宿生的储物柜里发现了一把手枪。他把那个男孩打了一顿，并明确宣布男孩被开除了。据警方人士私下透露，一名学生是主要嫌疑人之一。

"当然，发生这样的谋杀实在是令人震惊不安，"校长埃尔顿·德·索萨（Elton de Souza）说，"但我们能做什么呢？总体来说，孩子们和老师们都已经振作起来，某种程度上，我们似乎已经克服了这件事带来的不良影响。我不知道这件事是不是折射着这座城市正在发生的一切，但谋杀案的确给学校、学生们、老师们都造成了严重的阴影——和每个人都息息相关。"

许多老毕业生将学校的衰落归咎于德·索萨本人——正是这种衰落促使谋杀案发生。但赛义德·纳克维认为，马蒂尼埃学院的问题根植于大环境的变化，这种变化影响着英国留在印度的所有遗产。"老旧的印度英式精英被排挤到了边缘的位置，"他说，"而取代他们原有地位的是一种新式的、来自低种姓的、讲印地语的精英——像穆拉亚姆这样的人——他们崛起之后，带来了一整套完全不同的价值观。学校的老师们也有变化：在我上学的年代他们几乎是以一种传教士的激情在宣扬英国价值观，但现在这一切都早已远去。教学标准急转直下，招生质量也是如此。"

为了证明他的观点，纳克维列举了一些数据：在他求学的年代，学校里绝大多数学生都是英印混血；现在，随着这一群体大部分移居国外，学校里的混血学生几乎已经完全消失，同时，目前的生源中有四分之一之多都属于新得势的低种姓阶层。这些学生大多来自不讲英语甚至不识字的家庭。

"他们入学的时候受教育程度更低，毕业的时候亦是如此，"纳克维说，"这种变化已经持续了50年，但现在发生的事表明殖民遗产真的气数将尽。马蒂尼埃学院是一个消失的世界留下的美好残存物，至今我仍对这个地方怀着深厚的感情：我在那里度过了一段美妙的时光，体罚、欺凌或者死记硬背都没有给我留下什么阴影。但从长远看这所学校就是难以为继。它已经不是以前的样子了。这所机构疾病缠身，正在快速衰落。在50年间，曾经滋养它的文化和社会统统消失了。"

赛义德告诉我,如果我真的想看看马蒂尼埃学院未来可以糟糕到什么样的程度,我应该去见见勒克瑙大学的几个学生领袖。他说,这些人臭名远扬,他们在这座城市的市场上干着收保护费的营生,向店主索要"捐款",如果有谁拒绝缴纳所属份额,他们就把人痛打一顿。就在一个星期前,一个摄影师反抗不从,据说学生们把他的店烧成了灰烬。

但我后来才知道,收保护费还不是最糟糕的。勒克瑙大学学生会中派系林立,每一派都在争夺来自政府的政治荫庇,他们彼此宣战,现在,武装着枪支弹药的不同帮派已经在大街上公开交战。到目前为止,已经有30多个学生受伤,八人死亡。两个此前的学生会领袖都得到了代表某个政党进入北方邦立法议会的"门票",两个人现在都因为谋杀指控身陷囹圄。没有比这更残忍——或地理上更相近——的例子能说明,当一个重要学府陷入灾难式的衰落时,究竟会发生什么样的事。

我去了名声最差的学生宿舍区——哈比布拉校舍(Habibullah Hostel)。那是一天清晨,校舍就在马蒂尼埃学院几千米以外一片绿树成荫的校区以内。和我一起去的是勒克瑙警察总监之子,他说他认识一些学生领袖。我们坐在这幢宏伟的建筑前,它混合了印度和阿拉伯的建筑风格,毫无疑问曾让维多利亚时代某位副校长引以为傲。学校的雇员把一些长凳搬到了前面的草坪上,这片茂盛芜杂的草地之前是板球场,当我们坐下来呷着小杯拉茶①时，混迹于政坛的学生们围了过来，兴奋地向我说起他们的小型战争。

战争大概始于三年前，两个学生领袖在一次考试中为谁应该坐在某个特殊的座位发生了一点口角：两个人都觉得这个座位最便于作弊，不会被发现。考试结束后，考场外爆发了一次打斗，几个哈比布拉的学生被严重打伤。这场口角之争迅速升级为一场两个校舍的学生间的全面冲突。后来，哈比布拉的两个学生遭到对方校舍一群人的暗中埋伏，伤势严重，哈比布拉决定发起反击。

"我们一天夜里向维多利亚校舍（Victoria Hostel）发动了攻击，大概有50个人。"维卢·辛格（Veeru Singh）说。他看起来是个好男孩：害羞、礼貌、穿戴整洁。他说，夏天他会竞选学生会主席，希望自己能像他的前任一样，通过这个位置获得来年在一个政党中任职的机会。"我们有20把枪和许多自制的手榴弹，但第一次攻击他们的时候，我们过于兴奋，刚出发我们就开始开枪乱射。等我们到达维多利亚校舍的时候，我们的弹药已经用光了。所以我们向警方提起了一系列的指控，说维多利亚的学生蓄意谋杀，成功地让警方逮捕了两个人。第二次进攻时我们就组织得很有序了，我们想杀死他们的领头人阿比·辛格（Abhay Singh）。"

讲到这里我打断他："不好意思，你刚刚说，你想杀死他？"

"为什么不杀死呢？"站在人群后面的一个男孩答道，"又不是什么难事。"

----

① 印度拉茶，在红茶中加入奶和香料制成。

"不管怎么说,"维卢继续道,"我们悄悄包围校舍,然后闯了进去,每间屋子挨个搜查,打伤了五六个人,但阿比趁着夜色逃跑了。然后警察来搜捕,逮捕了我们的一些人。他们还在普拉文·维尔马(Praveen Verma)的屋子里发现了我们的一半武器。"

维卢指了指站在人群边上的普拉文。这是个瘦小、看上去有些淘气的男孩,大概19岁的样子,留着男孩特有的那种毛茸茸的小胡子。

"然后怎么了?"我问。

"他们发现了16把小作坊生产的简易手枪、一枚像样的手榴弹和八枚自制炸弹,"普拉文说,"但我说这是我室友的,所以警察就把他逮捕了。他不敢说那些东西是我的,他知道如果他说了会有什么后果。"

"但你从哪里得到这些武器的呢?"我问。

"枪是我们在市场上买的,"普拉文答道,"手榴弹是我们自己做的。"

"自那以后,阿比就变得十分恼火,"维卢又把话题坚决地引了回来,"所以在1996年1月7日,他枪杀了我最好的朋友之一巴布卢(Bablu)。当时巴布卢正坐在主路的一个茶摊上,六个骑摩托车的人袭击了他,他们朝他背上开枪。普拉文就坐在他旁边。从那以后他们还打算把普拉文也干掉,因为他是唯一的目击证人。所以他一天24小时都得全副武装。"

"你现在也带着枪吗?"我问。

"当然。"普拉文答道。他解开裤扣,从裤子前面的Y形开口里取出一把自制手枪。那玩意儿很可怕:粗糙,丑陋,枪筒是用人力车转向轴改造而成的。普拉文啪的一声弹开枪闩,里面是一个小型红色猎枪弹。

"那手榴弹呢?"我问,"你们有人带着吗?"

"我宿舍房间里有一些作坊生产的简易型号。你想看看吗?"

我说好的,普拉文就派了一个学校雇员去取来一个。五分钟后,雇员回来了,手里拿着一个白纱布包裹的东西,有橘子那么大,看起来丝毫没有危险。

"这玩意儿威力巨大,"普拉文一脸自豪地说,"我们会在里面填充玻璃和钉子。但千万要小心:一旦掉到地上它就会爆炸,有一次我就把自己的腿炸伤了。"

"我可以继续讲吗?"维卢问。

"好的。"

"他们杀死我朋友的那天晚上,我们以牙还牙,袭击了维多利亚校舍。我们成功夺走了几把冲锋枪和大概50枚炸弹。我们大肆扫荡破坏,但他们也早有防范,我们有两个人受了很严重的伤。"

"我们把他们送到医院,"普拉文说,"但医生不愿意动手术。他们说这是刑事案件,他们不能碰伤者。所以我们接着把那地方洗劫了一通。我们捣毁了急救病房,点火烧了救护车,把医生暴打一顿,把护士的衣服撕下来,往医生屁股上扎注射针。我们吼着:'快救他们。'但医生说:'他们已经救不回来了,让他们去吧。'最后警察来了,逮捕了我们13个人。"

学生们继续毫无赧色地讲述着他们的故事,持续了40多分钟:阿比接受审讯时他们如何袭击法院;试图在狱中杀死他;警方突袭;林林总总的埋伏和谋杀。最终,当他们盘点死亡人数时——双方各有四人死亡——我问:"你们觉得过这样的生活是好的吗？"

"环境就是这样，"维卢答道，耸了耸肩，"我们有什么办法呢？"

"我们没法讲和，"普拉文说，"如果我们这样做了，他们只会背叛我们。"

"但你们正在变成暴徒。"我说道。

"不，我们是学生。我们只是在有些情况下被迫变成暴徒。如果我们洗手不干，就会被一枪毙命。我们为政治日益变得暴力感到遗憾，但我们也不得不用枪来自卫。这里默认的规则就是如此，一个不会使用武力的人只会寸步难行。如果使用武力是必要的，那我们就不得不这样做。"

"是的，"普拉文说，"现今如果你没有手枪根本就无法参加竞选，我们当然对此很难过，但情况就是如此。不管情形如何，你都应该让自己去适应。"

"你觉得你会继续从政吗？"

"我已经参政了，"维卢说，"我现在是下次邦大选的独立候选人，我一直都很想成为议员。"

"为什么？"

"我希望能为社会抗争。现在我只是为学生们而抗争，但我想每个人的出发点都是相似的：理想主义。"

维卢咯咯笑了起来，面容纯真。"但你懂的，最后我们所有的政客都会变得一模一样，"他说着，露出一个甜蜜的微笑，"他们只是想获得更多权力。"

第二部　在拉贾斯坦邦

第六章　巴维里·黛维的悲伤故事

巴特里，斋浦尔，1994 年

当然，她说，那个政客发誓要复仇，发誓两个家族间的血海深仇会延续七代人之久，然后，他们就觉得自己会遇到某种麻烦。

他们已经习以为常，那天临近黄昏时，他们从田地里归来，发现小屋的门被弄坏了，家里的东西也被洗劫一空。也许当他们坐在窑炉旁烤得浑身发干时，有人已经把他们烧制的罐子打碎了；或者把他们的树连根拔起，损坏树篱甚至完全推倒。那种麻烦，那种不痛不痒的骚扰，他们已经能够自如应对了。毕竟，他们是穷人，而他是个政客，他们对此完全无能为力。但是，她说，他们没想到，在村里每个人都知道他的复仇宣言，知道他打算摧毁这个家族的情况下，他还敢冒天下之大不韪，公然施行暴力。

正因为没有想到，那天晚上他们放松了警惕。前一天晚上，他们的一头水牛正巧死了，按照习俗，他们整天都在为这头牛举行最后的祭奠仪式。所以直到太阳已经落下，他们才出门，打算去田里取些饲料。他们走到田里，巴维里（Bahveri）走到稍远一点的地方去割草，而丈夫莫汗（Mohan）则开始把牲畜赶到一起。就在她往回走的时候，她听见丈夫的喊声，连忙跑过去看究竟发生什么事了。

她看到在暮色阴影中，五个男人包围了她的丈夫，他们把他推倒在地，一边踢打，一边拿竹棍恶狠狠地抽他。她马上认出了这些人。正对着她的就是那个政客，巴德里·古贾尔（Badri Gujjar）本人。有三个是他家族里的人——巴德里的儿子、侄子和妹夫。最后一个是村里神庙的婆罗门。

"我问他们：'你们为什么要打我丈夫？麻烦是我给你们造成的，他什么都没做。'所以巴德里走过来，抓住我，摇着我的肩膀，然后开始辱骂我。我说：'别嚷嚷，我是迫不得已才把你的名字告诉官方的，但我没告诉警察。是地区治安官（District Collector），他把你的名字告诉警方的。你怎么不跑去骂他呢？'但他并没有听进去。他们反反复复喊道：'都是你的错，都是你的错。我们名誉扫地，我们必须要报仇。'然后巴德里说：'现在我要开始复仇了——如果我是个男人，我就该这么做。'"

两个男人把莫汗按在地上，巴德里强奸了巴维里·黛维。另外两个男人——巴德里的儿子和侄子——相继也强奸了她。那时候他们都很清醒，但当他们离开，把她扔在尘土中的地上时，她记得他们一边走一边发出醉汉似的笑声。他们消失在幽暗的夜色中，在身后喊道，他们的所作所为应该给她个教训，让她知道，她不过是一个陶匠，一个贱民，像她这样种姓的女人，根本不该和他们这样种姓的男人作对。而古贾尔种姓属于令人骄傲的自耕农、牧人和地主阶层。他们的所作所为会让她知道，自己在村里究竟是什么位置。如果她还是不长记性，她自然知道会有什么下场。

总而言之，这是她口中的事情。

巴特里（Batteri）村离斋浦尔（Jaipur）有一个半小时车

程。你从阿格拉门出发，老城里的集市渐行渐远，一路前行，经过一座座拱形穹顶和圆顶凉亭——那曾是摩诃罗阇们的火葬之地——然后来到绵延展开的平原地带。

在一段路程上，乡村处处碧绿，生机盎然。有时候你转个弯，前方田野里闪耀着一片金黄，那是成熟的早春芥菜籽。但随着你开得更远，田野也变得更加炙热干燥。冬小麦变成了奄奄一息的向日葵，灰尘沙土四处漫卷，瓜圃和沙地上的矮树丛相互交缠。右转，驶离柏油路，穿过一个平交路口，你沿着越来越窄的肮脏小道又开了好几英里。道旁坐落的人家愈发破败，四周都是骆驼刺。缤纷的色彩消失殆尽，只有一件红色纱丽从眼前闪过，那是一个顺着蜿蜒小路去井边打水的女人。

巴特里位于可耕种地区的边缘地带，是沙漠边界的一个口岸。这是一座古老的村庄，零星散落着一些18世纪的小庭院，是一个静默、半被荒弃、散发着古怪的不祥之气的地方。当你沿着主路往下开时，一些不修边幅、正在自家阳台上抽着水烟筒（hookah）的男人会抬起眼睛看你一眼，然后朝他们面前的地上吐一口痰。巷子里没有玩耍的孩子们，只有大风在主路上卷地而起。

我们停下车，向一位牧人打听巴维里·黛维家在哪个方向。

"切！那个荡妇！"这个男人操着一口粗俗的马尔瓦尔（Marwari）方言说道，"你们找她干吗？"

"我们想采访她。"桑吉夫（Sanjeev）说道，他是我在斋浦尔的一个记者朋友，答应陪我来这里，帮忙给一些口音太重的人做翻译。

"那个荡妇给村里带来的耻辱还不够多吗？"男人回应道。

"她是个骗子,"另一个男人牵着一头身形硕大、皮质坚韧的水牛走到汽车边上,"没人相信她,也没人相信她编的故事。人人都讨厌她。"

"巴德里·古贾尔是个好人,"第一个牧人说,"她说的关于他的一切都是谎话。"

两个男人为我们指了指旁边的一条路,又提醒我们不要相信巴维里·黛维所说的任何话,这才继续赶路。

我们到达时发现巴维里·黛维坐在自家阳台上,正在一块石板上切着辣椒和洋葱。她个子瘦小,一头灰发,看上去弱不禁风。虽然已到中年,但她依然十分美丽,颧骨匀称而饱满。她穿了一件发旧的纱丽,里面裹着一件破损的红色束胸衣(choli);她光着脚,但左脚踝上戴着一只银脚镯。巴维里放下手中的刀,一面示意我们可以坐到绳索床上,一面走进屋子,吩咐女儿去井里给我们取些水来。她把双脚盘到身下,用一种温柔但令人吃惊的紧张声调问我们,她能做点什么。

"村民们为什么会这样仇视你呢?"我问。

"他们说,我给村子带来了耻辱,"巴维里说,"他们说,这种事应该由潘查亚特(panchayat)① 来处理,而不应该交给警察或外面的人。他们说我让官方知道了这件事,玷污了这个有千年历史的村子的名声。"

"你的邻居没一个人支持你吗?"

"我们被孤立了,"巴维里说,"现在,没人跟我们说话,没人买我们的陶罐和牛奶,也没人帮我们看管牲口。"

---

① 即"乡村五人长老会",是南亚地区管理农村的理事会,具有悠久的历史。

"甚至其他库姆哈尔种姓①的人也是如此吗?"桑吉夫问。

"其他库姆哈尔也是如此,"巴维里答道,"潘查亚特已经宣布我们这个种姓的人为贱民。现在没有人会承认我们的存在,包括我们家族里的人。"她叹息一声:"现在我们生活很艰难,入不敷出。"她低下头,继续切洋葱。在静默中,能听到屋子后面牛棚上的原鸽正发出咕咕的声音。

"你不能离开这座村庄吗?"我问,"这里太糟糕了,你就不能换个其他地方,重新开始新生活吗?"

"这不现实,"巴维里·黛维答道,"但更重要的是,我不想让别人觉得是我怕了,我投降了,我逃跑了。"

巴维里的女儿13岁,身形修长,她从井边回来了,手里的两个铁杯子装满了水。桑吉夫和我喝了起来。喝完后,我让巴维里从头开始给我们讲讲她的故事。她把石板从手边推开,清清嗓子,整理了一下纱丽,然后仔细道来。

那是在五年前,她说,那时她开始担任巴特里村的"萨丁"(sathin)。"萨丁"是一个印地语词,意思是"朋友",作为萨丁,她的职责就是为她所在的这个村子里的女人们担任非正式社工。在印度的大部分地方,萨丁负责教导其他女人健康

---

① 此处原文为"kumar",似为作者拼写错误,应为"kumhar",前者是印度常见的姓氏或名字,后者是陶匠的种姓。

卫生知识、节育秘诀和送孩子上学的种种好处。但在保守而落后的拉贾斯坦邦，在这个亚洲识字率最低的地区之一（38%，不过在农村妇女的识字率仅有11%），萨丁的工作不得不集中在更加基础的事务上：劝说不要杀害女婴以及禁止童婚。在该邦的偏僻之地，这两种现象异常普遍，令人担忧。只要秘密杀死刚出生的女婴，或者在一场仪式中将所有未成年的女儿嫁出去，村民就可以一下子摆脱嫁妆和婚礼的巨额花费，而这其中的任意一项都可以把一个穷苦人家几十年的收入全部耗尽。

在印度的农村地区，女人在管理乡村事务中很少拥有话语权，低种姓女人实际上是处于噤声状态。但萨丁经年累月的工作证明，在村里的女人们中间静悄悄地做工作，把她们团结到一个目标下，就有可能实现缓慢的社会变革。正是因为萨丁的耐心工作，被溺死的女婴越来越少，同时，比起把女儿们一次性嫁出去，把她们送到学校念书的财富收益也缓慢而成功地显现出来。

102　　但1992年德里发布的官方数据依然表明，童婚在拉贾斯坦邦还是比在印度其他地方更加盛行。这项数据让拉贾斯坦邦颜面无存，所以邦政府决定废除多年来循序渐进的办法，采用一种激进的方式，命令萨丁举报计划实施童婚的家庭。继而警方就会前去强行制止童婚。好几起案件中，家长都被逮捕入狱。一夜之间，萨丁也从村子里受人尊敬的角色变成了惹是生非的间谍，村民们觉得她们会在一个家庭最重要、最公开的仪式上给这个家庭带来巨大的羞耻和侮辱。

1992年夏天，巴维里·黛维陷入了进退两难之中。她向官方抗议，警告他们只有静悄悄劝说的方式才能长远地消除童婚。但她生活穷困，必须依靠政府的薪水为生，别无他法，只能选择与政府合作。最终，她向地区治安官提供了一份名单，上面有 17 个计划举行童婚仪式的家庭。其中有四个家庭不顾警示，继续操办，这些婚礼全部被警方强行取缔了。

其中一场便是巴德里·古贾尔的两个小孙女的婚礼。巴德里·古贾尔是村长（sarpanch），也是该地区最强势的古贾尔种姓的政治首领。

"我去了巴德里家两次，恳求他不要举办，"巴维里告诉我，"我说：'你可以把你 14 岁的孙女嫁出去，没问题，但为什么要把一岁的小婴儿也嫁出去呢？你把给她做嫁妆的钱省下来，可以送她去上学，以后她自然会在斋浦尔找个好工作，靠自己赚很多钱。'巴德里似乎觉得我说得有道理，但一言不发，还是继续操办着婚礼的事。所以第三次我去他家和他说话的时候，我把那个一岁的小女孩从屋里抱出来，放在手臂里，我让巴德里看看她，并说：'看看吧！她还多小啊！'但他只是回答道：'一切都定了，现在不可能再反悔了，已经太晚了。现在问题在于要保全我家的信用和名声。'最终，我的项目主管从斋浦尔过来找他谈，但他不为所动，我除了报告给治安官外别无他法。婚礼那天，两个年纪很大的警察确实来了，但他们都姓古贾尔，和巴德里是一个种姓的，所以他们只是加入了婚礼庆典，把摆在他们面前、招待来宾的甜食吃完了。"

婚礼继续举行，但干扰已然铸成。巴德里觉得在自己孙女们的婚礼上受到了侮辱，他公开发誓，要为自己在村里名望受损而复仇。据巴维里·黛维说，巴德里带着他的亲友来找她那天是 1992 年 9 月 22 日。强奸发生的第二天，她一大早就起床，乘早班车去了斋浦尔，想把这件事告诉她的项目主管。但等她到达时，项目主管出门了，直到当天晚上才回来。所以直到 24 日清晨，巴维里才在劝说下去往警察局，在真正意义上报告了此次强奸案。

巴维里感到，报告这次事件不会对任何人有所帮助，只会引来更多的麻烦；她也准确地预感到，警察不会对一个指控当地名流的低种姓妇女抱有任何同情之心。但是，她依然对自己此后竟会遭遇如此深刻的敌意大为惊讶。斋浦尔警方说，这件事和他们没关系，她应该去找巴斯（Bassi），也就是强奸案发生地所在区域的警察局。而等她搭了四个小时公交车赶到巴斯时，那里的警察直截了当地说，他们不相信她说的话，她说，他们对待她的方式"就像我是个妓女"，让她先在警察局等了三天，然后才开始给她做最基本的医疗检查。

巴维里·黛维现在认为，警方是在故意拖延，因为许多专家都说，性行为发生三天以后，精子测试的结果便不再有效，也不再准确了。更糟糕的是，尽管 1982 年印度的刑法典修正案规定，接到强奸案报告时，警方应当假定受害者所说为实，并应在接到报案后立即拘留嫌疑人，但现实中警方没有采取任何试图逮捕巴德里·古贾尔的行动。事实上，他们向巴德里提出问询已经是十天以后了。

104　　巴德里·古贾尔一家对发生在 9 月 22 日那天的事有着截然不同的陈述。据古贾尔一家讲，那天的确发生了一些事，但只是村里神庙的祭司和巴维里·黛维的丈夫莫汗打了起来，因

为两人都说有一头奶牛是自己的。祭司打起架来不是莫汗的对手，巴德里的侄子和妹夫正好路过并且插手，"因为我们无法忍受一个婆罗门被莫汗这样的库姆哈尔种姓的人殴打"。等到他们把事情摆平以后，莫汗伤得很严重。

从巴维里·黛维家一出来我就径直去了巴德里·古贾尔家。这栋房子比巴维里家的小屋大得多，不是泥土做的，而是由切割后的石头砌成，荫凉的阳台上装饰着带雕饰的石柱。房子边上的牛棚里排列着 20 多头水牛，一个女仆正在给其中一头牛挤奶。古贾尔家的大多数男人都不在家，但巴德里的侄子拉姆·苏卡（Ram Sukhar）在，他是个身材瘦高、留着厚厚髭须的农民，正在阳台上抽着水烟袋。

"巴德里那天根本就不在这儿，"拉姆·苏卡说，"他的儿子也不在。他们一起开着拖拉机去多萨（Dosa）了。是啊，我的确帮了我们学识渊博的祭司一把，免得他遭莫汗的欺负，但是巴维里，我们压根儿就没见到她。我们第一次听说强奸这事儿，就是警察来问我们话的时候。"

"但你们对她插手婚礼的事很恼火，这是真的吧？"

"当然，"他答道，"我们都知道，童婚这事儿不太合适，不太光彩，但如果我们把所有的女孩一起嫁出去，的确会省下一大笔钱。如果不这样做，我们就得承受四次单独婚宴带来的花销，我们根本就承担不起——我们只是穷人家庭啊。巴维里·黛维本来应该理解这一点。但这些萨丁都是很坏的女人，她们蛮不讲理。她们说的每句话都是错的。现在这种情况下，巴维里没什么料可以提供给警察局，但我们在村子里本来是有名望的。现在她把这一切都毁了。"

"所以你尝试过报仇吗？"

"没。但我们都不和她家的人说话了。其他村民也是。他们说:'你玷污了一个好家庭的名声。'就是因为大家都孤立她,她才捏造出这些指控。她想为自己受到孤立而惩罚我们。"

"但她为什么要谎称自己被强奸了呢?承认这种事对一个女人来说是最耻辱的。"

"巴维里·黛维有什么声誉?她有什么名望?她只是一个库姆哈尔,一个妓女。没有人看得起她。她根本就没损失什么。"

"村里的人现在还支持你吗?"

"当然了,"拉姆·苏卡说,"村里没人相信巴维里·黛维的谎言,一个人也没有。警察看到这些后也和我们想法一致,他们也觉得她编造了整个事件。"

第二天,我去和斋浦尔警察局刑事总监普拉塔普·辛格·拉托尔(Pratab Singh Rathore)聊了聊。他证实了拉姆·苏卡的话。

"坦率来说,我们99.999%确信,这些人并没有强奸巴维里·黛维,"他一边说,一边转着指尖的铅笔,"我们询问了每个人,也做了精子检测,基于已有的证据撤销了这个案子。在她的送检样品里,还有一些其他精子类型的痕迹,但既不属于被告,顺便说一下,也和她丈夫的精子类型不匹配。"

"你的意思是？"

"我想我没必要把这个说破吧，"刑事总监答道，"你可以随便找个村里人问问，那个女人的名声怎么样。"

"所以你是暗示，巴维里·黛维不仅说了谎，她本人还很不检点？"

"这是你说的，"刑事总监说，"我可没说。"

1993年1月，当我第一次听说巴维里·黛维的案子并前往斋浦尔调查时，就打算写下她的故事。但刑事总监言之凿凿，断言有科学依据证明巴德里·古贾尔不可能实施了强奸，面对这种情况，我只好放弃写作计划，把我的笔记本放进底层抽屉里。起初，印度的女性组织掀起了一波支持巴维里·黛维的浪潮，但随着斋浦尔警方发布报告，相关的游行、游说议员、声援活动等渐渐销声匿迹。

所以，案子被搁置下来，直到1993年5月，卡维塔·斯里瓦斯塔瓦（Kavitha Srivastava）在英国休了一年的假期后归来。卡维塔是斋浦尔发展研究所（Jaipur Institute of Development Studies）负责社会领域的工作人员，五年前，当她第一次来到斋浦尔接受萨丁事务培训的时候，她就对巴维里·黛维非常了解。她毫不怀疑，像巴维里这样诚实正直的女人不可能无缘无故去编造一个强奸指控。当她介入得越来越深，整个案子背后的种姓和性别偏见就渐渐暴露出来。

"你知道,强奸在印度的农村里非常普遍,"她解释道,"尤其是针对低种姓妇女的强奸。但由于羞耻感和污名化的存在,这些案件大都悄无声息:在整个印度,每年警方只会接到四到五起强奸案报告,这实在是令人震惊。受害者知道她们会终身被贴上标签,更重要的是,她们周围的每个人都会劝她们隐瞒这件事,因为污名化不仅是针对受害者本人,也和她们的家庭、她们的村庄息息相关。所以在绝大多数案件中,受害女性只会假装什么也没发生,如果需要的话就去外地做个流产。

"这也是为何村民不会支持巴维里。巴维里把这件事公之于众,并败坏了巴特里的名声,这让他们感到恼怒。更重要的是,他们都忌惮古贾尔种姓的人。巴德里是当地有权有势的政治人物,他的儿子吉亚萨(Gyarsa)是其所在的亚种姓(jati)① 的长老会首领(panch),是附近 80 个村子所有古贾尔种姓的首脑,对所有古贾尔人的婚丧嫁娶事务都有最终决定权。如果你和他发生了纠纷,他就有权针对你,排斥你,不允许你和古贾尔种姓的任何人一起抽烟,一起吃饭,一起喝水,你的孩子甚至没有结婚的机会。"

卡维塔对案子调查得越深就越是确信,警方的所作所为非常可疑,甚至是玩忽职守。

"刑法典明确规定,强奸案的被告必须予以逮捕,由法庭来查明证据,而不是由警方来进行道德审判,宣布受害者品行不端,是不是有可能说谎。他们为什么不逮捕巴德里·古贾尔?原因就在于巴德里是当地颇有名望的政客,并且古贾尔种

---

① 又译为"贾提",是在四大种姓(Varna)基础上产生的更细化、来源更复杂的亚种姓,通常与某种特定职业相联系。

姓在巴斯地区具有难以置信的影响力：当地议员名叫拉杰什·皮洛特（Rajesh Pilot），他不仅属于古贾尔种姓，还是中央政府的议会内阁成员。1993年正值邦大选在即，如果失去了古贾尔种姓的支持，任何党派都不可能赢得该地区的席位。我完全确信，在故意拖延医疗检查以及宣布巴德里无罪两方面，警方都受到了政治压力。"

卡维塔相信，如果不还巴维里清白，今后萨丁将无法在拉贾斯坦邦继续工作，该邦的强奸案受害者也不再敢将事件公之于众以寻求公正的裁决。这件事不仅关乎为一个女人正名，它还会产生更加深远的影响力。

"我们有四个人聚在一起，下定决心要让这个案子水落石出，"卡维塔说，"我们意识到，结案可能要花上七年时间，上诉会从地方法院提交到高等法院，最后再到最高法院。但我们都知道，如果不能让这个案子真相大白，我们可能都得收拾行李回家去。"

经过一番讨论后，卡维塔和她的支持者们认为，他们获胜的唯一希望就是成立可以抗衡古贾尔种姓影响力的政治游说团体。他们联合印度的女性组织，组织了新一轮的请愿游行，并在媒体上发表了一系列文章。1993年9月27日，在涉嫌强奸案发生一年零五天后，巴维里·黛维的支持者们赢得了胜利，位于德里的中央调查局（Central Bureau of Investigation，CBI）最终被迫向五位被告发布了逮捕令。嫌疑人在村里失踪后，CBI警告称如其再不归案将没收财产。1994年1月24日，五名嫌疑人全部向警方自首。两个星期后又迎来了第二次，也是更重要的胜利：审理该案的高等法院法官N. M. 蒂布雷瓦尔（N. M. Tibrewal）驳回了嫌疑人的保释申请。法官在总结陈词中清晰地指出了他所得出的结论:"我从上述细节中清楚地认识到,巴维里·黛维遭到了轮奸,尽管她反复呼救,当地村民却由于畏惧被告并未施以援手。初步看来,这是一起为了报复巴维里成功阻止童婚而施行的轮奸案件。"法官同时严厉批评了警方对案件的反应,将其定性为"极其靠不住"。

一年后的2月末,桑吉夫和我又驾车行驶在拉贾斯坦邦尘土飞扬的道路上,我们打算再去和巴特里的村民们聊聊。

这一次,当我们询问巴维里·黛维家的地址时,再也没人对她口出恶语了;相反,他们客客气气地向我们指路,不发表任何评论。当我们找到巴维里·黛维家时,她依然在阳台上切蔬菜,准备着午饭,我说起了路上的见闻。

"自从那些人被抓起来后,一切都变了,"她说,"以前,我的一切都崩塌了。现在生活平静多了。村民们又开始和我说话。虽然还没完全恢复正常,但已经好多了。政府还给了我些钱。你们看!"

巴维里向我们展示她的新鞋和新束胸衣,又指着她家房子一侧新刷的油漆,刷漆的钱来自她的雇主——印度妇女儿童发展基金会(Indian Women and Children's Development Fund)奖励给她的1.5万卢比(约合300英镑)。

"你对发生的这一切感到意外吗?"桑吉夫问。

"不,"巴维里说,"事实总会真相大白。即使警方收受了被告的贿赂，现在看起来，我们好像也会赢得这个案子。那些男人会一直待在大牢里。以前，这样的强奸案非常普遍，现在，有钱有势的男人甚至会害怕和库姆哈尔女人接触。如果我们能赢得这个案子，将会带来很好的影响。"

巴维里耸耸肩："一切都是神的安排。"

"巴德里的家人给你捎过什么口信吗？"桑吉夫问。

"捎过，"巴维里答道，"上个月，几个中间人给他的家人带话。他们说，巴德里承认自己犯了错误，让我去撤诉，不然，家里没有男人的话，全家人都会饿死。"

"你怎么回答的？"

"我说，他们必须坐牢。他们必须为自己的所作所为受到惩罚。只有他们接受相应的惩罚，才会吸取教训，不会重蹈覆辙。"

"他们家里的女人会挨饿吗？"我问。

"我希望古贾尔的女人们不要受太多苦，"巴维里说，"但她们的丈夫折磨我的时候，她们心里有过愧疚吗？"

离开村子前，我们又去了一趟古贾尔家，在那里遇到了巴德里的女眷们——四个妻子，两位年迈的奶奶——以及一群脏兮兮的、半裸的小孩，他们都待在阳台上，一群苍蝇正绕着他们打转。一年前的光景完全变了个样，命运之轮调转了方向。水牛都不见了——应该是都卖了——现在轮到古贾尔一家衣衫褴褛了。

"完全是个谎言，"巴德里的奶奶坚持道，她年事已高，满脸皱纹，说自己也不记得自己的岁数了，"我们遭到了陷害。斋浦尔那些受过教育的女人不想看到我们把孩子们嫁出去，她们就一起撺掇巴维里撒谎。过去三个月里，我们的泪水就没断过。我的儿子们都被关起来了。巴德里在牢里挨了打。

现在，家里没一个人能干活，唯一还在的男人就是我丈夫，但他已经80岁了。谁来收割庄稼？谁来照看牲口？我们的一切都被毁了。"

老妇人开始啜泣起来。

"这些孩子以后能去哪儿呢？"她一面哭着，一面指着身旁的幼儿，"谁来养活他们？老天爷啊！看看他们这个样子！"

我们向她说了些客套话便准备启程，老妇人依然悲痛地战栗着。我们坐上吉普车时，她在我们身后大喊："那个叫巴维里·黛维的女人，那个婊子！是她编造了这些事！现在她把我们都毁了！"

第七章 种姓战争

焦特布尔，拉贾斯坦邦，1990 年

蒂亚吉博士（Dr Tyagi）① 站在已变成废墟的帮扶中心中央，握着手电筒。"他们都是周围村子里高种姓的拉杰普特学生，"他说，"来了整整三卡车的人，大举翻墙而入，手里挥舞着铁棒。而我们只有 20 个人，面对他们 200 多人，我们还有什么办法呢？"

我们在黑暗中摸索前行，路过烧焦的窗框、破碎的门廊，路过一团团小小的黑色余烬，那是纵火留下的印记，它们依然散发着黑色的焦味。

"他们大喊：'谁是低种姓的？'只要一看见黑皮肤的人，就挥舞铁棒肆意殴打。他们把这里的一切都点着了：折叠床、衣物、床垫。他们把录像机和幻灯播放机也扔进火里。他们把花草树木连根拔起，把椅子、吊扇、打字机、柜子——七年来我们在这里苦心营造的所有东西都毁掉了。"

蒂亚吉博士声音轻柔，语调平静，丝毫没有抬高调门。他是个身材瘦小、一丝不苟、面相普通的人，喜欢耸着肩，留着一撮小胡子，鼻梁上架着一副沉重的黑框眼镜，看上去让人觉得他戴得很不舒服。他穿着甘地式的土布衣服，在那过于宽松的棉布包裹下，他单薄的身躯显得更加瘦小。

"看那边，"他说，"那儿以前是诊疗室。"

手电筒的灯光扫过一间长方形的小屋，屋门松松垮垮地挂在铰链上。我们走进屋里，脚下踩着碎玻璃与雪花似的药丸和

---

① Tyagi 这个姓氏在历史上属于婆罗门种姓。

胶囊。"他们拿着大锤，袭击了这里。"

小屋外到处散落着残骸：被风吹动的课本、烧得只剩一半的床单、一只旧手套、一只运动鞋。但这里的混乱之中依然存在着某种秩序。你依然能看到被他们推得东倒西歪的柜子、四处跌落的药瓶和医用烧杯。"他们破坏了所有的设备、所有的药物。'神子'们——我们以前把他们称作'不可接触者'——以前会走100多英里路来这里看病。"

"但我以前以为，自从印度独立以后，法律就废除了不可接触者制度。"我说。

"法律上是这样的，"蒂亚吉答道，"但你听过一句俗语'Dilli door ast'吗？意思是'德里天高地远'。议会人民院的确通过了相关法律，但对这些村庄来说不会有什么差别。在这里，想要改变达利特人的命运，仅仅靠法律是无法实现的。"

"但我还是不明白拉杰普特人这么干的原因。即使你在不可接触者之中普及教育，对他们有什么影响呢？"

"低种姓在相当长时间里都是高种姓的奴隶，"蒂亚吉答道，"他们在高种姓者的田地里劳作，获得低微的报酬。他们给高种姓扫大街、洗衣服。如果我们让他们接受教育，谁还会来干这些脏活儿呢？"蒂亚吉博士突然朝我恼怒地挥挥手。"你没看到吗？"他说，"拉杰普特人厌恶这个地方，因为他们的奴隶在这里被解放了。"

"拉杰普特人在这里打砸的时候，"我问，"你是怎么应对的？"

蒂亚吉博士用伸开的手做了个无力的姿势："我就坐在这儿，我能怎么办呢？我想着甘地，他也挨过打，还挨过很多次。他说，你应该欢迎这些袭击，因为只有通过这种冲突，你才能够前行。像我们这样的机构,只有碰到这样的事才能迎来重生。这件事凸显了'神子'们面临的不公。"

他停住了,微笑着:"连你自己也是,如果不发生这件事,你也不会到这里来。"

"你们现在打算怎么办?"我问。

"我们会重新开始。这片沙漠里的穷人仍然需要我们。"

"如果高种姓的人再来找你麻烦呢?"

"那我们欢迎他们。他们也是这种文化的受害者。"

"你是个勇敢的人。"

蒂亚吉博士耸耸肩。"我只是个普通人。"他说。

乡村是一片被炙烤的白色沙漠:炽热,矮树丛,遍地砂砾,尘暴漫卷。我们一路驶来,扬起的细沙卷成云团状,不断涌进我的嘴里,落在我的头发上。当我下车时,我就像舞台上某个年过八旬的老者。100年前这里有过丛林,但后来伐木者来了,现在这里只会偶尔出现茂盛的灌木、零散的仙人掌或一丛沙漠刺属植物。

但这里依然存在着村庄,它们抵御着不断蚕食土地的沙丘,在一个外来者看来,这里的人们——打水的妇女身着黄色纱丽,她们的衣饰在沙漠的风中翻飞飘动;部落民蓄着络腮胡,头戴山区样式的包头巾——似乎是与这片沙尘有机共生的,你所见的一切都美好、自然且和谐。

但外来者的目光很容易受到误导，无法从视觉上领会村庄背后的深意。第二天清晨，在我从蒂亚吉博士的帮扶中心返回焦特布尔的路上，他带我去查看种姓观念如何深深烙印在印度的大地上。我们越过一片山脊，看见前方平缓的断崖上坐落着一个白色石头垒起的小村子。在它旁边不远处，还有一片面积更大的定居点：一间间圆形泥巴房，房顶用稻草砌成圆锥形，看上去很是可爱。在两个村落之间，一队骆驼正蹒跚向前，它们以沙漠骆驼惯常前行的方式走着，步子里有一种奇异的优美，又令人微微感到晕眩。对我而言这是一片迷人的图景，但在蒂亚吉博士看来，它却意味着压抑和种姓隔离。

"那座拥有坚固房屋的石头村属于拉杰普特人。那些泥巴房则属于'神子'。他们不被允许住在一起，如果一个'神子'想从拉杰普特人门前经过，就必须脱鞋。"

"不同种姓分用不同的水井吗？"

"不，村里只有一口井。如果一个'神子'家的女人想要公共水井里的水，必须求一个高种姓的人去打，然后把水给她。不可接触者不能触摸水桶。生活的方方面面都是这样。在村里的茶馆，'神子'用的茶杯和其他种姓者使用的茶杯是分开放的，二者要保持距离。如果要召开公共会议，'神子'不能和拉杰普特人共坐在同一块地毯（durree）或同一张绳索床上。'神子'的孩子如果去上小学，他们只能坐在地上。"

蒂亚吉博士解释说，在拉贾斯坦邦，种姓是一本公开的书，只要你能从当地的日常场景中看出门道，你就能读出这本书的内容。旁观者一旦读懂了，就能够准确无误地确定一个人的社会等级，数个世纪以来，正是这套僵化的等级制度将印度的农村人口分为三六九等。这种门道在不同地区不尽相同，但就男人来说，通常主要是看头巾的颜色和包裹方式：在焦特布尔，戴白头巾的属于上了年纪、中间种姓的小农阶层——比什诺伊（Bishnoi）①或贾特（Jat），而高种姓的婆罗门则只会戴藏红花色的头巾。你修剪胡须的方式是向上、向下还是保持水平，你系裹裙时打了什么样的结——这一切会将你细分，甚至会透露出你的亚种姓。

对女人来说，重要的则是看珠宝和服饰的颜色：蓝色是属于高种姓的色彩，穿戴时要配以沉甸甸的耳环和鼻环。在焦特布尔，婆罗门甚至会把自己家的房子漆成蓝色。穿着红绿格子图案、明黄及深黄色衣服的是中等种姓，而衣着色彩黯淡、布料粗糙，只戴着银质脚镯的女人则属于低种姓——甚至是贱民，不可接触者。

西方有各式各样的层级体系，世界各地也与之类似，而服饰是其中的一项重要元素：身穿细条纹西装、系领带的人位于某个层级，穿着遍是污迹的工装服的工匠则属于另一个层级。印度种姓体系的不同之处在于，这种制度十分僵化，并在印度教哲学中处于中心地位。

在印度农村很多地区，种姓不仅仍能决定你的衣着，还规定了你能住在哪里、从事什么样的职业、和谁结婚，甚至你家房子能漆成什么样的颜色。至今，印度传统农村居住着印度80%的人口，这里生活的每个细节都受到种姓制度的规范。如果说这种制度是限制性的——在最极端的情况下，种姓本质上就是一种神授形式的农奴制——它也有一种稳定性

---

① 此处原文疑有误。Bishnoi 不是种姓，而是印度教教派，信徒主要活跃在印度北部和中部地区，遵循精神领袖贾姆贝什瓦（Guru Jambeshwar, 1451—1536）给出的29条戒律。

的功能,可以避免社会滑向无政府主义。在印度社会表面上的混乱之下,存在着3000多年来累积形成的、既僵化又严密的种姓和亚种姓体系。在这个体系下,人人都清楚自己的位置,也准确地知道自己的未来将是如何。正统的印度教徒相信,一个人今生的种姓是由上一世的行为所决定的。上一世积德行善,今生就会得到奖励成为高种姓;上一世作恶多端,今生就会受到惩罚成为不可接触者。一个扫大街的人如果勤勉善良,下辈子转世便有望成为婆罗门,继而最终达到解脱(moksha)和涅槃(nirvana)之境,从不断受苦、转世的永恒轮回中解脱出来。

因此,在虔诚而传统的印度教徒眼里,挣脱种姓的桎梏不仅动摇了社会的根基,还意味着打破宇宙循环,藐视自然规律。所以,一个人如果试图向达利特人普及教育,他就应该被制止。如果政府公开表示将提高低种姓群体的社会地位,将为印度1.52亿不可接触者保留政府中的职位,这项措施就应受极力反对。1990年10月,时任总理 V. P. 辛格在付出了巨大代价后发现,高种姓别无选择:他们必须团结一致,宣告一场捍卫种姓的战争。

116 拉吉夫·戈斯瓦米(Rajeev Goswami)是第一个站出来的人。他是一个20岁的婆罗门青年,来自旁遮普地区的一个中产家庭。他的父亲是邮政部门的办事员,假以时日,拉吉夫也有望在政府部门获得一份体面的工作。但政府宣布将把一半的职位预留给低种姓群体，这让拉吉夫自动获职的希望落了空。以前，要得到这种职位相当容易，达利特人知道自己该在什么位置。他们即使申请在政府工作，也只会得到最卑微的职位：清洗卡车、在办公室周围运送文件之类。更好的办事员的职位则公认会留给婆罗门。很多上好的职位竟然要留给低种姓，这是难以想象的，这伤害了每个婆罗门的自尊。

拉吉夫首先开始绝食斗争。但印度到处都是抗议各种事项的绝食斗争——奶牛退休后没有地方安置，人力车价格上涨——他的斗争在媒体上没有引起什么关注。所以拉吉夫联合几个朋友策划了一场博人眼球的表演：假意自焚。他计划把自己的腿浇上煤油再点火，他的朋友们会站在一旁，及时把火扑灭。这样做或许会造成一点小伤，但至少会上新闻。

实施自焚时出了一点状况。煤油起先点不燃，拉吉夫就把全身都浇上并点燃了。他的朋友们却不在现场：不知怎么的，他们在人群后面走散了，没有人出来扑火。但现场有摄影师，当拉吉夫燃烧起来时，快门闪动。第二天清晨，当拉吉夫躺在医院命悬一线时，他的照片登上了各大报纸的头条。

针对就业预留政策的抗议原本就需要催化剂。拉吉夫的出现正当其时。紧接着，印度每个城市都爆发了骚乱，高种姓学生，即就业预留政策一旦实施后利益最受损的群体与警方发生冲突，他们阻断交通，制造列车脱轨。在一些城市里警方朝示威者开火。自焚事件接连不断地出现，而这一次则是蓄意为之。

自焚者都是高种姓的青少年——比如莫妮卡·查达（Monica Chadha），19 岁，来自南德里地区，属于刹帝利种姓。一个周日上午,她与母亲和五个姐妹一起看着录像,而后感到厌倦,便走到阳台上,将自己点燃了。

苏萨里亚·莫汉(Susaria Mohan),20 岁,一个来自海得拉巴(Hyderabad)婆罗门家庭的电脑程序员,父亲是寺庙祭司。他带着一瓶汽油走到市里的购物中心,在那里烧死了自己。他在遗书中写道,V. P. 辛格声称骚乱并未蔓延到南方,他要以实际行动证明辛格的谬误。

拉贾斯坦邦是最主要的抗议中心之一。拉杰普特人的摩诃罗阁曾在这里统治数世纪之久,遗留了影响广泛而顽固、不亚于印度其他任何地方的种姓隔离传统。在每个村庄,拉杰普特人——古代的武士种姓——仍然是地主,低种姓仍然是他们的农奴。社会流动性几乎不存在。因此,政府宣布的新政策在当地产生的巨大震动远超其他地区。像斋浦尔这样平静的旅游城市也被怒火席卷。在焦特布尔,拉杰普特学生和警方打得不可开交,其激烈程度不逊于他们的武士祖先抵抗莫卧儿统治者。蒂亚吉博士的帮扶中心遇袭只是许多类似事件中的一例。

我是在骚乱开始一个月后前往拉贾斯坦邦的,那时暴力事件已开始平息,但反抗情绪依然高涨。焦特布尔市中心最重要的交叉路口环岛上有一座亭子,我发现一群愤怒的高种姓学生就在亭子里搭帐篷露宿。他们挥舞黑旗,聚集在一个临时搭起的神龛周围,神龛上是拉吉夫·戈斯瓦米自焚时的照片和一座猴神哈奴曼的塑像,寓意"赐予我们反抗政府的力量"。

"在古代,不可接触者受到压迫,但如今这一切都不存在了。"学生领袖希亚姆·维亚斯(Shyam Vyas)说道。他惊恐地摇了摇头:"如果他们得到了政府职位,就会毁掉一切。"

"他们会想要娶拉杰普特女孩。"他的助手阿尔温德·乔杜里（Arvind Chaudary）说。

"并且，不管怎么样，"第三个学生指出，"如果没人来扫大街了，垃圾该怎么办呢？"

许多学生都怀着真诚的个人悲痛。阿尔温德·乔杜里说，他在考试中得了 80 分，但由于就业预留政策，他被焦特布尔学院（Jodhpur College）拒之门外。他班上有个同学是皮革匠的儿子——一个贱民——考试只得了 30 分，但由于申请这所学院的贱民人数很少，而法律又规定要为他们预留名额，所以那个同学最终被录取了。

我离开的时候，学生们正吵嚷成一团，七嘴八舌地谴责那个人，用他们的话来说，就是试图"让这些下等人（bungi）骑在我们头上"的人。

"V. P. 辛格，"他们喊道，"他就是条狗！"

"不是狗，是猪！"

"比希特勒还坏！"

"印度的公敌！"

学生们的争论点在于，如今，低种姓者已经能够和其他人一样享有均等的机会，如果说低种姓者当中有很多人生活穷困，许多婆罗门也一样。

和许多"言之凿凿"的谎言一样，他们所说的话也掩藏在半真半假的阴影之中。即使在拉贾斯坦邦这样保守的地区，仍然有一些不可接触者过上了好日子。焦特布尔40英里以外有个叫格德瓦达（Gadvada）的村子。那里是一个庞大的皮革匠聚居区，由于这些人工作时要接触死亡的动物，特别是要给印度名义上神圣的母牛剥皮，他们更加沦落在种姓的底端，即使在不可接触者中也是地位最低的亚种姓之一。他们经年累月地缝制皮鞋，从来得不到尊重，只能获得微薄的收入，但近年来他们交了好运。由于手艺精良，他们的技能引起了德里一位颇有理想主义精神的出口商的注意，出口商于是雇用了20名皮革匠，制作高品质的皮具以供出口到西方。出口商向他们支付一天50卢比（一英镑）的报酬，这足足是印度官方规定的最低工资标准的两倍多，和拉杰普特人支付给田间劳动力一天五卢比的价格相比更是大幅增长。由于许多皮革匠干活时需要结对子，通常是兄弟俩一组，现在一个家庭的月收入可能达到3000卢比（60英镑）。

这在拉贾斯坦邦农村地区是一笔巨款，格德瓦达村开始出现欣欣向荣的景象。村里最近通了电。许多人家里装上了吊扇，全村买了六台电视机。皮革匠的商店外围着一圈崭新的自行车，店里安装了一套新的立体音响，音响带一对硕大的喇叭，上面拱起一排条形照明灯，闪耀着缤纷的奇光。

从社会地位看，皮革匠依然是不可接触者。但不可接触者的身份是一个相对的概念，对格德瓦达的皮革匠来说，这个身份只是意味着受孤立，而不是被压迫。他们有一口专门的水井，不和其他种姓混用，他们在专门的茶馆里休息，崇奉一套不同的印度教神灵体系，他们实际居住的地方和主村庄保持距离。不过现在他们过上了富裕的生活，不必再像以前那样对高种姓唯唯诺诺——比如，当拉杰普特人或婆罗门从身边走过时，他们要脱下鞋子，从牛车上跳下来以示恭敬。事实上，有好几个皮革匠现在还把田地租给了中等种姓的人。他们是能够向上跃升的不可接触者，"神子"中的雅皮士。

然而，格德瓦达只是个特殊案例。在拉贾斯坦邦大部分农村地区，种姓体系的传统秩序完全不可撼动，种姓偏见依然主宰一切。蒂亚吉博士的帮扶中心所在的格格蒂村（Gagadi）尤为典型。格格蒂村住着100户人家，来自十个不同的种姓：拉杰普特人和婆罗门位于社会金字塔的塔尖；贾特和比什诺伊位于中部；在其之下便是三个低种姓群体——乐师、陶匠和牧人；最后是不可接触者——皮革匠、铁匠和清洁工。

种姓的力量会让人感到恐怖。贝拉·拉姆（Bhera Ram）是一个可爱的老头，属于比什诺伊种姓。他的胡子让人觉得他热情好客，他从不喝酒，严格吃素。他有18个孙辈，总是乐于邀请访客喝杯茶，谈起收成时会露出慈祥的笑容。但当我说起政府打算把政府职位预留给低种姓时，贝拉·拉姆皱起了眉头。

"在以前，摩诃罗阇统治的时代，每个人都清楚自己的位置，"他气冲冲地说，头巾在盛怒中微微颤抖，"现在，这些下等人想毁掉社会的结构。一个扫大街的怎么能和我平起平坐呢？"

"您觉得他们应该是您的仆人？"我问。

"当然了，"他说，"就像我尊重摩诃罗阇一样，下等人也应该尊重我。"

"现在他们再也不尊重您了吗？"

"那些受过教育的就会有这种问题。我让他们到我的地里干活，他们不来，说他们已经有别的工作了。"

"您会让一个'神子'到您家里来吗？"

"如果一个下等人想靠近我家，我就会用鞋打他，再把他杀死。"贝拉·拉姆毫不犹豫地说。

最终，想要去除种姓制度的烙印，就只能寄希望于时间和教育。就在我离开格格蒂之前，我找到机会和贝拉·拉姆的孙子之一奥马·拉姆（Oma Ram）聊了聊。奥马是家里第一个去上学的人，爷爷贝拉·拉姆尤其为他感到骄傲。他长得很英俊，快满13岁了。我问他，班上有同学是不可接触者吗？

"有一个是清洁工的儿子。"

"他是你的朋友吗？"

"是的。但因为我家的关系，在学校以外的地方，我不能和他一起玩。"

"你觉得这是件好事吗？"

"不是，"奥马·拉姆答道，"我一向平等待人。"他思索了片刻，然后点头说："是啊，等我有了一座房子，我会让里面的人都平等相处。"

附言

蒂亚吉博士重建了帮扶中心，并在焦特布尔和格格蒂及周围地区继续勇敢地从事他的工作。

V. P. 辛格决定执行曼达尔委员会（Mandal Commission）[①]

[①] 又称"社会和教育落后阶层委员会"，成立于1979年1月1日，其任务是"确定印度的社会或教育落后阶层"，并制定相关政策建议，消除种姓歧视。

的建议，为低种姓预留配额的举措最终导致辛格政府下台。1990年11月，拉杰普特人钱德拉·谢卡尔取代辛格成为新一任总理，谢卡尔上台后便采取了截然相反的政策。

但自1990年以来，预留政策开始陆续被许多邦政府采纳。在南部的一些地区，如卡纳塔克邦和泰米尔纳德邦，现在有多达65%的政府职位是预留给低种姓的。更加引人瞩目的是，1997年，K. R. 纳拉亚南（K. R. Narayanan），一个来自喀拉拉邦的不可接触者，成为印度首位达利特人总统，这是低种姓解放的重要象征。同时，低种姓政治人物的崛起，尤其是在比哈尔邦和北方邦，将长期给达利特人的地位带来深远的影响。

即便发生了这些变化，在印度农村的许多地区，种姓体系依然坚不可破。事实上，如果说产生了什么影响，那就是预留政策和达利特人近来在政治领域的强势崛起似乎又固化了新的种姓意识。

第八章　萨蒂女神

德奥拉拉村，斋浦尔，1997 年

1996 年 10 月 22 日，32 名男子结队走出法院，在沙漠炽烈的阳光下，走入拉贾斯坦邦一个名叫内埃姆－卡－塔纳（Neem Ka Thana）的小镇。经历了一次长达近十年的审讯以及一场将印度人深深撕裂的大辩论，他们最终被宣判无罪——他们曾依据仪式，将一个 18 岁的寡妇活活烧死，试图恢复古代印度教的萨蒂传统。

印度存在着许多更为保守的地区，拉贾斯坦邦便是一处，几百年甚至几千年前的历史在这里沉淀。在较大的城镇，那里的天际线曾满是寺庙的尖顶，如今却陡然出现了移动电话和卫星电视的广告。但如果深入农村地区，你很快就会有一种不安的感受：20 世纪就这样消隐不见了。

从斋浦尔－德里高速上转弯，一路向北，驶入生长着带刺灌木丛的干旱之地，你将现代社会远远地留在了身后。汽车和卡车消失了，取而代之的是骆驼和牛车。妇女们头上小心翼翼地顶着球形的黄铜罐，那是她们从井边取水归来。偶尔在一些路口交会处，你会经过一些圆形穹顶纪念碑亭，记载此处举行过一些年久不可考的萨蒂仪式：就在这里，有一个活生生的、正在呼吸的寡妇选择爬到她丈夫的火葬柴堆上，火焰正熊熊燃烧，她决定牺牲自己以确保丈夫能顺利转世。通过这种方式，人们便相信她将自己的灵魂融入了萨蒂女神（Sati Mata）①，

---

① 在神话传说中，湿婆起初以楼陀罗的形象与达刹之女萨蒂成婚。后来，达刹冒犯了湿婆，萨蒂感到非常羞愧，遂愤然跳入火中而死，死后转世为女神帕尔瓦蒂。

并将为她的家族和她的村庄此后七代人带来好运。在那些纪念碑亭的穹顶下竖立着一根根石柱（stelae），有的早至公元 6 世纪。石柱上雕刻着细小而粗疏的塑像，丈夫和妻子并肩站立，有时候丈夫的手臂搂住妻子的肩膀。这些碑亭在印地语中叫作"chattri"，它们竖立在冷清平静之地。站在碑亭旁，聆听着拉贾斯坦邦野鸽子的咕咕叫声，人们很容易遗忘，它们所纪念的事件是何等暴烈而残忍。

萨蒂在印度农村许多地区的文化中有根深蒂固的位置，拉贾斯坦邦如今是崇拜萨蒂女神的教派的活动中心，所以这种风气较别处更盛。当然，历史上并非只有印度出现过焚烧寡妇的现象：希腊神话记载欧洲出现过；考古证据显示，中亚大草原的斯基泰部落中也有这一现象。更值得注意的是，在广为流传的古代信仰中，男人死后也需要他的伴侣，正如他在尘世中一样，焚烧寡妇的实践则与这种信仰相联结。但这一现象在印度的记录至少可以追溯到公元前 1 世纪，"萨蒂"出现在《摩诃婆罗多》（Mahabharata）和希腊史学家、旅行家狄奥多罗斯·西库路斯（Diodorus Siculus）关于印度的记载中。公元 3 世纪以后，这一现象变得更加普遍，在虔诚的印度教徒眼里，那些为了家族福祉而牺牲自己的女人值得受到最大的尊崇。在拉贾斯坦邦，对萨蒂的狂热推崇又与拉杰普特人的武士阶层产生了特定联系，在他们看来，萨蒂是一种表达尚武精神的形式：男人与来自德里的穆斯林苏丹作战以示勇猛，女人表现勇气的方式就是选择死在自己丈夫的火葬柴堆上。

1829 年，英国颁布了废除法令，萨蒂开始在印度其他地区销声匿迹。但令人惊讶的是，这一习俗在拉贾斯坦邦一些偏远的乡村地区残留至今，自印度独立以来，已经发生了大概 40 起。最近也是引起最大争议的一起发生在德奥拉拉村（Deorala）。1987年9月4日，在那里，一个格外美丽的18岁拉贾斯坦女孩鲁普·坎瓦尔（Roop Kanwar）被烧死在她丈夫的柴堆上。

鲁普来自一个中等的拉杰普特家庭，家里有六个孩子，她是年纪最小的那个。她自幼成长在拉贾斯坦邦首府斋浦尔，父亲开办了一家卡车公司。她受过良好的教育，上过十年学，然后在父母的安排下嫁给了马尔·辛格（Maal Singh），鲁普的许多堂兄弟都住在德奥拉拉，马尔则出身于一个来自德奥拉拉的拉杰普特地主家庭。

照片上的鲁普有一双引人注目的大眼睛，颧骨精致而轮廓分明。一些报纸的报道提到她涂染指甲——这意味着她是一个不可能被保守的拉贾斯坦邦接受的现代女性——但她的家人说，她总是异常地虔诚。结婚仅八个月后，她的丈夫马尔·辛格开始抱怨胃疼。1987年9月2日，鲁普带他去了位于斋浦尔北部锡格尔（Sikar）的当地医院。医生说他没什么大碍，所以鲁普傍晚就回家了。但当晚马尔的阑尾破裂了，第二天凌晨不治而亡。马尔的父亲把他的尸体运回了德奥拉拉。鲁普没有孩子。现在她能预见的未来就是以无子寡妇的身份了度余生。在印度传统乡村地区，这被视作最低等的生存形式。像她这样的高种姓寡妇，理应剃掉头发，睡在地上，只穿样式简单的白色服饰，做仆人的工作。对一个像鲁普·坎瓦尔这样种姓的女人来说，绝对没有改嫁的可能性。

第二天一早，年轻的寡妇出现在这个家族建于18世纪的庭院门口。她穿着自己在婚礼上穿过的最精致的纱丽，戴着珠宝，手上画着装扮新娘的鲜艳的海娜绘饰。对于将要发生的事，流言已经蔓延开来。年轻的寡妇很快发现自己带领着600

多个村民组成的队列，穿过德奥拉拉的狭窄小巷，经过摇摇欲坠的庭院和一些废弃的骆驼车，经过村里的商店和水井。

送葬队伍到达了火葬地点，他们在一排排有数百年历史之久的纪念碑之间蜿蜒穿行，这些纪念碑竖立在此，正是为了纪念该村发生在中世纪的三起萨蒂。鲁普·坎瓦尔在那儿走出人群，火葬柴堆放置在一棵高大茂盛的菩提树下，她绕着树荫下的柴堆走了三圈。在她绕行时，夫家的亲戚们把马尔·辛格的尸体抬上了原木搭起的柴堆，马尔裹着白色的尸衣，但露出了面孔。然后鲁普爬上柴堆，把丈夫的头放在自己的腿上，命令她16岁的小叔点火。婆罗门祭司念起梵语祷文，鼓点开始敲响，人群唱起颂歌："萨蒂女神永在！""只要太阳和月亮还会升起，鲁普·坎瓦尔的名字就会永存！"①

柴堆看起来烧得很慢，15分钟后，当一个警察抵达现场时，鲁普·坎瓦尔可能依然还活着。但警察并未干预，最终，火焰吞噬了一切。半个小时后，鲁普·坎瓦尔和她的丈夫共同化成了灰烬。

在事件经过上人们普遍达成了共识。但在基本的事实以外，人们对鲁普·坎瓦尔实施萨蒂当天德奥拉拉发生的事产生了重大分歧。实际上，争议很快就演变为全国性的大辩论，将

---

① 这两句颂歌原文为印地语。

整个国家撕裂为两派。

鲁普的家人、夫家以及全村村民坚持认为,年轻的寡妇是自愿在柴堆上牺牲自己的。他们坚称,她的夫家和村里的婆罗门都曾试图说服她放弃萨蒂,但她坚定地拒绝了所有劝说。据他们讲,当鲁普·坎瓦尔穿过村庄时,身上显现出一种几乎称得上是超自然的镇定神力,来往路人跪倒在她脚下,抚摸她的礼服,她则向他们祈祷赐福,在路上还治愈了一位年迈亲戚的流血伤口,展示了神迹。他们说,当她躺在柴堆上,火焰围着她起舞时,她露出了幸福的微笑。虔诚的印度教徒和拉贾斯坦邦的农村地区全然接受这一说法,他们很快将鲁普变成了一位圣人、一位女神:在她实施自焚后的两周内,约有75万人前往柴堆焚烧的地方向她朝拜。

然而,警方、邦政府、印度的女权组织和印度大多数的英文媒体根本不相信这种说法。当新闻爆出如此原始的传统再度复活时,斋浦尔和新德里官方都十分尴尬,数日之内,斋浦尔警方开始向媒体透露故事的真相,他们暗示,发生在德奥拉拉的事件并不是萨蒂,而是一场涉及全村人的、野蛮的公开处决。据说,鲁普的婚姻并不幸福,甚至有迹象显示她可能有了外遇,媒体还指出,她受过良好的教育,不太迷信宗教。因此,报道的字里行间显示,这样一个女人自愿跳入她丈夫的火葬柴堆的概率几乎为零。报道暗示,鲁普的夫家此前一直向她施压,要求她进行萨蒂,然后让她服食了鸦片,她露出"幸福的微笑"并非出于精神上的狂喜,而是罂粟的致幻作用。

1829年,英国总督威廉·本廷克(William Bentinck)勋爵颁布了一项法令,将帮助或教唆实施萨蒂定为犯罪行为,在印度的法律文书中,这项法令依然存在。但在德奥拉拉的案子中，警方选择了不援引这项法令。相反，他们对多达37个村民提起了指控，他们的年龄从16岁到70岁不等，而指控的罪名要明确得多：谋杀。

有警方冲锋在前，印度媒体开始派出一组又一组记者前往这座村庄，试图找到鲁普·坎瓦尔并非自愿实施萨蒂的证据。故事很快浮出水面，向大众展示了好几个更加可怕的事件版本。孟买的《星期日观察家》（*Sunday Observer*）援引一个匿名农民的话说，鲁普·坎瓦尔曾三次试图从火葬柴堆上爬下来，但每次都被盛怒的村民强行推了回去。加尔各答的《电讯报》（*Telegraph*）报道称，鲁普不想被烧死，曾试图藏在她一位阿姨的家中，这种说法来源于"一个德奥拉拉妇女"。孟买记者联合会下属的妇女和媒体委员会（Women and Media Committee of the Bombay Union of Journalists）派遣了一个工作小组到村里，他们的报道为该事件提供了一个更为耸人听闻的版本。根据一位不具名的"国大党工作人员"的说法，鲁普事实上是被600个狂热的村民拖拽着穿过街道的，她一路都在尖叫。这种说法就像女性主义文学在论述"绝对真理"这类主题时所描述的那样，虽然这位国大党工作人员的名字从未被提及，他也绝对不会在后面的审讯中露面，但他描述的事件版本却接连不断地得到援引和传播。最终，《印度斯坦时报》刊发的报道宣称，鲁普的丈夫同时患有阳痿和躁郁症，这桩婚事早已名存实亡，婚后鲁普和丈夫待在一起的时间非常少。

即使产生这些说法的"村里的消息人士"真的存在，在审讯过程中，也没有一个人站出来做证。尽管警方向被告施加了相当大的压力，据说还试图进行刑讯逼供，但检方最后没有找出一个目击证人能证明鲁普·坎瓦尔被迫实施了萨蒂。

审讯搁置了将近十年,最终法官在1996年10月末宣判结案。长期以来,印度的中产阶级一直认定鲁普·坎瓦尔遭到了野蛮的处决,但令他们意想不到的是,法官认定村民并未施行谋杀,还形容警方处理该案的过程是一团乱麻,充满了前后矛盾和任意捏造。

不过,该案并未到此结束。宣判后的三个月内,印度各大报纸满是对被告宣判无罪表示强烈愤慨的文章,直到1997年1月初,拉贾斯坦邦政府宣布将就裁决进行上诉。目前,斋浦尔高等法院将很快迎来一场新的起诉。

拍板做出上诉决定的是拉贾斯坦邦首席秘书,当我前去拜访他时,我问他为什么对刑事法官的裁决不满意。他十分坦率地回答说,他认为在现代印度不可能有人会自愿实施萨蒂。"这种观念是很荒谬的,"他说,"我们生活在1997年,而非公元前2000年。我们所有的村庄都有电视机,都能订报纸。你觉得一个受过教育的女人会选择迈出自己家门,然后走在队伍里去把自己烧死吗?这太不可能了,简直就是难以置信。从概率上来讲,发生这种事是完全不可能的。"

当时负责调查萨蒂案件的警方负责人M. M. 梅赫里希(M. M. Mehrishi)同样坚信这种看法。梅赫里希现已从警局退休,他告诉我,他从来没有一分一秒相信过,鲁普·坎瓦尔有可能在自由的情况下选择走向死亡,他一直认定自焚是被迫发生的:"我认为在今天,在现代印度,一个女人会实施萨蒂是绝对不可能的事。这种信念驱使我去密切调查这个案子。"梅赫里希还暗示,该案登上各大媒体头条后,他承受了巨大的压力,必须尽快得出调查结果。我问他,他手下的人是否对被告进行了刑讯逼供,他回答:"我不会假装说,警察都是圣人。

你得让那些人感受到法律是有威力的。"

但是，首席秘书和警方负责人同时认定为不可能之事，在拉贾斯坦邦的普通村民看来却不足为奇。对他们而言，萨蒂不仅是可能的，实际上更是值得庆祝的。对大多数生活在都市里的印度人而言，萨蒂是恐怖之物，是当代印度难以想象的原始习俗，但居住在拉贾斯坦邦农村地区的村民却顽固不化，他们依然对历史上实施萨蒂的女人怀有虔诚的敬畏之心。尤其是这些地区的妇女，你能明显看出，她们依然为自己祖先的勇气和忠诚感到骄傲，仿佛她们曾亲眼见到先前的女人们如何了断生命，陪伴丈夫进入死后的世界。在日常用语中，"sati"这个词的意思就是"一个好女人"，拉贾斯坦尤其是拉杰普特种姓的女人们，在成长过程中就将实施萨蒂的女人视作理想女性和完美妻子的典范。在拉贾斯坦邦绝大多数农村地区，萨蒂女神香火极盛。纪念萨蒂的石碑散布于拉贾斯坦邦乡村地区，每年都会重新涂上朱红色，饰以银箔，每当家里有了新生儿或新婚在即，人们就会来参拜这些石碑。

确实，无论印度的城市地区如何避之不及，一个可怕的事实仍摆在面前：萨蒂实际上在农村地区的男男女女中广受欢迎。鲁普·坎瓦尔实施萨蒂后的两个星期内，有75万人来到自焚现场拜祭，不仅如此，七个月后，当事件已逐渐淡出媒体视野，每天仍有400余人前来参访朝拜。1987年11月，拉吉夫·甘地政府通过了一项法案，将"美化萨蒂"列为犯罪行为，十万余农民涌上斋浦尔进行街头抗议。与此形成鲜明对比的是，女性组织号召给德奥拉拉村民定罪的集会仅仅吸引到3000多名中产阶级参与，许多人还是从德里匆忙赶来的。萨蒂事件凸显出印度的全国性分裂，显示次大陆地区城镇和农村之间的精神鸿沟正在扩大,由于这道鸿沟的隔阂,所有关于德奥拉拉村萨蒂的讨论都是失败的。居住在城市中、更为世俗化的印度人,尤其是女性权益游说组织,从一开始就认为,在20世纪晚期,任何受过教育的女性都不可能实施萨蒂。而拉贾斯坦邦的村民们,无论男性还是女性,对此却抱有截然相反的看法。

就目前的形势来看,外界已不可能确切得知,德奥拉拉村当天究竟发生过什么。萨蒂也许是被迫进行的,在这种情况下村民粗暴地践踏了法律,实施了野蛮的犯罪并至今未受到任何惩罚。也有可能——如果你相信刑事法官的裁决,这份裁决从字面上看充分吸收了各方信息,得出了不偏不倚的结论,它做出判断的依据不是政治敏锐性,而是基于检方的弱势和自相矛盾——我们正在进行一场塞勒姆(Salem)① 猎巫事件,目的是让印度城市里中产阶级精英的世俗性质疑得到满意的回应,这座村庄里的男人们都遭到了围猎,他们被刑讯逼供,其中37人在长达十年的时间里不断受到追击,而这不公正的遭遇仅仅来自一桩他们从未犯下的罪行。

130　　要前往德奥拉拉,你得从斋浦尔出发,一路向北,进入一片不毛之地。一路上尽是严酷空旷的原始风光,只能偶尔见到

---

① 位于美国马萨诸塞州的小镇,17世纪末,这里发生过著名的迫害女巫案件。

牧人赶着山羊穿过这片一望无垠的干旱沙漠。

一进入村庄,你就意识到了,当地村民对萨蒂十分崇敬,却力图避免谈论这个话题。不经意地提起萨蒂,得到的答案都是回避性的:实施萨蒂那天我们都不在这里,已经过去很久了,谁还知道究竟发生了什么?但聊着聊着,话题从表面渐渐深入,你就会得到截然不同的答案。

克里帕·辛格·谢卡瓦特(Kripal Singh Shekhawat)是村里受教育水平最高的人之一,他是个中产阶级的工程师,平时生活工作都在马德拉斯(Madras)①。我去村里那天,他正在休假,我看见他穿着宽松的裤子,胡子也没刮,就坐在家门口看报纸。他和村里其他人一样,坚称自己在萨蒂发生当天不在这里,但承认自己对鲁普·坎瓦尔的所作所为感到十分骄傲。"我们拉杰普特女人十分勇敢,"他说,"她做的事让全村人都对她肃然起敬,也让整个拉贾斯坦邦对我们村子肃然起敬。什么她是被迫的全都是鬼话。一场谋杀可能在500人的众目睽睽之下实施吗?我妻子站在我家屋顶上目睹了全过程。她说,鲁普穿过村子时,脸上带着微笑,一边走,一边为人们祝福。即使到了现在,我妻子还把她当作女神一样崇拜。"

克里帕的邻居是村里学校的退休教师纳拉扬·辛格(Narayan Singh),我看见他坐在自家漆得五颜六色的庭院前,和他的邻居一样,享受着冬日和煦的阳光。从他房子拱门上方望去,一只孔雀正在求偶。当我问他为什么每个人都假装那天不在这里时,他笑了起来。

---

① 泰米尔纳德邦首府金奈的旧称。

131 　"大家当然想隐藏一些事了,"他说,"谁愿意蹚这摊浑水呢?我已经75岁了,却还是被警局里的那些恶棍抓了起来。他们不放过任何人:小店主、老人,甚至在大街上玩耍的男孩。那些混蛋锁定了整个村庄。整整三个星期,德奥拉拉一个男人也没有。我们有66个人被草草关进监狱并接受了审讯。"

"是刑讯?"

"当然了。这里的警察只有这个办法。即使在最好的情况下,他们对待村民也像对畜生一样。我们很多人都挨过打。木匠博杜·拉姆(Bodu Ram)的手臂断了。好几个老年人被扔到冰浴池里,脑袋被按到水底下。他们还对其他人使用电击。都是你们这些记者惹出来的麻烦。就是记者,还有女性组织。"

"这话怎么讲?"

"你们这些人到这里来,只写你们想写的东西。你们都预设鲁普·坎瓦尔是被迫的。但她在村子里有60名亲戚。他们会眼看着这种事发生吗?你是从大城市里来的,我不认识你。但如果有人想打你一顿,我和其他人都会站出来给你帮忙。对待自己的亲戚,我们当然更是如此。我们怎么会让自己的亲戚被谋杀呢?那家人曾试图劝那个女孩放弃,但她不为所动。"

"这起萨蒂事件给村里带来了什么好处吗?"我问。

"恰恰相反,"纳拉扬·辛格说,"这件事对我们来说都很糟糕。人们现在都吓得不行,再也没有一个人愿意去参加葬礼了。甚至祭司都变得很小心。如果有拉杰普特人去世,祭司首先会问:'寡妇有实施萨蒂的想法吗?'然后他们才会同意去参加火葬仪式。"

在德奥拉拉里里外外走访了好几个小时后,我终于找到一位目击证人,他做好了自己说的话会被公开发表的准备,也承认自己当天就在萨蒂发生的现场。因德尔·辛格(Inder Singh)说,他是村里年纪最大的人,虽然他不是很确定自己到底多少岁了,但觉得已经九十好几了。年轻的时候他抗击过英国人,先是1930年代在坎大哈和喀布尔(他在那里失去了一个拇指),后来在第二次世界大战期间他又去了北美和意大利。他目睹过图卜鲁格(Tobruk)①的战斗,也曾作为第一批参加萨莱诺(Salerno)登陆②的队员而被授予勋章。他的皮肤坚韧而粗糙,留着海象般发灰的胡子,头上裹着鲜艳的橘色头巾。

"我当然在那里了,"他说,"不仅有我,整个村子的人都在那儿。人人都在场,不管他们现在怎么说。是的,我亲眼看到了萨蒂的全过程。她没有被强迫。绝对没有。这么多人都看见她了。你能强迫一个人当着500人的面坐在火葬柴堆上吗?"

"但你不觉得你应该制止她吗?"我问。

"没人能制止想实施萨蒂的人,"因德尔·辛格答道,"我们相信,如果有人制止一个想要进行萨蒂的人,他就会受到诅咒。肯定就会有什么事情落到他头上。"

"她没有试图从柴堆上下来过吗?"

"没有,"因德尔说,"这是她自己的选择。萨蒂是一种自内心生发的东西。如果是被强迫的,那就不是萨蒂了。当火点

---

① 利比亚城市,是第二次世界大战时北非的重要战场。
② 1943年9月9日凌晨,盟军在意大利西海岸萨莱诺以南地区登陆,最终取得了艰难的胜利。

燃后,她只是坐在那儿,把她丈夫的头放在自己腿上。她好像没有感到一点痛苦。你瞧,实施萨蒂的人都有一种特殊的力量。神灵如果想要什么,就会做任何事情。在古代,只要神灵愿意,战场上的印度勇士们就算头被砍下来也依然能战斗不止。与此相比,萨蒂又算得了什么呢?"

"你怎么看待法律禁止美化萨蒂呢?"我问。

"这是一个渎神的时代,"因德尔·辛格说,"到这里来的那些女性组织的女士,不戴头巾,没有她们丈夫的陪伴,还穿着裤子。她们告诉我们,我们用蛮力烧死了我们自己的女儿。她们觉得我们是野兽吗?在罗摩神统治的时代,他也允许萨蒂存在。德里那些颁布禁令的人,他们算什么东西?"

因德尔·辛格靠近我身旁,用沙哑的声音向我低语道:"现在是迦利时代,一个崩坏的时期。不敬神灵的事情时时刻刻都在我们周围发生。这些从城市里来的人公然禁止我们崇拜萨蒂女神。但我们心里依然信奉着她。谁又能阻止我们呢?"

第三部　新印度

第九章　孟买的两张画像

孟买，1993 年

去年夏天，在孟买的一个体育场里，当世界上首位印地语说唱巨星巴巴·塞加尔（Baba Sehgal）拉起风帽，跳着穿过一片浓厚的干冰喷雾，跑到灯光照亮的舞台上时，他受到现场四万多名粉丝的热烈欢迎，欣喜若狂的粉丝发出一阵刺耳的尖叫，他的表现完全出人意料，创造了新的可能性。

印度不仅从未有过本土成长起来的说唱艺术家，而且从来没有任何本土明星在一定规模的观众面前表演过任何摇滚乐。而按照情理几乎绝无可能的是，引发这场剧变的人——他从零开始，在印度创造了一个巨大的说唱音乐市场——竟然还是一个胖乎乎的、来自印度偏远地区的锡克族电气工程师。更加看似不可能的是表演时舞台竟然尚未完工，实在是匪夷所思。

演唱会前一天下午 2 点左右，主办方的支票被拒付了。到了下午 5 点最后一次彩排应该开始的时候，体育场内上演了一场颇有印度特色的闹剧。一组负责搭建左侧舞台的工人正在加速赶工，他们似乎希望起诉承办方拖欠工程款。而另一组负责搭建右侧舞台的工人则来气了，他们开始拆毁舞台上层他们负责的部分，其速度之快、程度之暴烈，任何闹事的英国足球流氓团体都会惊叹。30 分钟后，当巴巴·塞加尔赶到现场时，他的舞台只剩下一半了。

"这是干吗呢？"巴巴大喊。

"在捣乱呢，"唱片公司的一个办事员答道，"主办方的钱没到账，银行拒付支票。"

"要么我们今天完成彩排，"巴巴说道，一面摘下墨镜，

"要么明天我就不唱了。"

"但我们已经卖出了四万张门票啊!"

唱片公司的办事员跑过去,试图安抚工人。巴巴大步走回了车里。他的一组伴舞来回走动着,不知道接下来该做些什么。团队的舞蹈指导祖宾(Zubin)失望地绞着手。

"啊,太可惜了!"他说,"我还盼着穿我的新紧身裤呢。"

在印度,摇滚演出是一种全新的创举,因此它引发出问题也在意料之中。印度有记录的第一次摇滚活动直到1980年代初期才出现,其时,一个名叫加里·劳耶(Gary Lawyer)的歌手出现在孟买一系列的杂志封面上,展示着挂在胸前的圆形金质吊坠以及巨大的摩托车。劳耶的音乐风格介于胡利奥·伊格莱西亚斯(Julio Iglesias)① 和 AC/DC 乐团②之间,有点伤感但个性并不鲜明,还不如他个人装束的品位有辨识度。很大程度上,鉴于印度当时的社会状况,劳耶的音乐很快在孟买沉寂下去,在别处也会是同样遭遇。

自那以后,各式各样的其他活动开始出现,比较引人注目的是雷莫(Remo),一个上了年纪、扎着马尾辫的果阿嬉

---

① 西班牙歌手及足球运动员,他是欧洲历史上取得最大商业成功的歌手之一,善于演绎浪漫情歌。

② 澳大利亚摇滚乐团,音乐风格主要为硬摇滚和蓝调摇滚,在1970年代至1980年代,其风格被《滚石》杂志等媒体归为重金属音乐。

皮士,他最新的专辑名叫《玩政治的不知道怎么玩摇滚》(*Politicians Don't Know To Rock'n'Roll*),封面图片是一个印度议员,穿着传统土布制成的托蒂,手里举着一把电吉他。专辑讽刺了很多印度政客的积习:他们只要拿到一笔可观的贿赂,就会从一个政党跳到另一个政党。其中有几句歌词尤其令人难忘:

> 他们在左右翼政党间蹦来蹦去,
> 但周六晚上的舞会他们从不去。①
> 他们乞求,他们撒谎,他们巴结你的选票,
> 但一旦掌权,他们就像狗一样把你踢掉。

尽管如此,印度仍然没有哪个摇滚乐队能真正抓住公众的想象力或取得任何重大的商业成就。事实上,20世纪七八十年代的印度还并没有为此做好准备。即使在孟买这个完全西化的资本之都,那时也没有夜总会,没有酒吧,没有公开的性交易,没有毒品,也没有摇滚乐。从1950年代起慢慢出现并不断壮大的中产阶级尚未在这座城市站稳脚跟。

但1989年前后,在拉吉夫·甘地政府执政的最后几个月里,一些微妙的变化发生了。似乎一夜之间涌现出大量资金。接下来的几年里,政府取消对经济的管制并实施自由市场改革措施,这为孟买股票市场带来了巨大繁荣;通胀率降至个位数;西方资本开始涌入。那些一直努力工作,试图在1970年代买下第一台冰箱、在1980年代买下第一辆车的典型中产家庭忽然发

---

① "政党"和"舞会"在英文中均为 party。

现自己已经过得不错了，可以放松下来，把钱花在一些并不实用的事物上，像电视机、书籍、艺术品、服饰等。当这些资金逐渐流入中产家庭的年轻一代手里，一些人开始把他们的零花钱用于新潮事物，而此时，酒吧和迪斯科舞厅正在孟买遍地开花。

接下来，1991年，总部位于中国香港的卫星网络电视台星空卫视在印度开播。一夜之间，印度城市的天际线发生了巨变，卫星天线的数量开始超过印度教神庙的尖塔和清真寺的穹顶。卫星网络带来了BBC世界服务电视台（BBC World Service Television），印度观众得以观看第一批国际肥皂剧；更为关键的是音乐电视网亚洲频道（MTV Asia）的开播，这是美国全球音乐电视台在东方开办的分支频道。

直到这时，印度老旧的国营电视网全印电视台还一如既往地每周播放一次音乐表演，但该台音乐栏目"电影花环"（Chitrahar）播放的都是从孟买电影产业制作的海量音乐剧中截取的歌曲；在1991年之前，印度的大众媒体从未播放过本土摇滚乐。星空卫视完全改变了局面。忽然之间，印度乐队的视频出现在国际频道上，与U2、邦乔维（Bon Jovi）[①] 和惠特尼·休斯顿同台播放。巴巴·塞加尔1992年出现在屏幕上，并很快一举成名。在几个月内，他成了印度首位真正意义上的摇滚明星，他的节目每天传送到亚洲地区的千家万户，从土耳其到日本，从海湾地区到印度尼西亚，覆盖4500万人口。

作为一名外来者，一个来自勒克瑙这个保守的北方城市的虔诚锡克教徒，巴巴看起来似乎最不可能获得成功，但他非常擅于异装。在上一张专辑《我也是麦当娜》（*I'm Also Madonna*

[①] 美国新泽西州硬摇滚乐队，在1980年代十分流行。

的封面上，他戴着红色假发，身着淡紫色迷你裙，穿着渔网长筒袜。他的作品相当平庸，有时候歌词完全是模仿的，比如他将瓦尼拉·艾斯（Vanilla Ice）① 的歌《冰，冰宝贝》（*Ice, Ice Baby*）印度化，就变成了他的成名曲《冷，冷水》（*Tanda Tanda Pani*）。但如果说巴巴对南亚地区以外的人不会有什么吸引力——他的专辑在"我们的价格"（Our Price）② 当然没有像维克拉姆·塞特（Vikram Seth）③ 在沃特斯通书店（Waterstone's，也叫水石书店）那样引发购买热潮——多亏了星空卫视，他依然成为一种令人震惊的商业现象。巴巴可以在印度任何一个地方城市现身，在成千上万的观众面前表演，观看人群既包括城里戴着棒球帽的雅皮士，也有上了年纪、裹着头巾的乡村文盲。

更确切地说，巴巴的上一盒磁带卖出了将近 50 万份，从任何一个国际标准来看这都是一个不容忽视的销售数据。而显然，这仅仅是个开始。仅印度这个潜在大市场就拥有九亿人口，星空卫视还覆盖了亚洲的其他 37 个国家和地区，这是世界上最有待开发、最有开发潜力，也可能是最肥沃的市场——总共超过 30 亿人口，占世界总人口的三分之二。

巴巴的唱片公司马格纳唱片（Magnasound）表示，他们对所取得的进展毫不意外，他们已经为这些事的发生等待了多年。"这仅仅是冰山一角，"马格纳唱片总监阿图尔·楚拉马尼（Atul Churamani）说，"巴巴只是一个先行者。感谢 MTV，每个亚洲国家都出现了销售量呈指数级增长的案例，如果我们

---

① 美国嘻哈说唱歌手。
② 英国唱片连锁店，于 2004 年关闭。
③ 印度著名小说家、诗人，他的作品在西方世界广受欢迎。

按照日本、中国台湾和印度尼西亚的模式，继续以现在的速度增长，十年后，巴巴每张唱片可以至少卖出 500 万张。"

这并非像听上去那样遥不可及。虽然印度从未有过任何真正的摇滚音乐市场，但一直以来都拥有一个广大、坚实而成熟的印地语电影歌曲市场。这些歌通常是由几乎不记名的歌手事先录制好，在荧幕上由演员对口型唱出来。许多歌手事实上都默默无闻，但他们中的一些人无论在世界上任何地方都可以跻身最成功的唱片艺术家之列。

根据吉尼斯世界纪录，史上最畅销的唱片是迈克尔·杰克逊的《战栗》（*Thriller*），总共销售了 4000 万张。但马格纳唱片不认可杰克逊的这一成就，他们声称，有盒名叫《恋人》（*Saajan*）的印地语电影歌曲磁带破纪录地卖了 6000 万份。唯一的问题在于——至少吉尼斯世界纪录和《恋人》的制作方会关心这一点——至少一半的量是盗版。但马格纳唱片现在似乎认为他们控制住了盗版问题，并且相信自己正坐在金矿上：鉴于印度电影音乐打下了坚实的市场基础，他们相信自己在摇滚音乐领域的销售量很快就能超过除美国以外的任何市场。

当然，所有这些彻底颠覆了巴巴·塞加尔的生活。在成功突破现有的电影音乐市场后，巴巴不仅成为印度首位摇滚音乐家，能够让习惯购买电影歌曲的公众购买大量磁带，而且他也是史上以摇滚歌手头衔成为明星的第一人：此前在印度，只有演员、神职人员和板球运动员才有资格成为社会名流。

毫无疑问，巴巴受到不同年龄、不同背景的印度人的狂热崇拜。当我告诉我那吝啬而年迈的德里女房东，我获得了正式拜会巴巴的机会时，她几乎打算减免我的房租；而当我和巴巴一同走入孟买一家酒店时，一群张牙舞爪的印度少女冲上前来，试图拥抱她们的偶像，我甚至害怕自己会被她们抓挠至死。

在巴巴举办大型演唱会那天晚上，我开车和他一起前往体育场，一路上孟买似乎变换了容颜。在白天，这座城市又脏又破：到处都是斑驳的大楼和外层剥落的房屋。但到了晚上，孟买看起来却十分美妙：黑暗遮住了垃圾、乞丐和脱落的油漆，高楼大厦璀璨的亮光和闪烁的霓虹灯倒映在海湾之上。有一瞬间，这座城市会让人误以为这里是曼哈顿或香港，此刻你就会明白，为什么对次大陆上数以百万计的怀抱野心和希望的人来说，它的存在就像一座灯塔。

那是晚上 6 点，在前一天的灾难发生后，体育场里出现了一系列奇迹。主办方的支票依然未被兑付，但不知怎的，被毁坏的半边舞台修复好了；那个唱片公司的人正在监工，确保灯光系统达到最佳效果；舞台上正在铺设地毯；一些意义模糊的声音在场地里回响着：

"奇库（Chicoo）！加点显示！"

"连接线！钱德拉·坎特（Chandra Kant）！连接线！"

在通往后台门口的这个战略要地，几个壮实的男人别着对讲机，正将身穿纱丽、试图索要签名的粉丝们阻挡在外。后台里，演出负责人正在对准备登台的演员们做最后的嘱咐。在舞台入口边上，舞蹈指导祖宾正抓紧最后几分钟进行排练。现在他穿上了齐膝的皮靴和紧身裤,当他引领着舞蹈演员们做动作时,他的嘴唇上闪着油亮的光。

"噢,我实在是太紧张了,巴巴,"他走进后台时说道,"贾丝明(Jasmine)也是如此,对不对,亲爱的?"

贾丝明点点头。其他舞蹈演员紧张地咯咯笑了起来。

"现在,让我们来最后走一遍。拉开距离,科雷塔(Correta)!你的裤子露出来了,亲爱的,把它们收进去。肖芭(Shobha),别把你的腿伸得太宽。好了:1—2—3—4!变成散开队形。贝弗利(Beverly),你是中心。5—6—7—8!散开!科雷塔,我说过了,把你的裤子收进去。"

在场地以外已经排起了长队;场地里面,一排排的座位渐渐填满。观众看起来令人惊讶地各不相同,然后你会恍然大悟,大多数上了年纪的主妇和她们穿着藏红花色套装的丈夫来这里,都是为了看管他们追星的未成年孩子:几乎清一色的穿印花莎尔瓦克米兹(salwar kameez)①的女学生和面容整洁、穿花衬衫的未成年男孩。

当体育场坐满时,巴巴前去化妆。他走后,舞台幕布升起,助兴表演开始了:一个名叫莎伦·普拉巴卡尔(Sharon Prabhakar)的中年夜店歌手出场,她经验丰富,在印度上千家酒店大堂里有演出经历。莎伦翻唱了一些西方经典歌曲串烧,当她表演到一半时,干冰机突然失控,旋转起来,整个舞台上布满了苏格兰那般厚重的浓雾。莎伦完全从观众视线里消失了,但这无关紧要。观众已经对她失去了兴趣。莎伦闷闷不

---

① 长衫和宽松裤子组成的套装,在北印度主要是女性穿着,在巴基斯坦和阿富汗则两性均可穿着。

乐地下台了，接着响起一阵呼喊："巴—巴！巴—巴！巴—巴！"观众开始跺脚。有人关闭了干冰机。等了五分钟，浓雾从舞台上散去，巴巴拉起他的风帽。

他向祖宾和他的舞蹈演员们打了个手势，他们便一起向台上跑去。

巴巴·塞加尔的音乐是一种奇怪的混合物，既有印度电影歌曲的特征——尖声的小提琴伴奏和高调门的女声——又有奇怪的网络模拟西塔琴的重复乐段，再混合从美国1980年代说唱乐里借用的合成节奏，让音乐速度加快。这样的结果倒有点像班格拉舞曲（Bhangra），这是一种源于旁遮普地区的传统宗教音乐，1980年代末期流行于伯明翰的夜店，演变为一种混合英国和亚洲风格的舞曲。但真正让巴巴的音乐与众不同之处不在于乐曲而在于歌词，他的歌词通常都相当富有机趣。

他所有的表演都有半开玩笑的意味，他有许多歌讽刺印度对新鲜事物缺乏接受度。其中有一首是围绕一系列电话串线事故来写的，凡是用过印度老旧的电话网络的人对串线都习以为常。一对情侣回忆着他们共度良宵的经历（"嗨，宝贝——我希望你昨晚很享受。""是的，棒极了。"），电话却串到了孟买股市，接着又串到了一个私制假冒苏格兰威士忌的人手里。巴巴刚刚大获成功的另一首歌是关于他想象和麦当娜成为密友（当然，他从没见过麦当娜，也没跟她说过话）以及他们的日

常通话。这段说唱对话很长,巴巴还用假女声唱了麦当娜的部分:

麦当娜是我一个非常好的朋友,
麦当娜那个好莱坞明星,
巴巴那个宝莱坞明星……
麦当娜:请帮我找下巴巴。
巴巴:我就是,有啥事?
麦当娜:我是麦当娜。
巴巴:嗨,麦当娜,你好吗?
麦当娜:我很好,你呢?
巴巴:很好,宝贝。听着,麦当娜,明天你来孟买,看看我的迪斯科表演怎么样?
麦当娜:不,对不起,巴巴。明天我在蒂蒂拉(Titira)有个演出,来不了了,哥们儿。嗨巴巴,我的书在印度发售了吗?
巴巴:嗨,别提这茬了,它被禁了。
麦当娜:我的新专辑怎么样,叫《情欲》那张?
巴巴:好极了。它在印度是由负责我的事务的那家唱片公司来发行的。
麦当娜:我们有太多共同点了,巴巴。

诸如此类的对话。内容都不错,当然在印度也大受欢迎,同时给了巴巴一个绝好的男扮女装的机会。此外,星空卫视似乎很喜欢这首歌,在远东航线的 MTV 亚洲频道上,原来大都播放着冷峻的中国重金属乐队歌曲,他们新近决定引入这首歌。

在巴巴的视频大获成功之后,马格纳唱片现下计划在MTV推出一系列长相靓丽、身材火爆的亚洲女歌手,希望能打造亚洲版的玛丽亚·凯莉或惠特尼·休斯顿。贾丝明·巴鲁察(Jasmine Barucha)和希韦塔·谢蒂(Shweta Shetty)是符合这一角色期待的两位佼佼者。她们在视频上的表演效果要比单在磁带上录音好得多,尽管这是在亚洲,为了获得市场青睐,她们获许在视频里衣着暴露,歌词可以含沙射影,尺度远在西方的平均线之上。在贾丝明的上一个视频里,她虽然躺在一张盖着黑色缎面床单的黄铜床上,却穿得严严实实(出于某种原因,她穿着一种维多利亚风格的蕾丝紧身衣)。但希韦塔和贾丝明都告诉我,随着她们的事业逐渐上升,她们计划在视频里出现时穿得越来越清凉。

"印度版的麦当娜还不会出现,"希韦塔说,"人们就是接受不了,他们太保守了。他们觉得,外国人露乳沟,当然可以,但如果我这样做,他们就会惊掉下巴。"

所以她打算怎么做呢?

"我很小心,循序渐进——一点一点地,先去掉一点这个,再去掉一点那个,然后裙子穿短一点。你懂的,慢慢来。"

现下,孟买的一切看上去都如此积极乐观,如此满怀希望,有时候人们会逐渐淡忘眼前的繁荣可能有多么脆弱。在演

唱会结束后的第二天早上，我和巴巴聊天时强烈地感受到了这一点。当时，他刚刚结束为他即将出演的宝莱坞音乐剧进行的舞蹈训练，正开车前往马格纳唱片，准备参加一场会议。

他向我讲述了他在勒克瑙的童年生活，他在喜马拉雅山上一个叫作奈尼塔尔（Nainital）的地方度过了大学时期，后在德里电力公司（Delhi Electricity）当过助理工程师。我们聊着聊着，他告诉我，他有强烈的宗教信仰，这种信仰支撑着他做每一件事。

"那么你为什么要把你的胡子刮掉呢？"我问。一般来说，虔诚的锡克教徒对待剃须刀的态度，就跟伊朗的什叶派领袖或希腊的东正教徒差不多。①

"那是在1984年，"巴巴答道，"甘地夫人被刺杀后，到处都是反锡克教徒的暴乱。我很担心在勒克瑙的父母，所以想搭火车回家，能够照看他们。在站台上，我计划搭的那列火车没有停。当它缓缓驶过站台时，我看见车上的一群暴徒把一个锡克教徒拉出来，割掉他的胡子，拳打脚踢，然后把他从火车里扔了出去。所以我留在奈尼塔尔，把自己关在家里。每天我都会接到恐吓电话：'尊贵的先生，明天9点钟我会来找你，把你杀死。'诸如此类的话。我有种预感，自己会被杀死，但这一幕一直没有发生。最后，我的一个印度教朋友把我带到了奈尼塔尔山脚下，他让我去理发店。出来后，我变成了'摩纳'（mona），一个剪去头发、剃掉胡须的锡克教徒。之前，我为自己浓密的胡须和头巾而自豪。之后，其他的锡克教徒都说我是懦夫。"

---

① 锡克教徒有蓄须传统。

"西方的摇滚明星通常不会经历这样的事。"我说。

"是的,"巴巴同意道,"在印度,这一点还是有些不同。"

孟买,1992 年

问:如何能在不离开你的桌子的情况下激怒九亿印度人?

答:写两部充满污言秽语又不着调的半自传中篇小说,把背景设置在孟买。

这个故事是关于肖芭·德(Shobha Dé)的,一位头脑聪慧、面容姣好、生活富足、写色情文学的印度女士。由于她犯下这些了不可饶恕的罪恶,在几百份不同的印度报纸上,她的书遭到评论家的严厉抨击,她的生活方式也受到恶意诋毁。那些头条作者(他们很喜欢押头韵)将她描述成"恶毒皇后、恶艳女王和恶俗公主"①。她经常收到一大筐恐吓信,甚至还受到过死亡威胁。

棍棒和石头可能会让她筋骨碎裂,但声名狼藉只会让她一路笑到银行。肖芭·德遭到了印度有史以来最大规模的差评:"语言就像阴沟里堆满了腐烂物","毫无道德感……她出卖了自己的性事","令人作呕","完全是一堆垃圾"——但最终,从许多角度来看,她成了这个国家最畅销的作家,她的书比自印度独立以来其他任何印度作家的作品卖得都多(她在罗马

---

① 原文为 the Maharani of Malice, the Empress of Erotica and the Princess of Pulp,押头韵。

尼亚也成了畅销作家,这让她在德里的出版方既高兴又迷惑不已)。人们如饥似渴地读她的作品。在我飞往孟买的飞机上,我左右两个邻座都在啃她的全集。

"这个女的太肮脏了,"坐在我左边的和蔼可亲的化肥主管桑贾伊·阿加尔瓦尔(Sanjay Aggarwal)说,"她的书里充满了邪恶又肮脏的思想。"

"她写的所有东西我都在看,"在班加罗尔(Bangalore)做红宝石磨切生意的萨蒂什·拉尔(Satish Lal)说,"在一本书里,我数到了 73 次做爱。我只能说太震惊了,真的——她的脑子里充满了堕落的东西。"

肖芭很认真地对待她的职业。把自己变成印度的杰姬·科林斯(Jackie Collins)① 并非易事:她的声名狼藉正是辛勤工作的结果。她生于印度中部的一个小城镇,父亲是婆罗门种姓的地区法官,她本名叫阿努拉达·拉贾德亚克沙(Anuradha Rajadhyaksha),用了 43 年时间才把自己变成肖芭·德,一个来自大都市孟买、生活阔绰、写着风靡一时而又千篇一律的色情小说的作家。

她刚开始时是个特别漂亮的模特,在那时候,在印度加入一个模特经纪公司感觉就跟进了妓院差不多。然后,正当她的模特事业如日中天的时候,她突然放弃一切,转而当起了时尚记者。1970 年代早期,纳里·希拉(Nari Hira)创办了印度第一本电影八卦杂志《魔力》(Stardust)并任命肖芭为编辑,那时候她刚刚 23 岁。在她的指引下,这次创业大获全胜,简直令人难以置信。在几个月内,《魔力》就赢得了 600 万读

---

① 英国色情小说家,一生共写了 32 部小说,每一部都成为畅销书。

者，成为印度第三大杂志。在一年内，它成了世界上发行量最大的电影杂志。

《魔力》成功的原因很简单：它开辟的八卦专栏成了印度不计其数的影迷的必读内容。"妮塔的闲话"专栏正是由肖芭亲笔操刀，它做了件破天荒的事：毫无遮拦地描述孟买电影圈即"宝莱坞"的种种绯闻逸事和放浪生活。文章风格几乎是对格伦达·斯拉格（Glenda Slagg）在《私人眼光》（*Private Eye*）① 里所写的东西的拙劣模仿，全文都是三个词的短句，后面加上数目相等的感叹号："雷克哈（Rekha）匆匆离开了普拉姆（Pram）的派对！！她是思念什么人了吗？？？""阿吉特·辛格（Ajit Singh）被撞见凌晨时分和一个超正的模特在孟买珠湖海滩一起冲浪！有传言说他们后来回到一家路边餐馆吃烧烤以及……一些红色的辣腌菜！！！"

"妮塔的闲话"既有重磅爆料，又拿捏得恰到好处，很快就让肖芭成了孟买记者圈里的第一红人。"这是我读过的最婊里婊气的专栏，"纳里·希拉回忆道，"真的很棒，她追着每个她遇到的人不放，是真正意义上的每个人：她拿社会名流开涮，嘲笑电影明星，搞得好些夫妇分手。我们这儿以前从来没有人干过这种事。现在也没有。"

专栏可能的确让肖芭声名鹊起，却没能让她交到朋友。小说的成功也没能改变这种境况。她书中人物性格鲜明，很容易就能跟孟买社交圈里的人对上号，而那些从中辨认出自己的人怒不可遏，那些没能被写进去的甚至会更生气。但当肖芭用格伦达·斯拉格式的文字填充成一系列大部头畅销书时，厌恶她

---

① 格伦达·斯拉格是英国专栏小说家，《私人眼光》是一本讽刺杂志。

的人除了坐下来干瞪眼以外也没什么办法。

与此同时,在一个难以容忍离婚和婚外情的国家,肖芭却走马灯似的,先是抛弃了第一任丈夫,然后公开和一位法国情人出双入对,又很快离开他并嫁给了另一个男人,而此人恰恰是个船舶大亨。为了和她的百万富翁老公看起来般配,她一丝不苟地置办了一个超级富有的色情小说家该有的所有行头:从白色奔驰到复古捷豹,从顶楼套间到秘密休闲所,从私人午餐到小心翼翼、身着制服的仆人。凡是你能想到的东西,只要杰姬·科林斯拥有一套,肖芭·德就有两套。

肖芭·德的遭遇,一部分宛如美国二流肥皂剧的幻想剧情,一部分是精明的出版商市场营销的结果,一部分是一个雄心勃勃的女人的苦心经营,她是一个算计得恰到好处、游走在巧言令色边缘的复杂产物。当你花了一个星期和她相处、和她的朋友会面、坐在她的车里、参加她的派对——最终,你的心里还是有一丝隐隐的疑虑,你怀疑自己是不是偶然闯入了某种电影场景,里面充斥着各种演员,他们说着吉利·库珀(Jilly Cooper)[①] 写的台词。当你回到自己的酒店房间,浏览着自己的笔记时,你会再次问自己:这个女人是真的吗?

"这么说吧,"她狡黠地说道,"我的形象似乎被贴上了某

[①] 英国浪漫小说家。

种标签，对此最聪明的办法就是售卖这种形象……"

电话那头的声音让人难以辨认来自何处，如丝般流畅，带着一种兼有英美人特征的慵懒，只有一丝不易察觉的印度语调。

"不管怎样，我会派船来接你，"她用冷淡的语气继续说道，"你只要出泰姬玛哈酒店（Taj Mahal Hotel），沿着阶梯走到码头就可以了。"

肖芭·德不仅让人难以辨认来自何处，要想相信她是真实存在的人物也需要很多想象力。为了去这位魅力丛生的女作家的乡下庄园采访她，你坐在热带海湾的渡船上，当船划过水面，你忍不住想：我是不是以前在哪里读过这种情节？

数百万计的印度人定然也会这样认为，他们并不喜欢这种感觉。印度曾是诞生《爱经》（Kama Sutra）之地，现在却是世界上在性爱问题上最沉默、最保守的地方之一。尽管梵语中有大量描述不同程度的性兴奋的词语，其丰富多变程度令人吃惊，但在现代印度的语言中，没有一个表示性高潮含义的词语。尽管古代印度典籍（shastra）极尽详细地罗列出所有可能的性爱方式（这些典籍详细描述和分析了每一种人类能想象到的性爱类型和交合方式，包括使用不同的体位、群交、与动物寓言集中的每一种动物交合），而且1960年代以来性解放运动横扫全球，印度却在30年时间里抵御住了这一思潮的冲击。

1990年代，次大陆地区是世界上最后一块处女需要女伴监护、卧室上双重锁、包办婚姻依然存在的堡垒之地。在一部传统印度电影里，如果摄像机拍摄到一对夫妇靠拢在一起休息，蜜蜂为花朵授粉，或者灌木猛烈摇晃，那么这些都算作性场面。

这就导致了大规模的性压抑，千千万万的印度人无法找到释放性压力的途径。正如作家库什万特·辛格（Khushwant Singh）所说："这个国家十分之九的暴力和不幸都来自性压抑。"

这种现象让千千万万的印度年轻人感到沮丧，却为肖芭提供了千载难逢的机会。她的财富就建立在印度大街上川流不息又深感压抑的力比多之上。她的书比进口的浪漫小说便宜，也比遭到封禁的外国色情作品更容易找到。肖芭很早就意识到，想要激怒印度读者几乎不费吹灰之力，即使隐晦地暗示一件纱丽滑落也能引起地震般强烈、带有次大陆地区特色的挑逗愉悦感。她的第一本书《上流社会之夜》（Socialite Evenings）在1989年火爆大街小巷之前就引起了巨大的争议，预订单也随之接踵而至。

但她着力描写性和购物场面是从第二本书《繁星之夜》（Starry Nights，1991年）开始的，这也是她迄今为止最成功的作品。小说中有接连不断的场景展现人物疯狂购物，穿着或谈论古琦的鞋、迪奥太阳镜和浪凡手表，而大多数篇幅一心集中于性描写。

故事的女主角是阿莎·拉尼（Aasha Rani），她有一对芒果般饱满的乳房，一路靠陪睡成为明星——然后，她犯了一个致命错误：爱上了印度的头号猛男。他叫阿克沙伊·阿罗拉（Akshay Arora），有坚定的眼神、光滑的皮肤、充满男子汉气概的铸铁般的大块头。肖芭的小说从来都是单刀直入：阿莎·拉尼的衣服在第3页就被脱掉了，在第5页，我们第一次遇到那个F开头的词（但不是最后一次），第6页我们读到了失身，第9页是一个纱丽打湿的场景（印度电影中通常用这种方式代替裸露），第17页上有一段描写颇有创意，关于一个成熟老到的孟买影星,一个年轻性感的小明星,还有一些从印度教神庙里弄来的祭祀神油。全书共有六处主要的性场面(在第28、54、60、79、122和181页)和数不清的一笔带过的性描写,包括有一处发生在印度航空公司波音飞机的洗手间里,令人印象深刻——作者承认,这一处是从电影《艾曼纽》移植过来的。

阅读这本书的乐趣之一(可能不是作者有意为之)就是情节发生的背景中总是充斥着庸俗的气息。阿莎·拉尼对毛绒玩具有狂热的喜爱:"粉色的小猫、蓝色的兔子、长着黄色眼睛的丝滑的黑豹、波点熊猫,甚至一只四脚长颈鹿……"女主角把这些东西高高地堆在自己的粉色房间里,"粉色薄纱窗帘、夹层被罩、粉色心形镶着蕾丝花边的靠垫"。这可真是个美妙的卧室,满是——另一处所描写的——"天鹅绒床罩、皮革情侣沙发、粉色电话机、镀金的镜子和喷泉"。阿莎·拉尼"认为这是她见过的最优雅的房间",读者对此唯有赞同不已。

正是在这个闪闪发亮的粉色爱巢里,主人公擦上庙里的神油,女主角露出放荡之态,开始了他们最令人难忘的对话。"在那些糟糕的日子里,我脑子里只有一个想法,"阿克沙伊·阿罗拉在这一瞬间意外地滔滔不绝,"我知道我必须见到你,我不能没跟你告别就离开这个世界……"也是在这个房间里,一个制片人"反复抽插着……发出野猪般的哼哼声",而另一个人把他的男性宝贝掏出来放在桌子上,阿莎·拉尼还以为那是一只哈瓦那雪茄。

直到女主角前往伦敦,成为一名电话应召女郎,这种趣味才开始减少。"这里有些非常棒的17世纪庄园,"书里某处另一个人物建议道,"为什么你不搬到乡下去呢?"

在读了 250 多页诸如此类的东西后,读者会觉得,这应该是个不错的主意。

在挂掉电话前,肖芭告诉我,她叫了一帮朋友来乡下吃午饭。她说,他们会在我去的那天同我一起吃午饭。

她并没说清楚,"一帮"指的是 72 位浮夸的孟买名流——有钱有势的实业家和他们珠光宝气的妻子、演员和小明星、时尚记者、名画家和制片人。当我走出自己的酒店时,发现自己被一群直接从肖芭小说中走出来的人物包围了。

"嗨!"

"嗨!"

"嗨嗨——!"

"我真喜欢你的迪奥太阳镜。"

"谢谢啊。哦天哪,我喝多了,现在还是晕晕乎乎的。"

"我直到早上 5 点才去睡。"

"今晚你去拉克斯曼(Laxman)家吗?"

"当然。但你听说了吗?维诺德(Vinod)没有收到邀请!"

"为什么呀?"

"你还不知道维诺德和迪姆普勒(Dimple)的事吗?"

"怎么了?"

"邦蒂(Bunty)看到他们一起在珠湖海滩上,你知道迪姆普勒穿着什么吗？……"

我如痴如醉地听着，所以，我想，原来人们真的就是这样说话的。当这群周日的远足者聚集在一起，对着名流面面相觑时，有人发现了一位小电影明星［"嘿，快看!① 是穆恩·穆恩·森（Moon Moon Sen）!"］，于是大家都围上去，希望得到一张自己站在荧幕女神边上的合影。喋喋不休者直接忽略掉了普通人②。

"穆恩·穆恩！亲爱的，见到你真是太好了！宝贝，这些孩子真的都是你的吗？"

"嘿，你不是吧。我真烦大家都来跟我说我看起来有多漂亮。我在电影里看上去有那么丑吗，嗯？"

"这只浪凡手表真是太漂亮了。"

终于，船下水了。伴着一阵清亮的高跟鞋踩踏声，鸡尾酒会转移到了船上。我们放下停泊的绳索，向着海湾启航了。

孟买游艇协会那格格不入的半木质瑞士风格山墙、威尔士亲王博物馆一闪而过的白色穹顶、滨海大道上的棕榈树，都飞快地掠向远方。海岸线变得开阔，这个迷你曼哈顿展现在我们面前：一个商业中心，造船厂的起重机像蜘蛛一样忙碌工作着。然后，整片风景慢慢沉入一片会带来肺病的雾霾中，在海湾上，雾霾倒没那么厚。船左右摇摆着，太阳穿过雾气洒下光芒。名流们互相交换着地址。

40分钟后，晨雾散去，展露在我们面前的是一片白色沙滩，一片瓶状棕榈防风林，村里渔民的独木舟系在摇摇晃晃的

---

① 原文为印地语。
② 原文为希腊语。

码头上，在水里颠簸着。越过沙滩是一条长着桉树和木麻黄的林荫大道，大道两边都是香蕉种植园。肖芭就在那里迎接我们。

她个子很高，身材颀长，一头乌黑亮丽的头发，她的外貌比照片上的样子要迷人得多。她的举止既优雅，又有一种倦怠的感觉，但她那双野猫般警惕的眼睛一直在前前后后地张望，随时准备着发现任何有意思、有争议或者包含丑闻的话题。

当客人们走来时，肖芭俯下身子拥抱他们，雨点般地洒下一个又一个吻和赞美，然后带领大家穿过她的房子来到花园里，仆人们正徘徊在一排血腥玛丽鸡尾酒边上。很快，早午餐开始了。

房子的装修风格和《繁星之夜》里阿莎·拉尼的卧室秉承了同样的精神。门上装饰着带花纹的盾，天花板上吊着仿制水晶做的枝形吊灯。有不少肖芭和船舶大亨靠在钢琴边上的柔焦合影，花园里有造型弯曲、看起来瘦长硬实的仿铁制燃气灯。更多主人夫妇的照片装在厚实的巧克力色塑料相框里，挂在墙上。这里可能没有粉红色的电话机，但我仍然确信，阿莎·拉尼会对这间房子大加赞赏。

终于，我在早午餐结束后的一个间歇逮住了肖芭。闲聊八卦的人都渐渐安静下来了，他们躺下来，把双腿放在柳条编织的孟买躺椅上，或者张开四肢躺在嘶嘶作响的草坪上。

"你想聊聊天？"她说，"当然可以。"

肖芭把她的头发拂到一边，一下子转换到了采访模式。

"也许我正在被奴役。"她兀自说道。不管以什么标准来看，这都是一个不寻常的开场白。"只是没有皮鞭和抽打罢了。"她补充道。

"我不太明白。"我说。

"写作,"她解释道,"我就是个打字的瘾君子。我需要那种毒品。写作对我来说就是一种奴役。"

"但并没有皮鞭和抽打。"

"正是。"

我们看着对方。我看起来一定很迷惑,她试着用另一种方式来解释。

"你知道在这座城市里女人真正想要的是什么吗?"肖芭问,"我告诉你吧。她们想在银行金库里堆放珠宝,想在衣柜里挂满香奈儿的衣服,想在车库里停着保时捷,想自己的床上躺着猛男——以及一个傻冒丈夫来为她支付这一切。"

一段多么完美的创作者自述,仿佛是由魔术产生的。整段独白听上去像是精心排练过的。但至少没人能说,肖芭·德在她的作品里有任何做作。

"你怎么看待你迄今为止写的书?"过了一会儿我问。

她露出微笑:"你想听真正的答案?"

"是的。"

"我写的都是可以读的垃圾——商业小说,"肖芭说,"但我不认为'商业'是一个肮脏的词。任何商品的底线都是它是不是要售卖。现在有这个市场,我不过是填补了这个位置。那些批评我的人所炮制的小说,写的都是在厨房灶台边忍受痛苦的女人,读这些东西让人痛苦,它们根本就卖不出去,最后只能化成纸浆。我已经受够了那些痛苦呻吟、哀叹不已的女性形象。"

她耸了耸肩。

"我就是个冷血动物,迎合小地方的人的幻想,"她说,"我想提供一种撩拨他们的方式,满足他们对有钱名流的生活方式的窥视欲，我想要娱乐，最重要的是我想卖得好。我不追求任何文学奖项。"

"但如果你想提供某种幻想，为什么你笔下的人物都过得不开心呢？"我问，"你是想表达，那种纵情声色的生活会让人陷入悲惨的境地吗？"

"我觉得，神的愤怒不会降临到坏女孩的头上。不——我觉得坏女孩会过得很开心，也会死得很开心。"

"所以你并不试图表达任何道德倾向？"

"不——我讨厌那种论断。我笔下人物的人生——各种绯闻，生活就是从一个派对到下一个……"

"……还有购物……"

"……还有购物，这就是她们追求的乐趣。我不应该说：'女孩们，这不是你们应该拥有的那种乐趣。'"

她暂停了一下。

"但回到你的问题上——我并不想把这种生活写得太完美，不想。我意识到了，如果我把这种生活塑造得太令人向往，那么……"

肖芭抬了抬眉毛，啜了一口血腥玛丽。

"那么……可能就会引发一场革命……"

两天后，白色奔驰汽车在晚上 10 点准时开到泰姬玛哈酒店。司机打开车门，里面坐着肖芭。她戴着一条珍珠项链，额

头上点了一颗金色的吉祥痣,身穿一件看上去十分昂贵的金边丝质纱丽。坐在她身旁的是迪利普(Dilip),她的船舶大亨。迪利普朝我咕哝了一声,算是打招呼。我坐进去。车开走了。

孟买,穷人的里约。正是圣诞夜前夜,车窗外,在这条十车道公路的人行道上,乞丐们聚集在灯下。

"邀请我们的这个女主人已经忙了一天,"肖芭说着,一个麻风病人样子的乞丐正在敲车窗,她对此视而不见,"每次派对之前,她都会在当天下午用洗发水清洗她家的碎石路。"

我们驶出孟买破碎的市中心。我们经过机场,驶向珠湖海滩,驶向宝莱坞,那里的乞丐睡在被丢弃的电影杂志上。沿着海滨浴场便是印度的比弗利山庄(Beverly Hills)①。

"稍等一下,你就能看见这座房子,"肖芭说,"这就像詹姆斯·邦德电影里的场景。"

的确如此:一座大理石宫殿,周围环绕着巨大的瓶形棕榈树,面朝阿拉伯海里翻滚的大浪。数不清的凯歌香槟在玻璃杯中泛起泡沫。穿制服的仆人举着闪闪发亮的烤肉串穿行于宾客之间。一个院子接连一个院子,到处都是百万富翁、电影明星、政客、编辑、性感演员:每个在场的人都是孟买的重要人物。

"在场的都不算什么,"肖芭说着,轻蔑地环顾四周,"孟买社交圈里的大腕直到一两点才会现身,否则他们就不像是一天要出席三场派对的样子。"

隐藏在棕榈树中的扩音器播放着伦巴达,肖芭和她的船舶

---

① 位于美国洛杉矶,著名的城中城,是好莱坞明星和富豪居住的地方,财富名利的象征。

大亨跳起舞来。你能看到她手指上的宝石在灯光下闪闪发亮。不远处是克什米尔前首席部长法鲁克·阿卜杜拉(Farooq Abdullah),尽管天气炎热,他依然穿着一件又长又厚的克什米尔外套。他和一位身穿宽大纱丽的女士四处走着,两个人都试图不要踩到她那飘动的丝绸上。

我弯下腰,捡了几个小石子。肖芭说得没错,真的用洗发水洗过。

第一个院子里的大理石是纯白色的,它们像镜子一样闪着光。第二个院子,水流从岩壁上泛着水花倾泻而下,穿过一座悬空的花园,最后汇入一个巨大的游泳池。一排铺着克什米尔地毯的房间通往面朝波浪的第三个院子,在一排覆着亚麻布的支架上,填塞得满满当当的烤火鸡已经准备停当,等着宾客们享用;旁边是一排排的龙虾,巨大的锅里装满了辣咖喱酱,还有鱼子酱和薄饼,以及堆积如山的菠萝、甜枣和番石榴。

各种各样的谈话片段飘荡在音乐里:

"不管怎么说,当伊姆兰(Imran)在沙迦(Sharjah)[①]待烦了的时候,我就让他过来……"

"她以为她捞到了一个百万富翁,但实际上捞到的是五个孩子和两条贵宾犬……"

"他很想成为王室,但他说,他奶奶拒绝了这个头衔……"

"她只是一个普通商人(bania)的女儿……"

"当然,等伊姆兰来到这里,崇拜他的女人排起的长队恐怕会有滨海大道那么长……"

---

① 阿联酋城市。

"他有100多辆复古汽车。每次开哪辆都是根据他的袖扣来搭配的……"

"你知道古吉拉特人的精液是什么样的吗?"

在所有的声音中你能听到迪利普的声音,那个被肖芭驯服的船舶大亨。"你们知道今晚谁会来吗?"他说,"印度的食用油之王。他控制着37种不同的食用油的出口。"接下来的一个小时里,迪利普指出了印度大虾之王、印度肥皂之王和印度洗衣机之王。"大人物。"他心满意足地说道。

同时,我一直观察着肖芭,她如何与来宾们相处。肖芭在《上流社会之夜》以我们的女主人为原型,塑造了一个颇有讽刺意味的荡妇形象,但肖芭的无礼行为似乎并未给她带来困扰,她轻轻吻了肖芭的双颊。而印度最火的性感演员之一普贾·贝迪(Pooja Bedi)——肖芭以她惯有的微妙笔法,在小说里给她取了个名字叫"布博斯·贝迪"——走上前来欢迎她。她们坐在一起,讨论着普贾最近为印度一个叫"爱经"的避孕套新品牌的广告活动所拍摄的写真。

午夜过后的某个时刻,我和肖芭坐在一起,我们的盘子里堆满了火鸡肉。她感叹着,过来和自己说话的人太少了。于是我问她,为什么觉得自己招致了如此多的敌意?

她回答得很干脆:"就两个字——嫉妒。"

"你的专栏和书都起了作用。"

"批评我的人从来不看我的书。他们只是各取所需,发泄自己心中的不满。而大众对这些评论的反应就是'这对那个婊子来说恰到好处'。"

"但为什么呢?为什么你会引来所有这些敌意呢?"

她呼唤着更多的香槟："侍者！我还要点儿香槟！①"当香槟酒倒入酒杯时，她思考了一下。"在我看来，有胆量的女人总会在这里遭遇坎坷，"她说，"就是这样，这就是规矩。"

她说话的方式里毫无自怜的意味，只有无奈的顺从。她让自己公然面对所有的抨击，当然，也想方设法打了个平手，但你仍然忍不住对她感到某种同情。在一个将谄媚奉为某种艺术形式的文化里，肖芭·德拒绝这种游戏。在一个仍然僵硬地维持着保守思想和循规蹈矩的社会里，她站出来，越过红线，并一直准备着为此付出代价。当然，她的写作水准并不高，但这不是重点。重点在于，肖芭具有勇气。

"我厌恶托词和伪善，"她说，"我坦坦荡荡地过我的日子，我在写作里描述这座城市里真实发生的事——我只是展现它是什么样的。我的态度让我付出了代价。"

"这些问题只有孟买才有吗？"我问。

"不。我爱这座城市。至少在这里，我能按照自己想要的方式生活。在其他任何地方，这都是行不通的。"

她耸了耸肩："我觉得肖芭·德在印度其他任何地方都不可能生存下去。别的城市会把我碾得粉碎。"

---

① 原文为印地语。

第十章　糟糕的吮指美味：班加罗尔和快餐入侵者

班加罗尔，1997 年

现在是早上 10 点，在班加罗尔崭新光亮的肯德基店里，顾客们正狼吞虎咽着桑德斯上校①的全家桶早餐汉堡，紧接着，十个敦实的农民走了进来，他们把保存冰激凌的冰柜从地上撬下来，狠狠地砸开了前窗的平板玻璃。

这是肯德基在印度的旗舰店，此刻，顾客和店员在惊愕中眼睁睁看着几百个农民模样的人从破损的缺口中如潮水般涌了进来，他们身穿甘地式的土布衣裳，一进来就开始乱扔店里的器具。另一些人则用椅子把条形灯和空调设备砸了个粉碎。彪悍的乡村摔跤手把风扇从天花板上拽下来，把桌子从地上掀起，而另一些放牛人则负责破坏百事可乐机器和炸薯条的炸锅。收银机也被砸碎了，里面到处溅上了番茄酱。让人垂涎三尺的全家桶吮指鸡块套餐被扔到大街上，那些德高望重、站在外头放风的乡村长老把它们踩进尘土里。农民们踏过可乐、面糊和碎玻璃混杂在一起的黏稠物质，宣布他们此行是为了在圣雄甘地被暗杀的周年纪念日里，对"入侵印度的跨国公司"发起"第二轮争取自由的抗争"。然后他们喊起口号，谴责肯德基提供的"非素食毒药"，赞美"美好的马萨拉卷饼（masala dosa）②"的益处，随后消失在店外的滚滚人流中。

这并非卡纳塔克邦农民联合会（Karnataka State Farmers'

---

① 肯德基的创始人，肯德基的标志就是以他的头像为原型设计的。
② 马萨拉卷饼源于南印，而后普及整个印度。

Association，KSFA）第一次采取这样有些独断的行动，他们认为外国公司有意入侵日渐式微的印度文化，对此坚决反对。该组织首次登上报纸头条是因为其在1992年12月袭击了美国农业巨头嘉吉种子公司（Cargill Seeds）。他们声称，该公司会把印度的种子生产者完全排挤出去，并且（更令人难以置信的是）签订了一项秘密协定，在印度设立屠宰场，此举是一项意在消灭印度奶牛的全球阴谋的一部分，于是500名愤怒的养牛人闯入了嘉吉的办公室，把文件柜从二楼的窗子扔了出去。他们在外面的街上用这些文件燃起篝火，还把嘉吉的电脑也扔了进去。第二年一开春，嘉吉在卡纳塔克邦一个偏远村子的种子处理点被一车拿着铁锹的乡下人夷为平地。

抗议的不仅仅是农民。1996年10月1日，全卡纳塔克青年联合会（All-Karnataka Youth Council）决定洗劫在班加罗尔新开张的必胜客，以此庆祝圣雄甘地的生日。青年联合会一直在游说卡纳塔克的商户在经营中使用当地的坎纳达语，但必胜客拒绝将其标识翻译成本地文字，这次洗劫便是对必胜客的报复。在事件中，餐厅侥幸逃过一劫，未被完全损坏，因为警方接到密报后，出动了一卡车携带刺刀的武装警察。事件之后，尽管必胜客周围永久部署了武装警察守卫，餐厅的窗玻璃在夜里仍然经常会遭到投掷石块者的袭击。

通常来讲，这种印度教卢德分子不用过多理会，他们不过是再次证明了印度的古怪有多么不可救药，这不过是圣雄甘地综合征的现代化身。不过，抗议发生在班加罗尔这一点还是让许多印度观察家忍不住一激灵。尽管自1947年起，印度一直对保护主义和孤立主义情有独钟,这也可以理解,但你绝不会想到这种内倾行为会发生在班加罗尔,长久以来,出于一些原因,这座城市一直为自己是印度最为国际化、最为开放的城市而感到自豪。

例如,班加罗尔是一座从未将英国塑像从公园里移走的城市:直到今天,在城里的主要道路环岛上,维多利亚女王,这位印度的女皇,仍慈爱地注视着路上的人力车和大使牌汽车①挤成一锅粥。班加罗尔有美不胜收的公园和植物园、绿树成行的林荫道和复古味十足的殖民时期俱乐部,它似乎远离印度许多城市的喧嚣混乱,自成一个独立的世界。这里曾是傲慢无礼的军人和上了年纪的茶园主退休后热衷的养老之地;近些年,它则致力于将自己打造成"印度硅谷",要成为南亚在软件和高科技领域的桥头堡。比尔·盖茨多次说过(虽然可能是假的):"南方印度人是世界上仅次于中国人的最聪明的人群。"班加罗尔的知识分子们当然明白,这话说的就是他们,这座城市对此相当受用。

更重要的是,对越来越多在海外致富、决定回国定居的印度商人和计算机工程师来说,班加罗尔现在是他们的优选之地。在关于印度前景的讨论中,如果说印度在各领域都一败涂地,那么比哈尔邦就代表了这一状况;反之,如果说印度在各领域都进展顺利,那么整个国家的面貌就会如卡纳塔克邦,尤其是班加罗尔周边地区这般欣欣向荣。

在印度其他地域法治不彰、动荡不安之际,就连班加罗尔也开始出现未能幸免的迹象,因此这无疑拉响了警报。很明

---

① 大使牌汽车是印度首款国产汽车,由印度斯坦汽车公司生产,一度成为印度国民汽车品牌的象征,现已停产。

显,这里开始出现一些很奇怪的现象。这种现象非常重要。如果在班加罗尔这样西化和开放的大城市都会发生类似的过激行为,那印度其他地区的经济自由化会招致何种后果呢?在过去几年间,印度如饥似渴、竭尽所能地拥抱西方的垃圾文化,从进口牛仔裤到迪斯科音乐,从百事可乐到音乐电视网,这条刚刚探出头的幼虫最终会缩回去吗?

161   1991年,当印度开始经济自由化进程时,国际上出现了一阵兴奋的浪潮。尽管在经历了1990年代后期亚洲地区的金融危机和经济动荡后,再回过头去看这段时间会感到有点奇怪,但那时候印度的确是万众瞩目,似乎一下子成了经济起飞的中心点。

在印度东边不远之处,"亚洲四小虎"正以令人惊讶的速度发展,许多观察家都相信印度前景明朗,会沿袭日本、中国台湾和韩国的发展路径。事实上,印度已经是世界第七大工业国,所以人们声称,在印度的九亿人口中,会有超过一亿人的收入和生活方式达到欧洲平均水平。西方投资者和企业家嗅到了一个新市场即将打开的气息,开始集聚于此,纷纷在印度的商业中心孟买兴建分支,此举造成孟买的房地产价格快速翻番。就连苏富比拍卖行也移向了东方。

但自那以后,投资者的热情大幅减退。印度1991年满怀豪情拉开帷幕的改革进程到1994年或多或少已经偃旗息鼓,经济领域的许多大问题一如既往。在这一点变得明确以后,分析人士开始调低对印度发展前景的预测。"我们都认识到,印度根本不会成为老虎,而实际上是一头身躯庞大、行动缓慢的大象,"一名西方外交官告诉我,"印度是一个巨大的国家,它的动作非常迟缓,非常僵硬。"

"印度的主要困难是,"全球管理咨询巨头麦肯锡的印度分公司主管基托·德·布尔(Kito de Boer)说,"在尼赫鲁去剑桥求学时,费边社会主义是当时英国的主流意识形态。"他继而解释道,那种独特的英国遗产给印度造成的伤害,丝毫不亚于一个世纪以前邪恶的帝国主义者对这个国家的洗劫。德·布尔相信,英国留下来的诸多问题,如缺乏竞争力、保护主义、大政府等,让印度不得不在费边式的泥淖中挣扎前行,印度可能需要花费几十年时间才能甩掉这种包袱。

"1947 年印度独立之际,一群由伦敦政治经济学院训练出来的经济学家豪情壮志地为这个庞大的农耕国家设立了一个目标,即以钢铁产品和五年计划为基础,将印度发展为一个斯大林领导下的半苏联式经济体。直到今天,印度庞大而低效的国营经济部门依然大于私营部门,而且还在持续地大把亏损。国家的大部分资金没有用在让下一代发展起来的事情上——比如教育、交通等——而是花在了补贴亏损的国营经济部门上。目前,政府花在补贴油价上的资金,是医疗和教育花费的总和。1950 年,印度是亚洲最强大的经济体。现在,印度却是发展最慢、最没有竞争力的经济体之一。当亚洲其他国家为吸引投资者铺开红地毯之时,印度却倾向于铺开种种官僚做派。"

数据也支持这一观点。1950 年,印度的贸易量占全世界的 2%;50 年后,这一数字下降到了 0.8%。就连越南吸引外国直接投资的量都多于印度。中国本来是与印度不相上下的竞争对手，目前吸引外汇的规模却是印度的九倍。

尽管如此，改变的迹象仍然出现了，尤其在印度南部和西部地区，外国投资者面临的主要障碍正被一一消除。这些地区40年来都在尝试自给自足——40年来物资短缺且匮乏——忽然之间，一切都可以买到了：德国汽车、日本电脑、美国牛仔裤，甚至一次性尿布都有进口（印度直到五年前才知道有这种东西）。十年前，这些地方只能用黑白电视收看国营电视台极度枯燥的节目，如今却有40多个五彩缤纷、各式各样的卫星电视频道，想看什么就有什么，从美国有线电视新闻网（CNN）、《海滩救护队》（Baywatch）① 到星空音乐台（Channel V），后者是印度本土的 MTV 频道，穿插播放着英美摇滚乐和印度电影歌曲，让人觉得非常奇怪：上一分钟麦当娜还穿着暴露但安全的紧身衣，下一分钟就是1970年代的孟买玫瑰园，怒气冲天的阿米塔布·巴强（Amitabh Bachchan）正追赶着雷卡（Rekha）②。

同样地，1980年代的印度媒体虽然很热闹，但也有些单一化，而后出现了一系列令人眼花缭乱的光纸彩印杂志，一些报道孟买的时装表演，一些谈论上网的最佳方式，另一些则向新富阶层提供该选择哪款奔驰汽车的建议。印度版《时尚》（Cosmopolitan）甚至首次把女性性高潮的话题带到了南亚大地的报摊上。

一些颇受青睐的地方发展确实非常迅猛，而个中翘楚非班

---

① 美国电视连续剧，1989年开播，曾在全球风靡一时。
② 阿米塔布·巴强（1942—），宝莱坞最成功的男演员之一，首位进入杜莎夫人蜡像馆的印度影星。雷卡（1954—），印度著名女演员。

加罗尔莫属，过去25年间，这里的经济增长了近四倍。由于西方软件企业早在十年前便来到了这座城市——这一投资过程吸引了一波侨居国外、技术纯熟的印度软件工程师回国为其服务——班加罗尔的街景已经今非昔比，让人认不出来了。这是整个次大陆唯一拥有大型超市的城市，还有一座购物中心，班加罗尔人会自豪地告诉你，这是以洛杉矶的一家购物中心为蓝本仿建的。

"这里有的奢侈品，即使在得风气之先的孟买也看不到。"一个学生声称班加罗尔有"印度第一台全玻璃电梯"，并主动带我去参观。"真的，"他说，"班加罗尔是我们的模范城市，是印度最宜居的地方。"

宜居的一个方面体现在这里有各式各样的酒吧，让人目不暇接，大多数酒吧都有奇怪的主题：有的装扮成美国西部的荒蛮风格，有的自诩为美国国家航空航天局（NASA）空间站。这里有芭斯罗缤（Baskin Robbins）连锁店，有温佩（Wimpey）办公室，① 当然还有必胜客和肯德基的餐厅，尽管两个餐厅都遭到了攻击，却依然顾客盈门。不可否认，班加罗尔本土的南印美食无与伦比，虽说如此，肯德基蘸酱、香辣鸡腿汉堡和咖喱鸡块比萨的魔力依然让人难以抗拒。每天，那些归国的印度侨民都在必胜客外排起长队，宁愿花费两个半小时耐心等待。一旦走进去，你会发现四周都是戴棒球帽的程序员"呆子"，他们的英语混杂着班加罗尔和美式口音，具有独特风味。

"其实，米拉（Meera），这跟我们在圣巴巴拉（Santa

---

① 芭斯罗缤又译为"31冰激凌"，是源于美国南加州的跨国连锁冰激凌专卖品牌。泰勒温佩（Taylor Wimpey），英国知名房屋建筑公司。

Barbara）吃过的必胜客比真是算不上什么。这里的肉肠都不正宗，也没有炸薯条……"

"塔伦（Tarun），你看过《碟中谍》（Mission：Impossible）吗？这部电影真的很酷，对吧？"

"是，的确不错。但汤姆·克鲁斯，太傻冒了！我觉得布拉德·皮特就好得多。"

"嗨，纳维恩（Naveen），你听说了吗？苏尼尔（Sunil）抢先装了 Windows 98。"

"哇！我还以为苏尼尔是苹果的铁粉呢。"

"其实不是。他有一台新的康柏电脑，奔腾处理器，1.4G的硬盘，标准的32M内存。"

"液晶显示屏？"

"液晶显示屏加多媒体扩展①。"

"天哪，我必须去瞧瞧……"

类似这样的"印美混合人"在班加罗尔的码农中心"电子城"里比比皆是。从班加罗尔市中心出来，沿着布满车辙的路、朝着泰米尔纳德邦交界处走 15 英里就是电子城。这里出现了印度本土最为成功的软件公司印孚瑟斯（Infosys），该公司的员工似乎都是有旅居美国经历的印度婆罗门。在我拜访财务总监的时候，他刚在位于果阿的祖庙里做了十个小时的供奉仪式回来，全身抹着檀香膏，但这并不妨碍他打开使用技术最先进的数据表格，展示该公司不断增长的利润率和扩张计划。他解释说，婆罗门那古老而浩繁的纪律和学习会训练大脑

---

① 多媒体扩展（MMX）是由英特尔公司开发的一种 SIMD 多媒体指令集，共有 57 条指令。它于 1996 年集成在英特尔奔腾 MMX 处理器上，以提高其多媒体数据的处理能力。

的数学和处理能力,老旧的知识是孕育新兴事物的温床。

在参观印孚瑟斯期间,我发现五个程序设计员——全是婆罗门——都在看一封高盛发来的电子邮件,高盛是该公司在纽约的多家客户之一。显而易见,如果一家纽约的公司在快下班时发现电脑出了故障,他们就会给班加罗尔发来一封邮件,然后回家休息。印孚瑟斯的婆罗门电脑专家们就会在纽约的夜里解决问题,第二天一早,当曼哈顿的银行职员回到办公桌旁,就会发现电脑已经可以正常使用了。目前,印孚瑟斯程序员的薪酬要比他们在第一世界的同行们低一些;实际上,他们的产业能发展起来,还是依靠技能和区位优势,他们正好位于美国另一端的时区。印孚瑟斯可能是班加罗尔最为成功的软件公司,但其他好几百家公司也同样精于业务,并且欣欣向荣。

班加罗尔已经以飞快的速度与周边的穷乡僻壤拉开距离,这一态势在1996年10月中旬急遽明朗,其时,班加罗尔宣布将举办1997年度世界小姐选美大赛。

邦政府和城市里的酒店对此迅速表示欢迎,但除此以外再无支持者的声音。几周之内,为了对抗这次被视作"终极外国文化入侵"的赛事,一个看似不可能的联盟成立了。女权主义者组成了自杀团体,声称如果举办这种有辱人格的比赛,她们将实施自焚。类似 RSS 和 VHP 这样的印度教原教旨主义团体(正是他们策划了1992年暴力摧毁阿约提亚清真寺的事件）与他们曾不共戴天的穆斯林对手伊斯兰促进会（Jammat-i-Islami，JII）握手言和，共同谴责被他们视为"攻击印度传统道德"的行为。印度教右翼政党印人党和（按照推测来说应该是）左翼世俗的国大党彼此靠近，要共同保护"印度母亲"的纯洁。

卡纳塔克邦的农民和坎纳达语沙文主义者更不会闲着，他们继续到处煽风点火。生产电子消费产品的戈德瑞吉（Godrej）公司是世界小姐选美大赛的赞助商之一，他们就把一车牛粪倒在了戈德瑞吉的展销店门外，往店内墙壁、展品甚至员工身上泼泥浆。没过多久，有人把一枚"差不多有橘子大小"的自制炸弹扔进了计划举办赛事的场馆，试图袭击控制灯光系统的电力变压器。变压器没有受损，但附近的沥青路面上留下了一个大洞。到了10月底，班加罗尔几乎每天都在爆发罢工、游行和抗议示威。

在我去市中心的那天，南印各大报纸上几乎都是和迅速升级的抗议有关的内容。《德干先驱报》（Deccan Herald）在头版宣布，一名农村民粹活动组织的领导人形容世界小姐选美大赛是典型的"文化帝国主义"，在他威胁要烧掉举办活动的场馆后，官方决定从精英部队印度快速反应部队（Indian Rapid Action Force）中调集1000名突击队员，用以活动的安保工作。在城市的另一个地区，"一群有名望的女性表演艺术家对选美大赛表示了支持。艺术家们认为，抗议毫无价值，只是显示出愚蠢和荒谬"。"这些抗议者只是一群毫无安全感、不敢面对当今世界的乌合之众。"知名戏剧表演艺术家阿伦德巴蒂·纳格（Arundhati Nag）如此评论道。

《印度教徒报》（Hindu）在专栏版面用一整版篇幅刊登了

和肯德基抗议活动有关的内容。这篇题为《素食主义——理想的选择》的报道写道:"科学研究已经清楚地证明,无论是对个人健康还是对环境保护而言,素食都是更好、更理想的选择。"作者 V. 维迪亚纳特(V. Vidyanath)声称:"为了养殖用以制作汉堡包的牲畜,南美的森林遭到砍伐。许多杰出人才,比如萧伯纳、威廉·莎士比亚、珀西·雪莱和艾萨克·牛顿都是素食主义者。为了身体健康和保护环境,人们应该选择素食。"

起初,这一切看上去是一次声势浩大的过度反应。世界小姐选美或许有些庸俗、品位不高,但毫无疑问,只有在印度才会有人对这种事以自杀相威胁。肯德基或许算不上珍馐佳肴,但毫无疑问,把快餐当作对国家荣誉的羞辱实属将文化敏感发挥到了极致。但当你开始和班加罗尔人交谈,你会发现,在仇外情绪和民族主义之下潜藏着一种颇为合理的对发展的恐惧,一种面对翻天覆地的变化时油然而生的迷失感。

在 1990 年代早期之前,班加罗尔一直是个安静的小康城市,以热带花园、凉爽的气候和精良的跑马场闻名。一夜之间,当这座城市获得"印度高科技革命摇篮"的美誉时,一切都变了。外资和人员以超乎寻常的速度蜂拥而至,很快,失业的外来人口也接踵而来,于是,这个曾被誉为花园城市的地方一下子就被许多散发恶臭的棚户区包围起来了。在这种史无前例的移民压力下,1971—1996 年,班加罗尔的人口从 170 万上升到超过 600 万,成为世界上扩张速度最快的城市之一。土地的压力也与日俱增,导致住房价格直线上升,整个 1990 年代早期,班加罗尔的房价每年以 50% 的速度上涨。随着环境污染日益加重,城市绿地开始消失,平均气温每年都会上升几摄氏度。

如此快速的发展明显产生了巨大的压力。卡纳塔克邦政府此前在吸引外资方面非常灵活，但很快事态就证明，政府虽然一手制造了大规模的扩张，却完全没有能力应对其带来的问题。突然之间，电变得不够用了，有时候会接连几周完全停电。水也是如此，通常每天只有不到一个小时的时间水龙头里会有水。在夏季，经常会连续好几个星期完全用不上水。

所有地方的殖民时代老式平房都开始被推倒，取而代之的是高层办公大楼。为了缓解交通堵塞，那些精致优雅、绿树成荫的环岛被挖土机推平了，虽然这一举措也没有给交通带来实质性的改善。这座曾美不胜收的城市所发生的一切着实让班加罗尔人心生恐惧。作家、历史学家T. P. 伊萨尔（T. P. Issar）出版过一本关于这座城市1980年代末建筑的书，他告诉我，他的书现在只有档案价值了：他在不到十年前描述和图解过的那些建筑，现在95%都被拆毁了。

"这些示威游行不过是表达了人们对班加罗尔正在发生的一切的惊恐，"他说，"有些人肯定大发横财，但大多数人的生活变得更糟糕了：想想大量的交通、噪声、污染。这里的人们完全有理由对未来心生恐惧。在短短几年内，这座城市里他们所熟悉的一切都被摧毁了。这些新开张的餐馆，还有关于世界小姐选美大赛的抗议都不过是民意的引爆点。"

最清晰表达了这座城市日渐滋长的不满情绪的人或许就是印人党年轻的总书记阿南德·库马尔（Anand Kumar），他也是近来一系列抗议背后的操盘手。"我反对的不是某个特定的餐厅或者选美比赛，而是它们所代表的思想倾向，"他坐在一张希瓦吉（Shivaji）① 头戴花环的带框照片下，身穿甘地式的

---

① 印度17世纪统治者，马拉塔帝国的创立者，有"印度海军之父"的美誉。

土布衣服，对我说，"过去几年里，跨国公司进入班加罗尔导致物价节节上涨。富人涌入后，穷人再也无法负担住房、教育、交通，甚至基本生活所需的费用。要知道这个国家一半人口，即4.6亿人，每天的收入不超过十卢比（两便士）。上亿人生活在贫困当中，无法接受教育，而极少数人却能和英美的精英阶层一样享受各种各样的便利，这种状况不可能无限制地持续下去。"

我问，为什么必胜客和肯德基成了攻击的目标，而不是政府部门和富人的住所？

"这些外国餐厅是贫富不均的象征，"库马尔说，"只有极少数西化的精英阶层或者确实消费得起的人才会去那里用餐。不满越积越多，然后就开始被引导到这些发泄口。现在群情高涨，人们都想狠狠打击这些象征性的场所。"

"记住我的话吧，"他悲观而笃定地说，"用不了多久，就会出现爆炸性的态势。"

如果说班加罗尔目前的动荡形势有一些特定的原因，那么高速发展所带来的普遍问题也在困扰着印度的诸多城市。在印度的许多城市里，每天总有几个小时会断电断水，房地产价格一路飙升，各处路段都在不可避免地变得拥堵和受到污染。

但无论事情变得多么糟糕，当城市功能出现停摆时，非官方的私有化浪潮使得富人能够免遭最坏结果的冲击。许多富有的印度人现在都有自己的发电机,不少人还在有水的短暂期间用自己的泵来储水,找到了能保证自己持续有水的办法。同时,穷人变得更加贫穷,根据官方统计,超过半数以上的人口目前生活在贫困线以下。印度大量的农村人口素来以吃苦耐劳、从不抱怨而闻名,但外界已在公开质疑,这种情况是否会永远持续下去。

自第二次世界大战以来,英国用了半个世纪的时间来进行社会变革,而印度实施的经济自由化和突然引入跨国公司意味着这一变革进程在当地被压缩到了不到十年时间。贫富差距明显扩大,印度自独立以来首次有了炫耀财富的可能——事实上,人们也接受了这种行为。

比如说孟买,在这座世界上租金最高的城市,目前有150多个减肥诊疗室,尽管在城市的贫民窟里,因饥饿而死的现象尚未消除。在城市的某些地段,奔驰汽车的数量已经超过了印度斯坦公司生产的大使牌汽车,但周围的贫民窟变得更庞大、更丑陋了。更重要的是,随着有线电视和卫星电视的普及,像《海滩救护队》和《大胆而美丽》(The Bold And the Beautiful)① 这样耀眼的节目已经覆盖到大城市以外的乡镇和村庄里成千上万的人,它们也让海量的印度人第一次意识到另一个世界里的人是如何生活的,他们如何享受着自己完全无法获得的生活方式,这不可避免地会激起仇恨心理。一位警察总监告诉我,在1980年代后期,随着卫星天线和有线电视开始触及国家的偏远地区,他负责管辖的地区犯罪率呈指数级上升。穷人第一次意识到,他们被剥夺了什么。

---

① 美国肥皂剧,于1987年在哥伦比亚广播公司播出。

第十章　糟糕的吮指美味：班加罗尔和快餐入侵者 / 199

班加罗尔的经验表明，西化的象征物——它们或许是比萨店，或许是选美比赛或跨国公司——可能会很快发现，印度当下在发展中失去了方向，正面临社会动荡和混乱，而自己却成了这一状况的替罪羊。

在班加罗尔的最后一天，我醒来后发现每面墙上都贴着传单，上面写着："大型游行和抗议集会：抗议西化生活方式入侵，保卫民族荣誉。"我改变了行程，让突突车①司机直接把我送到了活动地点。

活动地点尤有意味地选在了奇卡拉尔巴格（Chikkalalbagh），这是一座古老的莫卧儿式花园，由蒂普苏丹（Tipu Sultan）修建。18世纪晚期，他带领人们抵御了东印度公司——一家西方跨国公司更加激进的入侵。

快到奇卡拉尔巴格时，我们的脚步不得不慢了下来。足足有2000多人聚集在那里，手里举着标语牌："小心：这里有西方的走狗！""关闭肯德基！""拯救印度文化！"一个喊口号的带头人站在一辆人力车旁边，车上连了两个巨大的扩音器。他举起拳头，带领人群喊道："打倒世界小姐！拥护印度母亲！"

我走下突突车，挤到人群前方，发现卡纳塔克邦农民联合会主席 M. D. 南朱达斯瓦米（M. D. Nanjundaswamy）教授也站

---

① 印度的电动三轮车，当地人俗称"突突车"（Tuk Tuk）。

在那里，他戴着一顶茶壶形的羊毛帽子，举着一幅巨大的圣雄甘地摇纺车的照片。南朱达斯瓦米教授就是最初组织攻击活动的策划者，为此他还在监狱里待了几个星期。

"事实上，我们农民都信仰真正的甘地非暴力精神。"当我询问他抗议的事时，教授如此说道。

"但你们还是把肯德基砸了个粉碎。"

"啊，你看，伤害生灵——比如杀牛、杀鸡，这些都是暴力的，"教授答道，"但破坏没有生命的东西，这有什么暴力的？如果我们想拯救印度文化，那些行为就是必要的。"

"但独独一家鸡肉餐厅能有什么危害呢？"我问，"伦敦开了3000家印式筒状泥炉烧烤店，英国文化也没见被摧毁了啊。"

"事实上，我们的情况很不一样，"教授说，"我们有证据表明，卡纳塔克邦所有的家畜会在两年内灭绝。如果印度政府不能保护自己的人民和自己的奶牛的利益，直接采取行动就很有必要了。我们正在经历一场文化入侵，比莫卧儿人入侵还严重得多！甚至比英国人当年对印度的入侵还严重！"

南朱达斯瓦米教授的想法可能有点奇怪，但比起他的盟友——印人党在班加罗尔南部选区的议员普拉米拉·尼萨吉（Pramilla Nesargi）女士来说，还是要温和克制得多。尼萨吉女士正站在教授身旁，朝着她面前的警戒线怒目而视。

"世界小姐比赛的组织者和肯德基那帮人肯定是一伙的，"她说，"这就是一个阴谋，是所有这些人联合起来炮制的，就是为了摧毁我们古老的印度文化。肯德基和东印度公司是一样的。东印度公司凭一己之力都可以占领整个印度，现在的政府却让这么多跨国公司统统都进来了。"

现在，抗议者集结成了鳄鱼队形，开始游行。当他们经过市场、分发印着英语和坎纳达语的传单时，好奇的路人加入进来，队伍壮大了：一对苦行僧、一群女学生、一个推着冰激凌车的小贩。在我们行进时，普拉米拉·尼萨吉作了一幅阴森的画，她把桑德斯上校和世界小姐选美大赛主办方画成了阴险的末日骑士①，其中有一个人从天上降临到班加罗尔，带着致癌的鸡块，专门毒害不明就里的印度教青少年；在这场肯德基瘟疫中幸存下来的人，则由另外的人腐化他们的道德。

"世界小姐会带来什么样的影响？"她说，"我会告诉你们，只要孩子们看了世界小姐比赛，他们就会一直想看所有女人只穿泳装的样子。性犯罪百分之百会增加。自从政府允许MTV进入印度，性犯罪已经上升了百分之百。男人看了这些东西就会去实施强奸，实施谋杀。在我们印度，女人再也不会安全了。性骚扰每天都在发生。"

根据普拉米拉·尼萨吉的说法，参赛者也会遭到同样的毒害。她说，每个参赛者都会经历《机械战警》（Robocop）②那种程度的彻底改造。

"这些世界美女来了，"尼萨吉说道，"但我不会叫她们美女，根本不会。这些都是人造的……都是硅胶。多余的脂肪都从她们的身体里去除了，那些脂蛋白……然后身上的毛发也被电解去除了。打硅胶。提拉脸部。拔掉眉毛。漂白皮肤。人造眼球：把绿眼球或者蓝眼球放进去。你们把这叫作美女。美存

---

① 又称天启骑士，出自《圣经·新约》末篇《启示录》第6章，通常认为末日骑士将带来瘟疫、战争、饥荒和死亡。
② 1987年上映的美国电影，主人公死后，科学家将他的头脑和机械合二为一，他成了一位有着人类头脑和机械身体的机械警察。

在于自然之中，而不是这些人造的……东西。"

对班加罗尔抗议的争论还涉及大量神话传说和难以理解的悖论。印度教千年以来都在颂扬情色，这个曾产生出《爱经》和克久拉霍（Khajaraho）①雕塑的宗教竟然因为一群穿着泳衣、昂首迈步的选美小姐而饱受伤害，这实在是有些匪夷所思。实际上，现代印度的保守似乎更多反映了从英国维多利亚时代舶来的礼仪价值观，而并非本土文化的产物：毕竟，在英国人到来之前，包括班加罗尔在内的南印各地的女人外出时都是袒胸露乳的，直到19世纪，在英国人的鼓励下，她们才将胸部遮起来。

更重要的是，经济自由化和引入外资竞争大大增强了印度落后的工业基础。种子产业便是其中一例。在50年来的经济保护主义中，印度的种子生产商即使销售不达标的种子也能生存下去，反过来，这又导致了印度农民种植的农作物不达标。嘉吉种子公司在印度开展运营以后，很快就占领了市场的半壁江山，导致印度的许多种子公司破产。但那些学会竞争的本土企业，现在能以具有相当优势的价格生产出品质优良的种子品种。照此态势，十年以后，印度有可能成为最大的种子出口商，相对所有的西方竞争对手，无论在成本还是品质上几乎都具有优势。

不过，在争论中侧重于提及类似的反驳案例无济于事，因为抗议者的出发点是发泄情绪而非讲道理。对那些试图将印度变为西方资本主义的遥远属地之人，他们针锋相对，对其发出严正警告。在班加罗尔抗议者更为仇外的宣示中，他们似乎能

---

① 印度中央邦城市，曾是昌德拉王朝的都城，以性爱雕塑闻名。

通过一些滑稽的手段,将20世纪阻挡在国门之外。但你也会不由自主地感到,这些举动之中有些令人十分钦羡的成分,他们试图在地球上维持一个不受麦当劳黄色字母侵扰的地方,维持最后一块净土,让马萨拉卷饼在这里永远高居于桑德斯上校那令人吮指的肯德基美味套餐之上。

16世纪早期,莫卧儿皇帝巴布尔征服次大陆后不久在日记中写道:"印度做事的方式和世界上其他各处完全不同。什么也不会改变这一点。"印度将从外界选择自己所需的东西,但其独特而又极度保守的文化绝不会不战而降。

第四部 南方

第十一章　在鱼眼女神庭院

马杜赖，1998 年

夏日明媚的清晨，在破晓前的熹微中俯瞰马杜赖（Madurai）城中的寺庙区域，你会看到一幅无与伦比的景象。

这座城市坐落在一片宽广而平坦的平原上，像丰收时节成熟的稻田那样一望无垠，绿意葱茏。在这块平整的热带平原上，陡然竖立起四座人造的山峰，每一座周围又环绕着一些起伏且低矮的人造小丘。这是马杜赖最宏伟的寺庙，即为鱼眼女神修筑的米纳克希（Meenakshi）① 神庙，一座城中之城，同时也是印度最为神圣的地方之一。而环绕周围的小丘则是神庙入口的塔门，在当地被称作"瞿布罗"（gopura）。

塔门完全俯视着这座城市，正如中世纪的大教堂也曾定然俯瞰着欧洲的景观。它们巍然高耸，自下而上慢慢收窄，整体呈楔形的金字塔状，每一层都聚满了色泽鲜亮的雕像——神、恶魔、英雄和夜叉（yakshi），直到在距离金字塔顶端的四分之一处是塔门的冠顶：眼镜蛇头雕像，雕像顶端有一对猫耳形状的怪兽顶饰。即使你从远处观望，在你最初辨识出这些塔门的细处之前，你也会被它们精雕细镂、繁复华丽的装饰深深震撼。

这是泰米尔人心中的神圣之地，每一处的起源都巨细无遗地记录在马杜赖的传说中。这块岩石是一头恶魔巨象，试图踩死城里的婆罗门，结果被湿婆神变成了石头；那条河流，韦盖河

---

① Meenakshi 在梵语中意为"鱼眼的"。米纳克希被视为湿婆的妻子帕尔瓦蒂的化身。

（Vaigai），是米纳克希的丈夫孙达尔希瓦拉（Sundareshvara）① 神创造的，传说他的婚礼宾客中有一个叫"大肚皮"的侏儒，在吃了300磅的大米后口渴难忍，孙达尔希瓦拉便创造了这条河来为他解渴。

平原的正中心唯有这座神庙，这个最为神圣之地。婆罗门会告诉你，因为这座神庙是联结世俗与神圣的交叉之地（tirtha）。虔诚的朝圣者一旦进入神庙，便踏入了一个转换的区域，心灵的知觉状态会在这里发生变化。你会感到天国忽然变得近在眼前，在你面前显现；这里是通向神灵世界的门户，你能轻而易举地从凡俗的尘世通向神灵的仙境，就像你能在旱季最盛的时节涉过缓缓流动的溪流一般。

虽然太阳还未升起，但我站在城边上的有利位置，能看到寺庙周围的狂热活动已经拉开帷幕。塔门是聚光灯的中心，在神庙周围环绕的街道上，举着火焰和灯光的人群已经开始朝着那神圣的入口移动，就像在夏日漆黑的夜晚，一群飞蛾环绕着一盏明灯。

我走入迷宫般的街道之中，人群聚集得越来越多。一群群头上戴着花的女人急匆匆向神庙的方向赶去，她们手里都拿着供奉的祭品：一包包牛奶、装着椰子油的水壶、一罐罐酥油（ghee）和一袋袋贡品（prasad）②。一些地方的街边还停着一些旧巴士，车上涌出一排排朝圣者，他们剃了头，都统一穿着

---

① 孙达尔希瓦拉是湿婆的化身。
② 这种贡品通常是食物或小份白色甜点，信徒献给神灵后，寺庙会返还一份给信徒。

与自己身份相宜的黄色笼吉（lungi）①——这是文格达斯瓦拉（Venkateshwara）信徒的标志，他们削去自己的头发，将其作为礼物献给位于蒂鲁伯蒂（Tirupati）的伟大神庙②——他们出发了，穿行在涌动的自行车和人力车之中。一些小摊已经开张了，售卖金盏菊花环、玻璃手镯、檀香木和香柱，朝圣者团团围在小摊周围，为符咒和祭品与小贩讨价还价，然后继续前进，陷入一片混乱之中。

晨光初现时，我到达了神庙，外围已经人声熙攘。一群群乞丐聚集在塔门下方，伸出手来，而在他们之间的空地上，朝圣者俯卧在入口处。一些人在塔门下的石板上燃起小小的樟脑丸火③，开始举行供奉仪式，完全不被周围喧嚷的环境所扰。乞讨者和参加节日庆典的人在祈祷者周围来来往往，只是勉强地注意不要踩到他们身上。从神庙里传来鼓点的声音，这时，惊起的鸽子也用双翼拍打出温柔的声响。

我从雕着八位女神的塔门进入，面前是一段长长的、带拱廊的通道。神庙里光线昏沉而又威严宏伟。一片精雕细刻的石柱森林——目及之处是乳房丰满的印度教女性雕像，有夜叉女、欢场女子、女神和舞女——在我身旁两侧展开。这座建筑处处都自觉打上了深刻的女性烙印：神庙最深处供奉着这座庙的女性主神，参观者在走向那至圣之地时，也在沿着一条又长

---

① 笼吉发源于印度次大陆，是一种围在腰上、围裙样式的男装，今天在南亚、东南亚等地流行。
② 文格达斯瓦拉是毗湿奴在迦利时代的化身。供奉文格达斯瓦拉最著名的神庙位于安得拉邦的蒂鲁伯蒂。
③ 印度教徒的一种祈祷仪式。先在一个小容器中点火，以右手拿着樟脑丸在面部和头部前顺时针绕三圈，再将樟脑丸投入火中焚烧。信徒认为此举可以为祈祷者消除障碍。

又直、子宫般的通道渐渐沉入黑暗。

这种无处不在的女性痕迹是有原因的。马杜赖的这座神庙是印度少有的同时供奉男性和女性神祇,并且礼拜女神在先的寺庙之一。对大多数朝圣者来说,这是米纳克希女神的神庙;而女神的丈夫孙达尔希瓦拉,那位"英俊之主",在这里完全是一个二等神。虽然从实际来讲,他是所有神灵中那位最强大的湿婆的化身,但在这里,他只有和他的妻子并列在一起时才会受到礼拜。这座神庙在全印度扬名是因为米纳克希女神,而不是她的丈夫。她素来以慷慨大方的形象闻名,凡是崇拜她的人总是会受到福泽庇佑,尤其在生育方面。在米纳克希——或者"阿玛"(Ammah),信徒都这样叫她——的神龛面前祈祷,然后把一条绳子系到庭院里的菩提树上,你就会在九个月内怀孕生子;他们都这么说。

神庙的每一处装饰都刻意展现了繁殖力。沿着飞檐和拱廊尖顶盘旋而出的,是数不胜数、任意排列的面具雕像、恶魔、英雄人物、小神,它们栖息在穹隅之上,从不同角度向外窥视。而高耸的塔门之上同样盘旋坐落着印度教的万千神祇,它们的造型更加栩栩如生。看起来,米纳克希的繁殖力仿佛如此强大,这座石雕艺术神庙的每一寸地方都有机地萌生着超自然的生命形态,就像雨后的沙漠中铺满生机勃勃的骆驼刺一般。

然后,突然之间,在主迎宾大道中央,从边上的一条通道里出现了一辆木雕的神庙战车(rath),由一群半裸的人在后面推着。一列神庙的僧侣高举着灯为他们照明,浸在樟脑油中的黄色小木条发出熊熊火光。在战车顶部柔软的神龛中便是女神的金像,她头戴花环,身穿金衣,鼻环上的珠宝在僧侣高举的火光中闪闪发亮。这辆战车后面跟着另一辆神庙战车,里面是米纳克希和孙达尔希瓦拉的合像,他们的儿子、有六个头的战神穆卢甘(Murugan)① 站在他们中间。然后是两头婆罗门奶牛,它们由两名僧侣带领,身上披挂着帷布和鼓,还用藏红花和姜黄粉涂抹了痣点。

当这列队伍开始在中轴干道上排成一行时,敲锣鸣钟的声音响起,一头披挂着装饰的大象和第三辆战车加入了队列,战车上装着一匹巨大的金马。在另一条通道上出现了神庙的乐队,他们敲锣打鼓,用泰米尔大双簧管(nagashwaram)吹奏了一系列的短曲,这种巨大的乐器发出一阵沙哑刺耳的声响,空气中充斥着一种孔雀尖叫般的噪声。当大双簧管吹奏的最后一支短曲落下,他们开始离去。整列队伍沿着斜坡慢慢移动,他们走出寺庙,进入街道,等候多时的朝圣者人群发出一阵欢呼。

"他们要去哪里?"我问一个皮肤黝黑、穿着绿色笼吉的路人,他是喀拉拉人。

"去湖那边,"他答道,"每年都有一次,他们会把神从这里带走,坐船去那些神圣的水域。"接着他又补充道:"我和朋友每年都从我们在喀拉拉的村子走到这里,就为了看一眼这次盛会。"

"你们一定走得很累,"我说,"路途很是遥远。"

"我们很高兴能来这儿,"他答道,"女神赐予了我们力量。有时候只要九天我们就走到了。"

"来看漂流节(Teppam festival)会得到神的保佑,"这人的朋友说道,他也是个身材瘦长的喀拉拉人,"每年我们都能感觉到这事儿带给我们的好处。"

"所以这些人来这里,都是这个原因?"

---

① 即室建陀。

"当然了,"第一个朝圣者说,"这座神庙是印度最神圣的地方之一,今天也是一年里最吉祥的日子之一。在今天,不管你向女神祈祷什么,都会有求必应的。"

"你们有什么特别的愿望想让女神帮你们实现吗?"

"我们都想要孩子,"第一个朝圣者说,"我们就是为了这个来求米纳克希女神的。她有神力,有很大的能量。"

"你没有孩子?"我问。

"我有三个儿子,但我想要六个。"

"你妻子想要几个?"

"她只想要三个,所以她待在喀拉拉没来。"

"米纳克希女神总是很照顾她的信徒,"第二个朝圣者说,"她就像我们的母亲,她给我们能量和力气,她清除我们路上的障碍。只要去看看她,去瞻仰(darshan)一下就够了。"

神庙渐渐留在了身后,我们穿过马杜赖的中心城区朝前走去。太阳出来了,小贩们的摊位开张了:杜尔迦素食及午餐铺、阿南德汗衫内裤、贝尔牌雨伞店、拉杰幸运五金店。街上挤满了人,游行队列的步子也变得越来越慢。现在,四个胖乎乎的警察组成的护送队伍在前面开路,他们懒洋洋地朝试图迎面冲来的自行车手挥舞着棍子。每走100码的样子,战车就会暂停下来,僧侣会接受沿途站立的信徒献给他们的祭品,在朝圣者的额头上抹上灰烬粉末(vibhuti)和象征女神性力的红色粉末(kumkum)①,并点亮朝圣者递上前来装祭品的托盘里的灯盏。那些捐钱的人会得到寺庙大象的祝福,大象先用鼻子卷

---

① 这种灰烬粉末最初是湿婆涂抹在自己身上的,后被信徒效仿;红粉通常以姜黄粉为原料,在其他矿物原料的作用下变成红色。

起卢比,把钱递给寺庙的象夫(mahout),再用鼻尖从信徒头顶短暂地、像画杯子形状那样一绕而过。

沿途的一些地方搭建起了临时的路边小庙——通常就是几个支架台,上面罩着灯,台上摆放着神、女神和圣人的印刷画像,画像装在相框里,还戴着花环。这些小庙很容易和各种政党为即将到来的选举而搭建的路边宣传展台混淆,因为这些展台上也放着几乎一模一样的英雄、政坛大佬和神灵的画像。毕竟,在印度,宗教和政治的界限从来都不甚清晰,由于许多神灵都是由电影明星扮演的,许多电影明星也进入了政坛(尤其在南方),神庙、银幕和政治选举之间很容易在图像学上混为一谈。更重要的是,马杜赖人相信,古时候,这座城市是由王后米纳克希和国王孙达尔希瓦拉共同统治的,所以在某种意义上他们既是神灵又是政治统治者。当然,游行队伍在临时小庙和宣传展台旁都会停留,他们会给婆罗门和党派候选人都戴上花环,并在战车上打开椰子。

当游行队伍到达城边上的圣湖时已经快 10 点了,这是一片广袤的水域,水中央的小岛上伫立着一座神庙。在这里,神灵的金像会移到神庙的筏子上,然后绕湖周游一圈。

"女神现在要沐浴了,"当我看着船开始绕湖航行时,一位上了年纪的婆罗门向我解释道,"我们应该尊重她的隐私。如果你想看看节日里最热闹的时候,今晚 10 点你再过来吧。"

"这是我们的传统。"他的儿子说道。他也是个神庙僧侣,长得很英俊。他穿着白色笼吉,要不是肩膀上搭着祭祀时穿戴的布罩,上身便是纯然赤裸的。"你看,这是个十分古老的仪式,"他继续道,"已经有 2000 多年的历史了。"

"我是我们家族里第 63 代神庙僧侣,"父亲说,"我的儿子是第 64 代。这些关于我们的女神的传统是从最古老的时候一代一代传给我们的。我们和祖先一样,在同样的日子,举行同样的庆祝仪式。"

"没有任何东西,哪怕是一点点小细节,"他说,"有丝毫的改变。"

那位婆罗门说得很对。马杜赖神庙和古埃及、古希腊文明处在同一时代,但如今,当底比斯(Thebes)和帕特农(Parthenon)的诸神早已湮没无闻、被遗忘千年,印度教的诸神和神庙却享受着比当初更加盛大的供奉。

印度教文明是为数不多从古代世界流传下来并且保存得完好无损的古典文化,远在古罗马崛起以前,古希腊的游客曾访问印度,目睹过一些节庆仪式和宗教活动,今天,在马杜赖神庙这样的地方,人们依然可以一瞥当年古希腊人之所见。的确如此,只有当你亲眼见到印度教那令人惊叹的古老和绵延,你才能真切认识到,它的存在是一个多么伟大的奇迹。

马杜赖是印度最古老的圣城之一,可谓是南方的贝拿勒斯(Benares)①,它首次被西方世界注意到是在公元前 4 世纪,而早在此之前,它就已经是一个重要的中心城市。远古时候,马杜赖就是香料之路上的重要中转站,印度的胡椒正是通过此地

---

① 恒河圣城瓦拉纳西的旧称。

运送到地中海地区的丰盛餐桌上。古希腊国王塞琉古一世的使节麦加斯梯尼（Megasthenes）① 曾在公元前302年访问印度，他记录了这座城市那颇具传奇色彩的财富。公元1世纪，一个生活在亚历山大、不知名的希腊人撰写了《厄立特里亚海航行记》（Periplus Maris Erythraei），这是最早详细记述香料贸易的文献，书中也对马杜赖予以盛赞。

《厄立特里亚海航行记》生动描绘了当时印度的生活方式，根据其记载，马杜赖周边地区从地中海进口眼影、香水、银器、上好的意大利葡萄酒，还买来美丽且能歌善舞的女奴，将她们纳为妾室；而马杜赖则出口丝绸、象牙、珍珠以及最为重要的胡椒。斯特拉波（Strabo）② 和托勒密（Ptolemy）③ 都提到过马杜赖，斯特拉波同时还抱怨，罗马宫廷和印度的贸易引起国库的银钱流失。近来在马杜赖周围地区出土了大量罗马钱币，在本地治里（Pondicherry）附近还发现了一个罗马人的沿海贸易点，当时要运往马杜赖的货物就在那里卸装，这些发现都清晰印证了史书中的描述。双方的贸易高峰发生在尼禄统治时期，罗马接见了一位来自马杜赖的使节，甚至有文献提及，在印度海岸上建有一座纪念奥古斯都的寺庙，很有可能是供当时永久定居在卡纳塔克地区（Carnatic）④ 的罗马商人所用的。

---

① 麦加斯梯尼是首位权威撰述印度历史的希腊人，他的四卷本《印度史》包括地理、种族、城市、政府、宗教、历史和神话传说的记载。
② 斯特拉波，公元前1世纪古希腊历史学家、地理学家，生于现在土耳其的阿马西亚，著有《地理学》17卷。
③ 克劳狄乌斯·托勒密，公元2世纪罗马帝国学者，同时也是数学家、天文学家、地理学家、占星家，提出了"地心说"。
④ 卡纳塔克地区是南印度半岛上位于东高止山脉和孟加拉湾之间的地区，包括今天的泰米尔纳德邦和安得拉邦南部地区。

即使今天英语中的"胡椒"(pepper)和"姜"(ginger)——它们分别借自泰米尔语的 pippali 和 singabera——也是在中世纪通过拜占庭希腊人传入英语的。

马杜赖和当时世界上其他地区的联系情况也在泰米尔文献中得到了印证。据记载,潘地亚(Pandyan)王朝的国王们曾任用希腊或罗马的(Yavana)雇佣兵,并让一大批泰米尔女武士担任私人侍卫。我们今天能得知这些,是因为在马杜赖神庙周围出现了"桑伽姆"(Sangam),即泰米尔诗人团体,在此基础上文学文化日益兴盛,渐成传统。

桑伽姆文学留存下来的作品都写得栩栩如生,易于理解,它们描绘了一个对荷马、维吉尔或《贝奥武夫》的作者来说也完全不陌生的英雄社会:这是一个由战车和武士组成的世界,一个国王如若拒绝将女儿嫁给另一个国王便会引起战争,战士甚至还有他们的母亲渴望战死沙场,因为这样的结局会让英雄直接进入天国。

引诱舞女和欢场女子是另一个流行的主题。桑伽姆文学最著名的作品之一《脚镯记》(*Shilappadikaram*)便讲述了这样的一个悲剧故事。王子科瓦兰(Kovalan)爱上了著名的舞女玛达维(Madhavi),并因此忽略爱妻,散尽家财。最终,科瓦兰变得身无分文,并被诬陷偷窃,在马杜赖的街上被杀死,而他忠实的妻子为了复仇,将这座城市付诸火海。

桑伽姆文学中最美的诗作可以说是《马杜赖的花环》(*The Garland of Madurai*),一首大约创作于公元 2 世纪、描写这座城市的节日庆典的作品。诗中有一段几乎和我在 1700 多年后目睹的场景毫无二致:"(马杜赖是)一座充满欢乐的城市,旗帜飘扬于千家万户上方,商店中佳肴酒水琳琅;大街上人潮汹涌似浪,不同种族的人们,你买我卖穿行在市场,或有那乐师四处闲逛,让人不禁伴着乐曲高歌引吭……(在寺庙周围)酥油和香烛芬芳缭绕,(小摊上)遍是甜品、花环、香气四溢的粉末和槟榔果……(而在近处则是)用贝壳做手镯的手艺人、金匠、布料商、缝制衣物的裁缝、铜器匠人、卖花小贩、檀香木商人、画家和织工。"

这座城市和你今天漫步而过的神庙依然保持着《马杜赖的花环》所描写的结构,街道以神庙为中心,形成了一圈圈的同心圆。尽管城市和神庙在漫长的历史中经历了多次焚毁和重建,而今保留下来的建筑物几乎都晚于17世纪,但马杜赖城市中心的规划依然与其最初的构造十分接近。马杜赖最初是按照印度教经典的曼荼罗(mandala)[①]设计的。曼荼罗是一种朝向四个主要方位、象征理想的宇宙秩序的几何图式,在不晚于公元1世纪时,马杜赖据此设计了城市街道的走向。

但最能展现马杜赖惊人的延续性的绝佳例子或许是桑伽姆诗歌《湿婆的神圣游戏》(*The Sacred Games of Shiva*),这首诗讲述了孙达尔希瓦拉和米纳克希的婚姻传奇故事,至今仍在这座城市中十分流行,每个商店小贩或突突车司机都对里面的神话了如指掌。更重要的是,《湿婆的神圣游戏》所描述的故事里的大事件至今仍然根深蒂固地影响着这座城市的日程,它们不仅决定了与马杜赖的市民生活息息相关的节日周期,而且塑造了神庙周边区域日常祭祀的每一个细节。

米纳克希一如既往地是这座城市伟大的生殖女神,她的信

[①] 曼荼罗,原义为坛城,是古印度瑜伽行者搭建的法坛,后成为一种精美的绘画艺术形式。印度教、佛教等用曼荼罗的图像来表现其宇宙模型或阐释解脱之道。

186　徒强调的核心是她与孙达尔希瓦拉的结合。每天晚上,米纳克希和孙达尔希瓦拉的塑像会被一起放到神庙中孙达尔希瓦拉的卧室里。僧侣们在关门离开之前做的最后一件事,是摘掉米纳克希的鼻环,以免他们在同房时鼻环刮到女神的丈夫,让他心烦意乱。僧侣们会告诉你,正是由于他们的同房,宇宙才能维持和再生。

这对神灵之间的爱情是如此盛大强烈、令其沉迷,因此孙达尔希瓦拉——最为花心滥情的湿婆神的一个独特的化身——严格忠于他的女神。有一年,可爱的泰米尔女神切拉塔曼(Cellattamman)的画像被带到了孙达尔希瓦拉面前,想让"孙达尔希瓦拉修复她的能量"。但孙达尔希瓦拉拒绝了她,遭到羞辱的女神回到自己的神庙后大发雷霆,直到人们献祭了一头水牛她才冷静下来。我参加的漂流节也和米纳克希女神那无法抗拒的性力有关。信徒们相信,米纳克希与孙达尔希瓦拉同舟时便开始对丈夫产生性吸引力,当天晚上,她最终会成功让丈夫臣服在自己的诱惑之下。

自然,所有这一切让这个节日成了一年中最丰饶多姿、最适宜结婚的良辰吉日。节日前夕,当我漫步穿过神庙周围的区域时,我发现自己正身处于一列连绵无尽、竞相前来举行婚礼的队伍之中,每个村的村民都在这里排起长队,等着自己的儿女成婚。新婚夫妇在通往米纳克希神龛的主迎宾大道上等待着,脸上又有激动又有期待。举行过仪式后,他们会回到环绕圣湖的回廊南段,在那里休息片刻,换下沉重不便的婚服。

正当我私下观察时,一个美丽的泰米尔新娘走进回廊,她看上去还不到 17 岁,身旁围着十来个女伴。她们把新娘团团围住,举着一件松散的纱丽,好让她能摘下花环,悄悄把她那身笨重的红色丝绸婚服换下来,穿一件更日常的棉质纱丽。其他客人出现了,拿着接收的结婚贺礼。新郎则一个人站在另一头,如果说他跟别人有什么不同,那就是他看上去比新娘还小,而且面露茫然之色,似乎不清楚今天到底发生了什么事。一些上了年纪的村民摸过新人的脚为他们祝福,然后女孩们便煞有介事地领着新娘走开了。我十分好奇她们会把新娘带到哪里,便小心跟着,一路远远地保持着距离。

她们带她穿过神庙迷宫般的厅堂和回廊,最终在一根精雕细镂的石柱前停下了。女孩们朝着一个雕刻的石像鞠躬,然后从新娘一个朋友拿着的小罐里取了些粉末,涂在石像上。她们离开后,我走上前去,看她们是向哪一位神灵或女神祈祷,但事实上,那个石像并不是神,而是一位掌管生殖的夜叉女,这个赤裸身体、胸部饱满、身怀六甲的精灵双腿弯曲,正处在分娩的时刻。整个石像油亮发光,那些祈祷早生贵子或顺利生产的信徒在她身上涂满了酥油,而在她的胸部和肚脐周围则抹着厚厚的朱砂和红色粉末。

不远处,在神庙上万根石柱上雕刻的女性形象中,我发现了其他许多象征繁殖力的形象。比如有一位泰米尔乡村妇女,拎着一个椰壳编织的购物篮子,一个婴儿就绑在她胸前。她向后望去,看着背上的第二个婴儿。她身旁还走着第三个孩子,一个正在吃苹果的小男孩,女人的手温柔地放在儿子的头上。这幅画面展示出令人惊讶的人性力量——如今在泰米尔纳德邦任何市场上,都能见到这幅场景——但这座雕像比意大利文艺复兴发轫之时还早一个多世纪。

"只要走进女神的神庙,就能交上天大的好运,"一个身材瘦长、穿着托蒂的信徒见我四处闲逛,便走上前来介绍说他叫 K. R. 巴斯卡拉（K. R. Bhaskar），并向我解释道，"米纳克希阿玛确确实实保佑了我们家，自从上这里拜祭后，我们家现在已经有两个孩子了。"

"村民们都信这个吗？只要到这里来，孩子就会奇迹一样地降生？"

"不仅是村民们，"巴斯卡拉先生答道，"受过教育的阶层也一样。我自己就在班加罗尔做财务咨询，在迈索尔大学拿到了生物化学的硕士学位。但我对米纳克希深信不疑。这是我真实的感情。我知道她一定存在。我自己就看见过她，在迷雾里，在阴影中。她会出现在我的梦里、我的潜意识里。在这里发生的事百分之百都是真实的。"

"当你说你能看到神的时候，你真的相信他们就是在神庙里的样子吗，有三张脸、六只手臂之类的？"

"不，不，"巴斯卡拉先生耐心说道，"这些东西只是象征。并不是所有信徒都有相同的感知神灵精神的能力。一些人通过冥想就能在火焰中看到神，但大多数人都需要一些更具象的东西，一些可以将他们的信仰依附于其上的东西。这里的这些形象只是代表了神的性格的不同方面，只是一种镜像。它们是通往无限的神的途径，而并非终点。"

"许多受过教育的人都跟你有相似的感觉吗？"我问。

"很多人都这样，"巴斯卡拉先生说，"也许有过一段时间，受过教育的人远离了神庙，觉得它们很落后，但最近几年，受过教育的人又回来了，并且数量一直在增加。你瞧，这并不是迷信。这是我们的文化。这些东西融在我们的血液里，埋藏在我们的血管里。与其说它是宗教，不如说它是一种生活方式。即使人们受了教育，也无法弃之不顾。印度教永远不会消亡。它已经开始回到我们的印度社会了。"

"你觉得为什么会这样呢?"我问。

"当你走进神庙,你的精神会感到绝对的平静,"巴斯卡拉先生说,"你会感到自己和神的精神力量完全交融在一起。在班加罗尔,很多人都挣了大钱,但他们发现,这并不能让自己满足。挣钱是远远不够的。"

"只有信仰我们的神灵,"巴斯卡拉先生说,"他们才能感到完全满足。"

那天晚上 10 点,我再次走进马杜赖的街道,一路上灰尘飞扬,朝圣者挤得水泄不通。穿过喇叭轰响、人力车发出尖声长鸣的迷宫般的巷子,我朝着伟大的圣湖走去。

早上的游行过后,一切都大变了模样。神庙的钟声穿透炙热憋闷的浓重夜色,到处是星星点点的火光,那时茶摊上亮着不加灯罩的电灯泡,或是朝圣者手中的灯盏里摇曳的樟脑丸火焰。湖边上聚集了乌泱泱的人群,他们都穿着崭新而整齐的笼吉和最好的丝质纱丽。一些人坐在栏杆上,细细地嚼着裹成锥形的鹰嘴豆糊烤面饼,在他们周围,卖气球、冰激凌、甜食和烤花生的小贩们四处穿行着,售卖着自己的东西。乱哄哄的朝圣者和市民挤成了人山人海,人堆里到处还站着牛车,上面坐满了从农村里赶来目睹盛会的一大家子:身材结实、嘴边留着浓密髭须的农民和他们的女眷、孩子。他们站在利于观看的位置,越过人群头顶,急切地盯着岛上神庙那发光的尖顶。神庙高耸,直入云霄,它的倒影完美地映射在圣湖平静的水面上。

"每个节日我们都会来,"一个叫潘迪扬(Pandyan)的农民说,他坐在一辆挤得特别满的牛车前面,车上至少载了他大家族里15个妇女和孩子,"我们村离这儿只有20千米,所以如果一切顺利的话,我们在天亮前就能回到家。"

"在我们村里有一座供奉米纳克希的小庙,"潘迪扬的妻子卡希·阿马(Kasi Ama)说,"但最好还是来这里,把我们的祭品献给她。"

"在节日这天,"潘迪扬说,"只要你真心实意向阿玛祈祷,她就会有求必应。"

已经过了10点,离仪式本该开始的时间已经过去一个小时,婆罗门祭司们仍在等待占星家们决定的那个精确的时刻来临,好让米纳克希和孙达尔希瓦拉开始他们的环湖之旅。在我们聊天时,人群中响起一阵期待的喧嚣。婆罗门祭司们排成一行,从湖边一座供奉玛丽亚姆(Maryamman)① 的小庙里走出来,他们手执燃烧着樟脑丸的火把,摇曳的火光下,他们擦了油的身体闪闪发亮。当他们列队而出时,人群为他们让路,他们朝着向下通往圣湖的台阶慢慢走去,船已经在那里等着了。那艘船是用粗糙的原木做的,上面放了些纸工艺品,图案十分幼稚,早上看起来不过是个材质轻薄、临时拼凑的物件;但现在,灯火的光芒映得夜色闪闪发亮,它变成了一件通身镀金、壮丽辉煌的东西:一座漂浮的神庙,悬浮在圣湖的黑暗水面之

---

① 印度南部地区崇拜的女神,掌管雨水,在泰米尔纳德邦和卡纳塔克邦的农村地区尤有影响力。

上。在船中心，倚靠在丝绸做的轿舆（palki）中，身穿华袍、头戴花环的正是米纳克希和孙达尔希瓦拉的金像。

鼓点声响起，四五十个身材魁梧的村民从神庙里鱼贯而出，沿着圣湖栏杆各就各位。

"他们是从安多内迪（Antonedi）来的村民。"莫汉·彭迪特（Mohan Pundit）说，他是那天早上早些时候我认识的一个神庙僧侣。他刚刚帮我穿过警方的隔离线，来到石阶上的一个地方，从这里我可以看到整个过程。"这些人有拉纤的特权，从400年前我们的国王蒂鲁马拉·纳亚克（Tirumala Nayyak）①时起就是这样。"

领头的祭司一道示意，男人们拾起系在船上那根有几百英尺长的粗绳，神庙奏乐队号角齐鸣——所有长鸣的泰米尔大双簧管和跳跃的鼓点——他们将绳子勒上肩头，开始拖船。

船绕着圣湖缓缓前行，后面跟着一列船队，都是载着过多婆罗门祭司的小船，有的船装了有20个人左右，船体已经倾斜，看上去很危险。当船在村民们的拉拽下绕着圣湖缓缓移动时，人群万分激动，一面蜂拥跟着绕湖而行，一面欢呼拍手，高唱着拜赞歌。

船绕着圣湖走了一个小时，人群高歌欢呼。孩子们骑在父亲肩上咯咯直笑，舔着冰激凌，并央求着父母再给他们买一些鹰嘴豆，或是从甜点（mithai）小贩那里买一些牛奶糖球（ladoo）。乐队一直演奏着，人群跟着拍手。那天我不止一次地想到，一个从中世纪流传至今的伟大节庆就应该是这个

---

① 马杜赖纳亚克王朝国王，1623—1659年在位。纳亚克王朝统治的200余年是马杜赖的繁盛时期，其艺术、建筑、学术发展达到了新的高峰。

样子。

终于,到了准备让女神和孙达尔希瓦拉同房的时候了。船靠在石阶边上,祭司们把留在轿舆中的神像放在肩上,将它们背上岸。神像十分沉重,祭司们上台阶时步履蹒跚,腰身弯折,人群中爆发出最后一阵欢呼。

"我以前从来没见过这么开心的人群。"我对莫汉·彭迪特说。

"所有来到这里的人,"他答道,"都会在这天忘记他们的饥饿和贫穷。女神带他们离开了自己的人生。阿玛为他们做了这些,正因如此,他们深爱着她,并为此欢乐不已。"

第十二章　在查米纳塔门下

海得拉巴，1998 年

"谎言，"米尔·穆阿扎姆·胡赛因（Mir Moazam Husain）说，"你们这一代的每个人都觉得我说的是谎言，至少当我说起海得拉巴以前的日子时，你们都觉得我说的是彻头彻尾的谎言。"

这位老人往后一仰，摇着头，脸上一半是揶揄，一半是挫败。"比如我的孙辈，我一讲这些，就能看到他们眼里的难以置信。对他们来说，老海得拉巴的世界是无法感知的，他们难以想象这样一个世界存在过。"

"但他们无法想象的究竟是什么东西呢？"我问。

"这个嘛，一切东西都让他们觉得不可思议，真的：尼扎姆（Nizam）①、贵族、他们的宫殿和女眷的闺房（zenana），旧的海得拉巴土邦所有那些东西，一切的一切。但它们都是真的，每个字都是。"

米尔·穆阿扎姆已经 84 岁了，他活泼健谈，思维敏捷，长着一个大额头，棕色的眼睛闪闪发亮。尽管他谈起过去时充满哀挽之意，但声音中并没有怨恨。"我从小长大的那座宫殿，"他继续道，"有 927 个为我们服务的人，包括三名医生。里面甚至还有一个女人组成的军团，其中有八个或十个人出生于非洲，是专门来守卫女眷闺房的宫殿大门的。但把这些说给我的孙辈们听，他们眼看着我们现在的居住条件，都觉得这是我编造出来的。尤其是当我向他们谈起我的祖父的时候。"

---

① 18 世纪到 20 世纪海得拉巴土邦的统治者。

"您的祖父?"

"我的祖父,法鲁尔·穆尔克(Fakrool Mulk),他的名字的意思是'王国的骄傲'。他是个了不起的男人,是这个国家伟大的公仆,但他的性格也——怎么说呢——颇具传奇色彩。"

"给我讲讲他吧。"

"你可能会不信。"

"您怎么知道我不会信呢?"我说。

"这个,从哪里讲起呢?"米尔·穆阿扎姆说。他停顿了一下,四下望了望,想找一个讲述的切入口。

"是这样的,尽管我祖父在尼扎姆的内阁里担任副首相,但他真正的兴趣在建筑上。"

"建筑?"

"建筑。他对此相当上瘾,没有哪一天不在建筑上费心。在整个人生里,他建造了这一系列宽阔、连绵的伟大宫殿群,一座接一座。但他从来不曾满意。一旦他建完了一座,紧接着就开始修建下一座。有时候他干脆就把一座完整的宫殿送给别人。有一次他听说尼扎姆私下里表示,很羡慕他有一座可以俯瞰胜利广场(Fateh Maidan)的宫殿,那时,每到尼扎姆的寿辰时,所有的马上拾桩①和马球比赛都在广场上举行。于是他便找机会把阿萨德花园(Asad Bagh)献给了尼扎姆,虽然那是他最重要的宅邸,他九个孩子都是在那里出生的。但他就是这样的性子,他的建筑也多是这样的命运。他有一半的作品自

---

① 一种马上竞赛游戏,骑手骑在飞奔的马匹上,手持刀剑等物拾起地上的小物件(经常是帐篷桩)。

己根本就没住过,但在75岁高龄时,他还在大兴土木。当然,他这种举动也让自己欠下了巨额债务。"

"他受过建筑方面的专业训练吗?"

"这个,这就是症结所在了。不,他没有。但每天晚上他都会出去散步,带着他的手杖和一大帮随从,一般来说总有他的秘书、石匠师、建筑工、几位供养在家的诗人,还有管理地产的财务主管——总共会有三四十个人。

"不管怎么说,在散步的过程中,只要灵感闪现,他就会开始用手杖在沙地上勾勒草图。也许是一座新农舍,或者是一个新牛棚,或者可能是一座新宫殿,或者其他诸如此类的东西,反正他想到什么就是什么。跟随在他身旁的制图员便会大概在纸上记下来,回去以后再绘制完成。第二天吃过早饭后,他就会看到图纸。然后说:'不,这座塔应该再大一点,上面再放两个圆形穹顶。'或者说:'这个不错,但面积要扩大三倍。'他的建筑总是一锅大杂烩,因为他会根据当时的心情随心所欲地变换风格。有的建筑一层是古典风格,二层就变成了典型的哥特式,然后变成艺术装饰风格,甚至干脆中途成了苏格兰男爵式建筑。

"最后,方案获得了他的首肯,石匠们便开始干活,然后——变变变!——海得拉巴的天际线上又多了一座新的宫殿。只可惜到那时他就会前去观摩,并说:'这扇门不够宽。我要是挽着女主人的手臂,怎么可能走得过去呢!'所以整幢建筑又会被推倒重建。即使进入耄耋之年,他还是要给他的宫殿增加新的耳房、塔楼和门廊,尽管他债务缠身,他的儿子们也没有一个敢劝阻他。"

"他有最喜爱的宫殿吗?"

"我不知道他最喜欢的,但他居住时间最长的是天堂宫(Iram Manzil),就在离这儿最近的拐角上。这并不是他最大的宫殿,却深得他的喜爱,其中一个原因是这里有毛绒老虎。"

"毛绒老虎?"

"是这样的,除了建筑之外,我祖父的第二大爱好就是射虎。一年里能够射虎的季节只有短短几个月,所以他在天堂宫外面的那座山上修建了一条小型铁轨,铁轨上有一节带轮子的车厢,里面放一只毛绒老虎。车厢在山顶上放开,我们就会排成一行,用双管枪不停射击:砰!砰!砰!当那只可怜的老虎向下猛冲时,它闪入岩石中,又一跃而出,沿着斜坡向下,速度越来越快,我们所有人都向它开枪。当它抵达铁轨尽头时,已经满身子弹了:被射成了筛子,可怜的东西。然后我们雇用来收拾老虎的人就会把它重新装好,再推回山顶,我们再来射一次。"

"我明白您的孙辈们为什么可能会觉得这有点儿……异想天开了。"

"但我觉得,他们觉得最难以置信的不是这种事,而是我祖父的饮食习惯这样简单的事。"

"饮食习惯?"

"这个嘛,法鲁尔·穆尔克是个极苛刻的人,但他真的很热爱他的食物。"

"他吃很多吗?"

"他总是通过散很长的步、骑马和做棒操来消化,但他吃的食物可确实不少。"

"所以,"我小心翼翼地问,"在平常的每一天,您祖父餐桌上可能有些什么东西呢?"

"我永远不会忘记法鲁尔·穆尔克的晚餐,"米尔·穆阿扎姆说,因为触及回忆而变得神采奕奕,"他会坐在一张巨大的餐桌中间,他的医生、仆人管家和副管家在一旁候立,他的秘书则为他朗读《海得拉巴公报》(*Hyderabad Bulletin*)。首先,他们会给他端来一大碗黏稠、奶油色的鸡汤,然后是来自孟买的鲳鱼——两条。吃完后,上来一整只鸡,做得非常酥软,只要用手一碰,鸡就会散架。当他用一只手消灭完这只鸡后,接着端上来的是一道丰盛的莫卧儿式佳肴集锦:大约有八种咖喱,分装在银碗里,一个质地绝佳的大盘子里放着海得拉巴式烤肉。那些烤肉入口即化,我从没在其他任何地方尝过那样的食物。当然,总是会有堆积如山的软和的印度白米饭,每样东西都盛放在最美丽的、有交织字母图案的瓷器中。吃完后,他会把他的盘子递给我,我就把他盘子里剩下的东西倒到我盘子里:在我们的传统里,这是一种展现他的威仪的举动。我一面这样做,一面向他深深地行额手礼。餐桌上有严格的礼仪:如果他不叫我们入座,我们就不能坐下;只有他向我们问话时,我们才能说话。他控制着餐桌上的交谈,我们只能回应。"

"晚餐就这样结束了吗?"

"不,不,还有布丁。咖喱端走以后,还会上甜点:两种不同的英式布丁——冷热两种——然后是放在大银质浅盘里的莫卧儿式甜点,所有甜点都配有整整一大碗凝结成块的奶油。这些都吃完以后,他会拿起他的水烟筒,吞云吐雾,抽到他准备好下楼去打台球为止。打完以后,就到了睡觉的时间。一个说书人会被带到一个凹室里,前面隔着帷幕,他就待在帷幕后讲故事:《列王纪》(*Shahnama*)里苏赫拉布(Sohrab)和鲁斯塔姆（Rustam）的故事，① 或者是《摩诃婆罗多》里的故事，或者是德干传说中关于顾特卜沙希王朝（Qu'tb Shahi）② 国王们的故事。那些年老的说书人可以接连不断地讲个几天几夜。只有听到帷幕那边传来鼾声，他们才会停下来。"

米尔·穆阿扎姆抬起头，再次缓缓摇着他的脑袋。"现在，当然，一切几乎都消亡了，"他说，"我想我是最后还能记起那种生活方式的人之一。我们很快也会离去，在我们身后，就只剩下那种单调无味、整齐划一的生活了。那个世界遗留下来的所有东西都只能保存在书籍和回忆录里。"

"但你也许和我的孙辈一样，"他直视着我的眼睛补充道，"会觉得我描述的那种生活甚至是难以想象的。为什么你不会这么想呢？在你出生多年之前，那整个世界就几乎已经被连根拔除、完全摧毁了。"

但事实上我确实相信米尔·穆阿扎姆，因为我对海得拉巴土邦类似的传奇故事早有耳闻。多年前，我祖母的老朋友艾丽斯·波特尔（Iris Portal）曾告诉我一个让我永生难忘的故事：1930 年代末期的一天，她被带到一座宫殿地下的前开式屋子

---

① 《列王纪》是波斯民族的史诗。鲁斯塔姆是伊朗民族英雄，在战场上，由于阴差阳错，失手将亲生儿子苏赫拉布杀死。这是《列王纪》中最精彩的篇章之一。
② 16 世纪初期在印度南部建立的高度波斯化的突厥王朝，位于现在的安德拉邦和特伦甘纳邦。

里，去参观尼扎姆存放在那里的一些宝物。那时候，艾丽斯的丈夫在尼扎姆的小儿子手下谋得了一个职位，艾丽斯则和小儿子的妻子尼卢弗公主（Princess Niloufer）成了朋友。

尼卢弗带着艾丽斯经过那些无所事事、衣着随便的贝都因人（Bedouin Arab）① 守卫，在屋子深处是一排排驾驶卡车和货运卡车。卡车都落满灰尘，疏于维护，轮胎已经变得腐朽而扁平，干瘪地贴到了地上。但当两位女士拉开防水布时，她们发现卡车上都装载着满满的宝石、珍珠和金币。尼扎姆有段时间似乎生活在恐惧中，担心发生革命或者在政变中失去王位，他装载好了卡车，以便在必要的时候可以立即带着他的一部分财富离开这个国家。但后来他对这项计划失去了兴趣，便任由卡车老朽，它们已经不能开往任何地方了，却依然装满了大批珠宝。守卫并没有做什么事来保护卡车中的宝物，艾丽斯觉得，真正保护着这些东西的，是统治者身上的光环。

艾丽斯讲述的其他故事更加固化了海得拉巴的形象，这是一个奇异的印度王国，迂腐保守的封建贵族保留着毫无必要的繁文缛节，这里的生活则以一套异常繁复而精致的尊卑顺序为中心。

尼扎姆，这个据说是世界上最富有的人，拥有多达1.1万名仆人：38人专职打扫枝形吊灯，剩下人的工作只是采制槟榔。此外，他有三名正妻、42个妾室，有将近20个孩子。

"他像个傻子一样疯狂，他的正妻也不可理喻，"艾丽斯告诉我，"那种感觉，就像生活在大革命前夕的法国。穆斯林

---

① 贝都因人是以氏族部落为基本单位在沙漠旷野过游牧生活的阿拉伯人，"贝都因"在阿拉伯语中意指"居住在沙漠的人"。

贵族将所有大权牢牢掌握在手里，他们挥金如土，都是些残酷而不负责任的地主，但同时又特别文雅精致、魅力十足。他们很多人都雇用了英国保姆，去英国念过书、上过大学。他们带着我们打猎——鹧鸟和松鸡——喋喋不休地谈论着他们去英格兰、戛纳或是巴黎的旅行，虽然在许多方面，海得拉巴依然处于莫卧儿王朝中期，我们途经的村子通常都是一片赤贫，令人绝望。你不由自主地会感到，所有这些伟大的巴洛克建筑会在任何时刻倒下，化为一片废墟。"

艾丽斯的故事里虽然充满童话般的梦幻色彩，却在大多数严肃的历史书籍中得到了详细的印证。尼扎姆，即米尔·奥斯曼·阿里·汗①大将军，的的确确掌握着世界上最多的财富：根据一项当下的估算，他的财富至少总计有价值一亿英镑的金条、银条和四亿英镑的珠宝，其中许多来自他所拥有的戈尔孔达矿区，这是钻石"光之山"（Koh-i-Noor）②和颇具传奇色彩的大莫卧儿钻石（虽然现已遗失）的出产地，后者重达787克拉，被认为是世界上已知的最大钻石。

尼扎姆也是印度地位最高、唯一获得"高贵的殿下"③称号的王公，在20世纪上半叶的大多数时间里，他统治着一个面积与意大利相当的国度——德干高原上的8.27万平方英里——身为拥有绝对权力的君主，所有事务（至少是国内事务）都由他全权决定。在这片广袤的土地上，有1500万臣民

---

① 原文为 Sir Osman Ali Khan，似有误，应为 Mir Osman Ali Khan。
② 光之山钻石重达105克拉，后来为英国东印度公司所得，目前属于英国王室。
③ 英国人称其为"高贵的海得拉巴王公殿下"（His Exalted Highness The Nizam of Hyderabad）。

向他效忠。海得拉巴贵族中的最高层级者被尊称为"佩加（Paigah）贵族"，他们比大多数摩诃罗阇都要富有，每个人都有自己的宫廷、富丽堂皇的宫殿（有时候是好几座），以及一支三四千人、兵强马壮的私家军队。尽管土邦中的财富不均令人咋舌，海得拉巴依然不是一个贫穷的国家：在其存在的最后一年，即1947年至1948年，海得拉巴的收入和支出水平仍可与比利时媲美，超过联合国中的20个成员国。

此外，我从书中拼凑出的信息显示，尼扎姆似乎完全像艾丽斯描述过的那样古怪。许多印度王公都身着华服，佩戴鸵鸟蛋般硕大的珠宝，但据一位旅居海得拉巴的英国人回忆，尼扎姆就像"一个鼻音浓重、由于年纪太大而没法被解雇的书记员"。终其一生，他都戴着同一顶脏兮兮的毡帽，穿着同一条破旧的宽松长裤，还有一件古老的印式长外套。临近生命终点时，他甚至干起了缝补自己的破袜子的活儿。1967年当尼扎姆溘然长逝时，《时代》周刊形容他是"一个衣衫褴褛的老人，蹒跚走过他梦幻中的世界"，称他的爱好是"抽鸦片、用波斯语写诗以及"——一个颇有意趣的细节——"观看外科手术"。

尽管如此，在尼扎姆治下，海得拉巴成为一个重要的文教与艺术中心。在漫长的历史中，海得拉巴继承了顾特卜沙希王朝、毗奢耶那伽罗帝国（Vijayanagaran）①、莫卧儿王朝、卡卡提亚王朝（Kakatiyan）② 的丰富遗产，吸收了中亚和伊朗文明的影响，1856年英国人攻陷勒克瑙之后，海得拉巴成了印度

---

① 印度历史上最后一个印度教帝国，建于1336年，1565年被德干高原的伊斯兰教苏丹国所灭。都城毗奢耶那伽罗城现今在卡纳塔克邦内。

② 泰卢固人建立的王朝，1083年至1323年统治现今安得拉邦的大部分地区。

教与伊斯兰教文化交融的最后堡垒,也是象征德干文明的旗帜。这里的奥斯马尼亚大学(Osmania University)是印度第一所以本土语言进行教学的大学,在传播教育方面,海得拉巴遥遥领先于印度绝大多数地区。在20世纪早期,这里是次大陆上乌尔都语文学创作最重要的地区,海得拉巴人也发展出其独具特色的——通常也是精致繁复的——礼仪、习俗、语言、音乐、文学、饮食和服饰。此外,海得拉巴土邦都城也以"宫殿之城"闻名遐迩,其宏伟壮观在整个南亚地区独占鳌头。

如今,你驾车穿过海得拉巴时却很难相信那些历史荣光。这座城市依然相当繁荣——与如今勒克瑙城中凄惨哀绝、如临死亡的景象相比,当然是天上地下——但50年后,这里变成了一个非常不讨人喜欢的地方,丑陋、污染、平庸,70座办公大楼和熙熙攘攘的购物中心全都如出一辙:瞻仰汽车商店、德尔维希(Dervish)①家具店、印度万岁自行车店、时尚裁剪女士男士专卖店。树木都砍伐殆尽,城市规划完全弃置,新的大楼如雨后春笋遍地开花,它们通常修建在老的印度-伊斯兰市场或殖民时代的联排房屋之上,所以在这些新的牛仔商厦或比萨餐厅旁,只残存着一排排废弃的柱子,依稀暗示着过去的盛景。

在更老一些的市场里,老海得拉巴庭院那些带尖顶的宏伟大门依然耸立着,但如今它们已不再通向往日的宅院,而是通向修到一半的地基或混凝土桩。佩加贵族的宫殿大多数都被推倒,那些由政府接管的要么疏于修缮,要么被粗暴地改造成了

---

① 伊斯兰教的一种修士,在波斯语中是乞讨者、托钵僧的意思,生活方式与苦行僧十分相似。

办公室,如今已经很难再从外观上辨认出来。

再仔细观看你就会发现,一些旧世界的小天地依然留存下来,普通游客通常禁止进入这些地方。法拉克努玛宫(Falaknuma Palace)便是一处。在其城堡上方的位置,耸立着一片宏伟壮丽的经典白色别墅群。法拉克努玛宫是第六代尼扎姆——奥斯曼·阿里·汗父亲的主要宅邸,但如今,它却陷入了泰姬集团和末代尼扎姆之孙之间一场棘手的法律纠纷之中。前者试图把宫殿改造为酒店,后者如今大多数时间居住在澳大利亚一家牧羊场里,并声称从未出售过这座宫殿。目前,这些建筑正在等待法庭的裁决,法院暂令查封,它们空空荡荡,处于半毁坏的状态,每扇窗户、每个门廊上都用红蜡封闭着。①

拭去窗玻璃上的灰尘往里看,你会看到,房间角落里悬挂着床单般大小的蛛网,木地板上散落着维多利亚式的特大号沙发和扶手椅的架子,它们的印花棉布已经完全被白蚁啃噬,剩下来的只有木头架子、弹簧和一些填塞物。巨大的皇家桌子——大得可以在上面打台球了——矗立在已腐朽的红毯上,上面遍布巨大的窟窿,仿佛刚刚被一些超大号的蛀虫狠狠咬啮过。一面墙上挂着一幅巨大的玛丽女王的画像,另一面墙上则是一幅古怪而褪色的维多利亚式幻想画面,描绘的是"狮心王"理查一世(Richard the Lionheart)在阿卡(Acre)的战场上驰骋。② 房间尽头是幽暗绵长的走廊,通向看不见的中庭和女眷居住的耳房:绵延数英里、空荡荡的古典拱廊和令人心生

---

① 法拉克努玛宫现已成为泰姬集团旗下酒店。
② 理查一世(1157—1199),英格兰国王,中世纪最杰出的军事指挥官之一,因其在战争中如狮子般勇猛,得绰号"狮心王"。阿卡,以色列城市,曾是十字军东征时所建立的耶路撒冷王国的都城。

戚戚的弓形前门，现在空空如也，只有两个孤独的看门人，手拿棍子和口哨来回巡逻着。屋外是好几英亩长着矮树的平地，那里曾经大概是一片柔软青幽的草坪，点缀着一些裸体丘比特的俗气雕塑、断流的喷泉、巨大的银质油灯和油漆斑驳且朝着某个角度夸张地倾斜的旗杆。

这种童话仙境般的奢靡一直以来都是海得拉巴文化的一部分。在法拉克努玛宫以东不远处是中世纪的顾特卜沙希王朝的陵墓，陵墓风格也展现了这一点。那些宏伟、繁复而浮夸的纪念碑始于15世纪到16世纪，它们顶着与底座比例失调的巨大穹顶，好像一个西瓜试图稳稳地立在一个无花果上。在穹顶之外，高高耸立着险峻的戈尔孔达城堡，那片土地出产了不可胜数的钻石，让海得拉巴的统治者们永远不必有财富之虞。走进城堡，你会经过绵延的妻妾宫室、浴池、亭阁和游乐花园——一个似乎直接从《一千零一夜》里幻化而出的世界。1642年，当法国珠宝师让·巴蒂斯特·塔韦尼耶（Jean Baptiste Tavernier）参访戈尔孔达时，他发现正如建筑本身所包含的意味那样，这里处处都充满淫乐。他写道，这座城市有超过两万名登记舞女，每到周五，她们都轮流为国王跳舞。

18世纪末，当理智的英国人来到海得拉巴时，这种浪漫的宫廷气氛甚至感染了他们，在英国和印度往来交流的300多年间，双方出现过的最动人的爱情故事之一就发生在此地。老的英国总督官邸，即现在的女子大学（University College for Women）所在地，是城南一座壮观的帕拉弟奥式别墅，并将一大片花园囊括在内。气派的别墅正面饰有山墙和廊柱，门前是一对石狮，它们伸出爪子，向外眺望着那一大片郁郁葱葱的桉树、面包树和木黄麻，处处展现出东印度公司极致的恢宏威严。令人震惊的事却在后院的林荫下悄然发生。

这座建筑是由陆军中校詹姆斯·阿基利斯·柯克帕特里克（James Achilles Kirkpatrick）修建的，1797年至1805年他居住于此。他是个极富想象力和同情心的人，深深热爱并尊敬海得拉巴人，这从他改穿海得拉巴服饰、像当地人一样生活就能看出来。在他抵达这里后不久，他爱上了一个有"尤物"（Khair-un-Nissa）之称的女人——海得拉巴迪万（diwan）① 的侄孙女。根据伊斯兰法律，他在1800年娶她为妻。这件事引起了伦敦方面的巨大警惕，其认为——极有可能是真的——柯克帕特里克已经变成了穆斯林。而芒斯图尔特·埃尔芬斯通（Mountstuart Elphinstone）的一篇报告更强化了这种印象，报告写道，柯克帕特里克可能已经被他周围的环境危险地同化了：

> 柯克帕特里克少校长相英俊……虽然他在很多方面表现得都像个英国人，但他留着印度式的浓密髭须，他的头发剪得很短，他的手指染了海娜粉……[在尼扎姆的正式接见（durbar）上]他精神抖擞。一些大象在前面开路，还有牵引的马匹，他坐在土邦轿子里，上面插着旗帜和长杆，装饰着流苏等。两队步兵、一队骑兵参与了接见……柯克帕特里克少校表现得像个当地人，但举止适宜，礼数周全。

我在官邸后院的花园里发现了一件东西，它见证了柯克帕

---

① 莫卧儿王朝时代在土邦掌管财政事务的官员。

特里克对妻子的爱,却遭到了损毁。终其一生,"尤物"都严格地遵守着深闺习俗①,她住在柯克帕特里克的花园尽头处一个单独的妇人楼(bibi ghar)②里,绝不离开半步,因此她也就无法在丈夫的建筑杰作内四处走动,无法欣赏那些美轮美奂的门廊。于是这位建筑师想了一个法子,他按照官邸的样子,为她打造了一个等比例的小型塑料模型,这样,即使她不允许自己迈出闺阁亲眼观摩,也可以在模型上辨认建筑细节的精妙之处。模型一直保持完好,直到1980年代末,一棵树倒了下来,把它的右侧耳房砸碎了。如今在一个叫作"夫人花园"的区域,在离莫卧儿式的妇人楼遗址的不远处,剩下的居中的主体建筑和左侧耳房就深埋在一块波纹钢板下,上面爬满了郁郁葱葱的藤蔓植物。

与德里和勒克瑙一样,海得拉巴的市井中也沾染了贵族的奢靡之风。"其他城市的人都说我们有点懒,"集市上的一位店主说,"从我们的行为举止上看,好像我们个个都是平民尼扎姆。我们慢慢干活,慢慢吃饭,慢慢从梦中醒来,干什么事都慢。海得拉巴的很多店主上午11点才开门。我们喜欢过一种从容不迫的生活,有很多假期,只有在兜里没钱的时候才会想到要去工作。"

贵族文化对市井的另一个影响是痴迷于魔术和巫术。在离这座城市最具标志性的建筑查米纳塔门③不远处的拉德集市(Lad Bazaar),我发现了一家只售卖符咒和护身符的商店。

---

① 指在一些穆斯林及印度社区中妇女闭门不出或出门时用衣服遮住脸和身体的习俗。
② 18世纪的专门用语,指欧洲人的印度妻子或妾室单独居住的地方。
③ 查米纳塔门,建成于1591年,是特伦甘纳邦首府海得拉巴的一个清真寺,现已成为海得拉巴的标志。

"在尼扎姆的时代,海得拉巴的贵族们通常会雇一个巫师(murshad)来针对他们的仇敌施咒,"店主阿里·穆罕默德(Ali Mohammed)说道,"现在,海得拉巴以魔法而闻名,每个人都在施很多咒语,所以他们必须来这里寻求保护。"

阿里向我展示了他的存货:著名苏菲派僧侣开过光的银质护身符,各种可以击退恶魔之眼的特殊精油,眼镜蛇形状、可以防止蛇妖的钉子。在店铺的一边堆着大捆的带刺灌木,"这种灌木名叫'巴布尔'(babul),把它和一个酸橙、一个青椒一起放在你家门口,就会解除别人可能施加给你的一切诅咒"。

"您真的相信这些诅咒会起作用吗?"我问。

"当然了,"阿里说,"我自己亲眼见过。海得拉巴的巫师都非常厉害,只要他们愿意,只用一个眼神,他们就能杀死一个人。"

"魔法?哦是的,这里从来都不缺魔法,"那天下午,当我告诉米尔·穆阿扎姆的妻子梅赫伦尼莎夫人(Begum Meherunissa)我和集市店主的对话时,她如此答道,"那个店主说得不错。在尼扎姆的时代,那个爱尔兰的警察头子手下有一整个部门,专门搞黑魔法(bhaha mati)和驱魔之类的事。是这样的,这样的故事有很多很多。"

"您还记得一两个吗?"我问。

"当然了，"她说，"海得拉巴最厉害的巫师，我记得一清二楚。我对他非常了解，当然了，他最后的结局十分悲惨。"

"您是怎么认识他的？"

"夏天的傍晚，我们家里的女人们会去一个莫卧儿花园里散步。有一天散步归来后，我的姑妈开始浑身颤抖，举止也非常奇怪。此外，不管她走到哪里，都会散发出一股奇怪的玫瑰香味。幸运的是，我的祖父知道发生了什么事，也知道如何处理。他招来一名巫师，后者严厉地质问我姑妈。忽然，她开始用一个男声说话：'我是玫瑰园里的精灵（djinn），我爱上了这个女人。'巫师驱魔后，精灵就离开了。从那以后，巫师就成了我们家的常客。"

"他长得什么样子？"我问。

"哦，他面容有些奇怪，肤色很深，穿着黑色马甲、白色的印式长衫（kurta）和宽松长裤。他走路从来不直着走，而是曲里拐弯，从一边晃到另一边。人们说他是个神圣的愚人（qalander），和神非常接近。当然，他会展示一些小的奇迹，有些我自己看见过。"

"您亲眼见过他展示奇迹？"

"很多次。或者说，不是他，是他的精灵展示的。"

"他有自己专属的精灵？"

"正是如此。为了掌控一个精灵，让他成为你的仆人，首先你得斋戒40天。很少人能过这一关，但这个人成功了，精灵就赋予了他强大的法力。孩子们都认识他，管他叫'发糖果的圣人'（Misri Wallah Pir），他们会追在他后面跑，大喊着：'圣人先生，给我们一点糖吧。'然后他就会弯下腰，掬起一抔泥土向空中抛出去，在那些泥土落到我们手里之前，它们在半空中就已经变成了糖！真的是这样。我自己尝过，很好吃——清冽而纯粹，没有泥沙或者任何杂质。当我告诉母亲我吃了圣人先生的糖时，她十分生气，说糖会在我肚子里变回泥土或者石头。但到现在为止，我觉得它并没有变回泥土或石头，也没有给我造成任何伤害。"

"所以您不止一次亲眼看见他把泥土变成了糖？"

"这是他最喜欢的魔法。我们这些小孩会跟在他身旁，看他到底在干什么。他就像个小孩一样，自言自语，自己发笑。有时候他好像是直接对着墙说话，但如果你离他足够近，你会听到一个声音，好像是墙在对他说话。我会坐在他身旁，看看那些声音是不是这位圣人自己弄出来的，但不是他。是他的精灵莫瓦卡尔（Mowakhal）在回应他。有时候他在读《古兰经》，当他读错的时候，精灵会跑出来纠正他。在其他时候，圣人伸出手，手中就会有蜜饯凭空出现，然后他就会拿它们去喂奶牛。

"有一次我们坐在阳台上，看街上一个女人正走过去，头上顶着一篮子上好的水果。圣人先生正从那条路的反方向走过来，所以我朝他开玩笑地喊道：'圣人先生，给我拿点那些水果吧。'话音刚落，那一大篮水果就从女人头顶上飞了起来，落到我的脚边！拿水果的女人已经习惯了圣人先生的戏法，她笑着说：'圣人先生，还给我吧。'所以我拿了一个香蕉后，圣人先生又把篮子还给了她。那个香蕉比我以前吃过的所有香蕉都甜。

"还有一次，我的一个朋友向发糖果的圣人要一点香饭（biryani）①。圣人先生说：'我是个穷人，怎么买得起香饭呢？'

---

① 一种用印度香米做成的特殊菜肴，菜里通常含有羊肉块等，是海得拉巴地区的特色菜肴。

但她还是哀求不止,最后他就把他的精灵招来了:'来吧莫瓦卡尔!'几秒钟之内,美味的香饭就无中生有地出现在她面前。还有一次,一个病了的人向他讨一些葡萄,那会儿还没到季节,整个海得拉巴都没有葡萄,但精灵还是给他们带来了。"

夫人停顿了一下,抬起头来,我想她是在看我有没有在为她的回忆暗中发笑。"信不信由你,"她简单说道,"但我真的目睹过这些事。"

"您刚才说,圣人的结局很悲惨。"我说。

"他的精灵离开了他,他丧失了所有的法力,"她答道,"他死的时候一贫如洗。"

"发生了什么事?"

"莫瓦卡尔离开他以后,我就再也没有见过圣人了。但我听说——那是在多年以后,大概是 1979 年了——故事是这样的。有一天,一个穷人来找他,说自己从来没看过钻石。所以发糖果的圣人先生招来了莫瓦卡尔,派它去取迈索尔王后的钻石项链。项链取来以后,圣人把它拿给那个乞丐仔细查看。但那个人手上有血,血沾到了项链上,所以莫瓦卡尔拒绝再把项链送回去。精灵不会携带任何带血的东西。圣人勃然大怒,因为他不想让人说他偷了项链,所以他开始诅咒精灵,于是精灵就直接消失了,再也没有回来。

"在那以后,圣人把项链带到了警察局,把来龙去脉告诉了一位警察。但当然,他对圣人的话一个字也不信,当他让圣人证明自己有一个精灵时,圣人无能为力,因为莫瓦卡尔已经走了。所以警察打了他一顿,让他交代是怎么偷走项链的,还拿走了别的什么东西。圣人被释放后病得很重,情况一天比一天更糟。最后,他孤身一人死去,身无分文,被埋在了一个乱坟岗里。"

在我们谈话时，米尔·穆阿扎姆已经从书房里走了出来。刚才他一直在那里忙着写一篇第二天要用的演讲稿。

"你知道我是怎么想的吗？"当他妻子讲完她的故事时，他对我说，"我们生于其间的那个世界是一个不同的时代。"

"那时候，您意识到所有这一切即将走向消亡了吗？"

"在一定程度上可以说是的，"米尔·穆阿扎姆说，"现在回首看来，我童年时代的海得拉巴就像正在经历灿烂的日落时分。但在那时候，当然，我觉得那会永远延续下去。只是在我长大以后，我才认识到那是不可能延续的，日落很快就会来临。你能感受到那个时刻正在逼近。"

米尔·穆阿扎姆坐进妻子身旁的摇椅里，用手撑着下颌，然后继续说道："你看，我出生在莫卧儿时代的贵族之家。所以当然了，我对那个世界会保持一定的忠诚。但我并非对尼扎姆的穷途末路视而不见。我毕业于马德拉斯大学，听过甘地、尼赫鲁和其他国大党领导人发表过的很多犀利演讲，然后我意识到，旧的秩序不可能延续下去。在尼扎姆父亲的时代可行的事，现在已经不可能了。认识到这一点后我陷入了两难的境地：我能预见两边的未来。

"在英国人准备离开时，我认为尼扎姆本应该和尼赫鲁展开实际的谈判。他本来可以拿到一个可行的谈判结果，签一份条约，让他能够保持某些形式的真正的自治权，或许就可以避免那种引发大量流血事件的解决方式。1947 年，这里的形势已然十分混乱，拉扎卡尔（Razakar）运动①在绝大多数穆斯

---

① 拉扎卡尔是一个私人民兵组织，其反对海得拉巴土邦并入印度联邦，希望迫使尼扎姆加入巴基斯坦。

林的支持下开始攻击国大党的支持者,烧毁铁路站台,在这个地区趁火打劫。即便如此,尼扎姆仍然没有认识到,一直以来他是在英国人的支持下才保住政权的,现在英国人要走了,他的日子也就快走到头了。谈判三心二意,胶着了一段时间,最后尼扎姆决定直接宣布从印度独立。这是完全疯狂的行为。从法律和宪法上讲,他可能还是有权这么做,但这种举动太不现实了。"

米尔·穆阿扎姆摇了摇头。"他活在一个虚幻的世界中,"他说,"我当然深知这一点。但当关键时刻来临时,我意识到我必须忠于尼扎姆。毕竟,我的祖先200年来把一切都献给了王权,我没法就这样抛弃这艘大船。我必须履行自己的职责。"

谈话进行到这里,我一直避免谈及1948年印度军队入侵海得拉巴土邦的话题。当时,入侵被称作"马球行动"(Operation Polo),如今在民族主义者的历史叙事中则被称为"警察行动"(Police Action),听上去发生的一切好像只是关于一些违章停车罚款单和奇怪的禁令。我之前回避这个话题,是因为此前有很多朋友告诫我,米尔·穆阿扎姆在入侵时度过了一段极为艰难和痛苦的时间,后来他又受到不公正的对待,被逮捕后在监狱里待了几年,最后被无罪释放。但米尔·穆阿扎姆自己提起了这个话题。

"大学毕业后,正如命运所安排的那样,我在1948年9月13日加入了海得拉巴行政部门。当印度军队最终越过边境进入海得拉巴时,我是地区长官,印军从南进攻的主要火力点就在我管辖的地区。我们没有坦克,没有飞机,实际上也没有大炮,什么都没有,除了一堆老式的点303步枪。我们接到命令,要用那些枪抵挡住印军的进犯。

"发起进攻的那天早上,我正在刮胡子,结果听见第一发炮弹落在了我房子边上。我们有几个排的民兵,所以我们让他们沿着穆西河(River Musi)列队。他们面对的是完全机械化的印军部队,后者装备着坦克、装甲车和野战炮,不久之后,印军就势如破竹。我们最先的计划是炸毁大桥,但士兵们没有合适的设备来实施。作为地区长官,我和陆军准将一同坐在指挥车里,试图制订下一步的计划,然后印度空军开始对我们实施空袭。我们的车窗炸裂了,我趴在地上,子弹从我头顶呼啸而过。最后,陆军准将和我逃到我们原先准备炸毁的那座大桥的桥洞下,我们部队里的其他人则试图躲进沿河的树丛里。

"陆军准将和我成功从狂轰滥炸下逃生,从那以后,我们就节节败退。所有的抵抗都是蚍蜉撼树。四面八方都是密集的空袭,到处都落满了炸弹。但在整个海得拉巴,竟然没有一架高射炮。第二天,我坐在一辆吉普车里,和军队一起朝着海得拉巴撤退,我们正试图超过一辆巴士时,巴士被飞机的空袭击中了。我不得不躲进稻田里。我们放开水闸,让大水淹没道路,拖延了他们一会儿,但也仅仅是几个小时。莫卧儿皇帝奥朗则布1687年入侵戈尔孔达时,海得拉巴军队成功抵御了七八个月。但轮到我们时,我们只坚持了四天,一切都灰飞烟灭了。"

米尔·穆阿扎姆所说的也和伤亡数据相吻合:印军七人死亡,九人负伤,其中一人而后死亡;而在海得拉巴方面,估计有632人死亡。

"印军抵达海得拉巴后都干了什么?"我问。

"当一支军队(不管是亚历山大大帝、帖木儿、希特勒还是墨索里尼的）入侵任何一个国家，当他们进入一座城市，那些士兵会干些什么，大家都知道。军队很难约束他们。我无法告诉你有多少人被强奸、被屠杀，但我看见了许多尸体。整个邦国内，人们都在报仇雪恨。"

后来我发现，实际上已经不可能对"警察行动"后有多少人被杀做出恰当的估算。当有关暴行的报告抵达德里时，尼赫鲁"动用私人职权"委托一个专门委员会制作一份非官方报告，委员会是由一群资深国大党成员组成的，其中包括两名来自海得拉巴、此前坚决反对尼扎姆统治的穆斯林，并由印度教徒潘迪特·孙达尔拉尔（Pandit Sunderlal）任主席。委员会广泛考察了土邦各地，并在1949年1月向尼赫鲁和萨达尔·帕特尔（Sardar Patel）① 提交了报告。这份报告从未公开，外界猜测可能是其对印军的行为进行了严厉的批评。直到最近，报告的一部分才从印度流出，刊登在美国一本不知名的学者文章合集中，文章标题为《海得拉巴：崩溃之后》。

这篇报告题为《"马球行动"之后在海得拉巴土邦的大屠杀、强奸、破坏和抢劫财产情况》，令人不忍卒读。它仔细而又克制地列举了邦国内一个村庄接一个村庄中发生的谋杀和大规模强奸案例，有的是军队犯下的，有的是军队解除了穆斯林人群的武装后，当地印度教流氓恶棍趁机作乱。随意从中摘取一个短小的片段即可一窥全豹：

奥斯曼阿巴德区（District Osmanabad）的甘约蒂·伯

---

① 帕特尔是国大党强力人物，印度独立后出任政府副总理，兼内政部部长、邦务部部长和新闻部部长，同尼赫鲁分享权力，凡重大问题均需二人同意。

格赫（Ganjoti Paygah）

这里居住着 500 户穆斯林。暴徒杀害了 200 名穆斯林。军队收缴了穆斯林的武器，穆斯林手无寸铁，暴徒便展开了屠杀。穆斯林妇女遭到军队强奸。甘约蒂的居民帕夏·比（Pasha Bi）表示："军队抵达后，甘约蒂的麻烦就来了。所有的年轻穆斯林妇女都被强奸了，奥斯曼·萨希卜（Osman Sahib）的五个女儿、卡兹（Qazi）的六个女儿都未能幸免。伊斯梅尔·萨希卜·萨达加尔（Ismail Sahib Sawdagar）的女儿被拘禁在赛巴·查马尔（Saiba Chamar）家中，被强奸了一个星期。乌马尔加（Umarga）的士兵每个星期都会过来，整夜凌辱年轻的穆斯林妇女，清晨再把她们送回家中……"

诸如此类，连篇累牍。报告估计总共有多达 20 万的海得拉巴穆斯林被屠杀，这一情况如若属实，"警察行动"带来的后续流血灾难将堪比印巴分治期间旁遮普部分地区的惨状。

即使有人选择相信，20 万人死亡这个数据是不可能的夸大之词，但显而易见，屠杀的规模令人惊骇。虽然尼赫鲁在公开场合对海得拉巴的混乱进行了低调处理，并指示印度驻联合国代表，在尼扎姆的官员放弃他们的官职以后，海得拉巴"出现了一些混乱，那是因为印度教徒为了报复此前在拉扎卡尔武装分子手下遭受的折磨"，但私下里，尼赫鲁对此要警惕得多。1948 年 11 月 26 日，他在写给萨达尔·帕特尔管辖的邦部门的一张纸条上透露出这种态度。他写道，他收到的多份报告显示，穆斯林遭到屠杀的数量之大"超乎想象"，穆斯林的财产受到"巨大规模"的劫掠——这些似乎印证了潘迪特·孙达尔拉尔的报告的基调。

我问米尔·穆阿扎姆,当这些血腥的无政府暴行在他周围上演时,他自己身上发生了什么?

"一些受到新政权怀疑的官员去了巴基斯坦,"他答道,"我也做好了这样的安排,事态很明显,我如果留下会被逮捕。但我父亲说:'直面行刑队。如果你从你的职位上逃跑了,我就不认你这个儿子。'所以我留下来了,经过一场坐满了雇来的观众的滑稽审判后,我被判死刑。从我所在的监狱里,我都看得到绞刑架。"

米尔·穆阿扎姆直言不讳地描述着他的艰难经历,几乎不带一丝感情或苦涩。"那年晚些时候,死刑改为终身监禁,"他轻轻地说,"在牢房里孤独地待了三年,上诉到高等法院以后,我很走运,被无罪释放了。其他的官员就没这么幸运了。很多人都被捏造的罪名陷害,其他人则被迫逃往巴基斯坦,尽管他们深深希望能留在海得拉巴。极少有人能重新获得任何重要的职位,他们都被剔除了。有的人被排挤出去,有的人被降级,还有一些被投入了监狱。我出狱后看到这些,便决定去伦敦。我在那儿的英国朋友和以前行政部门的老同事最终帮我谋到了一个联合国教科文组织的职位,随后的三四十年里,我大部分时间都在巴黎度过,或者担任教科文组织驻利比亚和阿富汗的首席代表。"

"回到海得拉巴后,您肯定发现了不少变化。"我说。

"我几乎认不出这个地方了,"米尔·穆阿扎姆说,"我是和一个在法国银行里担任负责人的朋友一起回来的。一路上,我都在向他讲述海得拉巴的神奇之处,尤其是城市宫殿建筑群。我向他描述蓝色宫、绿色宫,以及最可爱的珍珠宫。所以一抵达我们就去了珍珠宫那里。我找到了看门人,让他打开宫殿大门。里面一片平坦：他们已经完全将它夷为平地了；除了几头羊，什么都没有。我永远不会忘记，当我转向我的朋友，试图向他解释发生过的这一切时，我心中那种受辱的感觉。

"当然，我很快就发现，不仅仅是城市宫殿，几乎所有宏伟的楼阁都不复存在了。就连尼扎姆的宫殿也未能幸免，至少大部分都拆除了，只剩下一侧耳房，现在改造成了某种医院。"

"那些宫殿都被充公了吗？"我问。

"不是，充公的没有那么多，"米尔·穆阿扎姆说，"但'警察行动'以后，贵族失去了所有的地位和收入，所以他们开始变卖一切：土地、房屋，甚至是门窗。他们对做生意几乎一窍不通。变卖家产是他们过活下去的唯一办法。"

老人难以置信地摇了摇头。"没人想着要去保护什么，"他说，"他们为了活下去，变卖了自己的历史。现在这里实际上已经不剩任何东西了，到处都是满是灰尘的高楼大厦。比如，在萨拉尔·忠格（Salar Jung）的宫殿外面，原本有一座堪比杜伊勒里宫的花园。我永远不会忘记那些林荫道、那些古树、那柔软的绿草坪和鲜花盛开的花圃。还有一个八角形的喷泉，它是那么大，你可以乘着小舟在里面划船。现在那里就是一个脏兮兮的卡车停放点。这么多东西都失去了，完全是不必要的，纯粹是因为无知。"

我问米尔·穆阿扎姆，他的家族发生了什么？

"'警察行动'以后，整个家族就四分五裂了，"他答道，"有人去了海湾地区，有人去了法国、英国和美国。现在我们随风散落在世界各地。法鲁尔·穆尔克的最后一座宫殿天堂宫用作了政府办公室。它就在离这儿不远的街角，但几乎已经认不出来了。对我来说，它就象征着这座城市所发生的一切。"

"您能带我去看看吗?"我小心翼翼地问。

"当然了。"米尔·穆阿扎姆说道。

老人站起身来,拿起手杖。两分钟后,我们穿过一个新的住宅区朝前走去,这种住宅区似乎正在海得拉巴的各处拔地而起。

"在我小时候,这个区域全是我祖父的产业,"米尔·穆阿扎姆说道,"那时候,天堂宫坐落在城郊几英里远的地方,占地500英亩,到处都维护得很好。那边那些房子所在的地方,以前是我祖父的九洞高尔夫球场。看到那些小棚屋了吗?那是马球场。还有那个乱糟糟的地方?那是宫殿的橘树林。现在已经不可想象了。"

我们走下一道斜坡,靠近一片广大的办公园区外围。园区门上挂着版印的告示:

印度政府
总工程师办公室

"这就是了,"米尔·穆阿扎姆说,"完全认不出来了。"

我往他指的地方望去。一堆棚屋、披屋和混凝土附属建筑围在中间的主体建筑四周,就像藤壶依附在牡蛎之上,从主体建筑的轮廓看,我能看出那曾是一座恢宏的宫殿。但正中的门廊外建起了车库,破坏了外观的对称之美。外壁油漆脱落,每扇拱形窗户外都悬着空调挂机。整幢建筑都有一种荒凉寂寥之感,几乎把原先那种宏伟的气势完全遮盖了。

"以前,你到达这里时会先穿过两座双层塔楼组成的门房,"米尔·穆阿扎姆说,"当你经过时,乐手会吹响喇叭。喇叭手的名字叫作约瑟夫,以前,他早晨做的第一件事就是吹响起床号,每晚日落时,他吹的声音听着又像是撤退。但他们很早以前就把塔楼拆毁了。那边,现在那个丑陋的车库所在的地方,以前是网球场,球场以外就是法国花园,里面有源源不断的喷泉。尽头的另一边,以前有一片大湖。如果你走到宫殿前面,只要主人示意,我们的乐队就会奏起《神灵保佑尼扎姆》和《神灵保佑皇帝陛下》。然后,你打完一场网球,会去阳台上喝杯茶,就在现在那座寺庙矗立着的地方。"

我们绕着园区一同走着,米尔·穆阿扎姆指了指女眷闺房大门在被拆毁前所在的地方,非洲的戍卫们以前就在那里值守。这里是庆祝洒红节(holi)① 时他们用来倾倒彩色液体的水池,那里是庆祝伊斯兰教历的第一个月穆哈兰姆月来临的大厅,也是放置圣诞树的地方。那边那个现在已经被堵上的拱门,以前是部落(baradari)大厅。在斋月结束时,开斋节的晚上,大厅里会一片熙熙攘攘,每个人都坐在地上,饱食一顿丰盛的莫卧儿晚餐。

"我记得尼扎姆来这儿的时候,还有总督,还有一大群英国居民。大厅外会有许多盛装打扮、光彩亮丽的大象,还有100多匹打马球用的小马。会有轿子和轿夫,四个人一组抬一顶,到1934年这里就有将近50辆车了,大多是劳斯莱斯和戴姆勒。我记得那些马球比赛,记得那些时光,我们站在那边,试图射中抛到空中的硬币,或者把那只老旧的、坐在轮子上的毛绒老虎打得粉碎。还有那些网球比赛、那些去往马拉格贝德(Malakpet)② 参加的比赛、那些丛林中的狩猎(shikar)之旅。所有这一切都似乎十分遥远了。"

---

① 印度庆祝春天到来的节日,人们通常用水和彩色颜料搅拌,然后互相涂在脸上或身上,彩色颜料代表好运和祝福。
② 海得拉巴老城的一个郊区。

"那将来呢?"我问,"您认为海得拉巴的古老文化中,有什么能保留下来?"

米尔·穆阿扎姆耸耸肩。他说:"很少,你不能将变化阻挡在外。在50年时间里,以前的整个世界都消失了,很多东西都被完全摧毁,这一进程现在已近尾声。我觉得海得拉巴一切特有的东西都已渐行渐远。旧的生活方式在一天天消失,取而代之的是一种千篇一律、单调乏味的生活。

"海得拉巴拥有的是一种独特的德干文化,是不同文化背景的人们相互融合、相互影响的特殊产物。它的基石是宗教宽容、礼仪、好客、热爱艺术和一流的公共管理人员,能保证不加区别地对待不同教义、种姓和阶层。但许许多多的旧式精英都去了巴基斯坦,而涌入此地的新人带着他们自己的生活方式。剩下的东西——这些遗迹和碎片——依然有生命力,依然具有生机和超乎寻常的韧性。但谁知道它们能延续多久呢?"

老人牵起我的手,领着我悲伤地沿路返回。"我的孩子们告诉我,不能总是生活在回忆里。一个人应该尝试跟随时代前行,面对未来,而非总是留恋已经消失的幻梦。"

米尔·穆阿扎姆转过身来看着我,然后说道:"当然,他们是对的。这就是为什么我不喜欢回到这里。每一步台阶中都散落着我过往的碎片。不瞒你说,当我眼睁睁看着这些时,它们便敲打着我这颗苍老的心。"

第十三章　至高萨克提

科钦，1993 年

这个女人明显有点不对劲。

当我走过时，她一跃而起，步履蹒跚地左右摇晃着，然后她又长又脏的手指甲向我的脸上戳来。我躲开了，她便一瘸一拐地跟在我后面，一条腿拖着另一条腿。然后，就像她刚才猛地站起来一样，她又一下子坐到地上，然后把身体蜷缩成球形。在她身旁的不远处，另外三个女人也蜷缩起来，一面用低沉、破碎的声音喃喃自语。

韦努戈帕尔（Venugopal）先生把一只手放到我肩头，试图让我平静下来。"你不必担心这些女人，"他说，看着我警惕的样子微笑起来，"她们每个人都有恶魔附体，但过一会儿，这些恶魔都会被驱逐的。"

他又确信无疑地拍了拍我的背："等到今晚，至高萨克提①会把这些恶魔都收服。11 点之前，我向你保证，先生，所有这些女人都会恢复正常。"

韦努戈帕尔先生是位慈祥又虔诚的老人。那天早上早些时候，我们是在路边一家茶摊上认识的。握手的时候，韦努戈帕尔先生向我递来他的名片，上面写着：

---

① 至高萨克提意为"原始力"，指印度教中的最高女神，也被称作 Parama Shakti、Adi Shakti、Mahashakti、Aadhya Shakti 或直接称作 Shakti。印度教性力派认为，湿婆是静止不变的意识，只有通过象征着生命阴性来源的女神，才能发展出各种特性，因此至高萨克提是宇宙的最高存在。性力派崇拜的女神包括：湿婆的配偶雪山女神帕尔瓦蒂、杜尔迦、迦梨，毗湿奴的配偶吉祥天女，梵天的配偶辩才天女，黑天的伴侣罗陀等。

韦努戈帕尔
全喀拉拉电力局首席工程师（已退休）

但实际上，韦努戈帕尔先生看上去有点不太像首席工程师。他坐着吃早餐的时候，对着一大盘蒸米糕和咖喱炖蔬菜（idli sambhar）狼吞虎咽，只裹了一条单薄的白色棉质缠腰布，肚子上的赘肉从腰布上方溢了出来，其他地方都赤裸着。他戴了一副沉重的黑色眼镜，额头上用檀木灰抹了一个鲜明的纹饰（tilak）①。他胸膛上系着一条细细的黑绳，上面挂着一道印度教符咒。

"我已经退休了，只对灵魂的事情感兴趣，"他解释道，"现在，我的事业已经结束了，我要做的就是去神庙里向神灵祈祷。但迄今为止，在所有我去过的神庙中，这个地方的女神是最强大的。我告诉你吧，如果你能成为她的信徒，你的心智会得到完全的平静。"

或许我看起来有点儿不相信他的话，因为韦努戈帕尔先生马上提议，亲自带我去伟大的丘坦尼卡拉神庙（Chottanikkara）转转。虽然喀拉拉邦所有重要的寺庙都对外宣称，非印度教徒不得入内，但韦努戈帕尔先生坚持说，他和神庙的一位管理人员私交甚笃，他的朋友会很高兴——用他的原话说——"促成各种事项"。果真，20分钟以后，我便走进那幢宏伟的、带中国式飞檐的木质门楼，经过身形健壮的神庙守卫，进到神庙内的第一个庭院里。

---

① tilak 是宗教符号，通常画在额头，有时也会画在脖子、手、胸膛等处，印度教内不同派别有不同的画法。

"听着,"韦努戈帕尔先生说,"在我带你进去面见女神之前,我们先去阴凉处坐一会儿,休息一下,我会给你讲讲有关这位神圣母亲的事。"

我们在神庙庭院拱廊的荫蔽下找到一张靠墙的石凳,韦努戈帕尔先生开始了他的说明。

"我们印度教徒相信,癫痫病的一些症状——神志不清、惊厥、胡言乱语——都是夜叉或恶魔的影响造成的。这些恶魔只是精神上的存在,是看不见的。你只能通过被它们附体的人的症状,或者通过婆罗门祭司对星象的推算来猜测它们的身份。我们的直觉告诉我们,每个恶魔都希望能融入至高无上的神灵,但由于它们作恶多端,这一点总是办不到。所以,空气中便游荡着许许多多的恶魔。

"现在,这些夜叉的目标就是进入意志薄弱者的身体中,它们认为,这样一来,它们就能被带到神庙里,得到一些补偿性的供奉仪式,通过这种方式它们就能获得拯救。"

我们走过第一座神龛,穿过一个庭院,里面排列着一排小房间,每个房间上都有一扇简易木门。络绎不绝的朝圣者和我们朝着同样的方向向前走去。许多人都是身材丰满的婆罗门祭司,他们涂满油膏、闪闪发亮的躯干上垂着单薄的神职服饰。我向韦努戈帕尔先生感慨着访客的数量。

"这座神龛一年比一年更受欢迎,"他答道,"20 年前,人们没有信仰,他们都被物质化了,说所有神庙都只是骗人的鬼话。现在,很多人认识到这种想法是错误的,他们知道了,物质的东西不是一切,就算你得到世界上所有的物质好处,你也不能得到快乐。所以,就像那些深陷困境中的人一样,他们呼唤自己的神圣母亲,而她则在回应他们。"

我们走到一座宏伟楼梯的末端。在这里，第二幢门楼通向一片水池，然后引人进入第二个庭院。

"威廉先生，在这里你必须脱下衬衫。如果你想走进神庙更深处，你只能穿一条裤子或者笼吉。这是我们的习俗。"

"为什么是这里？"我问，"为什么不是入口处呢？"

"我们的至高萨克提女神在这座神庙的不同区域会展现出不同的化身，"韦努戈帕尔先生解释道，"在高处的庭院是她最温柔、最智慧、最慈爱的化身，她会以辩才天女（Saraswati）和吉祥天女（Lakshmi）的形式显现。但在这个低处的庭院，她的化身是她最恐怖的形式。她在这里是迦梨女神。我们必须毕恭毕敬，如果惹怒了她……"

他顿了顿，举起手指，十分夸张地划过喉咙。

"就完了。"他说着，皱起眉头以示强调。

这个更深的庭院比我们刚才经过的那座小得多。一面围墙压迫着里面又狭小又晦暗的神龛，信徒正在殿中的神像面前顶礼膜拜。神龛外一边屹立着一棵树，树干上扎入了上百颗长长的铁钉。

"这是恶魔之树，"韦努戈帕尔先生说，"病人用头将钉子顶进树干，就能把恶魔紧紧束在迦梨女神手中，它们就不会再去打扰别人了。"

"你刚才说，他们是用头顶进去的？"

"哦，是的。但首先，被恶魔附体的人必须进入一种精神恍惚的状态，她必须被女神抓住，然后她就什么也感受不到了。"

"那你们怎么说服迦梨女神抓住那个人呢？"我问。

"哦，那倒简单，"韦努戈帕尔先生说，"我们向她供奉12盆满满的鲜血。"

至高萨克提是谁？

她的名字就像她的信徒一样不可胜数，有时候她也被简单地称为摩诃女神（Mahadevi），意为"伟大的女神"，当她睁开眼睛时就创造一个世界，当她眨眼时就摧毁一个世界。

有的信徒称她为"贾格蒂坎达"（Jagatikanda），意为"世界的根源"。有的人则认为她是宇宙的最高统治者，她是整个银河系的掌管者，她是所有世界的统治者，是一切存在的母亲。她最神圣的名称是"宇宙之树的根脉"。

但如果说至高萨克提是生命本身，那么她同时也是死亡本身。她能摧毁她创造的一切事物，正因如此，她的信徒选择将她作为"坐在五具尸体上的女神"（Pancapretasanasina）来崇拜。她的其他名字还包括暴怒女神、尖牙燃烧者、引起疯狂者、饮酒转动眼珠者、恐怖女神、死亡之夜。

为了召唤她，婆罗门祭司用梵文念起了一段咒语：

> 恭祈女神，驾临敝处。散发乱如蓬，三眼凌炯炯，皮肤暗如夜，衣裳皆染血，耳上佩环饰，幻化千只手。嗟彼恶兽分为坐骑，手持铮铮三叉戟，更兼刺棒者、矛者、盾者，周旋亦自如。

虽然她凶猛、恐怖、具有摧毁性的力量，据说却对信徒有求必应。在干旱的季节，她显现时长着许多只眼睛，当她目睹自己的造物的惨状时便开始哭泣，她的悲伤有召唤100次季风的力量。很快，河流开始奔腾，池塘和湖泊水涨满溢，青葱的草木再次覆盖大地。至高萨克提的力量让世界获得重生。

而在这个世界上，最容易接近伟大女神的地方就是丘坦尼卡拉神庙的主神龛。据说，在那里，她的塑像有时候会化为真身，女神会以实体的形式显现，并采取行动，保护信徒免遭恶魔的侵害。

韦努戈帕尔先生告诉我，有一次，一个邪恶的夜叉女想得到一名年轻英俊的婆罗门。那个婆罗门正穿过一片丛林，打算去丘坦尼卡拉神庙举行供奉仪式，然后被这个夜叉女看见了。她一路上和他同行，并开始亲昵地跟他说话。那时天色已晚，夜叉女变成一个高挑美貌的泰米尔少女。她知道，如果她能引诱祭司和自己共度一晚，就能把他活生生吞下去。

但婆罗门在穿过森林的路上，刚好停在了一位圣人的小屋前。他邀请那位美丽的女伴同他一起进去，吃点东西提提神，但她拒绝了，只在外面的树丛间徘徊。那位圣人通过法力发现了夜叉女的真面目。他给了婆罗门一块红布，并告诉他离开那个女孩，尽快赶到丘坦尼卡拉神庙的神龛。当他抵达时，他必须把红布盖在女神雕像上，只有到那时他才能获得拯救。

婆罗门从圣人的小屋中冲出去，夜叉女意识到自己已经被识破了，于是她撕下伪装，露出了本来的面目。她变得跟山一样高，张开洞穴一样的大嘴，她的头发是一群嘶嘶作响的眼镜蛇。夜叉女追逐着男孩，当他快要来到神庙的门楼前时，她实际上已经赶上他了。夜叉女抓住他的腿，就在她打算把他从门楼前拖走时，他扔出红布，盖到了女神的塑像上。

就在那时，迦梨女神的塑像化为真身了。女神看到自己的信徒有难，便挥起利剑，将夜叉女追到了森林中。在丛林里的一片池塘边上，女神抓住恶魔，把她的头砍了下来，然后喝掉了夜叉女的血。尸体中流出了如此多的鲜血，直到今天，神庙脚下的池塘依然会显现出少许红色。

不过，喝下夜叉女的鲜血也对女神产生了影响。正如韦努戈帕尔先生第一次向我讲述这个故事时所说："最终，她养成了饮血的习惯，现在离了它就没法生存下去了。每天，我们都必须向她献上满满12盆鲜血。作为回报，她会保佑我们免遭恶魔的侵扰。"

1830年，一位孟加拉摩河罗阇供奉了至少25位年轻家臣的鲜血，用以满足神圣母亲女神的嗜血欲望；直到1835年，加尔各答的迦梨女神神庙祭坛上，每周五都会有一个男孩被斩首。喀拉拉邦的许多神庙至今仍会悄悄地为女神宰杀公鸡、山羊和绵羊，但在丘坦尼卡拉神庙，至高萨克提原先每天都要求满满12盆血，后来女神渐渐妥协了（或者戒除了血瘾），现在，鲜血已经用血色的柠檬汁或姜黄粉汤替代。

至高萨克提每天晚上9点吃晚饭，当她吃饱喝足，人们就奏起音乐，为她进行娱乐表演。就在那时，韦努戈帕尔先生告诉我，女神会让恶魔舞蹈。

到了晚上，神庙内的情景比白天更为怪异。

兜售明信片的小贩走了,茶摊也关门了。在黑暗中,看不见的棕榈树在风中呜咽。

一个人影从阴影中走出来。

"威廉先生?"

是韦努戈帕尔先生,他看起来非常焦虑。

"走快点,"他说,"我们要迟到了。"

我们一道穿过空荡荡的门楼。远处那边,在芦苇火把的摇曳火光下,我们遇到了一大群完全静默无声的人。所有朝圣者和信徒都面对神龛的方向,在女神的塑像前鞠两次躬。一些人俯卧在地上,面颊朝地平躺着,双臂朝着神像伸展开。

忽然,一阵声响打破了沉默。一个祭司手执一对黄铜铙钹敲打起来,同时,另外四位祭司开始吹奏海螺号和一种外形弯曲的大号喇叭,喇叭的造型和塞西尔·B. 戴米尔(Cecil B. de Mille)①的圣经题材史诗作品中的道具很相似。从神龛的另一个角落,又一个祭司出现了,他骑在一头庞大、长着长牙的大象上。象夫向女神鞠躬,双手微微拱起行合十礼(namaskar),然后开始绕着神龛巡行,敲铙钹和吹喇叭的祭司们跟在他后头。祭司们绕圈走着,其他的信徒也加入进来,直到神庙被朝圣者组成的移动人墙包围住。

终于,骑象的祭司走到了一边,在满月的辉光下,敲铙钹的祭司领着队伍走下深深的台阶,进到内院里。

燃烧的火把散发出浓烈和辛辣的气味,火光幢幢,将迦梨女神的神庙映得十分明亮。随着信徒们鱼贯而入,两个半裸的

---

① 美国导演、演员,导演了《十诫》等圣经题材电影。

祭司点亮神龛前面一大排火光摇曳的蜡烛的最后一些灯芯。祭司们打开门,至高萨克提-迦梨女神那挥舞着许多手臂的神像显露出来,朝圣者纷纷朝着神像鞠躬。

我走近了些,试图在摇曳的火光中目睹神像的真容。女神被塑造为一种恐怖的形象:脸色黧黑,面容丑陋,浑身涂满血,露出尖牙,伸出舌头。她赤身裸体,但脖子上挂着骷髅做的项链,腰上缠着割下来的头颅,一个绞杀者(thug)① 用来勒人的绳索挂在她的腰带上。

很快,更多半裸的婆罗门祭司出现了。他们的肌肉沾着汗水,在火光下闪闪发亮。他们开始向女神念诵梵文咒语。念诵时,主祭司盘腿坐在地上,我这才发现,祭司们脚旁的阴影中,是一排排铜铸的、深凹下去的水盆。

然后,被恶魔附体的女人被带了进来:十二三个年轻女孩,大多数是正处于青春期的少女,以及一个二十七八岁的男孩。他们被指示着绕神龛排成弧形,祭司们继续念诵咒语,他们则安静地在一旁站了几分钟。然后,主祭司朝敲铙钹者点点头,音乐响起。

刚开始,只有铙钹声伴随着吟诵声的韵律,随后海螺号和喇叭也响了起来,演奏队伍中还加入了四个击鼓的祭司,每人都手持一对瘦长的木质手鼓(tabla)。很快,神庙乐师们的原始节奏就完全压过了念诵的声音。

我站在幽暗中,看见主祭司现在正绕着神龛泼洒血色的溶液,他确实用手将溶液从水盆中掬起,朝外面洒落,溶液溅落

---

① 绞杀者是迦梨女神的信徒,会用绳索勒死旅人,以此满足女神的嗜血渴望。

时红色的印记洒在其他祭司身上,然后再汇入一道沟渠,并顺着水渠流向恶魔之树的根部。

鼓声的节拍到达了一个新高潮,海螺号也再次吹响,然后,突然之间,发生了怪异的一幕。一个恶魔附体的女孩开始颤抖,仿佛患上了一场凶猛的热病。她睁着双眼,但脸上只有茫然的表情。在她身旁,其他女孩也开始摇摆,这种灵魂出窍的状态就像传染病一样,从一个传到另一个身上。

"瞧!"韦努戈帕尔先生朝我耳语,"看看我们的女神有多么强大!她正在让恶魔跳舞,很快,它们也许就会向她投降。"

一个穿蓝色纱丽的女孩前后甩动着她长长的头发,好像被一场难以置信的抽搐攫住了。在她身后,一个女人——可能是她母亲——正试图确保她的纱丽不会散开太多,免得不合印度人的礼数。女孩的手常常张牙舞爪地向空中抓去,她身上的袍子就滑落到不相宜的地方,她的母亲就会冲过去,把她的衣服整理好。

另外三个女孩现在正在地板上打滚,好像正忍受着疼痛。第四个女孩则像个陀螺似的原地打转,一面发出尖叫。这是一幕离奇的场景。我觉得自己好像倒退了几千年,正在参加一场远古的德鲁伊教(Druid)①宗教仪式。但除我以外,似乎没有一个人对这壮观的景象有丝毫惊讶,现场有几个孩子,有两三个看起来颇不耐烦。有一个孩子正在玩两个玻璃弹珠,把它们从一只手滚到另一只手,完全忽视他周围正在上演的这场怪异的骚动。

---

① 基督教主导英国前,在古英格兰凯尔特文化中占据统治地位的宗教。

大约过了五分钟——虽然感觉这段时间要长得多——跳动的音乐终于到达了最高潮。在神龛前方，主祭司失去了耐心，不再把溶液洒出来，而是开始一碗一碗地倾倒血色的水，鲜红的液体开始将女人们俯卧的身体包围。鼓点的节奏越来越快，铙钹拍击，越来越多被附体的女人抽搐倒地。

当最后一个女人倒下时，海螺号发出一个低沉的音符，两个祭司走上前来，关上神龛的门。鼓点沉寂，仪式结束了。

年轻的祭司们轮流着将女人们软弱无力、如同僵死的身体抬走。我问韦努戈帕尔先生，这些女人现在是不是已经治好了？

"有时候治好了，有时候没有，"他偏着头答道，"如果有的恶魔特别麻烦，要打败它可能会花一个月的时间。"

我们沿着宏伟的楼梯蜿蜒而上，慢慢往回走去。

"你认识的人里有被治好的吗？"快走上楼梯顶端时我问他。

"哦，很多人。"他答道。

"给我举个例子吧。"

"这个嘛——上个月，我一个堂兄从孟买带了个男孩过来。这个男孩出生在一个很好的家庭，但在某些方面不正常：他不肯吃东西，和每个人都吵架，不去上班。不管怎么样，这个男孩被带到这里，他在神庙里待了五天时间。

"每天晚上，女神都会进入他的身体，要求恶魔离去。然后第二天早上，祭司会给男孩喂一点前一天晚上搁在女神神龛里的酥油。一开始，他一口也不肯吃，但等到第三天，他开始进食了——一大盘一大盘地吃米饭和蔬菜。这是好几周以来他第一次碰触到真正的食物。

"在最后一天，主祭司举行了一些特殊的供奉仪式，那天晚上，恶魔终于离开了男孩。现在他特别正常，已经在他父亲的保险公司里重新开始工作了，仿佛什么事情都没发生过。这是我在一个月之前刚刚亲眼所见的。"

"这听起来像是典型的信仰疗法案例。"我说道，然后看到韦努戈帕尔先生的表情，那一瞬间我自觉失言，真想把我刚才的话收回去。

老人耸耸肩："如果目睹了今晚这些场景后，你还是想把它称为信仰疗法，那就是你自己的事了。"

看来我的鲁莽惹恼了他，我开始努力要解释一番。但韦努戈帕尔先生举起手，示意我安静："每天我都看见人们来到这里，获得救赎。对我来说，这就够了。"

"你相信女神能驱除一切恶魔吗？"我问。

"对我来说，这是印度力量最强大的神庙，"韦努戈帕尔先生说，"毋庸置疑，这是世界上在摧毁恶魔方面具备最强大力量的神庙。"

我们现在走到神庙最外侧的门了。老人转身又向神庙内走去。他说："在印度，如果你想办成什么事，最好先去拜访总理。如果是灵魂方面的事情，至高萨克提是最高的女神。但为了看见她的作为……"

说到这里，韦努戈帕尔先生转过身来，微笑着看着我。

"为了看见她的作为，也许你首先应该敬神爱神，"他说，"只有到那时，你才能真正领会她的力量……"

第五部　在印度洋上

第十四章　在唐娜·乔治娜庄园

阿瓜达堡，果阿邦，1993 年

在果阿老城已废弃的阿西西圣方济各修道院，走廊上陈列着历届葡萄牙总督的画像，这是了解果阿历史最简明扼要的方式。

早期的葡萄牙总督都是普通人群里的巨人：像佩德罗·达阿莱姆·卡斯特罗（Pedro da Alem Castro）这样身穿铁环铠甲的军人，身体粗壮如牛，蓄着络腮胡，脚上蹬着齐膝高的皮靴，皮靴根部连着一双熠熠生辉的金色马刺。为了收住自己巨大的体型，他用金属板紧紧裹住上身。在卡斯特罗周围都是这种类型的人：他们身体魁硕，眼神冷酷，浓密的胡须犹如鸟巢。画像上，每人都拿着一柄钢制长剑。

后来，在 18 世纪晚期的某个时候，这里忽然吹进了一丝暧昧的气息。卡斯特罗回到葡萄牙仅仅几十年后，费尔南多·马丁斯·马什卡雷尼亚什（Fernando Martins Mascarenhas）成为果阿总督，但他的行事风格和卡斯特罗不啻相差千年。马什卡雷尼亚什是个涂脂抹粉、爱打扮的花花公子，穿丝质长筒袜，下颚总是围着蓬松的蕾丝轮状皱领。画像上，他靠在一把手杖上，噘着嘴，束腰上衣的扣子只系了一半，看上去好像正要出门逛妓院。在北印度恒河平原的酷热中生活了几代以后，伟大的莫卧儿人从刚硬如铁的突厥武士变成了脸色苍白、身穿衬裙的王公贵胄。到 18 世纪末期，葡萄牙狂热的征服者在某种程度上同样变成了迷恋蝴蝶结和蕾丝的娘娘腔。

葡萄牙人最早来到果阿是在中世纪晚期。1498 年达伽马发现了从欧洲到印度的航海线路，并随即开始计划为争夺印度洋的控制权而和穆斯林展开角力，以便将香料贸易转移到葡萄牙。到1507年8月，有"东方恺撒"之称的阿丰索·德·阿尔布开克（Afonso de Albuquerque）在索科特拉岛（Socotra）①建造了一座堡垒，从而固守红海海口，切断了阿拉伯商人与印度通商的线路。1510年3月，阿尔布开克抵达果阿海岸边缘，随他而来的是由23艘轻快帆船、大帆船和三桅帆船组成的舰队。阿尔布开克血洗了镇守当地堡垒的穆斯林抵抗者，然后在这片紧靠德干西海岸的地方为自己开拓了一块新月形的小飞地。葡萄牙人遂立足于此，控制了东方的航海路线。

征服者十分明智地选择了这块福地。果阿享有丰富的自然资源，这里有肥沃的红壤、高产的稻田、酸甜可口的芒果、清凉的海风，是整个印度令人艳羡的风水宝地。阿尔布开克的舰队驻扎在海湾中，以武力获得了葡萄牙在香料贸易上的垄断权。

果阿老城最初只是一个冷冰冰的防御之城，沿着印度海岸线星罗棋布地矗立着50座以大炮全副武装的棱堡，果阿就是这些棱堡的指挥部所在地。但到1600年，随着征服者们渐渐热衷于享乐，果阿老城也从一个注重防御的营区变成了一个蒸蒸日上、有7.5万人口的大都市，成为葡萄牙帝国在东方欣欣向荣的都城。其面积比当时的马德里还要大，实际上的人口密度和里斯本差不多，居民还可以享受葡萄牙的公民特权。原先布满红树林的沼泽地被开垦出来，在那些土地上，总督宫殿的围墙和塔楼、优雅的联排房屋、朴素的修道院和繁复精致的巴洛克式大教堂纷纷拔地而起。

---

① 索科特拉岛位于阿拉伯海与亚丁湾的交接处，今属也门。

随着财富轻易地滚滚而来,严峻刚硬的生活方式也渐渐软化。花花公子们对战争毫无兴趣,相反,他们的精力都放在了花天酒地上。果阿老城的妓院比大炮和大教堂更闻名遐迩。根据果阿皇家医院(Goan Royal Hospital)的记载,到1620年代中期,每年至少有500名葡萄牙人死于梅毒和"肆意挥霍带来的影响"。尽管教会方面发布公告,谴责和已婚妇女发生"性放纵"行为,她们"给自己的丈夫下药,以便更好地享受情人",但此举就连对神职人员也收效甚微,他们也私养了一群黑奴少女,供自己享乐。在1590年代,荷兰人的大帆船开始威胁葡萄牙的垄断地位;到1638年,果阿遭到了荷兰战舰的封锁。60多年后,在1700年,根据一位苏格兰船长的记载,果阿成了一个"经营小生意的地方,大部分财富都掌握在懒散的乡间富绅手中,他们过着安适、奢靡、自满的生活,一天到晚无所事事"。

在这种情况下,丛林再度蔓生,只剩下一小部分极好的巴洛克式教堂——这些建筑里的任何一座放在里斯本、马德里或罗马街头都不会格格不入——在红树林沼泽的围攻下几近荒芜。

留存下来的建筑中最宏伟的当数仁慈耶稣大教堂(Bom Jesus),现在,它成了果阿的伟大圣人、16世纪耶稣会传教士圣方济各·沙勿略(Francis Xavier)巨大的拱形陵墓。以现代人的眼光来看,他似乎也曾是个残暴之人——当他来到果阿时,他发现殖民地上的人们改信了印度教,处处都是异教徒的仪式,不禁大吃一惊,于是请求引进宗教裁判所并成功实施审判——但这一点并不妨碍各种宗教兼收并蓄的果阿在400年后敬畏并缅怀这位圣人。事实上,十年前,当圣方济各那奇迹般未腐化的遗体最后一次放在仁慈耶稣大教堂的祭坛上供公众瞻仰时，一位信仰印度教的女士在宗教狂热的驱使下，从圣人左脚大脚趾上咬下一小块，将它含在嘴里偷偷带出了教堂。排队等待渡船时，她将圣物从嘴里取了出来，这时她才被逮捕。

讽刺的是，今天，正是那些印度教徒，那些沙勿略曾试图改变信仰或进行迫害的"异教徒"对圣方济各的治愈神力大为追捧。在仁慈耶稣大教堂外站着一排排兜售明信片和小装饰品的普通小贩。但在圣母雕像、教皇照片这些天主教物品中间，还有一群印度教徒蹲坐在人行道上，卖着腿、胳膊、头和肋骨的蜡塑模型。我问他们，这些模型是干什么用的？

"把它们放进圣方济各的坟墓里，"一个小贩答道，"如果你的腿断了，就把一只蜡制的腿放到沙勿略先生的坟墓里。如果你头疼，就放一个蜡制的头，以此类推。"

"这样做有什么用呢？"我问。

"模型会提醒圣人治好你的毛病，"小贩对这些物件深信不疑，"然后你的疼痛就会火速消失，没问题！"

如今，俯瞰老城美景的最佳地点应该是在圣母山礼拜堂（Chapel of Our lady of the Mount）上。要去到那里，你必须先爬上一段长长的阶梯。这里曾是果阿上流社会的人散步的地方，现在只是森林里一段荒芜的小径，只有叽叽喳喳的小鸟、孔雀和猴子时常来造访。

深红色的凤凰木从鹅卵石地面上蜿蜒升起，灌木丛挡住了通往坍塌的修道院和杂草蔓生的贵族宫殿的宏伟大门。一扇完美的文艺复兴时代的拱门柱顶过梁腐烂了，露出老旧的桃木石质地。路上覆着螺旋形的植物根须，根茎缠绕着果阿某个久已被人遗忘的朝代的纹章盾牌。当你走近礼拜堂，你会发现它的正面已经半淹没在藤蔓植物交缠而成的网里，四周寂静无声，只有旧木料吱嘎作响和棕榈树怪异的窸窣声。

站在礼拜堂前梯上看到的全景令人惊讶。那奇怪的尖顶、一道圆形拱顶、一座圆顶塔、一道残损的山墙从森林的掩映中伸出来。你俯瞰着教堂和修道院的圆顶和尖塔，看见夜晚的灯光勾勒出曼多维河（Mandovi）伸向远方的蜿蜒河道。

这条河上现在空无一物：码头久被遗弃，帆船早已沉没。这里曾是文艺复兴时代最伟大的城市之一，但现在几乎什么也没留下。

"但当然，尽管他们固守了很多东西，"唐娜·乔治娜（Donna Georgina）向后一仰，靠在编织藤椅上，"尽管贸易帝国一去不返，他们还是又统治了我们 300 年。在你们英国人征服印度的第一寸土地前，他们在果阿待了整整两个半世纪。直到 1960 年他们还在这里，那时距离你们所有人回到英国已经又过了十多年。"

"直到 1961 年尼赫鲁解放果阿，把他们都赶走了。"

"解放？"唐娜·乔治娜脸上顿时布满阴云，就像季风最盛的时节果阿的天空那样，"你刚刚是说解放吗？那更是麻烦吧！"

我明显说错话了。唐娜·乔治娜·菲格雷多现在笔直地坐在她的藤椅上，由于愤慨而浑身僵硬。我们刚刚谈论的、她的祖先在18世纪时的庭院，绝不是那种今天仍遍布果阿、混合了印度和葡萄牙风格、最大型的殖民式庄园，但毫无疑问是目前保存得最好的一处。我之前开车来到唐娜·乔治娜的村子鲁多林（Lutolim），村子沿潟湖而建，湖边长着椰子林、面包树和盛开的木槿花。村子的中心是一座巴洛克式的大型白色教堂。教堂前面有一个小广场，广场一边是学校，另一边是一个名叫"好牧人酒吧"的小酒馆。酒馆里，村中神父正恰如其分地身穿白色教士服，坐在一张桌子旁读着每日新闻报纸。附近散落着村里的大房子，其中最为宏伟壮观的便是唐娜·乔治娜庄园。

进入庄园，一个仆人带我走进一间正式的会客厅。厅内一边是一个18世纪时期、混合了印度和葡萄牙风格的高脚柜，旁边竖立着一个质地上佳、身形瘦长的萨摩烧花瓶。墙上挂着祖先们黯淡的画像。木质陈列柜里放满了其他宝贝：澳门瓷器、绝好的雕塑、风格主义（Mannerist）[①]宗教图画等。

唐娜·乔治娜走进房间时拍了拍手，几秒钟之内，另一个打着赤脚的仆人从厨房里沿着走廊跑过来。

"弗朗西斯，给达尔林普尔先生上一杯冰芒果汁，我就要一杯茶。"

仆人踩在光溜溜的木质地板上轻声走开了。此刻离我刚才鲁莽地提到"解放果阿"过了没多久。

唐娜·乔治娜紧握双手，眼睛望向天花板。

[①] 又称样式主义、矫饰主义，文艺复兴之后出现的一种艺术流派，其反对理性对艺术的指导作用，强调艺术家内心体验与个人表现，画面精细、夸张、华丽，充满戏剧性。

第十四章　在唐娜·乔治娜庄园

"现在，试着理解这些吧，年轻人，"她的口音里带着浓重的南欧元音特点，"1961年印度人进入果阿，那是百分之百的入侵。想想他们能把我们从什么当中解放出来？不是葡萄牙人，因为葡萄牙人从来就没有压迫过我们。我实话告诉你吧，印度人到底把我们从什么当中解放了出来。他们仁慈地将我们从和平、安全中解放了出来。"

唐娜·乔治娜那双目光如炬的黑眼睛令人望而生畏，她的头发梳成一个高高的髻。她穿着一件在里斯本买的葡萄牙样式的花衬衫，为了视觉平衡，下面则配了一条肃穆的黑裙子。她精力十足地点着头。

"准确来说，我们在葡萄牙人的治理下度过了451年23天！"她说，"结果就是，我们和印度人完全不一样——完全不一样！我们果阿人心态不一样，语言不一样，文化也不一样。虽然现在我们处在印度人的占领之下，但每次我跨过边界去印度都觉得很奇怪……什么都变了：食物、风景、建筑、人群、生活方式……"

唐娜·乔治娜的视线越过我的肩头，紧盯着打开的窗户："葡萄牙人在的那些年月里，我们晚上从来不锁门。而现在，即使是大白天，我们也不敢确信自己是否安全。而你知道我们最怕谁吗？印度政客。他们绝对是一群寡廉鲜耻之徒。他们毁坏我们的森林，洗劫我们的财产，他们把每个人的生活都弄得过不下去——尤其是我们所有这些拥有土地的人。他们在选举中许下承诺，把我们的土地拿去分给选民；他们从来不会把自己拥有的东西拿出来分——哦，不会的，一根针也不会——但他们在瓜分属于别人的东西时，眼睛都不眨一下。哦，就是这样，这些对他们来说轻而易举。"

唐娜·乔治娜所说的话和我在果阿各处反复听到的故事不谋而合。葡萄牙人在这块小小的印度殖民地上坚持下去的漫长岁月——差不多四个半世纪的相互融合和通婚——在殖民者和被殖民者之间缔造了独特而紧密的纽带。因此，大多数果阿人至今仍认为该邦是一个与众不同之地：一个文明的地中海小岛，和印度其他地区截然不同。正如他们会很快让你知道，他们吃面包，不吃印式薄饼（chapattis）；他们喝东西会去酒馆，而不是去茶铺；他们当中很多人是罗马天主教徒，而不是印度教徒；他们的乐师弹吉他，唱葡萄牙传统民谣法朵（fado）。他们会向你强调，他们之中没人能忍受西塔琴或印度唢呐的声音。

此外，就像唐娜·乔治娜一样，许多受过教育的果阿人言谈之间仍旧说的是"那些印度人"和"跨过边界去印度"，而当他们愉快地聊起上一次去阿尔加维（Algarve）拜访表亲或去辛特拉（Cintra）探望兄弟时，① 他们会将这趟旅程形容为"回家"。他们承认，这块此前经济陷入停滞的殖民地并入更广大的印度后，当然会迎来新的繁荣——但这也会产生代价。公共生活腐化，而他们独特的果阿身份认同也蓄意、强行地受到了侵蚀。

比如说，果阿的学校已经不再教授葡萄牙语；以葡萄牙语命名的各处地名正在梵语化；潘吉姆（Panjim）② 那些绝妙的殖民时代建筑正在被系统性地推倒，好让位于毫无特色的印度混凝土建筑。潘吉姆最后一幢宏伟的贵族联排房屋——梅内姆

---

① 阿尔加维和辛特拉均为葡萄牙城市。
② 果阿首府旧称，今称帕纳吉（Panaji）。

（Menem）伯爵的庭院在1986年被摧毁，只是为了在原地修建一栋六层高的公寓。

的确，现在依然还残留着最后的一些角落，比如，潘吉姆最古老的地区之一丰泰尼亚斯（Fontainhas）那杂乱而狭窄的石子路。丰泰尼亚斯看上去就像葡萄牙本土一小块地区被冲到了印度洋的海岸上。未出嫁的老妪穿着花裙子坐在阳台上，一面读着晚报，一面彼此用葡萄牙语闲聊。傍晚时分漫步于丰泰尼亚斯，你会看到一些在印度其他地方难以想象的景象：小提琴家站在开放的阳台上练习维拉-洛博斯（Villa-Lobos）①的曲子；新艺术风格装饰的阳台上，鸟儿叽叽喳喳地坐立笼中，望着外面的红瓦广场。在你驻足观望时，穿着熨烫过的亚麻裤、戴着洪堡式小礼帽的老头们从酒馆里走出，他们拿着手杖，步履坚定地穿过石子路，路过一排排破旧不堪的1950年代生产的大众甲壳虫，那些车锈迹斑斑，它们的历史正渐渐被人遗忘。街上飘着无处不在的地中海的香甜味道，几乎是扑鼻而来。

但唐娜·乔治娜坚持认为，这样的角落已经越来越难以发现。我的女主人向我喋喋不休地抱怨了20分钟，对此我已烂熟于心。

"1961年我们不可能打得过印度人，"她说，"他们人数太多了。果阿是个很小的地方，根本不可能自卫。即使今天，我们也只有100万人口。面对九亿印度人，我们能做什么呢？但他们是靠武力把果阿夺走的，这里的大多数人都反对印度的侵略。这就是为什么他们要把地面部队、空军和海军派到这里

---

① 维拉-洛博斯（1887—1959），巴西作曲家，是拉美最负盛名的作曲家之一。

来。那些日子里我们都失声痛哭。那标志着果阿美好的旧时光一去不复返了。"

唐娜·乔治娜拿出一块小手帕擦拭着眼睛。

"事实上，1961年后我们遭受了两次入侵。第一次是印度人，他们洗劫了果阿，砍伐我们的森林，带走我们的木材。那些政客制造了一场浩劫。然后就是嬉皮士又回来了。真是恶心。那些人就是这样：恶恶——恶心。所有那些裸体主义者。还有性行为：在海滩上，在路上——甚至在潘吉姆。潘吉姆！想想吧，他们公然接吻，我不知道他们还干了些什么。恶心。"

果阿的嬉皮士社区曾经盛极一时，来庄园拜访的前一天下午，我参观了一个遗留的社区。在安朱纳海滩（Anjuna Beach）上，我见到的不是丰泰尼亚斯铁迹斑斑的大众汽车，而是停在棕榈树下的一排恩菲尔德（Enfield）①子弹系列摩托车。我到那儿时，一周一次的跳蚤市场已经在收摊了：一个德国神职人员正在把他的一堆印度教符咒装回包里；在紧挨着的一棵棕榈树下，一个墨西哥走私酒贩正把他剩下的进口拉格啤酒罐装进背包。在海滩的沙丘上，篝火正在噼啪作响，看上去是一场女子足球赛，每方六个人，她们赤裸着上身——这一幕在世界上其他地方看起来只是有点奇特，但在印度绝对可以算是惊世骇俗——正在四处追逐着球。一群戴着手镯的背包客在给她们加油，同时，他们手里传递着一个十英寸长的大麻烟卷。

"射门！"

---

① 全称为皇家恩菲尔德（Royal Enfield），英国经典摩托车品牌。

第十四章 在唐娜·乔治娜庄园

"银河系第一!"

"宇宙无敌!"

在1960年代,每一个有自尊心的嬉皮士都曾把安朱纳作为他们在亚洲的目的地。从汉普斯特德到柏林,从巴黎的街头堡垒到旧金山的鸦片聚集地,身穿扎染服饰的嬉皮士们一浪接一浪地越过亚洲,抵达这片海滩,在浪花的拍打下尽情做爱。安朱纳、贾博拉(Chapora)、戈尔瓦(Colva)和恰朗古特(Calangute)等海滩上建立起了完整的流浪社区。此前,只有对潘吉姆了解得一清二楚的人才会知道回水①,如今,这个词已经成了欧洲和美国那些赶时髦的瘾君子的口头禅。

但随着时间的流逝,当1960年代慢慢被1970年代湮没,嬉皮士们要么死于过量吸毒,要么返回故乡。今天来果阿的年轻人主要是学生,他们大都出生于相当富足的中产阶级之家,毫无疑问,在适当的时候,他们就会剪掉自己的马尾辫,摇身一变成为商业银行家或商品经纪人。

只有很少一部分人真正是从1967年那群信仰爱情与和平的嬉皮士中留下来的顽固分子。② 他们中有一些变得非常富裕——无须深究就能想到他们是做什么生意赚到这些钱的——但留下来的大多数人都是些性格温和的怪咖,他们自己栽种所需的食物,穿着喇叭牛仔裤晃来晃去,滔滔不绝地谈论着地球灵脉③、盖

---

① 回水(backwater),在印度西南沿海地区,外海的阿拉伯海水和内陆河湖水系彼此交汇、倒灌,由此形成的地理景观。喀拉拉邦、果阿邦的回水都较为知名。
② 1967年夏天,嬉皮士聚集在旧金山,发起了一场名为"爱之夏"的反主流文化运动。
③ 一种神秘学说,指在地球上各种历史建筑和著名地标之间绘制的直线。信徒认为地球灵脉划定了"地球能量",并可以作为外星飞船的向导。

亚理论（Gaia theory）① 和世界和平，他们靠向背包客兜售布朗尼、芳香疗法精油和印式马甲勉强度日。这种海德-阿什伯里（Haight-Ashbury）街区②的化石级遗老实际上都是非常温顺的人，但你从唐娜·乔治娜对他们的评价中可不会得出这样的结论。

"当然了，他们会表现出那些行为都是由于**毒品**，"我的女主人发出一阵嘘声，"恶心的人。毒品、性行为以及我还不知道的其他事。我真不知道那些嬉皮士和我们现在这些印度政客究竟哪个更糟。葡萄牙人绝不会容忍这种事情发生。"

唐娜·乔治娜轻蔑地啜着茶："萨拉查（Salazar）③先生如果在，就会知道怎么对付这些嬉皮士。他不会让他们为所欲为。"

老妇人带我四下参观这座房子。她把那间宏伟的舞厅指给我看，1936年，他们在那里举办了最后一场舞会；还带我看了已沉陷的回廊，她在那里种了厨房所需的全部重要原料：辣椒、芦笋、椰子、柠檬草、香水月季、木瓜和凤仙花。

"尽管有那些嬉皮士和政客，您看上去至少保住了自己的庄园。"我一面说着，一面环视着周围一间间保存完好的殖民时代葡式建筑。

"都是辛辛苦苦才完成的，"唐娜·乔治娜说，"或者我可以说是辛苦的劳役。现在，为了努力保住我家族的产业，我打

---

① 该理论认为地球不仅是宇宙中的一个物质实体，而且是一个有生命的、能自我调节的有机体。
② 旧金山的两个街区，是"爱之夏"运动参与者的主要聚集地之一。
③ 萨拉查（1889—1970），葡萄牙领导人，曾任葡萄牙总理，统治葡萄牙达36年之久。

着25起官司。你没听错，是25起。然后还有猴子，那些能跳到房顶上搞破坏的大猴子。还要为季风季节的雨水做准备，这可比准备婚礼麻烦得多。另外要检查沟渠，确保没有渗漏，这些也都是不小的工作量……但让我告诉你吧，做这些都是我的分内之事，是我对我的祖先、对我自己和对社会的责任。"

我们停在一间古老的祈祷室（oratoria）前面，这间屋子看起来有点像橱柜，像神龛一样敞开，里面摆放着一排排宗教画像、十字架、圣心和摇曳的蜡烛。全家人每天两次聚在这里，然后举行念诵《玫瑰经》仪式。在柜子旁边的墙上，唐娜·乔治娜挂了一幅神圣家族的钢笔画。

"我自己画的，"她见我望向那边便解释道，"婴儿是耶稣，他正在喂的羊象征仁慈。老妪是耶稣的外祖母圣安妮。所有的老果阿家族都把圣安妮视作他们的守护神。"

唐娜·乔治娜停顿了一下，她说的最后一个词回荡在空中。

"全是仰赖圣安妮和上帝的庇佑，这座房子依然矗立，而我也依然健在。人们总是问我：'你一个人住，应该找个人来照顾你，要找谁呢？'我就会答道：'全能的上帝、耶稣和圣安妮。'

"你看，年轻人，让我告诉你吧。总的来说，他们做得非常好。"

第十五章　沿猛虎之路而上

贾夫纳，斯里兰卡，1990 年

237　　武装直升机出现在山峰上之前，乐队正在演奏《友谊地久天长》。螺旋桨叶转动的巨大轰鸣声淹没了管弦和鼓点的声音，突突地击打着最后一批登上运兵舰的突击队员。炙热的尘埃如漩涡般漫卷飞扬，将军们掏出手帕蒙住脸时，他们身上的勋章彼此碰撞，叮当作响。直升机在这片撤离的军队上空盘旋几秒后便离开了。它飞过海湾，飞过航空母舰和驱逐舰，加入其他四架直升机的阵营，在港口上空呈十字形排列——仿佛一只巨大的蜻蜓翱翔在水域上空。

　　仪式已经进行了两个小时，无休无止的演讲、列队游行和军乐队表演意在显示，占领此地的军队正在不紧不慢地撤离，显示他们不是——上帝保佑但愿如此——被赶出去的，显示世界第三大军队不是夹着尾巴逃跑的。

　　演讲还在喋喋不休地继续下去，正在授予勋章，但显而易见，码头的空气中绷着一股紧张的气息。在海湾周围某处，在丛林的隐蔽之下，泰米尔猛虎组织正在各就各位。每个人都在期待一声离别的枪响，一次用来送行的迫击炮攻击，或是最后一次巧妙伪装的地雷爆炸。整个仪式过程中，印度的直升机都在不停地扫视周围的山峦和空地，准备着机关枪开火，或是那在太阳底下闪闪发亮的火箭炮亮起指示器。

238　　这是 1990 年 3 月末，之前我从德里被派到南方来报道印度军队从斯里兰卡撤离的情况。虽然这一事件在西方媒体上只有零星的报道，但就其本身的重要性而言，此举不亚于苏联从阿富汗撤军，或者更早的"西贡陷落"①。正如在阿富汗和越南发生的那样，一个超级军事力量——印度有130万军队——再一次遭遇了令之蒙羞的滑铁卢，败在了一小支不屈不挠的游击队手中。这是一次卓越的胜利——有时候，印军和猛虎组织的人数比高达70∶1——但伦敦有一半的记者似乎都去阿富汗采访过人民圣战者组织，关于越南的电影多得可以塞满一座颇有规模的录像收藏库，而泰米尔猛虎组织依然面目模糊，鲜有记述，不为人知。导致这种现象的一个原因是猛虎组织极度排斥记者。结果，无论剪报还是图书馆都无法向我提供充分的资料，只有少许线索，而这促使我想要去了解更多。

首先，毫无疑问，猛虎组织纪律严明，几乎到了狂热的地步。抽烟和饮酒绝对禁止，一旦发现即予驱逐；发生通奸行为会遭到死亡的惩罚。这听起来像是切·格瓦拉游击队的准则和沙漠教父②的禁欲主义不可思议地结合在了一起，但很明显，这种结合非常有效：猛虎组织几乎没有内部争端，也就断然不会像阿富汗的人民圣战者组织那样，因为派系内斗而不可避免地导致分裂。相反，猛虎组织是一个集权专制，甚至法西斯化的组织，其高级领导人普拉巴卡兰（Prabhakaran）拥有宗教首领般的地位，战士们对他绝对服从。

其次，猛虎组织敢于英勇地实施自杀。在十多年的持续抵抗中，他们十分引人注目的一点是几乎无人被活捉。每个游击队员的脖子上都挂着一个装着氰化物晶体的小药瓶。有一个广为人知的案例：猛虎组织的一个营曾被政府军队包围，全体队

---

① 即西贡解放，1975年4月30日发生在越南共和国首都西贡的一次军事政权转移，事件标志着越南战争结束，越南统一。事件后西贡改名为胡志明市。
② 早期的基督教隐士、苦修者和修士，约从3世纪起主要生活在埃及的沙漠中。

员在两分钟以内吞下药物,在难以想象的痛苦中结束了生命。

最后,猛虎组织显然异常残忍,这一点也非常特殊。在发起运动的过程中,他们制造了亚洲近代史上一些最惨无人道的针对平民的暴行。他们在幼儿园外安置汽车炸弹,有条不紊地将整座村庄清理干净;他们对政敌穷追猛打,最后以一种恐怖而专注的野蛮方式将他们除掉。猛虎组织实际上似乎很享受杀戮,仿佛对他们来说,杀人是一种爱好,甚至是一种艺术形式。但所有这些令人憎恶的特性结合起来,使猛虎组织成了当今世界上或许最有效率、最为成功的游击组织。

当我看着最后一艘印度运兵舰驶出中国湾(China Bay)①时,我决定在斯里兰卡多待一段时间,试着多挖掘一点关于猛虎组织的信息。随着印度人的撤离,他们的战事也暂时告一段落。目前,他们控制着岛上的北部和东部地区,即泰米尔人的核心地带,并开始在与斯里兰卡政府展开谈判、国内选举等问题上制造噪音,或许现在他们对记者的态度会比以前好一些。于是,我回到科伦坡(Colombo),把签证往后延了一个月。

第二天,我叫了说泰米尔语的司机乔治(George),和他一同前往阿努拉德普勒(Anuradhapura)。

毫无疑问,阿努拉德普勒是故事开始之地。

---

① 又名亭可马里湾,位于斯里兰卡东北部港市亭可马里(Trincomalee)。

在斯里兰卡，泰米尔人和僧伽罗人（Singhalese）已经做了近3000年的邻居，在这段岁月里，他们大部分时候在互相争斗。该岛北部和东部地区是皮肤黝黑的泰米尔人的地盘：他们是个子瘦小、勤劳肯干的印度教徒。岛上的其他地方则被僧伽罗人控制：他们是皮肤白皙、长相异常俊美、容易懈怠的佛教徒。阿努拉德普勒是僧伽罗人的城市，城中心长着一棵神圣的菩提树，是从菩提迦耶那棵佛祖坐在其下得以悟道的菩提树移枝栽种的。树枝是第一批弘法的佛教徒在约公元前250年带到斯里兰卡的，这棵树一直以来都是佛教徒心中最神圣的遗迹之一。

公元前237年，来自印度南部的泰米尔印度教徒占领并洗劫了这座城市。他们迫使佛教徒成为奴隶，将印度教设为岛上的官方宗教。直到僧伽罗人中出现了一位亚瑟王式的人物杜图珈摩奴（Dutugümunu，公元前101—公元前70），他在阿努拉德普勒之战中将他的人民从异族人手中解放出来。阿努拉德普勒也成为统一后的斯里兰卡的都城，并从那时起至今一直象征着僧伽罗人的控制权〔虽然从14世纪起到殖民时代前夕，大部分泰米尔人都是被他们自己建立的独立王国贾夫纳（Jaffna）统治〕。

1948年，当斯里兰卡（当时称作锡兰）从英国人手里获得独立时，旧的伤疤再次破裂。其时，僧伽罗人有1100万人，泰米尔人仅有300万人，民主制度则意味着少数服从多数：1956年，僧伽罗语成为该国官方语言，泰米尔语禁止出现在政府办公室和道路标识中；泰米尔人如果想在政府部门中得到高级职位，需要先通过僧伽罗语熟练程度测试。同时，印度教徒在北部拥有的主要田地渐渐被转移分配给了佛教徒。泰米尔人起初的非暴力抗议遭到了特别任务武装（Special Task Force）——

一个由佛教徒组成、类似盖世太保的组织——的残酷镇压。

许多年轻的泰米尔人意识到,如果他们和他们的文化想要存活下来,就必须揭竿而起,在斯里兰卡北部建立自己的王国:伊拉姆(Eelam),意为"珍宝之地"。1975年,一个名叫韦卢皮莱·普拉巴卡兰(Vellupillai Prabhakaran)的年轻走私贩子把他的一小部分朋友聚集起来,成立了泰米尔伊拉姆猛虎解放组织。他们一部分人在位于印度南部的情报机构印度调查分析局(Research and Analysis Wing, RAW)接受训练,据说,另一部分人则受训于以色列情报组织摩萨德(Mossad)。他们开始为建立一个独立的泰米尔王国战斗。

猛虎组织起初只是众多互相竞争的泰米尔游击组织中的一个,但很快,它就进入了世界上最狂热、最残忍的恐怖武装力量的行列。在十年间,猛虎组织炸毁学校,绞死佛教僧侣,把僧伽罗人的村庄整个消灭。他们还对同为泰米尔人的对手组织发起了血腥的战争并最终取得了胜利。最后,一系列暴烈且通常是自杀性的爆炸袭击导致1983年7月科伦坡爆发了反泰米尔人的大屠杀,在该事件的作用下,斯里兰卡陷入了全面内战,几乎面临着黎巴嫩那样的复杂态势。一系列的暴乱之后,猛虎组织锁定了其首要作战目标,即针对僧伽罗神话传说和民族自豪感的核心地带发起具有象征意义的袭击,其中一处便是阿努拉德普勒。

今天,这座古老的城市身上似乎没有留下多少普拉巴卡兰袭击的痕迹。壮观的白色窣堵坡(stupa)① 依然高高耸立在绿

---

① 古代佛教特有的建筑类型之一,主要用于供奉和安置佛祖及圣僧的舍利、经文和法物,外形是一座圆冢的样子。亦称舍利塔、佛塔、浮屠塔。

色稻田之上，如埃及吉萨金字塔群般庞大，却建造得更为精致，塔顶自下而上慢慢收窄，塔尖如冷杉般呈锥状，拥有完美的弧度。远处，寺庙和宫殿半隐没在草木之中，丛林似乎正迎向并紧紧攫住它们那倾圮的柱子。在袭击中被烧毁和受损的建筑已经得到清理和修复。只有当你仔细查看时，你才会发现弹孔和灼烧的痕迹，那场侵犯了大概是斯里兰卡最神圣的佛教圣殿的大屠杀，如今只留下了这少许证据。

那是 1985 年 5 月 14 日早上 7 点半，猛虎组织抵达了靠近这座圣地边缘的现代化城中心。他们把劫持而来的车辆停在公交站台正中央，从车后平静地走出来，端起手中的卡拉什尼科夫自动步枪，开始任意扫射人群。他们把两枚手榴弹扔进了一辆等候的校车，而一枚肩扛式火箭弹击中了另一辆满载老年朝圣者的大巴。

穆罕默德·拉齐克（Mohammed Razik）在公交车站对面经营着一家名叫"巴黎角落"的小茶摊。那天早上，他刚打开百叶窗，打算坐下来看报纸，就听到了爆炸声。他以为有人在放鞭炮，便走出门想去看个究竟。

"人们四散逃窜。很多人摔倒在地，不是受了伤，就是挤在亲人的遗体旁尖叫。着火的公交车冒出浓烟和火焰。自动武器发出的咔嗒声似乎从四面八方袭来。然后我看到大概有 20 个游击队员从公交车站的火焰里慢慢走出来，他们排成一条直线向前挺进，不分青红皂白地肆意开枪。他们中间有三个人穿着制服，其他人穿着 T 恤。我看到他们朝锡兰银行扔了一枚手榴弹——银行保安之前试图朝他们开枪——然后我跑到后面，跳进了湖里。"

几分钟后，猛虎组织到达了长着菩提树的寺庙。他们在外面停留了一会儿,扫射了卖小玩意儿和明信片的小贩,以及尼姑们喂养的一条鳄鱼。寺庙的清洁工达纳帕拉·赫拉特(Dhanapala Herath)想关上寺庙大门,但就在他插上门闩之前,猛虎组织把门推开了。

"他们闯了进来,里头有一个人朝着巨大的佛像举起了枪。我推开他的枪,子弹打到房顶上去了。然后他们就朝我开枪,一共三次,大腿、胳膊和肩膀,"他顿了顿,低头看着自己失去的两肢,然后继续道,"在我昏迷前,我记得一件事,他们都在大笑。他们并没有为自己的所作所为感到惊恐和害怕,而是相互开着玩笑,哈哈大笑,兴高采烈,好像在过节一样。"

阿努拉德普勒大屠杀为斯里兰卡境内的暴力事件注入了可怕的新元素:宗教的狂热和苦难。事件发生后的第二天,该国南部爆发了更多骚乱,夺去了数百名泰米尔人的生命。截至1990年,约有15万人在战争中死亡。对一个仅拥有1500万人口的岛国来说,这无疑是一场大屠杀。

你朝阿努拉德普勒北部进发,离开僧伽罗人的领地,来到泰米尔人的区域,进入伊拉姆。两个社群之间没有公共交通,所以我需要找乔治帮忙。

乔治是个可爱友善的出租车司机,他是僧伽罗人,有一点却和南方人不太一样,他的泰米尔语说得很好。但他也有一个严重的缺点：痴迷于琢磨汽修工程。他的车本来开得好好的，但只要乔治在引擎盖下面捣鼓一阵，就有事情发生了。上一段旅途中，我们在一片绵延的丛林里过了一晚，据说那里是游击队员经常出没之地。乔治偏偏挑在这个"千载难逢"的时刻倒腾了一下发动机。第二天一早，引擎盖里冒出浓烟，汽化器爆炸了。我们浪费了三天时间才继续赶路。

我们从阿努拉德普勒出发的那天早上情况不太妙，乔治的车况和我们的神经都是如此。先是报纸的通栏大标题上赫然登出，反对猛虎组织的泰米尔武装分子似乎在我们打算要走的路上埋下了大量地雷。然后乔治宣布，他在前一天洗了车。"里里外外洗了一遍，"他说，"换了机油，冲了引擎，每个部件都变干净了。今天我们就像有了个新引擎一样。"

乔治点火不久后，这番清洗的效果就显示出来了。汽车开始像波轮洗衣机脱水桶那样剧烈抖动，继而变得失速，然后以每小时19英里的神奇速度爬行着。"斯里兰卡的汽油质量太差了。"乔治有些难以置信地说道。

我们朝着北方缓慢地蠕动着，车窗外的风景开始变化。在阿努拉德普勒附近，土地肥沃，一片热带景象：水牛在排干了水的稻田里吃草；身穿橘色长袍的和尚自在踱步，手里拿着孔雀羽毛做的扇子和黄伞；花园里茉莉花和紫红的九重葛绽放着。但随着我们一路北上，稻田变成了干旱的热带草原，偶尔点缀着一片片灌木丛林：这是典型的游击队出没之地。耐旱的扇叶棕代替了热带的椰子树。这是一片无人之地，一片适于埋伏的荒野。事实上也是如此：3000年以来，锡兰北部一直被反复争夺，这片热带草原一直是交界地带和战场。乔治发现路上有不少坑洞，有的足足有两三英尺深，和路面同宽，那是以前的地雷留下的。在好几处地方，他提到了在爆炸中死亡的司机的名字。我们沉默地前进着。

我不知道我们是在哪里越过交界处的，但再次来到有人烟的地方时，我们显然已经进入了泰米尔人的区域。电线杆上到处挂着猛虎组织的旗帜——一头咆哮的食人猛兽，身后是两把交叉的卡拉什尼科夫自动步枪；每面墙上都画着猛虎的涂鸦和壁画。

我们一路开到了瓦武尼亚（Vavuniya），然后遇到了路障。一个端着卡拉什尼科夫自动步枪的游击队员立即让我们从车里出来，站在一旁等着。另一个15岁的猛虎队员发送了无线电，请求是否放行。

从猛虎组织以前的经验来看，要进入他们的营地、对他们的领导进行访谈几乎是不可能的。看上去每个队员都曾收到命令，不得与外国记者说话，即使问个最无关紧要的问题，他们也只会守口如瓶地耸耸肩。但这一次我非常幸运。临时营房里住满了闲得无聊的队员。两个戴蓝色棒球帽、膝盖上插着卡宾枪的守卫正无所事事地走来走去，他们挠了挠拇指球，又摆弄了一下枪的安全栓。他们穿着猛虎组织独特的制服：迷彩服上的花纹是模仿虎皮的纹路。我让乔治做翻译，问起他们有关枪的事——一个对所有猛虎队员来说都有得聊的话题——终于诱使他们打开了话匣子。他们慢慢变得健谈起来。

营房里的猛虎队员都不超过25岁，但他们说话的口气听着就像他们已经有多年的游击经验，很多人肯定是刚从小学毕业就加入了。然而，他们看上去丝毫未受到战争的影响。离战争远远的——至少从他们的现状看来，他们过得非常快乐。他们说出的话很奇特，既带着将战争视为儿戏的虚张声势，又包含颇显老成的游击组织黑话，但不经意之间，还是会透露出他们的真情实感。两个小时后，我们很惊讶地接到了准予放行的指示，这时，我问了他们最后一个问题：他们有没有经历过非常糟糕的时刻？

房间里一个年龄偏大的男孩有些踌躇地开始回答。他说，1月上旬的一天，他带着一组巡逻队穿过丛林，然后他们意外地中了印度人的埋伏。和他一起巡逻的是他的朋友，一个出身贫寒的农村少年，一辈子都没穿过一套新衣裳。就在一天前，他刚刚领到第一套猛虎组织制服：一整套崭新而时髦的虎皮花纹迷彩服，里面什么都有。巡逻队的领队成功逃走了，但他朋友的武器掉落了，他跑去捡，于是被抓住了。他别无选择，只能吃下氰化物。"那个瓶子肯定用得太久了，"男孩说，"不太有效了，我躲起来时能看见他的脸扭曲、变形，血和白沫从他嘴里喷出来。他哀求印度人杀了他，但他们并没有应允。过了五分钟他才死掉。"

他讲这番话的时候，房间里一片寂静。出发时，我向他最后瞥了一眼。虽然他竭力掩饰，但我还是能看见，他脑海中依然浮现着他朋友的面孔：活生生的，口吐白沫，倒在丛林地上抽搐着。

我们继续前进，深入伊拉姆内部。土地越来越干旱，只能

养活扇叶棕、晒得发白的丛丛象草、互相交缠的荆豆和矮灌木丛。这是一片了无生机的地域，也是猛虎组织进行最激烈的战斗的场地。

1987年，斯里兰卡政府军决定走出几个防御军营，试图收复整个贾夫纳半岛，此举打破了双方的攻守平衡，大大加深了双方交火的激烈程度。就在政府军对猛虎组织进行第一次围剿后，印度军队秘密上演了一起荒唐的闹剧，他们作为"维和部队"参与进来。他们此行的目的是支持印度教同胞和保护泰米尔人。但没到一个月，在印军试图让猛虎组织缴械却遭遇了顽强抵抗之后，他们反戈一击，开始同最先打算予以保护的一方交战。1987年10月，印军包围了贾夫纳，用坦克和重型大炮猛攻这座城市。

印军装备着最新式的苏联武器，他们一路朝北挺进，从五条战线围攻贾夫纳，猛虎组织被迫撤离——但在此之前，他们依靠最少的人力和土办法，已经消灭了将近一半的印度"维和部队"。比如，他们发明了一个简单的办法，用来对付现代化的运输装甲车：在路边的桶里放很多塑性炸药，从中牵引出一些金属丝，连到一座相隔100码的房子里的无线电接收器上，然后打开无线电设备，引爆炸药。事实证明，苏联最新式的、威力无穷的T-72主战坦克不过是个路障：一个50千克的地雷就能有效炸毁两三个这样的庞然大物。

这是一场值得庆祝的胜利：猛虎组织退回到丛林和丛林的村落——他们秉承游击队的经典做法，和老百姓打成一片——积蓄力量，等待反扑的时机。但向北行驶途中，我目睹了从来没有读到过的东西：代价。当我们通过大象通道

(Elephant Pass)① 朝贾夫纳半岛驶去时,战争带来的毁坏景象越来越多。大楼被烧得焦黑,或是一片废墟,有的建筑表面依然时髦而气派,炸开的洞口却显示出空无一物的内里。一条条街都关门闭户,商店门脸的灰泥上到处都是炸弹碎片和含磷手榴弹留下的坑洼。屋顶坍塌倾圮,标识牌松松垮垮地悬着,锯齿状的金属碎片——钢筋混凝土的残留物——从弹坑中伸出来,指向天空。这里并没有要清扫或重建的迹象:整个城市的残骸只是在等着自生自灭。

夜幕渐渐降临,黄昏的晦暗光线让这一幕惨景更生凄凉,也让我们心头更加戚然。为了让我俩打起精神,乔治开始有意罗列正在前头等着我们的贾夫纳埃拉拉酒店里有哪些奢华的享受:空调、热水澡,还有电视机。

等我们到达酒店时,乔治的奢华允诺让现实变得更难以接受了。这家酒店——很久以前还是贾夫纳最好的酒店,是三星级的——没有电视机,没有电话,没有电,甚至连大部分后墙都残缺不全。也没有一个服务员——只有因为破产而怏怏不乐的经理还在,他热烈地欢迎我们,好像我们是他走失的儿子:这是 18 个月以来第一次有非泰米尔人的客人光临。

"先生,"当我们上楼梯上到一半,透过巨大的弹孔向外眺望贾夫纳的全景时,乔治哭丧着声音对我说,"你得好好照顾我,我可是个有家室的人。"

---

① 连接贾夫纳半岛和斯里兰卡本岛的公路桥,地理位置极其重要,素来是重要的军事基地。

另一个难题是水。一张题为"顾客须知"的公告上写着，水"强烈建议用来泡澡或洗漱，但不宜饮用"。水是棕色的，含有金属，闻起来像是污水。如果你放满四分之一浴缸，你就看不到底了。那天晚上，当我浸泡在水里时，我想，我给羊洗澡都不会用这样的水。然后我探索出一项昂贵的创举：用海绵和一瓶法国富维克（Volvic）矿泉水洗漱。我奇怪地走了好运，这种矿泉水在酒店里倒是供应充足。

我很快认识到，贾夫纳有些东西很是蹊跷。这个市镇和这家酒店一样，到处都是废墟，但这里没有丝毫庸俗堕落的气息。游击队员——他们的数量看起来比普通市民都多——都正直有礼，严守纪律。一些年轻的游击队员承担起了交警的任务，他们昂首阔步地在路口周围走动，就像是学校里趾高气扬的模范学生。酒店周围没有来回晃荡的乞丐、小贩或妓女。猛虎组织的指挥官把这些行为都禁止了，还设立了道德警察来逮捕和惩戒违规者。道德审查官们在废墟间来回巡逻，寻找不合法性行为的蛛丝马迹。此前，我在伊朗见过这种状况。

或许在贾夫纳的所有游击队员中，最正直的是女孩们，她们有一个响亮的名字——"自由之鸟"。在向猛虎组织贾夫纳指挥部递交申请好几天后，我终于获得许可去参观她们那守卫森严的军营。猛虎组织明确向我表示，我应该为获得这项特权心怀感激：我是有史以来第一个获许去那里和她们会面的外国记者。就连乔治也被禁止入内。守卫着大门的"自由之鸟"从小屋里昂首阔步地走出来,用她的全自动手枪指了指我要去的方向,并示意乔治留在原地。

很容易就看出,为什么"自由之鸟"被安置在公众视线以外的地方,严格居住在她们自己单独的军营里。她们都是邦德女郎式的人物:一个由美丽的、穿着紧身卡其军服的泰米尔女战士组成的兵团,腰上都绑着卡宾枪。但我很快就发现,至少在一点上,她们和邦德女郎截然不同:她们都立下誓言,严守贞操,浑身上下就像隐居的尼姑那样包得严严实实。

当好色的印军试图活捉"自由之鸟"时,他们很快就发现了这一点。女队员脖子上挂着的氰化物胶囊不止一个,而是两个。陪同我参观的队员把我带到警卫室,一面向我解释。"男人会受折磨,但女人失去的更多——她的贞洁,"她把我带到一张桌子旁,示意我应该坐下,"不管怎么说,一个自由战士如果被活捉是对其自尊的严重伤害。自杀是维护人格尊严的行为。"

这是一个典型的"自由之鸟"。她们看上去甜美无邪,但也会变得警惕而严肃,满口教条。最明显的就是她们的领导——个子高挑、相貌可爱的贾雅(Jaya)中尉,她是一个政治学专业的大学毕业生,话里却令人费解地充满意识形态色彩的术语。"我们意识形态中的革命乐观主义鼓舞着我们,"我们刚刚彼此介绍过,她便向我宣布,"我们会反抗国族压迫,反抗对女性的压迫、男性统治和顽固的种姓制。人民是我们的先锋。"

在听了大约五分钟这样的咆哮后,我开始明白贾雅中尉在说什么了:她试图把她的部队变成一支准军事化的女性敢死队。她说,在和平时期,"自由之鸟"参与社会斗争是为了"把泰米尔女人从男性帝国主义中解放出来"。她们在贾夫纳的贫穷地区巡游,和女人们交谈,倾听她们的难题。如果一个女人说,她的丈夫打了她,或辱骂她,或者是个臭名远扬的酒鬼,"自由之鸟"就会采取行动。贾雅说,泰米尔男人非常"反对进步","我们有义务对他们进行再教育"。我能看到贾雅中尉如何在实施再教育的地方大显身手,我眼前浮现出一幕幕场景:那些戴着手铐的厌女者、殴打妻子的顽固分子被整卡车地运到再教育集中营里,贾雅中尉正在等着他们,她的拇指夹和电焊棒已经准备就绪。

然后她叫了几个年轻的战士进来,我们谈起了战争。这是一幕奇特的场景:六个美丽娇柔的 14 岁女孩,和她们的朋友轻松地坐在一起,咯咯笑着,互相戏谑,谈起亲历游击队的战事,那就像是一件稀松平常的事,像是摇滚乐队或者男朋友什么的。

在我此前的设想中,到了军事上的关键时刻,"自由之鸟"不过就是个花架子,我大错特错了。1988 年,印军围困贾夫纳的最后几天里,是"自由之鸟"严守在主干道上,这是所有区域中最重要的地方。一个声音轻柔、介绍说自己是"迪拉尼(Dilani)同志"的年轻战士讲述了这个故事。

"300 个训练有素的女游击队员组成的部队坚守在科皮(Kopi)路口。印军向前挺进,带着无穷无尽的坦克和人员运输车。我们的领导马拉迪(Maladi)中尉站在路中央和他们对峙,印军把她射杀在血泊之中时,甚至不敢升起坦克的顶盖。看到这一幕,我们引爆了之前准备好的四个地雷,发射了我们的'卡尔·古斯塔夫'火箭弹。我们在三分钟之内摧毁了六辆全新的苏联 T-72 坦克和整片的人员运输车。尽管接下来印度空军持续进行了狂轰滥炸,我们还是在阵地上坚守了三天,直到其他大多数的战略要地沦陷后我们还在坚持着。我们300个人里面,只有26人牺牲。在战斗中我们冷酷无情,"迪拉尼用她轻柔、唱歌般的声音补充道,"我们没有丝毫仁慈。"

"你们不会觉得这些杀戮让你们的心越来越硬了吗?"我问,"如果战争结束,你们还能回归正常的家庭生活吗?"

"像我这种年纪的泰米尔人,从出生起就遭受着压迫,"迪拉尼简短地说,"包围战时发生的一切对我们来说都司空见惯了。"

"但杀那些人难道不会让你不安吗?"我问,"难道你不会做噩梦吗?"

"他们是我们的敌人,"她答道,"他们杀了我们的人,所以我们也杀他们。为什么会心有不安?"

"但你只有——多少?14岁吧?在这个年纪,你不可能去杀人,然后还完全不受影响。"

"他们并不是人,"迪拉尼简单地答道,她没能理解我想表达的含义,"他们是军队,他们是敌人。"

我皱起眉头,她则耸了耸肩。

"我们还有很多事要做,"贾雅中尉说着站了起来,示意我也应该跟她一样,"我们还要打一场仗。"

很明显,我对"自由之鸟"的采访已经结束了。

在离开伊拉姆之前,我还执意想去做一件事:深入探访猛

虎组织在丛林中的一个营地。这些营地是猛虎组织策划种种行动的中枢，面积很大，通常会容纳1000名以上的游击队员，且守卫森严。营地坐落的地方非常神秘，相关信息严禁外泄，我从未听说过他们允许外人造访。

抵达贾夫纳的第一天晚上，我就直接去猛虎组织中心办公室，提交了一份申请。一周以后，我收到了回复：礼貌的拒绝。他们对此深感遗憾。他们很想帮忙，但这是绝对禁止的。从未有过非猛虎组织成员获准进入营地。

但我尚有一线希望。安东·巴拉埃辛加姆（Anton Balasingham）是猛虎组织的政治领袖，曾在伦敦政治经济学院求学。如果说普拉巴卡兰是猛虎组织的军事领导，那么巴拉埃辛加姆就是枪杆子后面的头脑人物。据说他是一个颇有头脑且亲英的人，如果我能和他说上话，或许他会愿意帮助我。问题是如何才能找到他：和所有的猛虎组织高层领导一样，他的行踪也是高度机密的。我只知道他的家在波因特佩德罗（Point Pedro），贾夫纳以北一个此前干走私的村子。我决定去那儿看看。

我找到猛虎组织在当地的办公室，陈述了我的诉求。当地的负责人是个瘦小而谨慎的人，他带着文职人员那种不动声色的表情，让我先坐下，然后用无线电向他的上级请求指示。过了几分钟他告诉我，上级正在休息，如果我愿意，可以继续等下去。

昏昏欲睡的守卫们在编织藤椅周围晃来晃去，我找了个位置，坐在他们边上。每面墙上都挂着逝去的泰米尔烈士的照片。他们呈现出来的模样，要么是手持冲锋枪站得笔挺肃穆，要么是背着沉甸甸的反坦克武器，要么是和朋友围在印军血淋淋的尸体旁摆出姿势。"都是本地人，"一个守卫指着照片说，"都已经牺牲了。"

我在房间里等了五个钟头。我来来回回踱着步子，听着守卫们的鼾声和风扇转动的声响。我继续走动着。上级还在休息。他出去了。他很忙。最后他终于醒了，表示会给巴拉埃辛加姆打电话。又是一阵长久的拖延。然后他打电话了。巴拉埃辛加姆正在休息。巴拉埃辛加姆出去了。就像一个可怕的梦一般永无止境，直到最终我坚信，他们其实从来没有打算要带我去见巴拉埃辛加姆，只是在搪塞我。最后等来的是一个必然的结果：巴拉埃辛加姆先生出发去丛林了。如果我第二天还想再来试试，他们欢迎。

一整天就这样浪费了，我满心沮丧，走出办公室，到车前叫醒乔治。他转动钥匙点火。毫无动静。他又试了三次，还是毫无动静。"电池没电了。"他打了个哈欠说。

乔治走开了，想去找些跨接电线。我围着车走来走去，满心怒火。我正等着，突然看见两个人从一辆吉普车上下来，朝办公室走去。首先映入眼帘的男人戴着窄窄的金属镶边眼镜，有一个略微隆起的啤酒肚，这在泰米尔人中并不常见。站在他身旁的是一个高挑的金发女人。我马上认出了他们——我曾在猛虎组织无数办公室墙壁上的海报上见过这两张面孔。这就是巴拉埃辛加姆和他的澳大利亚妻子阿黛尔（Adele）。

当然，他之前没有收到采访请求。他对此很抱歉，问我是否已经在这里等了很久，他十分愿意接受采访。他是教科书般标准的革命知识分子：反应机敏，富有激情，习惯打手势和武断地进行概括。他说英语时甚至带着浓重的谍战片口音。他谈起如何成立猛虎组织，其如何从仅由几个朋友组成的小团体成长壮大,得以为他所说的"争取民族自由"而奋斗。我们讨论了他的革命偶像——切·格瓦拉、毛泽东和胡志明,以及他们对于猛虎组织策略的影响。他向我讲述了贾夫纳之战,还有他随后飞到印度南部的一个安全居所,再返回斯里兰卡,将散落各处的部队重组起来,和印军展开了绵延数月的游击战。谈话进行了两个小时后,我温和地抛出问题:他是否认为我可以参访一个营地?

想要参访贾夫纳的任何营地,他说,应该是不可能的——普拉巴卡兰绝不会同意。但我可以去岛上东部的安帕赖(Amparai)试试,他的朋友"卡斯特罗"是那里的指挥官。如果有一个人会允许我参访营地的话,那个人就是卡斯特罗。他答应第二天替我向他捎个口信。

那天晚上我装好行李,早早入睡。第二天一早,乔治和我5点钟就起床,黎明之前我们就上路了。

253　　这是一段艰难的旅程。我们在古怪而空旷的路上缓慢行驶,小心翼翼地避开地雷。我们慢吞吞爬行时,乔治为了不让我无聊,开始用低沉的语气给我讲他那些开出租的朋友的故事,他们开车时一时疏忽,结果就被炸得粉碎。

"我朋友达纳帕拉(Dhanapala),"乔治说,"总是偷偷摸摸地交女朋友。所有女孩——她们实在是太多了。他老婆都不知道。去年10月他带着女朋友开车去贾夫纳,然后砰!汽车爆炸了。完蛋了。没有了。粉身碎骨。达纳帕拉那家伙，他这名字就取得不好，和别的女人在一起，所有女的。那女的也死了。"

屋漏偏逢连夜雨，出贾夫纳大约 50 英里后，乔治汽车的空调过热了，刚开始它漏水，水滴到了我腿上，接着引擎盖下冒出了水汽，然后开始冒黑烟。我们把空调关了，但塑料烧焦的气味还是在车里挥之不去。

那天晚上 6 点，我们到了安帕赖，巴拉埃辛加姆信守了诺言。抵达不到一个小时，一条消息就捎到了我们下榻的城里唯一的酒店。是卡斯特罗发来的。第二天早上 9 点我们去他办公室碰头。会有车来接我们。

自从进入猛虎组织控制区域的那一刻，我就对卡斯特罗略有耳闻。他被视作猛虎组织最耀眼的青年指挥官，是仅次于普拉巴卡兰本人最好的将军。前一年 11 月，猛虎组织在午夜时分从海上袭击了两个军事营地，这是该组织史上最高效，甚至令人心惊胆寒的作战行动之一，卡斯特罗正是这次行动的总策划。那两个营地是一个受到印度武装支援和训练、对抗猛虎组织的泰米尔武装组织的大本营。卡斯特罗通过摧毁"投敌者"的营地，剿灭了营地内的武装分子，震慑了所有还保持亲印立场的武装组织。当印军最终撤离后，猛虎组织便不费吹灰之力地将斯里兰卡北部收入囊中。

我本以为会遇到一位强硬的游击队领导,没想到却是一个英俊而害羞、和我年纪差不多的小伙子。我让他再给我讲讲有关那次袭击的事,他欣然应允。他讲述了准备过程、侦察和情报工作。他告诉我,他们在季风季节穿过丛林漫长而泥泞的小道,走了足足50英里,游击队员悄然爬行着包围了营地,当他们切断电线时,月光静静洒在潟湖上。在他描述的时候,我意识到自己产生了一种似曾相识的感觉。这些听起来都有点熟悉,我说,我是不是在哪部电影里看过这样的场景?他露出微笑。

"你说得没错。我们的营地里都配备有电视机和录像机。每周放映三次战争电影,大家必须观看。在策划埋伏行动以前,我们常常会从《铁血战士》(The Predator)① 和《第一滴血》(Rambo)② 中汲取灵感。我们之中没有人受过专业的军事训练,我们的本事都是从这些电影里学到的。"

所以我想到了:录像游击队。从河内到斯里兰卡需要经过好莱坞。这是一个摄人心魄的念头:现实生活中的自由战士孜孜不倦地研究着西尔维斯特·史泰龙和阿诺德·施瓦辛格的战术。

接着我参观了营地的录像收藏库:整套的《第一滴血》、《洛奇》(Rocky)和007系列;施瓦辛格的所有电影,包括《野蛮人柯南》(Conan the Barbarian)、《毁灭者柯南》(Conan the Destroyer)和《独闯龙潭》(Commando);最近越南的大多数电影;还有,令人印象尤深的,不少于三套的《豪勇七蛟

---

① 美国1987年上映的电影,由阿诺德·施瓦辛格主演。
② 美国动作系列电影,由西尔维斯特·史泰龙主演。

龙》(The Magnificent Seven)。道德说教者常常认为,当下的许多暴力行为都是由暴力电影引发的。如果他们知道,斯里兰卡内战——导致成千上万人死亡、残疾和受伤——的全部战术看似大部分都是从进口电影中汲取的,他们将情何以堪。

过度沉浸于好莱坞的魅影世界也影响了猛虎组织的穿着风格。当卡斯特罗带我走向那辆停着的丰田兰德酷路泽汽车时,我又留心看了一眼,猛虎组织对准军事时尚的理解是什么样的。不仅他所有的保镖都穿着崭新的虎皮花纹迷彩制服,汽车的里里外外也喷着与迷彩服相配的虎纹图案。

我们离开安帕赖,调转方向,驶过潟湖,进入平坦的乡村——绵延的稻田尽头种着椰子树。15英里后,我们驶离主路,来到一个检查站,检查站两边都是用沙袋堆得严严实实的掩体。虽然卡斯特罗现身了,守卫还是坚持,要收到无线电放行许可才会让我们通过。

我们沿着一条脏脏的小道继续前行,穿过广阔的乡村。路上我们又经过了三个更隐蔽、更不易察觉的路障,每一处我们都被拦下来检查。然后我们进入丛林,很快就到了那里。

再一次,我眼前所见的景象和我此前的想象大相径庭。这一次出乎我意料的是营地的面积:足足有一个大学校园那么大。这是一座建造在森林的空地周围、隐藏得严严实实的丛林之城。建筑都是用藤条、竹子和茅草盖的,却令人惊讶地非常坚固:军械库、医院、指挥部、宿舍、洗手间、会议中心、食堂、教室。为了防止泥土变成沼泽,这些建筑之间的地面上都撒着一层厚厚的沙子。

一切都有条不紊。这个地方是一个忙碌的蜂巢,至少有2000名全副武装的游击队员来来往往。一些人在参加政治讲座，全神贯注地听着一位高级别猛虎组织领导人激情洋溢的革命宣讲；一些人忙着打靶练习、袭击课程或武器训练；一些人在打排球；其他人在排队等着剪头发，理发师把椅子从原来的地方移到了空地上两棵菩提树之间，看上去有一种不真实之感。

256　　正如这个地方的超大规模，游击队员的年龄也出人意料。绝大多数人刚刚十岁出头——在英国，刚刚够参加童子军的年龄。我在贾夫纳遇到的猛虎队员也大多是这个年纪，但当时我以为那些只是后备军，在营地里的都是真正的成人队员。在这里，我第一次清醒地认识到，印军是被一支平均年龄绝对不超过18岁的游击队伍打败的。

　　游击队员年龄越小，就越是急于证明自己能够全力以赴英勇杀敌。你和他们当中的任何人还没说上多少话，他们就开始炫耀自己参与过的作战行动，而且他们并非在胡编乱造。两个大概13岁的男孩问我，还记不记得就要离开主路前扇叶棕下有一片小树林？今年早些时候，他们在那里实施了一次大规模的埋伏。他们引爆了两枚威力巨大的地雷，炸毁了一个车队里的六辆卡车，然后打死了还活着的人——他们说，打死了大概15个印军；这很了不起，我当时在那里就好了。另一个或许比他们小一岁的男孩开始向我讲述他进一步在丛林里设下的诱杀装置：藏在树桩里的杀伤性地雷。它炸断了一个人的腿，但他并没有死。他说这是甚好的悲剧，受伤的印度人会比死掉的消耗更多资源。最后，印度人吓破了胆，他们再也不敢离开主路了。胆小鬼！懦夫！

　　卡斯特罗坚持只能允许我简短参观一下营地，只能浅尝辄止。我坐上车被带走前看到的最后一幕是，十个男孩带着血淋淋的大块生肉走进营地。肉是用长长的木头钎子串着的，男孩们就扛在肩膀上，每个钎子上串一块。看到这些肉时，我眼前突然浮现出一幕：猛虎队员们站在死去的印军身旁，得意扬扬地望着那些被子弹穿透的尸体。我浑身战栗。这里有太多的血腥，我已经看够了。

六个月后，我坐在德里回想着那段旅程，想起了一件特别的事。

在贾夫纳的一天正逢宗教节日，我去教堂的时候已经晚了。我匆匆穿过废弃的街道，路过空荡荡的房屋和被炸毁的商铺，来到教堂前落满灰尘的广场上。那是一个明晃晃的、黏稠湿热的热带的下午，教堂前侧的灰泥布满了三英寸深的弹坑，那是榴霰弹、手榴弹和炸弹的碎片留下的。污渍斑斑的玻璃碎片散落在圆花窗下，但圣母下方的入口完好无损，有人在她脖子上挂了一串橘红色的金盏菊花环，仿佛她是一个印度教女神。

教堂里，弥撒刚刚开始。座位都坐满了，是分开的：男人在左边，女人在右边。贾夫纳的主教带着一列身穿白袍的教士站在中间的走道上，经过流血的圣心走上祭坛。每个人都在唱着，女学生戴着白色面纱，神学院学生穿着黑色的哔叽教士服，甚至有一个只身一人的泰米尔游击队员，枪依然别在腰上。当他们众声合唱的时候，座位上方的吊扇旋转着，一圈又一圈。

就在开场唱咏到达高潮时，透过唱咏声我突然听到另一种声音，机翼旋转的噪声，先是在远处，接着那响声越来越近，就盘旋在集会地顶上。声音在教堂周围回响着，人人都抬起头，他们迅速而惊恐万状地认出了那个声音：虽然现在是停战期，但狂轰滥炸就在几个月前，每个人都对武装直升机的声音了如指掌。哼唱声渐渐停了下来，只有唱诗班里的两三个孩子还在指挥的夸张动作的鼓励下继续唱着。最后，就连他们也沉默了。

直升机飞过去了。主教开始了弥撒，仿佛什么都没有发生，但教堂中的紧张感仍挥之不去。贾夫纳的神经始终是绷紧着的，它已经遭受了两次围剿、两场战役，每个人都知道第三次不会太远。城里的每个人，无论是基督徒还是印度教徒，都在祈祷和平。

当然，结果，神灵没有应答他们的祈祷。和斯里兰卡政府的谈判失败了：猛虎组织在赢了印度人后大喜过望，变得十分傲慢，在谈判中要价过高。暴力冲突开始出现。接着，在1990年6月13日，猛虎组织挑起事端。他们在自己实控的斯里兰卡北部地区用迫击炮袭击了政府军营地，俘获了650名值守的僧伽罗警察。那些警察从此再未露面，外界揣测他们已经遇害。6月20日，政府军集结向北。贾夫纳再次被包围了，这是三年来其第三次遭到围剿。

猛虎组织内部通常都是些狂热分子，他们冷酷、严守教条和纪律，和他们相处通常都不太愉快。但贾夫纳的居民都十分友善，他们厌倦战争，总是乐于分享八卦。

所以我想到了曾在城里遇到的人们。我想知道我在教堂里看到的那些人后来怎么样了：那些害羞的神学院学生、高效的主教助理、愤怒的唱诗班指挥。复活节前一天，我和主教在教堂回廊的荫凉下喝了杯茶，主教大腹便便，穿着脏兮兮的教士服，看起来像是罗伯特·莫利（Robert Morley）①。说起印度军队上一次袭击他所在的城市时，他的脸涨得通红。"印度人在我家宅邸 50 码处拦下了我的车，要检查我的证件，"他勃然大怒道，"想想看吧！检查我——主教！"

那个被斯里兰卡官方派去担任贾夫纳政府代理人（Government Agent）的公务员、可怜的安东·阿尔弗雷德（Anton Alfred）怎么样了？在这个被猛虎组织控制的城市，他毫无实权，却肩负着让这个地方维持运转的责任，要让学校继续上课，让公交车正常行驶。他个子瘦小——坐在他那张巨大的维多利亚式桌子旁就显得更小了——却非常勇敢。他深知，一旦停战协定遭到破坏，猛虎组织就会找上门来。他们枪杀了他的前任，也会毫不犹豫地让他落得同样的下场。

"这个职位并不怎么让人艳羡，"他说，"但总得有人要来完成这个任务。一个人必须试着去推进……"

贾夫纳最漂亮的游击队员迪拉尼同志怎么样了？最近我读到，有几个"自由之鸟"逃往印度，但我觉得她们当中应该没有迪拉尼。

来自贾夫纳的报道变得更残酷了。三个月以来，城里没有水也没有电，一切都停止运转了：没有电话、没有银行、没有

---

① 罗伯特·莫利（1908—1992），英国演员，经常扮演功成名就的傲慢英国绅士。

邮局，就连市场也关闭了。那里没有汽油，食品的销售价格是平时的十倍。斯里兰卡政府军包围了那座城市，禁止任何物资进入，就连蜡烛和火柴也不允许。

但围攻最可怕的一面是轰炸和低空扫射。使用贝尔412直升机的低空扫射是相对先进的，它能在短时间内选择葬礼队列、空旷的街道或十字路口的一个老人进行精准打击。但由于斯里兰卡政府军缺乏现代化的炸弹，轰炸并没有什么高科技含量。事实上，整个过程就像中世纪战场上的投石机抛掷石块那样随机而残酷。政府军使用 Y–12 运输机，这种笨拙而缓慢的飞机携带着 300 千克的自制炸弹，装在木桶里，由人力手动地推出货舱口——简单却十分管用：在过去一个月里，这种办法将无数家园、蒂伦维利（Tirunveli）市场、中央火车站和贾夫纳纪念医院统统夷为平地。一个印度记者在报道中写道，他看见一个女人在清扫大街，等到他走进细看，才发现她是在收集自己丈夫的尸体碎块拿去火化；炸弹爆炸时，他刚好骑着自行车从附近经过。

贾夫纳还经历了一个星期的另类轰炸，其居民称之为"屎炸弹袭击"——从飞机上投射下来的是一桶桶粪便。这种轰炸不会带来什么实际伤害，却让整个贾夫纳散发出下水道的臭味，早已战战兢兢的居民们怀疑，他们正在经受某种残酷的生物战争实验。

眼前贾夫纳依然处在围困中，很难估算平民实际伤亡数量，但根据猛虎组织的信息，这一数字大约是 4000 人，这对一个仅有 60000 名居民的城市来说无疑是残酷的代价。就像一位退休政府官员曾向一位记者所言："这是一座活着的地狱——对我们这些尚活在世间的人来说，就是这样。"

同时，在贾夫纳市中心，就像彼此嵌套的俄罗斯套娃一样，围困之中还包含着围困。

宏伟的荷兰堡建于16世纪，是斯里兰卡境内最精美的殖民时代遗迹之一。荷兰堡的城墙早已成为造型优雅的残垣断壁，但当复活节的停战慢慢滑向6月的战事，它们又被仓促重修。这座早已废弃的碉堡突然间成了被困于贾夫纳的僧伽罗难民的最后收容所，看起来就像印度民族大起义的场景——商贩、政府官员、警察和一小支大约200人的政府军都躲避于此。

斯里兰卡空军很快就将碉堡周围的房子夷为平地，帮助碉堡的守卫者在城墙附近狙击。但猛虎组织顽强无畏，他们挖通了一片网状战壕来包围碉堡，并用迫击炮和重型火炮猛攻。接着，他们又采取了一系列极端袭击手段。有一次，他们在仅有的装甲设备——推土机和自卸卡车的保护下进攻城墙。另一次，他们派一个身上绑着炸药的15岁男孩攀爬城墙，试图在对方防御最脆弱的地点实施爆炸，但在最后一刻，抵抗者发现了男孩并将他射杀。炸药爆炸了，响声在12英里以外都能听到，但古老的荷兰堡城墙依然矗立。

直到96天后，当食物和水都消耗殆尽，碉堡才终于被攻破。随后，斯里兰卡政府先是进行了一轮轰炸，然后派出千人精锐部队乘小艇越过贾夫纳潟湖。穿越过程中，六艘小艇沉没,一架意大利萨伏亚-马尔凯蒂①战斗机被击毁,但部队依然成功登陆,从碉堡的南大门杀了进去。政府军救出了那里的卫戍部队,但未能进一步扩大战果,占领贾夫纳更多地区。9月26日,政府军在黑夜的掩护下放弃了碉堡。两天后,猛虎组织在碉堡的城垛上升起了独立的泰米尔伊拉姆国的旗帜。

贾夫纳依然处在围困之中。虽然政府军可能会像此前印度军队那样成功攻下该城,但他们不太可能乘胜追击,完全消灭猛虎组织。就像重播一部老电影一样,猛虎组织会逃到丛林深处的秘密营地,等待时机到来,再度发起反攻。只要僧伽罗人对泰米尔人的歧视继续存在,就会有新的猛虎组织成员招兵买马,继承那些被消灭的士兵的衣钵。猛虎组织固然残酷无情,但他们会继续存在,因为在泰米尔老百姓眼中,他们才是真正的正义维护者。

同时,针对贾夫纳的任意轰炸还在继续,平民伤亡数量持续上升。政府宣称,此举只是为了"将猛虎组织逼出老巢",但不管是对是错,贾夫纳人却从中察觉到更多的恶意企图。正如在我最后一次访问贾夫纳时,迪拉尼同志的一个"自由之鸟"下属对我说的:"我们必须继续斗争,如果我们缴械投降,僧伽罗人也不会罢休,他们会继续进攻,直到把泰米尔人从这个岛上永远抹去。"

附言

七年后,内战仍绵亘未尽。1993年,政府军攻破了贾夫

---

① 原文为 Siamarchetti,似有误,应为 SIAI-Marchetti。

纳，在我写作此文时，猛虎组织的确退回到了丛林之中。政府现在控制了贾夫纳半岛上的所有城镇，但每到夜幕降临时，道路就无法维持畅通，政府也不能阻止猛虎组织从阴影中突然出现，再次夺取半岛的有效控制权。

此外，猛虎组织依然保有不定期发动"惊人的"恐怖袭击的能力。1997年1月31日，猛虎组织宣布为一起发生在科伦坡中心地带的大规模爆炸事件负责。爆炸发生地靠近中央银行大厦，斯里兰卡的黄金储备就存放在那里。爆炸导致200人死亡，另有1400人受伤。7月，卡斯特罗带领4000名猛虎组织成员冒出丛林，向政府位于科伦坡东北部170英里处的穆莱蒂武（Mullaitivu）军事基地发起了长达一周的陆地和海上攻击行动。最终，他们成功袭击了基地，劫走了大量重型武器。基地中的1200名军事人员中仅有少部分人得以逃脱，其余全部遭到屠戮。这或许是整个内战过程中政府方面最重大的一次惨败。

更糟糕的是，在赢取泰米尔民心的战役中，政府也是一败涂地。虽然政府提出了联邦自治区的形式并做出了其他让步，但泰米尔人仍然对政府非常不信任，同时不少民众依然支持猛虎组织。在不远的将来，猛虎组织缴械投降的希望似乎非常渺茫，任何解决方案的前景看起来也非常黯淡。

这场暴乱始于1983年，15年来，至今已约有五万人在冲突中丧生。①

---

① 2009年5月18日，斯里兰卡政府军在穆莱蒂武击毙普拉巴卡兰后，宣布斯里兰卡内战结束。据联合国的报告，这场内战共导致八万到十万人丧生。

第十六章　巫师之墓

圣但尼，留尼汪，1998 年

1721 年 4 月 5 日，两艘海盗船出现在波旁岛的海岸上，这座位于印度洋上的多山岛屿今天被称为留尼汪。指挥船只的是一个法国海盗——奥利弗·勒瓦瑟（Olivier Levasseur）船长，他还有一个更为人熟知的绰号叫"秃鹫"（La Buse），这个绰号名副其实：在出现在留尼汪海岸之前，他一直在印度马拉巴尔海岸抢劫来往的船只，直到英国东印度公司出动孟买舰队的全部力量，他才被打败，一路向着马达加斯加岛上的大本营败退而去。

在撤退途中，海盗们发现他们的淡水快用完了，"秃鹫"便决定在波旁岛暂时停靠以便补给。在靠近圣保罗（Saint-Paul）港时，他发现那里停泊着一艘带有 70 门大炮的葡萄牙巨型战舰"卡博圣母"号（Nostra Senhora de Cabo）。"秃鹫"当机立断直接驶入海港，朝大船一侧舷炮齐射，然后登上了船，全程几乎没有遇到什么抵抗。海盗们后来才发现，这大概是他们有史以来缴获的最丰厚的战利品：船上载着驻扎于果阿的葡属印度总督准备前往里斯本献给他的君主的印度珠宝，价值超过 100 万英镑。

九年以后，"秃鹫"再次回到了留尼汪，这次他的处境已今非昔比。1730 年，他被一个贩奴的赏金猎人抓到，戴着脚镣回到了留尼汪并被判处死刑。但就在绞刑台上，"秃鹫"发表了一通演讲，声称自己藏着不朽的财宝。当绳索套到脖子上时，他把一卷羊皮纸地图抛向人群。他说，那些地图里就隐含着他在留尼汪的藏宝地的线索，但寻宝的人首先得破解他的密码。在随后250多年时间里，尽管留尼汪岛上各种冒险家纷至沓来，宝物却始终没有被找到。

不过，"秃鹫"的墓地比他的藏宝要好找一点。它位于古老的马林墓园（Marin Cemetery），那是一片平坦的狭长之地，俯瞰着深邃湛蓝、波光粼粼的大海，一面是陡峭的黑色玄武岩悬崖，一面是海岸上窸窸窣窣的棕榈树。我读过"秃鹫"的传奇故事并为之心醉神迷，所以到达留尼汪的第一天晚上，我就从住的酒店出发，沿着珊瑚滩赤脚前行，去拜谒这位古老的海盗。

而今，圣保罗周围的大部分海滩都像微缩版的圣特罗佩（St-Tropez）：海滩往下一点的地方，在布康格努酒店（Boucan Canot），你能看到一排排赤裸着上身的巴黎人躺在棕榈树下，抹着卡尼尔琥珀防晒霜（Ambre Solaire）在骄阳下伸展四肢。但墓园里一片安静，气氛迥异。墓园的高墙隐藏在成片的冬青树后，走进墙内，你便一下子回到了18世纪，四周都是各种人物的方尖碑和坟墓：船长、海盗、流亡贵族和遭遇海难的种植园主。

这些低矮的玄武岩墓碑设计样式都很古典，但建造得十分草率：爱奥尼柱式（Ionic）[①]向上变成了奇形怪状的山墙；下方，铭文简短地记载着死者的生平，他们大多是早期的殖民者："这里长眠着被海盗杀害的贝勒加德（Bellegarde）船长"，"这里长眠着遭遇海难的尚德梅勒（Chandemerle）一家"。[②] 当夜幕降临，海风猛然吹入墓园，你会瞬间意识到，

[①] 爱奥尼柱式源于古希腊，是希腊古典建筑的三种柱式之一，特点是柱身纤细秀美，柱头有一对向下的涡卷装饰。

[②] 铭文原文为法语。

这个位于南回归线上的小岛曾经有多么遥远：马赛的船只到这里需要七个月航程，每隔六个月才会有一条补给船前来此地。

尽管勒瓦瑟的坟墓并不像现在同他做伴的殖民时期贵族那般豪华张扬，我还是没费多少工夫就找到了。黑色玄武岩上只有一座碑石，上面刻着一个骷髅，下面是两条交叉的腿骨，墓志铭如下：

> 海盗奥利弗·勒瓦瑟，亦称秃鹫
> 南部海域的劫掠者
> 1730 年于圣保罗被处决①

墓园里的其他坟墓早已被人遗忘，杂草丛生，而"秃鹫"的墓却显然经常有人来拜访。碑台上覆盖着成堆的鲜花和数不清的蜡烛，碑石一边立着几瓶新近打开的朗姆酒，看上去像是留在这里的祭品。更奇怪的是，在瓶子旁边还放了三四包高卢牌（Gauloises）和吉坦牌（Gitanes）香烟②。香烟的包装已经从底部撕开，香烟也燃尽了，所以留在那里的只剩下烧焦的滤嘴。一些包装上还潦草涂着写给"秃鹫"的咒语和请求。

在墓园外，我遇到了一个高大的克里奥尔③妇女。在渐渐昏沉的暮色中，她在一个老旧的油桶里点起火盆，现在正就着余烬烤玉米。我买了一根玉米，聊天时问她，为什么会有人在

---

① 碑文原文为法语。
② 高卢是波兰卷烟品牌，2017 年前一直在法国生产；吉坦是法国卷烟品牌。
③ 指欧洲白种人在殖民地的后裔，其语言、文化和种族是在移民时代的欧洲移民和非欧洲人种互动的基础上产生的。

一个18世纪海盗的墓前供奉祭品？

"我才不信这个。"她答道，声调忽然变得尖利。

"不信什么？"

"不信……所有那一套东西。"

"但有人很信这个。"

"我不认识他们。"

"但到底是怎么回事？"我坚持问道，"为什么会有人……"

"那是他们的事！"老妪打断我的话，转向一边，"你怎么不问他们？他们每天晚上都跑到这里来挠木头①。但我告诉你吧，不管他们怎么说圣保罗，大家都知道，留尼汪一半的邪恶都是从那个坟墓里来的……"

当你来到留尼汪，头一件让你震撼的事就是这个地方浓重的——甚至是荒谬的——法国味。

这个小岛可以说是位于印度洋的中心，在马达加斯加和斯里兰卡之间，但这里一直荒无人烟，直到法国人1646年开始将其占为殖民地。起初，这里的海滩只是流放罪犯之地，后来当法属东印度的商船往返于法国东印度公司在泰米尔纳德邦本地治里的总部时，法国人就把它用作重要的海军基地和商船的补给点。在法律上，法国东印度公司应该依然

---

① 原文为法语，是一种巫术。

享有对这里的管理权。留尼汪至今仍是法国的属地,确实如此,它给人的第一印象和法国本土一模一样,和遥远的法国本土一样发达繁荣。这里的人都有法国护照,男性毕业生都必须前往法国服兵役。通用语言是法语,电视播放的是法国节目,汽车是法国制造,早餐是法式牛角面包和法棍,餐厅里的葡萄酒也必然全部产自法国。岛上十分之九的贸易是和法国本土进行的。看起来,留尼汪仿佛就位于戛纳海岸线上,而不是千里之外的南半球。

只有在岛上待了几天以后,你才能注意到,这种法国味在某种程度上也受到了热带地理环境和被留尼汪人称作"混血儿"(métissage)的人的影响。混血儿是种族融合的结果,他们让这座岛屿成为多元文化的熔炉和样板。"如果有人生在这座岛上,却试图告诉你他有'纯正的'法国血统,"一位留尼汪朋友告诉我,"别信他的话。这不可能是真的。这座岛屿的精髓就体现在混血儿身上。"

到19世纪中期时,留尼汪有了几千名法国流亡者,其中既有变成种植园主的落魄贵族,又有一些贫困的白人(pauvres blancs),后者通常是一贫如洗、没有土地的布列塔尼人①,他们怀揣着到岛上山地开垦山区农场的愿望来到这里。还有逃亡的奴隶,他们大多来自马达加斯加,和殖民者的数量比大概是2∶1。此后的年月里,在1840年代废除奴隶制以后,随着泰米尔人、印度北部的穆斯林、中国的广东人和也门的阿拉伯人陆续被带到这里的种植园做契约劳工,种族融合进一步加深。

---

① 布列塔尼人(Bretons)是法国西北部布列塔尼半岛上的民族。

今天，这些截然不同的族群以不可思议的方式混合着：地球上很少有这样的地方，历史上也很少有这样的时刻，这么多拥有不同民族、宗教、文化、语言和饮食习惯的族群如此壮观地混居一地。

这种融合，再加上这座岛几乎与世隔绝，影响了留尼汪生活的方方面面。比如，杂居和互鉴塑造了岛上的许多民俗传统和宗教行为——正如"秃鹫"墓前那些奇怪的祭品所显示出的魅力一样。据说，岛上的火山里住着卡勒奶奶（Grandmère Kale），哪个留尼汪小孩不把青菜吃完，或者不做家庭作业，她就会把小孩吃掉，这一形象正是欧洲的巫婆、非洲的传说和印度教的毁灭女神迦梨混合的产物。不同信仰的融合经常发生在一个单独的家庭内部，这深刻影响了留尼汪人对世界的态度，通常会让他们变得宽容、开放，但也在信仰上极为异端。

"在这座岛上，信仰和生活方式永远是混杂在一起的，"萨米·阿纳奇（Samy Anarche）神父告诉我，他是一个泰米尔天主教神父，在留尼汪首府圣但尼（Saint-Danis）的一个教区任职，"在一个家庭里，你能发现一个中国道教徒、一个印度穆斯林、一个都会教区天主教徒、一个非洲巫医和一个泰米尔印度教徒。一种宗教的思想必然会渗入另一种里。我的教区里有很多信仰天主教的中国人，他们的信仰里也掺杂了祖先崇拜，还有一些相信转世之说的印度人。这种情况给神职人员增加了很多工作：我们得不断地向教区居民解释，哪些是基督教的，哪些不是。当然①，其他宗教也面临这种情况：这里的印度教徒吃肉，会进行血祭。这种现象而今在印度已经几乎见不

---

① 原文为法语。

到了，可能是受非洲伏都教（gris gris）影响。"

混血儿也塑造了岛上居民的语言：他们既讲习以为常的现代法语，又讲令人费解的克里奥尔方言，这种方言在18世纪海员所讲的法语基础上，又混合了马达加斯加语、泰米尔语和阿拉伯语的成分。

更让游客欣喜的是，克里奥尔人的饮食同样荟萃各种文化的精髓，自成一格，已经成为该岛的一张名片。它兼具法国和印度的烹饪特色，又带着些许阿拉伯、中国和马达加斯加的影响。结果令人惊讶地产生了一种不同于任何原生传统的融合菜式。比如说，一顿典型的留尼汪膳食可能包括：一盘奶油海胆章鱼咖喱（cari z'ourite et cari poulpe）、少许几道配菜如嫩扁豆、佛手瓜（choux choux）、辣番茄酱（rougaille）、类似菠菜的开胃小菜（bredes）；布丁可能是甜土豆蛋糕（gâteau patate）。留尼汪的一些地区还会使用丁香和肉豆蔻，这是受阿拉伯人的影响；中国人的影响体现在用姜上；马达加斯加的影响则表现在很多美味佳肴都会用椰浆做底料；还有一些会用到黄蜂幼虫这样令人恶心又难忘的食材，这些元素都让岛上的饮食变得更加复杂而多元。

鉴于留尼汪岛上种族繁杂而又几乎与世隔绝，这些现象都不足为奇。但当你来到海岛西部的海岸地带，迎接你的是法国式的现代景观：熠熠生辉的雷诺车行、宽阔的高速公路、郊区别墅、霓虹闪烁的夜店。由于这些景观会强烈地塑造你对这个地方的第一印象，你就会受到蒙蔽，认为自己不过是来到了一个稳定而平淡无奇的地方。而实际上，留尼汪是一个大熔炉，古怪的风俗、奇特的思想和始料未及的文化碰撞在炉内翻腾嘶鸣，蔚为壮观。

很快我就发现,"秃鹫"墓前的祭品只是冰山一角。

虽然融合现象在留尼汪随处可见,但它们并不是在岛上均衡分布的。你只需看一看地图就会明白,海岸线上充满了直白的法语地名:圣但尼、圣保罗、圣皮埃尔(Saint-Pierre)。而内陆地区的地名来源却更加复杂,如锡拉奥(Cilaos)、萨拉济(Salazie)和马法泰(Mafate),这三个火山坑俯瞰着山地连绵的内陆地区,而这三个名字都来源于马达加斯加语。

这种现象和海岛的历史息息相关。海岸沿线一直由法国殖民者控制,而山地历来是从马达加斯加逃亡的奴隶的藏身之地,比如说,锡拉奥就是由马达加斯加语中的 tsy laosana 演变而来的,意为"一旦进入就永远不会返回之地",从这个名字就可以轻易看出这个地方是怎样形成的。尽管海岸上的部分地区至今仍掌握在法国移民手中,他们买下海滨地区,经营酒店和冲浪俱乐部,内陆山地却逃过了这种命运,依然牢牢掌握在留尼汪土著的手中。

从这里,沿着高高的山坳通道往前走,就能发现该岛的克里奥尔特性的真正精髓。令人惊骇的险峻高山将冰斗(cirque)① 与岛上的其他地区隔绝,而就在火山坑中,居住着

---

① 即火山坑。冰斗通常指冰蚀作用造成的一种特殊洼地。留尼汪的冰斗是数百万年前火山喷发之后,雨水侵蚀而形成的一种中空下陷、如漏斗型的凹地。由于火山熔岩灰质地肥沃,冰斗中植被茂盛,宛如仙境。

离群索居的山区牧人,他们的生活方式100年来都没有发生什么变化。其中有一个叫作"马法泰火山坑"的地方至今没有通路。这里距离人们穿梭于酒吧和夜店之间的圣但尼仅有十英里,却是一个高度封闭的社会,有些人甚至从来没有离开过火山坑,或者从没看见过汽车。

如果你想看看留尼汪的心脏地带,你就应该勇敢穿过那些危险的道路,向高山挺进。从殖民时期留下的古老而精致的市镇圣路易(Saint-Louis)——这里到处都是18世纪的教堂、废弃的糖厂和法国东印度公司宏伟的联排宅邸——起,你就开始朝向内陆地区了,长满棕榈树和珊瑚礁的海滩上的炽热白光被你抛在身后。从海岸线上走不到一英里的距离,风景就截然不同、难以辨识了。

此前你在这座岛上看到的一切都没能让你想到眼前竟有这番景象。因为从海岸延伸开来的第一道山脉看起来绿意盎然、连绵起伏,和印度洋上其他岛屿的柔和轮廓并无二致。但越过这些小丘,你就会首次看见盘亘在远处内陆地带的巨大的火山顶峰:连绵的高山和火山坑高耸着,伸入阴沉沉的积云的墨色云堤。在两块大陆板块交界的广袤大地上看到这种地质学上的奇观不足为奇,你却没料想到,像留尼汪这样面积狭小的岛上也会有这番景致,毕竟它从岛屿一头到另一头仅有40英里多一点,在大多数地图上只是用一个最小的点来表示。但这片景色有安第斯山脉,甚至有喜马拉雅山脉的辉煌壮丽。这些峰峦如锯齿般参差不齐、棱角分明、线条生硬,山脊就像断裂的骨头,就像残缺的玻璃碎片一般尖锐地凸起,其坡度之险峻,完全形成了一道道金字塔形的峰顶。它们壮观的轮廓宛如雄心勃勃的马特洪峰(Matterhorns)和舒格洛夫山（Sugarloaf Mountains）①，却有着"犀牛角"和"神父的软帽"这样的名字。

当地质作用发生时，会出现一些十分暴烈，甚至令人恐惧的现象，尤其是玄武岩那不可穿透的黑暗会让人更加望而生畏，重足而立：玄武岩不折射也不反射光线，而似乎把光线完全吸收了，将其完全攫住。甚至没有一片闪亮的云母隔断岩石那纯粹单调的黑暗，只有在一些舒缓的山坡上，蕨类和苔藓能在坚硬、易碎的火山地貌上找到依附之地。

穿越这片风景的道路蜿蜒曲折，充满了不确定性：向上、弯曲又原路折回，绕了几个弯、下沉，复又回到刚才在的地方。道路两侧，悬崖峭壁参天竖立，阴沉的云堤环绕在顶峰；小瀑布朝着深渊倾泻而下，溅落在崖石上。高耸的峰峦、雾气和云层共同为这片风景营造了一种奇特的原始氛围：仿佛你正在升向某个早已消失的世界。这种感觉如此强烈，让你觉得，即使一条翼龙顺着山间的暖气流轻盈而下，忽然出现在你面前，你也不会感到惊讶。

锡拉奥，这个阴冷而云雾环绕的温泉小镇俯瞰着海拔最高的冰斗，是一个与世隔绝、宛如世界尽头的地方。

---

① 世界多国如澳大利亚、巴西、爱尔兰、美国等都有名为舒格洛夫的山脉，这些山脉呈研钵状，形似棒状糖，故名。

这个小镇在 19 世纪中叶声名鹊起，欧洲士兵和殖民官员如果在孟加拉的丛林或越南的沼泽地里待得太久，身体健康受到损害，就会选择这里作为避暑之地或疗养场所。这里的气候"很欧洲"——在思乡情切的殖民者眼中，这是最高的赞誉——据说，这里的矿泉水具有温和的放射性，有治疗疾病的功效，只要在这里泡泡澡，风湿病和千奇百怪的肌肉不适就能瞬间不治而愈。

一个世纪以来，每逢夏天，锡拉奥便挤满了卧床不起的陆军准将和残疾的上校，直到第二次世界大战后不久，一场突如其来的泥石流阻断了水源并将小镇覆没。1971 年，水源又出人意料地重新出现了，但并未将小镇重新带入繁荣，这里依然处在另一个奇特的时空中。房子都带着护墙板和波状铁皮屋顶，花园里开满旱金莲，看起来不像现实中的建筑，仿佛它们停留在过去，仿佛小镇上所有的钟表都停在了水源被阻断的那一刻。

每天下午，当夜幕渐渐降临时，云层笼罩在锡拉奥，将其包裹在一层厚重而迷蒙的暮色中。但云层一夜之间又全部消散，所以当小镇每天早晨醒来时，就会奇迹般地变得清爽怡人，新鲜而寒意料峭的朝阳升起，瞬间将如圆形剧场般环绕着小镇的巨型玄武岩染成烟熏三文鱼一样的粉红色。吃早餐时我看到这一幕，刚刚抵达时的荒凉印象一下子变成了阿尔卑斯山的清爽，我穿上步行靴，一路直奔向山中。

三个小时后，我沿着一条树木繁茂的登山道向上走去，脚下生长着野草莓和草甸剪秋罗。从下方的峡谷中传来锡拉奥几座修道院的阵阵钟声。和通往锡拉奥那奇难险峻的山坳通道形成鲜明对比的是，小镇上的山坡十分缓和，令人诧异，在一些比较陡峭的坡上,针叶林换作了竹林和开花的凤梨科植物。小鸟在森林的浓荫中吟唱,却看不见它们的身影,草地柔软而有弹性,光亮的太阳照在头顶。

然后,转过一个弯,我来到了一片草场上,草场最高处有一座茅草屋。一个个子高高的克里奥尔农民正在屋旁,给他的两头驴喂食。他的身材瘦长结实,头戴一顶小礼帽,但他没有穿鞋,一双大脚上覆满了尘土。他介绍说自己叫卢卢(Loulou),邀请我去他的陋室里坐坐。他给我倒了一杯橙汁,是当着我的面,从他自己种的橙子里挤出来的。我一路跋涉,又热又渴,我们一面坐着享受着沁凉的饮料,我一面问起卢卢的情况。

他说,他就是在这片草场上长大的,在一个名叫三萨拉济的小村庄(Îlet des Trois Salazes),自从服完兵役后,他就几乎没有再离开过这里:上一次他去圣但尼已经是30多年前的事了,虽然乘坐从锡拉奥始发的大巴,一个上午就能到达那里。

"我为什么要去呢?"他说,"我需要的东西这里都有,而下面海滩上的那些人……"

"他们怎么了?"我问。

"他们都是耳朵(z'oreilles)。"

我从来没听过岛上的法国移民有这种叫法。然后我意识到,"耳朵"可能源自移民的习惯性动作,他们总是把手窝在耳朵旁,好听清楚岛上居民的克里奥尔方言。但一个留尼汪朋友聊天时告诉我,他认为这实际上源于一个更邪恶的原因:以前法国人喜欢把奴隶的耳朵削掉,只有种植园主的耳朵才会完好无损。

"在我们看来,'耳朵'们的心态似乎和我们截然不同,"卢卢接着说,"他们总是到处跑来跑去,他们没有礼貌。去到山下,如果你去问路,他们都爱答不理,要么就会告诉你错误的方向。他们还把有锡拉奥口音的人都叫作'吃佛手瓜的家伙'。所以为什么要去那里自找麻烦呢?最好就在这里,和我的家人待在一起。我们这些山上的人(yab)不应该和'耳朵'们混在一起……不会有任何好处。"

卢卢一边说着,我一边打量起小屋来。这是一间典型的山区居民小屋,低矮但温馨舒适,壁炉里的圆木燃着火苗。灰烬上悬着一个钢制烤架,上面放着一个咖啡壶、一个水壶和几个装着米饭和咖喱鸡的盘子。卢卢的财产都挂在房梁上:一把斧头、两件防雨披风、一盒蜡烛、一个手电筒和一把吉他。

然后卢卢告诉我,他父亲以前是个轿夫,他的工作就是把病人从圣路易抬到山上的锡拉奥。在1935年道路修好以前,马车和汽车都无法通过山上的小道,无法替代父亲的工作。卢卢说,在他的童年时代,村里居住着七户人家,现在就只剩他和他儿子了。

"年轻人都离开了这个地方,"卢卢说,"一切都变得太快了。以前的时候,我们会说留尼汪就像一本书,书页只是偶尔会翻动。现在就像刮起了一阵风,所有的书页都在同时翻卷。即使在这里,事情也在变,你都难以想象。他们都说我们很快就会通电。谁能知道那之后又会有什么呢?说不定还会有电话。"

卢卢服完兵役回来时,发现村里实际上已经荒弃了。只有他那鳏居的父亲还留在这里,其他人都已离开,去海滩上找工作了。更重要的是,在他不在期间,法国的森林管理部门取消了村民在山区草地上放牧的权利,他们在草场上种下树木,把那个区域围了起来。而且没有赔偿金。

"我们就靠养羊为生,"卢卢说,"但牧场被夺走以后,我们没有办法,只能把羊都杀了。然后所有人都搬走了。我回到家里,发现一切都消失了,我不得不再从头开始。"

从那以后,他把自己的全副精力都用来在村里谋生,把山坡上贫瘠的土地培育成了一片沃土。他带着我四处参观,骄傲地向我展示他开垦梯田,种植果树、料理用香草和蔬菜的地方。现在他有两块种着谷物和玉米的土地,果园里,杏子、樱桃、李子和柑橘硕果累累,树枝下遮盖着厚厚的灰色地衣。小溪中有西洋菜,小屋前面的棚架上飘来西番莲的甜美香气。除此以外,他还有两头奶牛、一头公牛和几头驴。夏天的时候,他的儿子回到村里帮忙。生活很艰辛,他说,但他还是过活了下来。

我们分别的时候,他带我去看了一座已成废墟的小屋,那是他小时候村里的巫师居住的地方。就在那时,卢卢告诉了我一个故事,那是我所听到的关于留尼汪的故事中最奇特的一个。

1931年的某天,一个装着圣骸的盒子从梵蒂冈运到了留尼汪。

看上去像是在转运的过程中,记录着圣人名字的标签在某处从盒子上掉落了,唯一能暗示里头究竟为何物的是盒子边上的一个标记,那是一句意大利语,意思是"加速运输"(SPEDITO)。

这就是圣埃克佩迪特派（St Expedit）的开端，此后，这一宗教派别的吸引力逐年增加，最后演变成一个错误的记载，圣埃克佩迪特成了留尼汪非官方的保护圣徒。这位圣人的生平不详，所以岛上的多个族群都可以在他身上寄予最深沉的希望和敬畏。留尼汪现在有大概 350 个神庙都是献给圣埃克佩迪特的。它们矗立在每个路口旁边，像冠冕一般盖在每座山峰顶处，或是静卧在岛上最深的峡谷底部。它们既是虔诚者的祈祷之地，也是神圣的岗哨，防止深夜里恐怖来袭。

这是因为，不仅留尼汪的天主教徒会向圣埃克佩迪特祈求帮助，岛上所有的族群也会向他祈祷，而每个族群都为这个教派增加了新的内涵。

或许当地的天主教徒把他和流行于法国的圣埃尔皮杜斯（St Elpiduce）相混淆，教堂在呈现这位圣徒的外在形象时，赋予了他早期基督教殉道者的装束，后来，他的形象固定下来：一个穿着银色束胸衣和红色长袍、年轻的罗马军团士兵。他一只手拿着矛，另一只手里是献给殉道者的棕榈叶，右脚踩着一只乌鸦，这象征着他战胜了前来诱惑的恶魔。但和传统的天主教圣徒不同，他的形象里添加了一些更加异域的元素。印度教徒将圣埃克佩迪特吸纳进印度教的万神殿，把他的服饰变成了印度教的神圣颜色，并将其视作毗湿奴的一个非正式化身；那些求子之人会来到他的神龛前，在格栅上系上橘红色的布条。从印度来到留尼汪的穆斯林则会把短棉线绑在他的神龛上，和次大陆上的苏菲派信徒一样。

岛上的奴隶曾从他们的马达加斯加祖先那里继承了古老的神灵崇拜，在他们的后裔中，圣埃克佩迪特却十分流行。如果说矛和乌鸦被视作牺牲的象征，而在马达加斯加，棕榈树是和死亡联系在一起的，那么圣埃克佩迪特看起来就像是一位白皮肤的巫医。更加诡异的是，岛上的一些巫师会对他的圣像进行斩首，要么为了抵消他的神力，要么为了将他的头颅用于自己的咒语，这更给这一教派增加了些许邪恶的意味。据卢卢说，三萨拉济小村庄的巫师就有一间小祈祷室，在里面保存了好几个圣埃克佩迪特的头颅。

"他用它们来施展咒语，"卢卢说，"他觉得，把圣人的头砍下来，就能把圣人的法力窃为己有。"

"你相信他有法力吗？"

"我们都很害怕他，每个人都相信他法力高超。但到最后，人们把他赶走了。他太危险了——他开始向我们索贿，只有拿到贿赂，他才不会给我们所有人施咒。最后我们都受够了。"

"你们就不怕把他赶出村子以后，他会报复你们吗？"

"我们采取了预防措施。"卢卢答道。

"什么预防措施？"

"我们用了更强的法术。我们派人去拉西塔拉纳（La Sitarane）在圣皮埃尔的坟墓。那是岛上法术最高强的坟墓。只要拉西塔拉纳站在你这边，就没人能伤害你分毫。"

在留尼汪的最后一个晚上，我开车去圣皮埃尔寻找拉西塔拉纳的坟墓。

在清真寺的另一边，就在印度教的迦梨女神的神庙前，一群克里奥尔老人正在一块修剪得整整齐齐的草坪上玩地掷球。透过棕榈树，我看见浪花在珊瑚礁上拍得粉碎，又流回大海。闻过山上清新而冷冽的空气之后，海滩上会让人感觉尤其潮热。

坟墓似乎为我的留尼汪之旅带来了一种冷酷的对称性。抵达那天晚上我拜访了"秃鹫"之墓；现在在我离开前夕，我寻找着另一处墓地，希望可以见到一个甚至比海盗"秃鹫"更应受到谴责之人的坟墓，拉西塔拉纳不仅是作为一个巫师出现的，他还是一个凶手，在世纪之交因为犯下一系列血案而被处死。

"他只杀了三个人，"当我向一位留尼汪历史学家请教这个问题时他答道，"根据传说，他先使用一种从草药中提取的催眠毒药——曼陀罗（datura），让受害者中毒，然后再喝他们的血。在断头台上被处决前，他慷慨陈词，发誓会起死回生，惩罚抓捕他的人。这在留尼汪引起了巨大的骚动，人们便永远记住了拉西塔拉纳。但让我来告诉你一件很奇怪的事。"

历史学家斜着身子，向我靠近了一点："20 年前，当我第一次拜访他的坟墓时，那里没有游客，没有祭品，也没有点燃的蜡烛。但现在拜祭这个坟墓的人比拜祭'秃鹫'的还多。所有这些祭品表明，随着经济发展和教育水平的提高，巫术并没有销声匿迹，反而实际上看起来更加流行了。"

这个想法让我很是着迷，因为它触及了一些我在留尼汪待得越久就越能清楚感觉到的东西：岛上日渐增加的混血儿正引领着这座岛屿的性格的基本转变。留尼汪形成和塑造于法国殖民历史上的诸多偶然事件，自法国国旗首度在圣保罗飘扬，

300 年后，留尼汪仍然在通过脐带从巴黎获取支持。不过，留尼汪的风俗和传统一直在随着不同族群的融合而演变，现在看来，这座岛屿的法国味每天都在减少，这是有目共睹的。当然，外在的东西都还在，如牛角面包、法棍、勃艮第葡萄酒之类的，但随着混血儿持续引领着一种混合了信仰、理念和迷信的转变，在这座岛屿的内心深处，它正在组建自己的轨道，快速形成属于自身的、独一无二的身份认同。

墓园里，拉西塔拉纳墓碑上的十字头已经折断了，剩下的碑体涂成了鲜亮的红色。正如那位历史学家所说，碑前的石台上堆满了小山一般稀奇古怪的祭品：大米、土豆、橘子、萝卜、果味软糖、牛奶、椰子和香柱，必然还有朗姆酒和吉坦牌香烟。

"你瞧，这里的人认为拉西塔拉纳依然还活着，"正在旁边一块地上忙碌着的掘墓人让-克劳德（Jean-Claude）说道，"这就是为什么他们会带这些礼物来：带烟给他抽，带酒给他喝，还有其他的，等等。他们觉得，如果他们以这种方式对拉西塔拉纳表示尊敬，拉西塔拉纳就会帮助他们，在工作上——或者帮他们惩罚对手。"

让-克劳德费力地从他挖的墓穴里爬出来，在裤子上擦了擦手。

"那到这儿来的都是些什么人呢？"我问。

"各种各样的都有，"让-克劳德答道，"一个钟头前，有个女人在墓前跳舞。她先是割掉了一只鸡的头，然后开始跳舞。她是克里奥尔人，我觉得，但后面来的大多都是泰米尔人。他们一群一群地站在墓前，他们的祭司读起了他们那些糟糕的书。所有的泰米尔人都相信拉西塔拉纳的神力。他们都是了不起的巫师。"

我走到拉西塔拉纳的墓前,弯下腰,准备捡起一个别人留在这里的椰子,但让-克劳德拦住了我。

"最好别去碰,"他说,"在我小时候,这里有个掘墓人。有一天他喝了墓前放的酒,第二天他就变得神志不清了。据说,他现在就待在圣但尼的一家收容所里。"

"你真的相信拉西塔拉纳的神力吗?"我问。

"当然①,"让-克劳德说,"毫无疑问,每个人都相信。"

他为这个问题微笑起来,仿佛只有一个"耳朵"才可能提出这样的问题。

"这里是留尼汪,不是巴黎,"他解释道,"这里的事物——你们是怎么说的来着?——和大都市②里的有点不一样。"

---

① 原文为法语。
② 原文为法语。

第六部　巴基斯坦

第十七章　伊姆兰·汗：零分出局

我曾两次采访伊姆兰·汗（Imran Khan）：第一次是在1989年，当时他还是个单身花花公子，担任巴基斯坦国家板球队队长；第二次是在七年后，那时他已经结婚，并进入政坛，在巴基斯坦公共领域掀起了反腐败运动。

拉合尔，1989年

如果你把凯莉·米洛（Kylie Minogue）、乔治·迈克尔（George Michael）、戴安娜王妃、伊恩·博瑟姆（Ian Botham）、查尔斯王子和乔安娜·林莉（Joanna Lumley）放在一起①，把他们互相融合，从中创造出一个怪物般的超级名流，英国的八卦专栏大概会为之疯狂，就像伊姆兰·汗在巴基斯坦媒体上引起的轰动效应那样。

整个国家都对这个男人着迷不已。在一个没有任何王室、所有内阁成员都腐败得令人绝望、流行明星大多来自印度因而天然就是民族敌人的国度，他身上兼具王室的社会地位、内阁成员的声望权威和流行明星的八卦价值。遇到街上的卖茶小贩，不管你提不提伊姆兰，他们都能——并且非常乐意地——停下几分钟，用混杂的英语或乌尔都语跟你细数伊姆兰的击球和投球数据、他星座的细节、他一长串的女友名单。他的性生

---

① 凯莉·米洛（1968—），澳大利亚女歌手、演员，被誉为"流行公主"。乔治·迈克尔（1963—2016），英国流行乐歌手，曾组建威猛乐队，大获成功。伊恩·博瑟姆（1955—），英国板球名将。乔安娜·林莉（1946—），英国著名女演员。

活更是全民围观的大事。

"伊姆兰·汗的女朋友太多了。"在从边境出发的路上,我的人力车司机宣称。

"我听说他对英国女孩没有什么抵抗力。"我说。

"英国女孩,是的,"人力车司机答道,"还有巴基斯坦女孩、印度女孩、德国女孩、孟加拉女孩。他们还说有斯里兰卡女孩、美国女孩、法国女孩、意大利女孩、西班牙女孩、非洲女孩和中国女孩。所有的女孩。许许多多数不清的女孩。"

那些对他的性生活不太感冒的人则把时间用在考虑他结婚的事情上。"你瞧,他很聪明,受过良好教育,来自一个上等家庭,"公交车上一位穿花呢外套的学校教师解释道,"他是个很令人中意的年轻人。"

说得更直白些,他是巴基斯坦国家板球队队长。是他带领巴基斯坦队从极普通的位置成为目前世界排名第二的队伍(仅次于西印度群岛),在许多人看来,他也是现役队员中最优秀的全能型选手。在一个全民痴迷于板球的国度,人人参与这项运动,人人看重这项运动,他就是一切。即使按照次大陆的标准,巴基斯坦的电视台也非常惨淡,所以就娱乐而言,表现相当出色的只有板球、板球,还是板球。板球拥有好几亿痴迷的观众。当一个巴基斯坦运动员退场时,观众集体叹气的声音在阿富汗境内好几英里内都能听到。

当巴基斯坦在1986年至1987年的板球系列测试赛①中击败印度时,15万人涌到拉合尔机场欢迎板球队回国,队伍从

---

① 国际板球测试赛(Test)亦称对抗赛,是各种板球比赛中时间最长的一种。比赛时,两队一般要进行四局比赛,每局进行六小时或以上,中间通常会插入一天"休息日",赛事长达四到五天。

机场排到城里，足足有十英里。后来，不到一年时间，印度在世界杯上险胜巴基斯坦，巴基斯坦全国上下见诸报端的冠心病和脑出血病例就有 27 起，整个国家进行了一个星期的国丧。这就不难理解为何齐亚将军①会以个人身份亲自出面邀请伊姆兰复出，并在不久之后，向其提供了内阁中一个重要部门的领导职位。

我在巴基斯坦各处观察伊姆兰的痕迹，很快就发现他的光环无处不在，就连那些和他相距甚远的人也深受他的影响。仅仅因为我手里攥着一本复印的伊姆兰自传，我就享受到了海关免检待遇，并以特殊的汇率兑换了我的旅行支票。只要在适宜的时候提及他的名字，我就能够得到免费出租车、免费用餐、酒店账单折扣以及差点把膀胱撑破的足量茶饮。在锡亚尔科特（Sialkot），因为测试赛，30 英里内的每家酒店都订满了，我提到了那个神奇的名字"伊姆兰"，酒店经理就把他自己的房间让给了我。房间交给我时，场面十分肃穆，犹如教皇在举行赦罪仪式。"不用感谢我，先生，"经理说道，"这不是一种选择，而是一种职责。"

毫无疑问，伊姆兰·汗是一个非常英俊的男人。我第一次

---

① 即穆罕默德·齐亚·哈克（Muhammad Zia-ul-Haq，1924—1988），1978—1988 年任巴基斯坦军政府总统，在其任内，巴基斯坦经济发展迅速，人均收入跃居南亚地区首位。

见到他是在锡亚尔科特,巴基斯坦对阵印度测试赛期间运动员座席的看台上。他身体前倾,靠着栏杆,在白色板球球衣的映衬下,他那熟悉的黝黑面容和黑炭般的头发似乎显得柔和了些。

过了一会儿,轮到他上场击球了。本已欢欣雀跃的人群爆发出最热烈的欢呼声,他们吹响号角,挥舞旗帜,毫无顾忌地表达着对偶像的崇拜。看台上的观众跳了起来,开始一边舞蹈一边尖叫,同时挥舞着伊姆兰的照片,直到他们的英雄做出一个冷漠的手势,他们才听命坐下。但人群中有一个区域拒绝遵守他的命令。巴基斯坦板球比赛的座席是严格按照性别划分的。男人们可能已经领会了他的示意,但平日里沉默寡言的巴基斯坦姑娘们一片吵嚷,却没人去制止她们。从帆布顶棚后面的女性观赛区传来一阵震耳欲聋的喧声,她们尖声叫喊着对他的崇拜,用旁遮普语合唱着一支节奏舒缓、调门颇高的歌曲。

"她们在喊什么?"我问坐在我旁边的一个人。

"这些女士说,她们想嫁给伊姆兰·汗,"他双颊微红地答道,"她们还说,她们心中的爱就像腹部的疼痛一样。"

然而,伊姆兰在很多方面都不像一个沉溺性爱的人。当我到达他那时居住的宅子,准备和他共进晚餐时,他还在做祈祷,我不得不等了五分钟。谈话中,虽然国际名流的名字会不时从他嘴里蹦出来〔"斯汀和我从来都合不来","伊恩·博瑟姆就是个普通的恶霸","米克·贾格尔(Mick Jagger)[①] 以前在这儿的时候"〕,但他是一个身体力行的穆斯林,每天要向麦加祈祷五次,每周五都要去清真寺。当他出来迎接我的时

[①] 米克·贾格尔(1943—),英国摇滚乐手,滚石乐队创始成员之一。

候,我对他做礼拜的频度表示了惊讶。

"我和别人一样,不过是一个卑微的有罪之人,"他说,"但我对真主有着强烈的信仰,试着按照《古兰经》的戒律生活。"

听过那些八卦以后,我可不想听到这样的回答。但这同样不是完全难以置信。伊姆兰盘腿坐在一张长沙发椅上,裹着一套宽大的白色羊毛莎尔瓦克米兹,搭配一条相宜的克什米尔围巾。他的朋友们围坐在一堆米饭和香辣鸡旁边,用手抓着进食。没有酒:伊姆兰是个严格的禁酒者。就像巴基斯坦的所有场景一样,用餐也是男女分坐的。男人们坐在会客室,身旁是阿富汗地毯、部落枕垫和布托先生①的画像。女人们在厨房准备食物。不管伊姆兰在英国是什么样的做派,他在家里就是一个巴基斯坦穆斯林。我尽可能委婉含蓄地提到,我听说,他的生活方式并不总是那么严格。

"这个嘛,我是个愿意享受生活的人,"他承认道,"但我不挥霍奢侈。我喜欢简单的口味,我热爱荒野,我喜欢打猎,我喜欢散步。我不想把我的时间耗费在去法国南部或者蒙特卡洛的夜店闲逛这样的事上面。"

他从手抓饭里拾起一块鸡肉,用力而仔细地咀嚼着。"我想两种生活方式我都挺喜欢的。夏天,我在英国和我的朋友们待在一起——每天要赴十场约——然后冬天回到巴基斯坦,时间就慢下来了。我一上街就会引起围观和骚动,所以我在这里的生活很隐秘。我有一个密友圈子,我经常和这些朋友见面,

---

① 即佐勒菲卡尔·阿里·布托(Zulfikar Ali Bhutto, 1928—1979),曾任巴基斯坦总统、总理,1977年在政变中被推翻,后被处绞刑。

但我几乎从来不出门。我很害羞,如果被认出来,我会感到很尴尬。"

伊姆兰是一个复杂的矛盾综合体:外向而又极度害羞,会公然表示傲慢但又谦逊得令人消气,节俭朴素却又喜爱感官,既能周游世界尽情享乐,又过着古怪的原始生活。他能从一种人格毫无滞碍地切换到另一种。板球运动员和八卦专栏的花花公子是相似的人格,而虔诚的穆斯林是另一面。伊姆兰还有一重身份:他毕业于牛津大学,有着强烈而相当清晰的政治观点。他写了一本可读性很强的自传,目前正在写一本印度河流域的旅行见闻。

然而,他最令人惊讶的一面也许是他性格中对部落的同情。伊姆兰属于起源于阿富汗的普什图族,他对自己的这一身份非常在意(虽然他的批评者喜欢强调,实际上他对普什图族的语言普什图语仅仅略知一二)。和他待在一起的朋友都是普什图人,比如扎基尔·汗(Zakir Khan),巴基斯坦国家队中唯一受邀来参加晚餐的成员。伊姆兰的板球和运动装备是由他自己部落里一个普什图人开办的工厂生产的。如果最终他接受包办婚姻——他自己认为这是有可能的——新娘只可能是一个普什图女孩。"我所有的姐妹都嫁给了普什图人。如果我让我父亲为我挑选妻子,他肯定会毫不犹豫地选择一个普什图女孩。我的家族是大约500年前从阿富汗来到次大陆的,但我们从不和其他部落的人通婚,保持了我们的身份认同。种族自豪感在每一个普什图孩子身上都根深蒂固地存在着。"

我问他,这样的话,现在全国上下都在充当他的媒人,他会不会因此感到不快?

"我只是不太理解,为什么大众对我的婚姻这么感兴趣,"

他答道,一面把围巾向肩膀后面甩去,"每次我在赛场上表现失利,观众就会开始大喊大叫:'你变老啦,你该结婚啦。'我从来都不明白,为什么他们会觉得婚姻能提高我的击球和投球成绩。然后还有媒体。我好像每年都要订大概三次婚。以前,我父亲早上一醒来读到这种新闻就会生气——他觉得我竟然都没抽空告诉他——但现在,就连他也完全不信这些玩意儿了。"

"只有巴基斯坦的媒体会这样吗?"

"不,在印度更糟糕。结果,我收到的80%的信件都是从印度寄来的。那些奇怪的信上写着:'你表现得又傲慢又自负,你的头发变少了,你都赶不上以前一半那么帅了,我真不知道我为什么会爱上你。'"

第二天是测试赛的休息日,伊姆兰跑去打野鸭了。

破晓时分,迷雾蒙蒙,我们开车在清晨的薄雾中快速行驶着,几乎没有注意到路上的牛车、驴群和骑在老旧的自行车上摇摇晃晃的老人。开过几英里后,我们来到了一个边境哨所。边境部队全神贯注地站立着向伊姆兰敬礼。我们从汽车上下来,坐到边境部队的一辆铃木敞篷吉普车上。我们沿着一条笔直的大道行驶,道旁都是白杨树,这条路曾经是通往德里的要道,但印巴分治后,由于印度封锁了边境,这条路也就关闭了。几英里后,我们驶离了大道,朝着收割后的田野转弯,接着就到了沼泽边缘。

胖乎乎的地区行政长官已经在等我们了。他向伊姆兰鞠了个躬，走到我们的车旁，向坐在另一辆吉普车里的几个助猎者打了个手势。我们在护卫下沿着堤道加速行驶。在不远处的沼泽那边，你能看见连成一线的指挥塔，那就是印度边界。地区行政长官指了指那些塔："最好开慢点，上周那儿就发生了一次边境冲突，死了三个人。"

然后，一个助猎者吹响了口哨。开在前头的吉普车刹车停了下来，助猎者都从车里跳出来，消失在沼泽中。伊姆兰全然不顾地区行政长官的警示，跳到了吉普车的引擎盖上。远处，一小群黑色松鸡从隐蔽的地方跳了出来。伊姆兰开了两枪。他第一枪打偏了，但第二枪射中了一只雄鸟，几乎是在子弹射程极限的地方。

"这是猎人的直觉，"他说着，在引擎盖上露出了孩子气的笑容，"我总是打不着鸭子，因为我讨厌鸭子的口感。但用辣番茄酱煮黑松鸡——错过这道美食，那可是一种罪过。"

几分钟后，一个助猎者从芦苇丛中出现了，头上顶着一只死去的鸟。它的花纹令人惊讶：羽毛黑红相间，翅尖是白色的，与胸腔上的卡其色刚好构成一种平衡。伊姆兰抓起鸟儿，高高举起。"每个物种里，都是雄性更加漂亮，"他说，"除了人类。"

巴基斯坦人和爱尔兰人一样迷信。这两个民族都对灵魂和

巫师怀有恐惧，而对宗教隐士、具有疗愈神力者和圣人则充满爱戴和敬畏。

伊姆兰也不例外。他是一位苏菲派圣人的资助人，相信圣人具有预见未来的神力。圣人曾赤身裸体在兴都库什山的雪线上待了五年，其间，他跟随一位枯瘦的宗教大师学习如何控制和训练自己的天赋。一天，圣人悄无声息地回到了他的出生地——位于旁遮普省的一个小村庄。从此以后，他再也没有离开过村庄，唯有一次例外，他在伊姆兰的资助下前往麦加朝圣，在大清真寺的克尔白（Ka'ba）①，他看见天堂之门豁然打开，天使像水流般倾泻而下，又从尘世间返回。

伊姆兰对圣人深信不疑，他生命中所有重要的决定都咨询过圣人。最终说服他在宣布退役后又重返赛场的不是齐亚将军，而是圣人，只有经过圣人的首肯，他才会进行团队重组或开始一段新的恋情。"三年来，我一直在向他咨询，到现在为止，他从来没有失误过，"伊姆兰告诉我，"他有超凡卓绝的神力，他预言的每件事都会成真。"

我们在旁遮普的黄昏中驶往圣人的村庄。粪火堆上升起的烟雾在村落之间弥散，夕阳西沉，暮色越来越浓重，赶牛车的人拉起毯子把自己裹了起来。

已经有人在等我们了。顽皮的孩子们聚在圣人的家门口，等着一睹伊姆兰的风采。伊姆兰从吉普车上一跃而下，闪入圣人那黑黢黢的小屋。我就像兔子跳入地洞中，紧跟其后。

圣人看上去平淡无奇，这让我很是惊讶。原本我期待会看

---

① 克尔白位于麦加大清真寺中央，意为"立方体房屋"，专指"真主的房屋"，中国穆斯林亦称其为"天房"。

见一个年事已高、留着胡须、身穿《旧约》里那种飘逸长袍的隐士,谁知他是个秃顶的中年人,身材有一点发福。他的脸很诚恳,几乎有一点轻信于人,他独自住在只有一个房间的陋室里,房间里装饰着伊姆兰、齐亚将军和麦加大清真寺的画像。他在一面墙上挂了一个辛迪娃娃(Sindy doll)①,玻璃纸包装盒还没拆,娃娃还包在金属箔里。我们互相问候了几句,上好了茶,挡住屋外越来越多的人,然后开始进入正题。

或许圣人从我这里感受到了一丝怀疑的气息,他首先转向了我。在没有得到有关我的任何提示或介绍的情况下,他准确地说出,我家里一共有六个人:我自己、我的父母和三个兄弟。然后,他告诫我不要再浪费时间四处旅行,要开始写作那本关于德里的书。当他这位沉默的质疑者目瞪口呆时,他转向了伊姆兰。

伊姆兰抬起腿,盘腿坐在沙发上。他说自己有两个问题。首先,他想知道六个月前,谁从他家里偷走了一条金链子。他怀疑是几个仆人当中的某一个。圣人问了他几个问题:日期、仆人的星座、项链丢失后的情景。他在一张纸上潦草涂画着计算的结果,然后宣布,链子是被当天晚上来过家里的一位女性访客偷走的。伊姆兰点点头,那天晚上的确有一位女性访客。圣人检查了计算结果,得到了同样的答案。最后,为了确保无误,他让伊姆兰写下十个他觉得可能是偷走金链子之人的名字。伊姆兰照做了。大师把纸撕开,把名字叠成十个相似的小方块,然后让伊姆兰一次挑出一个,依次扔进废纸篓里。毫无

---

① 1963 年生产的玩偶,是"芭比娃娃"的竞品,1960 年代到 1980 年代在英国尤为流行。

疑问,在纸牌魔术的必然作用下,留在最后的便是伊姆兰那位女性访客的名字。看起来,她就是那个小偷了。

然后伊姆兰问起第二天的比赛。印度只领先不到200分,巴基斯坦看起来有望轻易反败为胜。圣人预见到了什么问题吗?圣人测算了一下,然后又检查了一遍。他的脸沉下来。伊姆兰紧紧注视着他,此刻看上去有点焦虑。圣人最后测算了一次,然后转身,正对着他的朋友。

"伊姆兰,"他说,"我从来不对你撒谎。你明天必须全力以赴。还有一线希望,但情况对你很不利,对你非常不利。我不能假装跟你说瞎话。"

第二天上午11点整,一群秃鹫在天空上盘旋,比赛就在那时准时开始。伊姆兰得了三分,然后被一个弹得很高的球投杀,当他猛然俯身想避开时,球擦过他的球棒边缘,通过了防守员。整个场地一片寂静。裁判竖起手指。伊姆兰出局了。在此之后,巴基斯坦全队的击球都崩溃了。在午餐前几分钟,他们都出局了,输了170分。

五天之后,白沙瓦(Peshawar)珍珠洲际酒店的走廊里挤满了沸腾的板球球迷。他们凭借着警犬般的直觉,挨个搜索巴基斯坦运动员的房间,全副武装地带着傻瓜相机和签名本。而以化名待在酒店最高层的伊姆兰利用后门和员工楼梯,成功地躲开了他们。此外,他还采取了额外措施,不接电话,并安排武警把他的走廊封锁了。在单日国际赛结束后,突破重围去找他喝一杯就像是一次军事行动。

不久,那天晚上的主人便加入了我们:阿夫里迪(Afridi)部落①的一位长者。穆罕默德·乌德-丁·阿夫里迪(Mohammed ud-Din Afridi)——这不是他的真名——和我想象中的部落长者完全不一样。他个子很高,时尚而优雅,相貌英俊,穿着一身挺括的伦敦裁缝街(Savile Row)②定制西装,开着一辆白色奔驰。大约 20 年前,海洛因出现在白沙瓦,从此以后一切都改变了。据穆罕默德·乌德-丁说,他的钱来自"家族生意"和"家用电器"。根据白沙瓦的小道消息,穆罕默德的家族生意就是他父亲以前放养的 200 头山羊,而穆罕默德所拥有的一切都是他在 17 年间自己挣的——他现在才 37 岁。所以小道消息说,他的钱实际上都来源于他设在开伯尔山口(Khyber Pass)顶上的兰迪科塔尔(Landi Khotal)的毒品加工厂。不管真相如何,他也是一个狂热的板球粉丝,我从来没见过别人像他那样躺在巴基斯坦国家板球队队长的派对上。

我们穿过一个检查站,来到了部落地区,一列护卫队加入了我们的奔驰车队:两辆坐满武装人员的吉普车和一大群摩托车警卫。我们开了半个小时,穿过为部落保留的无人之地,最后来到了穆罕默德·乌德-丁的宫殿。30 英尺的高墙隔开了矮树丛,布满装饰钉的双重门在我们面前打开,面前是一片能和 007 系列电影中的镜头媲美的庄园美景。喷泉在聚光灯的照耀下喷涌而下,水流形成了闪闪发光的小瀑布。一条新古典主

---

① 居住在白沙瓦附近的普什图族山地部落。
② 英国伦敦的一条街道,聚集了售卖高档定制男装的店铺。

义的白色车辆专用道通向一座乔治时代风格的宅邸，要不是粉刷了白色涂料，它看起来就像是从牛津郡神奇地搬运过来的。宅邸一边是一座小巧的大理石清真寺，另一边是鹿苑的矮墙，反射光的涡流照亮了一部分墙体，里面到处是羚羊和孔雀。带有雉堞的宏伟高墙把一切都包裹在墙体以内，上面爬满了蔷薇、金银花和茉莉花。

屋内，穆罕默德·乌德-丁的堂表兄弟、家仆和部落成员共200余人都在等候着。巨大的巴洛克式镜子反射着光华璀璨的枝形吊灯；墙上挂着热衷于19世纪火枪和燧发枪之人的画像，画像之间摆放着嵌进墙体的雄鹿头；佩带卡拉什尼科夫自动步枪的守卫站在门廊边上。伊姆兰带路，仆人们为我们上过饮品之后，我们便走过部落成员，列队进入餐厅。那里是烤肉的海洋，一个长长的支架上摆满了串在铁钎上的全羊和炭烤仔鸡，烤肉之间则挂着帐篷帘一般宽大的馕（naan）。

普什图人都有一副好胃口，却不善言辞。晚餐结束后，我们回到客厅，或低声交谈，或打着嗝儿，或陷入沉思。谈话时断时续，但不久话题就转移到武器上，这是每个普什图人都极为重视的话题。

"你这里都有些什么武器设备？"伊姆兰问。

穆罕默德·乌德-丁若有所思。

"这个嘛，"他缓缓计算着，"我有大概50个枪手、10门高射炮，还有……哦……400台导弹排炮。这都是些很小的导弹——你知道的，射程只有四千米。"

伊姆兰看上去很是惊讶。"在部落地区，展示实力是非常重要的。"他以一种实事求是的语调对我解释道。

"我是我的部落里拥有土地最多的人之一，"穆罕默德补充道,"所以,我有责任为我那些穷亲戚提供保护,我的大多数守卫也是出于这个原因才被雇用的。"

"在私人领地里藏有这么多武器肯定是不太好的。"我有些怯怯地说。

"你们西方人总是跟我来这一套,"他答道,"但对穷人来说,部落制度是非常好的。在巴基斯坦的定居区域有无数的暴力行径,但在这里,没人会强奸任何一个女孩,没人会偷东西。他们知道,部落会团结一致,一旦他们犯下类似行径,便会招来整个家族的仇杀。在巴基斯坦,你可以在光天化日之下杀人,如果你有钱,你就能买到正义。但在部落法律中,有钱人和穷人是平等的,你没法买通部落议事会——你只能拿你的脑袋来血债血偿。"

几根粗大的大麻烟卷在房间里传递着,接着有人建议该去外面玩玩卡拉什尼科夫自动步枪了。我们涌到外面的车道上,有人给伊姆兰递上一把步枪和一匣曳光弹。他将枪口指向空中,把整个弹匣里的子弹都射完了。子弹带着猩红色的痕迹,如流星般腾空而起,划出一道闪亮的弧度,落在了鹿苑对面的墙外。

"在我朋友的订婚仪式上,我一个人就打了800发子弹。"一个站在我身后的人说道。其他部落成员用普什图语嘀咕着,他们的话中只有偶尔几个闪现的词语我能听懂,宛如孤零零的岛屿一般,那是各式武器的名称:"轰隆,轰隆,轰隆,反坦克炮。轰隆,轰隆,毒刺导弹!毒刺导弹轰隆响?卡拉什尼科夫自动步枪在响,飞毛腿导弹轰隆响,T-72主战坦克轰隆响。火箭推进榴弹(RPG)。没错。"

走回奔驰汽车的路上,伊姆兰兴致十分高昂。

"你觉得怎么样?"他问。

"太令人心惊胆寒了。"

"是这样,"他骄傲地说,"这些都是我的人。"

两年后,伊姆兰从板球赛场上退役,但依然是新闻的焦点:先是在他母亲患癌症去世后,他筹集资金在拉合尔修建了一所治疗癌症的医院;然后他宣布自己的穆斯林信仰"再次被唤醒";此后再和恐惧欧元的金融大亨詹姆斯·戈德史密斯(James Goldsmith)爵士之女杰迈玛(Jemima)成婚。在杰迈玛皈依伊斯兰教后,英国媒体陷入了一种荒谬的——不幸却是典型的——反伊斯兰歇斯底里症。《太阳报》担心魅力十足的杰迈玛在拉合尔再也不能穿紧身衣了,于是在整个头版写下了疑问:"杰迈玛·汗该如何在这一点上应付安拉?"《星期日泰晤士报》的安德鲁·尼尔(Andrew Neil)形容杰迈玛是"稀里糊涂地走进了奴隶制",而《旗帜晚报》则在头版登出,"她抛弃伊斯兰信仰套在她身上的枷锁,和朋友们一起去参加了传统的婚前派对,之后离开了圣洛伦索(San Lorenzo)"。

第二年,伊姆兰组建了自己的政党——巴基斯坦正义运动党(Tehrik-e-Insaaf)。1996 年 11 月 5 日,当贪污成风的贝娜齐尔·布托（Benazir Bhutto）① 政府被解散后，他开始动员他的新政党参加选举，人们对他寄予厚望，认为他可以借助公众对腐败政客的厌恶浪潮，改变巴基斯坦政坛的面貌。不久以后我回到巴基斯坦报道选举活动。很快我就清楚地认识到，尽管公众和英国媒体对他充满热情（英国媒体有时候甚至让人觉得大选已经是伊姆兰的囊中之物），但选举对这位前板球运动员来说绝不是一件容易的事。

拉合尔，1996年

"我会投给伊姆兰·汗的，"骑在摩托车上的人说，"因为他是个非常优秀的板球运动员，而且他的内在品质也非常好。"

当伊姆兰的车队在从拉合尔到伊斯兰堡（Islamabad）的高速公路上靠近收费站停车时，一群欢呼雀跃的支持者出其不意地出现了。他们在路旁点燃一堆中国产的鞭炮，一片烟雾升起，旁边还有一个旁遮普婚礼乐队，他们穿着模仿军队制服的华丽服饰，开始演奏一支叫作《他是个快乐的好小伙》的歌曲。成千个兴奋若狂的支持者从四面八方涌向这位候选人，大

---

① 巴基斯坦前总理阿里·布托的长女。

喊着"伊姆兰万岁!""伊姆兰总理!"等口号。

人们将一篮篮玫瑰花瓣撒向车队,演讲结束后,车队再次开始移动。现在 15 个小伙子骑着韦士柏(Vespa)摩托车开道,摩托车上都插着伊姆兰组建的新党派正义运动党红绿色的旗帜。伊姆兰那辆破旧的奔驰车排在队尾,它正在花瓣欢迎仪式中前行着,看上去就像撞到了切尔西花展(Chelsea Flower Show)上的一个摊位,车的引擎盖上堆满了一层厚厚的玫瑰花瓣,后视镜上还挂着几串金盏菊做的花环。

奔驰看上去十分老旧,像是纳粹时代的指挥车,但车身上喷着鲜艳的明黄色,还张贴着这位抱负远大的政治家的华丽海报。他们都带着一张伊姆兰的照片,应该是他在 1970 年代后期拍的,那时候他留着蓬松的发型,看起来像是约翰·特拉沃尔塔(John Travolta)在电影《周末夜狂热》(*Saturday Night Fever*)①里的造型,不像现在这样剪短而轮廓分明,透露出简朴的气质。

伊姆兰坐在车里,看上去十分疲倦,甚至有一点憔悴。迄今为止他已经连续两周在路上了,每天要举行三到四场竞选集会,每天竞选活动结束后都是一连串无休止的委员会会议,一直开到深夜。他说,这几天他觉得自己很幸运,每天都可以睡四个小时。最近这一场竞选集会是两天前才刚刚组织的,举办地正好属于一个仇视伊姆兰的封建地主所有,为此,团队里每个人都担心不会有人来参加集会,没想到却出现了这样的欢迎仪式。

---

① 约翰·特拉沃尔塔(1954—),美国演员、舞蹈家、歌手,在《周末夜狂热》中扮演一个平时打工、周六晚上在当地迪斯科舞厅光芒四射的"舞王"。

集会场地在一个偏僻落后、毫不起眼、名叫拉拉穆萨（Lala Mousa）的小镇，当我们快要到达时，人行道上挤满了人，路上的紧急停车带开始扩大，挤占了高速公路的位置，因此我们不得不降下车速，缓缓向前移动。在高速公路指示牌上方挂着标语："胜利属于伊姆兰·汗！""无往不胜的伊姆兰·汗！"家家户户的房顶上都站着欢呼的粉丝和支持者，每一扇窗户外头都飘扬着正义运动党的旗帜。

"你正在亲眼见证革命的发生，"伊姆兰朝我大喊，努力让我在一片喧嚷中听到他的声音，"六个月前，当我们的支持者开始工作的时候，人们都不理会他们，觉得他们是疯子，他们说我们绝没有机会。现在就是这些人在排队加入我们的队伍。民众厌倦了老派政客。只要看一眼周围你就会知道，一些很重大、很重大的事件正在酝酿。"

我们的速度放缓下来，在我们后面，大概有 200 辆尾随的车排起了长队。紧跟在我们后面的是一辆涂得十分鲜亮的大巴（更确切地说，车身上的文字写着，这是一辆**梅赛德斯王公超级空中巴士**），乘客们激动万分，开始在车顶上手舞足蹈，在大巴开到挂得很低的电缆下方时，他们差点儿被割到脖子。同时，伊姆兰像个皇帝一样，透过敞开的车窗和热切向他伸出手的支持者握手，而司机小心翼翼、犁地一般向前磨蹭着，穿过此起彼伏的人潮，尽力避免不要撞到谁。最后，我们终于挤着穿过人群，到达了讲台下方。伊姆兰跳出车，一个箭步跨到了讲台上。他宽大的卡其色莎尔瓦克米兹在微风中翻飞着，他开始大声喊出他的宣讲。

"50 年来，政客们一直都在剥削巴基斯坦人民，"他慷慨激昂地说着，像一个煽动者那样朝空气挥舞着拳头，"他们一

第十七章 伊姆兰·汗：零分出局

直在抢劫和掠夺这个国家！强盗和强盗之间互相庇护！我们想把这些强盗都绳之以法！我们会把那些腐败分子绞死！巴基斯坦全体人民应该联合起来，达成这项事业！"

在讲台边上，地区警长和地方治安法官注视着台下狂热的人群，他们沿着道路绵延了至少有两英里，把巴基斯坦一条主要高速公路经过这个地区的两条车道堵得水泄不通。

"我在这里已经待了十年，"地区警长说，"我从来没见过这样的事。说实话，我从来没见过哪个集会有这次十分之一的规模。这里有多少人？30000 人？35000 人？贝娜齐尔来这里的时候，她团队的人要撒钱才能叫来 2000 人。"

地方治安法官身材肥硕，留着大胡子，身穿一件花呢外套，一副绅士派头，他点点头表示同意。"的确如此，"他说，"这是一种全新的现象。"

伊姆兰·汗在各省集会上吸引民众的数量可能刷新了纪录，但面对伊斯兰堡的政治游说团体，或在拉合尔当权者的会客室中，极少有人真的认可他在大选中胜出的概率。

从很多方面来看，这都不足为奇。六个月前，伊姆兰刚刚组建了巴基斯坦正义运动党。那时候他相信自己会有两年的时间来领导该党为大选做准备，包括制定一系列连续的政策、在全国建立办公室、选拔清廉且有能力的候选人来维持办公运营等。结果,在他正式宣布从政不到一个月的时间里,因为过度腐败,贝娜齐尔·布托政府被总统法鲁克·莱加里(Farooq Leghari)提前解散了。忽然之间,伊姆兰发现自己只有三个月时间来开展他尚处在萌芽阶段的政治活动。

结果就是,由于他此前名声太响,巴基斯坦的时政评论员基本没把他的挑战当回事儿。随着大选将近,他们开始指出,他缺乏可信赖的基层组织,没有大名鼎鼎的候选人,也没有清晰的施政纲领。更重要的是,他的政敌质疑他是否真的有意志和能力来组建这些东西。

"他在这儿被称作'蠢货伊姆'(Im the Dim)① 是有原因的,"巴基斯坦前驻美国大使阿比达尔·侯赛因(Abida Hussein)说,他也是纳瓦兹·谢里夫(Nawaz Sharif)领导的穆斯林联盟的候选人,很多人都相信该党会赢得大选,"这是一起典型的胸肌过度成熟、大脑却发育不足的案例,如果你把我们任何一个热门影星放到演讲台上,他们应该都能吸引民众,但这并不意味着任何有理智的人会把票投给他们。你会把票投给伊恩·博瑟姆吗?"

其他人则批评伊姆兰伪善。他们问道,如果一个人一边对他所谓的"特权文化"大加鞭笞,一边又把他的妻子送到波特兰医院②最昂贵的套间里待产;如果一个在牛津接受教育、完全英国化的巴基斯坦人转而攻击那些"褐色皮肤的先生"和他们西化的生活方式;如果一个人曾四处猎艳,

---

① 这是伊姆兰·汗在花花公子时代的绰号。
② 位于伦敦的私立医院,是全球顶尖的妇产科和儿科医院,许多名流和王室成员选择在这里生产。

在富勒姆区①上百个闺房里流连，现在又站在演讲台上怒吼，声称要根除性泛滥带来的西式疾病，你会对他有什么看法呢？

即使他的朋友对此也持保留态度。"我很喜欢伊姆兰这个人，"拉合尔的一个上层名流说，"他诚实、真诚，拥有伟大的正直品格，完全不会受到腐蚀。但我依然不住地担心，如果他掌握了权力，他可能会因为我通奸就让我被石头打死，或者因为我喝酒就把我的头砍下来。他有一些相当奇怪的主意。你听说他一直在允诺要把贪污的政客都吊死吗？他说这话是认真的，你懂的。"

伊姆兰的许多"奇思妙想"都与他近段时间宗教信仰再次被唤醒有关。在他母亲经历了缓慢而痛苦的癌症治疗过程却最终病逝后，伊姆兰遇到了中年危机，回归宗教正是危机的产物。这不仅给他的外表，也给他的行为方式带来了深刻的转变。往日板球运动场上的生活乐趣②让位于一种新的严肃性。伊姆兰认同的是伊斯兰教中较为宽容的苏菲派传统，他并不想成为胡子拉碴的激进分子，但谈论起自己的宗教时非常严肃，现在他的谈话中充满了苏菲派的传说故事，甚至还会不时地引用《古兰经》的内容。

更加令人警惕的是，他认为伊斯兰教法中有许多可取之处。相比纽约夜间的混乱无序，巴基斯坦的部落地区就是依靠执行伊斯兰教法，才几乎完全杜绝了小型犯罪行为。"在部落地区从来没有过哪怕一起强奸案件，"他在某一场合说

---

① 位于西伦敦的自治市，紧邻泰晤士河，历来是上层阶级的住宅区域。
② 原文为法语。

道,"对我来说,这可比美国要文明百万倍,在美国,每年都会有百万起强奸案件。"他还对伊朗伊斯兰革命的某些方面表现出相当程度的钦慕,这着实令人感到不安。比如,他指出,在伊朗国王被推翻后,伊朗的识字率从60%上升到了90%,而巴基斯坦的识字率实际上却在逐年下降,二者形成了鲜明对比。当我开玩笑问他,是否认为自己是巴基斯坦的阿亚图拉(Ayatollah)① 时,他想了片刻后答道:"并不完全是。"

虽然这样的事情很可能对巴基斯坦选民很奏效,他们和英国选民一样热衷于绞刑和鞭刑,但专家指出,伊姆兰的政党要把自己毋庸置疑的受欢迎程度转化为实际选票需要面对一个巨大的障碍:正义运动党缺乏资金,也就失去了行动能力。而在巴基斯坦,政治依靠的恰恰就是金钱。

巴基斯坦的选举和印度一样,并非真正和意识形态有关,而是要在开价上高于对手,对当地老百姓做出一连串不切实际的承诺。通常,一个议会候选人会去村子里,给村里的某位长者一笔钱,长者会把这笔钱分给族人,族人就会全体② 投票给这个候选人。为了在选举中获胜,候选人最重要的事情就是赢得每个村子里最有势力的宗族中的长者的支持。除了金钱以外,长者可能还会提出各种各样的要求:修一条通往村里的柏油路,给他的堂兄弟通煤气等。所有这些事情会花费相当大的一笔钱,候选人在得到职位以后,再通过腐败的方式把钱收回来。

---

① 伊斯兰教什叶派宗教领袖的尊称。
② 原文为法语。

根据巴基斯坦的传统智慧，唯一高于宗族忠诚度的就是对封建地主的忠诚。在该国许多更为落后的地区，当地的地主会理所应当地认为，如果他自己参选，领地上的人就应该把票投给他，或者应该投给他指定的候选人。正如一位评论家所言："在一些选区，如果地主们把他们的狗推举为候选人，那条狗就会以99%的高票当选。"

这种忠诚是以暴力来确保执行的。据说，许多大地主都有自己的私人监狱，他们中大部分人都有私人军队，或者至少和当地的雇佣暴徒团伙有牵连。在拉拉穆萨的人群中，好几个伊姆兰的支持者说，他们很愿意为正义运动党做事，但是不敢。"我想去帮助伊姆兰，"一个男孩说，"但我害怕有人会把我的腿锯断。这种事是有的。其他党的候选人在本地很有势力，有很多持枪歹徒。选举到来时，他们会威胁每个为正义运动党做事的人。"在更加偏僻、无视法纪的地区，地主和他们的暴徒还有可能去贿赂或威胁计票人员，然后往投票箱里塞满几千张投给自己的选票。

伊姆兰志在净化巴基斯坦政坛，作为计划的一部分，他清楚地表明，自己不会和地主或宗族首领进行任何交易。他说，如果单独的选民想要支持他，那就够了。他的确相信，只有打破选举人对选民的贿赂制度，才能遏制腐败问题。这是毫无疑问的，但在许多和我聊过的巴基斯坦记者眼里，伊姆兰的这种想法显示出，他不过是个幼稚得无可救药的理想主义者，他在主场国的板球赛场上待了太久，根本无法把握巴基斯坦政治权力斗争的残酷现实。他们说，他可能对大众很有吸引力，但这和在巴基斯坦赢得选举完全是两码事。

那个星期晚些时候，我在拉合尔开始领会到了"宗族政治"真正的含义。

那是在旁遮普的一个温暖夜晚，伊姆兰最好的朋友——同时也是他的政敌——优素福·萨拉赫丁（Yusouf Salahuddin）穿着一件厚厚的白色莎尔瓦克米兹，蜷缩在一张长沙发椅里，手臂放在克什米尔织金布料包裹的枕垫上。从莫卧儿式尖拱门的木质顶盖外传来一座小型喷泉的叮咚声响，棚架下的空气里满含素馨花和晚香玉的馥郁芬芳。

"宝贝，我跟你说过了，"优素福在他的手提电话里重复道，"这次我不会参加选举了。这会是一场肮脏的选举，会非常棘手，真的非常棘手。不，不是，我不会出局。亲爱的，听我说，一切都在我的掌握之中，明白了吗？我自打出生起就在这座城市里搞政治了。很好，没问题，宝贝。再见。"

优素福挂上电话，收回天线，在空中打了个响指。两个穿制服的仆人跑了过来。

"不好意思，"他对我说道，"你想喝点什么吗？"

"当然，你都有些什么呢？"

"什么都有。"

我点了一杯麦芽酒，这是我到达禁酒的巴基斯坦后第一杯真正意义上的酒饮。仆人匆匆退下，我问他，他刚才说的是不是真的，这次真的会是一场肮脏的选举吗？

"没错，"他说，"最糟糕的一次。所有的恶棍都参选了：背后操纵的神秘人物、毒贩、真正的疯子……"

"但如果真如你所说，你依然是拉合尔的幕后大佬，这种情况不是对你很危险吗？"我问，"你不该把自己武装保护起来吗？"

"我觉得我没必要，"优素福答道，"我没有任何敌人……"

他停顿了一下，双手轻轻做了个挥舞的动作，说道："但也是，你瞧，最近怎么小心都不为过。我有五个贴身保镖，都是退役的突击队员，只是以防万一。他们都是全副武装的。"

"手枪？"

"哦，那没什么了不起的，"优素福说，"这里也不是前线，他们只有五把卡拉什尼科夫自动步枪、MP-5冲锋枪、中国制造的毛瑟枪和几把意大利制造的泵动式十连发霰弹枪。没有重型炮。"

我见过他的贴身保镖。当我走过优素福庭院的宏伟大门，站在塞满填充物的动物头颅下，我刚好经过他们身旁，他们朝我露出亲切的微笑。我原先以为他们不过是些闲散之辈，看门人的朋友之类的。我从来没看过他们的家伙。我问道："你真的需要所有那些武器吗？"

"在选举期间是必要的，"优素福说，"巴基斯坦的选举……和英国的选举很不一样。"

"这话怎么说？"

"我跟你讲个故事吧，"优素福说，他重新躺到长沙发椅上，啜饮着他的酒，"上次选举的时候，就在选举日那天，夜深了，我去检查一个投票站的情况——之前就有暴乱的传言。就在我刚刚赶到那儿时，伊斯兰大会党（Jamaat-i-Islammi）的候选人出现了。他带了大概100个人,都有武器。他们朝我们逼近,开了五枪,打伤了我一个保镖。我的那些小伙子刚刚拿到意大利产的新枪,其中有一个朝空中射了十枪,急速射击。还没人在拉合尔见过这样的枪,所以大会党那些蠢货一时迟疑,我们就马上钻进汽车,这才他妈的成功脱险了。"

"我明白你的意思了。"

"我还没说完呢。然后大会党犯了个错,他们决定追击,然后跑到我的地盘,进入了钻石集市,还四处开枪。警察都跑了,但我的族人被激怒了。他们没法看着我遭受攻击,他们觉得,我的家族一直都在保护他们,所以他们也有义务来保护我们。"

"他们也有枪?"

"以前我在省区议会里当议员的时候,发放了很多许可证,所以他们手上有不少装备。所有人都跑到他们的房顶上,不管手里有什么,都拿出来开始朝下面那些大会党的家伙射击。那是一场血腥的大型枪战,完全失控了。我们把他们打退了,半个小时后,他们就带着死伤人员溃散了。"

很快我就习惯了谈论枪支、射击和街头巷战。自从阿富汗战争将巴基斯坦变为世界上最大的火药桶之一后,这些就成了当下巴基斯坦的日常现状。令我感兴趣的是优素福族人对他的支持。我问他,他的支持者都是谁,他们为什么要跟随他?

看起来,优素福的家族原本是克什米尔的地主,19世纪早期,由于发生了一些麻烦——财产纠纷、死亡、死刑命令之类的——他们迁到了拉合尔。他们带来了黄金,并将其投入地产。等到优素福的高祖父逝世时,这个家族已经有了拉合尔大约三分之一的土地。作为地主,他们心地善良,且都是虔诚的穆斯林，把许多家产用于救济贫民，他们在此地一直掌握大权并颇受爱戴。

优素福的家族是穆斯林联盟的共同创建者，并与巴基斯坦国民诗人伊克巴尔①结为姻亲，印巴分治后，这个家族便轻松地从拉合尔最有权势的封建地主变身为最有影响力的政客。在每次选举中，他们都能赢得这座古老城市中大量人群的支持——有的是来自克什米尔的亲戚，有的是佃农和以前的佃农，有的是邻居和仰慕者。不管这个家族选择支持哪个党派，他们的族人都会跟随他们去投票。即使家族中的某个人没有参选，他们也可以转而支持这个家族选择的候选人，就像优素福现在做的一样。

"这不仅和部落有关——我们更像是名誉宗族领袖。所以当大会党侵入我们的地盘时，人们会把这一举动看作对自己的羞辱。一旦他们对我们的热爱被煽动起来，他们就……不过，他们也只是屠杀了我们的对手。"优素福说道。

他说话的时候，仆人端着我们的晚餐又出现了：银质盘子上放着烤肉和米饭。优素福耸耸肩："私底下，我当然希望伊姆兰能有好运。但你也看到了，巴基斯坦人对他们传统的领导人非常忠诚。就算以最好的情况来看，我也怀疑他的党派能不能在这次大选中赢得哪怕一个席位。事实上，要是他自己能够当选，那就已经足够幸运了。"

---

① 即穆罕默德·伊克巴尔（Muhammad Iqbal, 1877—1938），印度穆斯林诗人、哲学家、政治家，其波斯语和乌尔都语诗作是近现代印度文学最好的作品之一。此外，伊克巴尔的宗教和政治哲学理论启发了印度穆斯林建立独立国家，成了巴基斯坦立国的理论依据。

发生在拉合尔的事——最有权势的封建地主家族变身为最有影响力的政治家族——正是1947年当民主降临到这个新诞生的国家时巴基斯坦大部分地区的写照。从那时起,尽管巴基斯坦经历了三个时期的军事管制,但这个体系并未改变。拥有土地(亦即封建主义)仍然几乎是巴基斯坦政客得以立足的唯一社会基础:布托家族是信德省(Sindh)的大地主,信德省在布托家族以外的土地大部分掌握在古拉姆·穆斯塔法·贾托伊(Ghulam Mustafa Jatoi)手中,他也是布托家族最主要的对手之一。敌对封建地主之间的角力一直是北印度中世纪历史的核心要义［只要翻开《巴布尔回忆录》(*Baburnama*)或莫卧儿王朝其他任何编年史,就都能看到］,这一传统也延续到了现代,并披上了政治仇杀的外衣。数量巨大且受过良好教育的中产阶级——这一阶级在1947年控制了印度,随之几乎顷刻间消灭了印度王公和封建地主的力量——在很大程度上依然被排斥在巴基斯坦的政治进程以外。

如果在拉合尔这样的现代大都市,对宗族和部落的忠诚依然能够存活延续,那这种联系在农村地区就会更加紧密。第二天下午,当我们开车去万多(Wando)的时候,这种状况带来的困难更加清晰地摆在了伊姆兰面前。万多是一个遥远偏僻的选区,以经常发生枪战和家族仇杀而知名。之所以产生这种恶名,部分是因为当地的暴徒喜欢攻击警察局,从而制造一系列声势浩大的枪战,即使以巴基斯坦的标准来看,这里的杀戮也算得上惊人。但最近由于一部叫作《毛拉·贾特》(*Maula Jat*)的电影,万多嗜好大规模暴力的名声大大地传播开来了。电影以男主人公的名字命名,讲述了一个真实发生过的故事:毛拉·贾特与当地一个叫作努里·努特(Nouri Nutt)的暴徒之间的家族仇杀。论血溅四射的暴力场面,《第一滴血》跟这部电影比起来也不过是小巫见大巫。而今,《毛拉·贾特》已成为巴基斯坦拍摄的旁遮普语电影中最流行的一部。在形式上,冗长而仪式化的屠杀与随之临时加入的舞蹈场面穿插进行。电影结尾,尸骨如山,成吉思汗如果看到这一幕可能也会大为惊叹。

"我们在这个选区里遇到了一点问题。"当我们沿着万多的不毛之地行驶时,伊姆兰承认道。他解释说,问题的症结在于上次选举中,有人站出来反对当地的地主,后来就被枪杀了,接着,他整个家族的人都一个接一个地被追踪并灭口。可以理解,这件事导致当地支持正义运动党的民众不愿意站出来助选。但他们已经通过合适的方式找到了一个候选人。伊姆兰说,这个人既不怕暴徒,也不会向任何一个地主低头。

"这是怎么回事呢?"我问。

"那人是努里·努特的侄子。"

几分钟后,我们接上了安萨尔·努特(Ansar Nutt)。他块头很大,身材结实,留着蜷曲的髭须,有一身摔跤手的体格。我们挨着坐在车后面,一路上,我向他问起了他的叔叔努里。

"他长得很英俊,"安萨尔说着,耸了耸肩,"他杀过一些人,坐过很多次牢。"

"所以电影里的故事都是准确的?"

"我的家人反对把他塑造成一个恶棍,我们去找了导演,"安萨尔微笑着,"导演一看到我们就马上道歉了。"

"现在你支持伊姆兰,有人会因此威胁你吗?"

"他们来了一些人,但努特家族在这个地方占多数。上次我们发生家族仇杀的时候,死了100多个人。所以他们很快就走了。这不是什么大问题,我的族人都支持我。"

"你们必须杀人吗?"我问。伊姆兰对我的问题很是警觉,他从前排回过头来,打算听听安萨尔怎么回答,看上去有些焦虑。

"我不喜欢暴力,"安萨尔避开了我的问题,"除了涉及我尊严的时候,只有在那种情况下我才会变得和我叔叔一样。"

"所以你并不担心?"我问。

"我不怕任何人。有我的家族作后盾,我不需要保镖。此外我还完成了突击队课程训练。如果上天约定的时候到了,我自然会走进坟墓里,"安萨尔·努特说,"但在那之前可不行。"

安萨尔·努特可能不会受到政治暴力的干扰,但并非正义运动党内所有的工作人员都像他这样无所畏惧。当伊姆兰结束了一场尘土飞扬的乡村竞选集会后——更多欣喜若狂的人群,更多花环,更多吊死腐败政客的承诺——整个团队来到当地一位要员家中喝茶。不断有忧心忡忡的村民前来恳求伊姆兰,如果他们决定把命运掌握在自己手里,站出来支持他,那他一定要保护他们。

"汗阁下,"一个用海娜粉染了头发的驼背老农说,"答应我们,如果你输了,你不会带着你的妻子去英国,把我们独独撇下。"

"我们都是穷人,"另一个农民说,"如果你走了,那些暴徒会杀了我们。"

"这些强盗会去和警察串通,然后警察就会来抓我们,给我们的家族惹来很多很多麻烦。"

伊姆兰举起手,示意大家安静。

"如果你们有困难,"他说,"我的工作人员和我会来这个选区,同你们一起战斗。我们有很多受过教育的人和我们站在一起,很多律师,我们会通过法庭为大家寻求正义。"

农民们面面相觑,带着不太确定的神色。显然,律师不是他们想要的那种保护。

"这次选举就是一场漫长的战斗,"伊姆兰继续说道,"如果我们赢了,真正的斗争才会开始。如果我们输了,我们的组织能力就会变得更强。不管未来怎么样,大家不要害怕,我会对你们负责的。"

会议结束时,夜幕已然降临。伊姆兰的车队在坑坑洼洼的乡间道路上缓缓前行。司机明显有点心神不宁,对着四周的阴影投去惶然的目光。

"这些地主会很难对付,"伊姆兰说,"我们去过一个地方,一个地主的老婆招待了我们。她试图让我们意识到她家的重要性,喝茶的时候她说:'我丈夫在附近这片地方很有势力,你们知道吗,去年他杀了800个人?'"

忽然,道边上昏暗朦胧的地方出现了一个人影,那人从围巾里拔出一把枪。是卡拉什尼科夫自动步枪。他开始朝空中开枪，你能看到枪管头在黑暗中冒出火花。我惊跳起来，但伊姆兰只是微微一笑。"在这个地方，这是你欢迎客人的方式。"他走下车去，和那个人握了握手，拍拍他的肩膀，然后又回到车里。

"我刚才说到哪儿来着？"

"你说有个地主一年里杀了800个人。"

"不管我们走到哪里，我的支持者最关心的问题就是我能不能保护他们。"

"你能吗？"

"在某种程度上我不能，因为我没有任何武装力量。我能承诺的就是律师。我们已经有三四个党内的工作人员被打了。尤其是在布托家族的老家信德省，人们都非常害怕。那些地主，只要有人站出来反对他们，他们就会把人的腿锯断。"

"真的吗？"

"真的。在贝娜齐尔当政时，法制和秩序完全崩溃了，就像莫卧儿王朝最后的时日……噢，真的遇上抢劫了。"

我从我的笔记本上抬起头来，看见一辆拖拉机和一辆拖车完全挡住了我们前方的去路。四周都是紧紧裹着围巾、拿着手枪和突击步枪的男人。直到我们开近了一点，才看见里面有些人在围巾下穿着警察的制服。一个胖乎乎、留着海象胡子的人朝我们走来，端平手枪瞄准我们。伊姆兰打开车里的灯，慢慢摇下车窗。我锁上了后车门。那个警察依然拿枪指着我们，并弯下腰来朝车里张望。

"噢，晚上好，汗阁下，"他认出了伊姆兰，"请通行。"

我们绕着拖拉机转了个方向，然后飞快地开走了。

"他们肯定在干什么勾当,"伊姆兰说,"你看到了吗,他看见我的时候满脸惊讶?"

"他们在干吗?"我问。

"在这个地方,警察是有组织犯罪团伙的一部分,"伊姆兰答道,"他们本来应该是保护人民不受土匪侵袭的,但他们才是真正的匪徒。他们一个月的薪水还不到2000卢比(约合35英镑),所以他们为了生存,都被迫参与犯罪。只有把他们的薪水涨起来,情况才会发生变化。只有到那时候,最努力上进的人才能进入最好的警察局。在这附近,他们参与的是(从印度)跨境走私——主要是麻醉毒品。其余时间他们就干脆拦路抢劫。"

"如果你不给他们钱,会怎么样?"我问。

"如果你给他们找麻烦,他们通常会拿枪对准你,"伊姆兰说,"然后把你爆头。"

万多的情形显著地阐明了伊姆兰的主要观点:在贝娜齐尔·布托治下,腐败和法制崩溃已在巴基斯坦的地方上变得如此普遍,只有对整个政治体系进行全面的清理才能解决这个问题。

1995年,位于柏林的腐败监测机构"透明国际"(Transparency International)将巴基斯坦列为亚洲最腐败和世界上第二腐败的国家,全球排名仅仅好于尼日利亚。部分出于这个原因,国际货币基金组织暂停向巴基斯坦提供15亿美元贷款。同时,国际特赦组织(Amnesty International)指控贝娜齐尔政府大规模侵犯人权。根据该机构的报告,巴基斯坦在监禁死亡、非法谋杀、虐待等方面创下了世界上最差的纪录之一,尽管没有一个警察曾因滥用职权受到指控或被定罪。

在这种情况下,巴基斯坦正在陷入自1971年对印军事惨败以来最严重的危机,伊姆兰诚然政治经验不足,但除了扮演积极的力量之外,他很难再扮演别的什么角色。正义运动党坚决拒绝吸纳现有的巴基斯坦政客作为候选人,与此同时,一个审查委员会正在盘问所有潜在候选人有关纳税申报和财产来源的情况。

的确,许多观察家一直认为,即使正义运动党在大选中表现欠佳,该党也已成为促使该国将反腐作为首要议程的重要催化剂。正是由于伊姆兰手下员工的调查,贝娜齐尔·布托的一些资产才得以曝光:她在萨里(Surrey)拥有一座价值250万英镑的庄园,在切尔西拥有一座价值350万英镑的别墅,在贝尔格莱维亚区(Belgravia)有两套奢侈的公寓,在诺曼底有一座城堡。贝娜齐尔自然否认了所有有关其资产的传闻,但这些详细记载的指控显然有助于总统做出解散政府的决定。现在临时政府已经开始采取措施,禁止受到指控的罪犯参选政治职位,并强制规定所有候选人必须公布资产状况。第二天,贝娜齐尔的丈夫阿西夫·阿里·扎尔达里(Asif Ali Zardari)——他的腐败声名在外,最近刚刚从"10%先生"升级为"30%先生"[①]——便宣布,他不会参加接下来

---

① 百分比指他在参与收受贿赂的交易中所收取佣金的比例。

的选举。在巴基斯坦名声最不好的那些政客中，很多人可能会效仿他的举动，面对临时政府对资产的严格审查时也会仔细掂量权衡。

"我们想打开一个全新的局面。"第二天，当我去伊姆兰家吃午饭时他说道。那是个星期五，是伊斯兰教的安息日，伊姆兰于是休息了一天。他刚去过体育馆和当地的清真寺，所以前所未有地穿着运动服，而不是他标志性的莎尔瓦克米兹。"政客现在是这个国家里最受厌恶的人。你知道吗，有65%的人在他们的政治生涯中都曾一段时间在这个党，过后又跳到另一个党？他们简直就是毫无原则。"

伊姆兰吃着炒饭（pullao）时，我问他是否担心自己缺乏经验。

"恰恰相反，"他一边用右手舀起一口豆糊和米饭，一边答道，"我觉得缺乏经验正是我的优势。这意味着我知道我的不足在哪里。至于说我的工作人员缺乏经验，我认为我们没有让任何一个职业政客加入团队是我们取得的一个最大的成就。我们已经再次一切从头开始了。"

"但你的团队有能力解决巴基斯坦现在的问题吗？"我问。

"巴基斯坦的问题并不复杂，"伊姆兰答道，"它们就是源于赤裸裸的腐败。这本质上是一个很简单的问题。腐败到了如此触目惊心的程度，所以吓退了外国投资者；就连海外的巴基斯坦人也不会再把钱拿回来。在1960年代，巴基斯坦的出口总量和中国香港不相上下，现在我们的出口额只有他们的十分之一。政府现在也非常困难，资源已经被掠夺殆尽，所以政府没有财力在医疗健康领域进行任何投入。我们是世界上新生儿死亡率最高的国家之一。教育系统也几乎完全停摆了。"

他停了一下,往嘴里又送入一口米饭。"正是赤裸裸的贪污腐败把我们带到了这个位置,"他说,"国有化的银行都被洗劫一空。半数分配给发展的资金就那么不翼而飞。我经营了一家癌症医院,但不必懂得怎么做手术,政治也是如此。只要你能把正确的人放在正确的职位上,一切就会迎刃而解。"

那天下午,法国摄影师亚历山德拉·布拉(Alexandra Boulat)要来给伊姆兰拍照。所以午饭以后,他就去沐浴梳洗,为在镜头前做准备了。他把我单独留在房子一楼的套间里,他和他父亲、姐妹和整个家族一起住在这幢大房子里。尽管杰迈玛在拉合尔住过一年,但看起来她并没有给伊姆兰以前单身汉时候的房间布置带来多大影响:一张低矮的柚木桌子占据了会客厅一半的面积,上面放着伊姆兰收集的大量部落刺刀,厅里另一半则放着他超大号的跑步机。只有两张杰迈玛父母的大号黑白照片,一本尚未读过的、她父亲写的反对欧洲一体化的复印本小册子《陷阱》(The Trap)显示出她在这里住过。

伊姆兰的床头读物几乎都和宗教苦行有关,令人顿生兴味:《尝试理解〈古兰经〉》《通往麦加之路》《伊斯兰教的兴起》《辉煌的〈古兰经〉的要旨》等堆放在一起。我唯一能找到的带有一丝世俗味道的是《伊斯兰教爱情百科全书》①。一两年前，我曾在贝娜齐尔位于卡拉奇（Karachi）的卧室里发现大量米尔斯和布恩出版社（Mills & Boon）②出版的书籍，某种程度上，这与伊姆兰这里的一切形成了令人震惊的对比。

但在咖啡桌上，伊姆兰心爱的刺刀旁边，摆放着一本我最喜欢的传记之一：福恩·布罗迪（Fawn Brodie）为理查德·伯顿（Richard Burton）爵士书写的了不起的一生——《魔鬼驱使》（The Devil Drives）。③ 找到一本比《辉煌的〈古兰经〉的要旨》更精彩的书，让我能在等着伊姆兰结束他那费时耗力的沐浴时有事可干，这让我心生快慰。我打开书，发现这是杰迈玛的。扉页上用又大又圆、女孩气的字体写着"待办事项"：

大卫·弗罗斯特④

比基尼线

药剂师

健身房

给帕尔梅什打电话——为《时尚》准备连衣裙

这些就是有钱有势的人关心的事情。

---

① 书名原文为法语。
② 英国出版社，主要出版女性浪漫言情小说。
③ 福恩·布罗迪（1915—1981），美国传记作家。理查德·伯顿（1925—1984），英国电影巨星，尤其善演莎士比亚笔下的人物。
④ 大卫·弗罗斯特（David Frost, 1939—2013），英国电视节目主持人、喜剧演员、作家，1960年代因主持讽刺节目而成名。

正在那时,伊姆兰终于从浴室里出来了,穿着他最好的一套莎尔瓦。当他坐到椅子上,摄影师调整着他的动作,试图让他把头支在指关节上,摆出罗丹的《思想者》的姿势时,我问,杰迈玛对他进入政坛怎么看?

"她理解我面临的困境,"伊姆兰说,"我从来没有特别想进入政坛。但这个国家真的已经处在崩溃边缘了。每天都有人来找我,对我说:'你应该做些事情。'现在,我会试着让巴基斯坦摆脱这个烂摊子。如果我失败了,至少我知道我已经拼尽全力了。"

但杰迈玛不会害怕危险吗?我问。我几乎用不着提醒他,南亚国家的高级政治家的寿命都不太长。就在他宣布将要参选的那天,一枚炸弹在他开办的癌症医院里爆炸了,正好赶上他计划抵达医院的时候。如果不是因为他的行程耽搁了,到得晚了一些,他现在应该已经死了。

"危险当然是有的,"他答道,"我党内的每个人都担心我会遭到暗杀。如果你参与了一个政治团体,就要做好会遇到这些的思想准备。"

后来,我从他的朋友优素福·萨拉赫丁那儿知道了一件事。很多年前,当伊姆兰还是个年轻的板球运动员时,他在西班牙拜访过一位颇有声望的占卜师。她告诉他,他会一直快乐地活到老,只有一件事令她忧心。"永远不要参政,"她说,"如果你去了,你就会被杀死。"那时候,伊姆兰从来没想过要进入政坛。但优素福说,伊姆兰从来没忘记过那个预言,它总会在某些时刻提醒他,让他犹豫了好几年,最后,他终于决定冒险前行。

"话又说回来了,今天晚上我就可能死于车祸,"伊姆兰继续道，"或者明天，得癌症死了。什么事都可能发生。成天担心这个担心那个是不值得的。无论在谁的生命中，恐惧都是最大的障碍。恐惧会让你变成一个矮小的人，而信念会给你勇气。最后，该你死的时候你自然会死。"他说着，不动声色地耸耸肩："没必要瞻前顾后，这些事都掌握在神灵的手中。"

附言

在选举中，伊姆兰并未遭到暗杀，但他和他提名的人选也没有赢得一个席位。正义运动党的组织实在是太混乱了，最终伊姆兰发现他甚至没有资格投票，因为没人给他注册过。正如巴基斯坦诸位专家所预测的，选举集会上的人群并没有转化为选票，正义运动党在那些组织得更为完善的政党面前一败涂地。

计票工作完成以后，纳瓦兹·谢里夫领导的穆斯林联盟以令人震惊的优势强势崛起，其获得的多数票是巴基斯坦选举历史上最多的多数票之一。这让英国媒体大跌眼镜，英国媒体大体上将选举视作伊姆兰和贝娜齐尔的双人赛，几乎完全没有注意到纳瓦兹的存在。几个月后，在英国大选中，伊姆兰的岳父詹姆斯·戈德史密斯爵士几乎复制了他的失败，其领导的公投党（Referendum Party）几乎和伊姆兰的正义运动党一样吸引公众的眼球，但同样没有在选举中取得任何成就。

正义运动党依然存在，尽管它不过是处在巴基斯坦政坛边缘。虽然贝娜齐尔领导的人民党事实上已经瓦解，伊姆兰未来的政治前景却依然相当不温不火。但是，他的政党成功地让反腐成了巴基斯坦政治辩论的中心议题。在伊姆兰站出来以前，人们对政客的欺诈和腐化早已习以为常，腐败在巴基斯坦甚至就是政治生活的一部分，和集会演讲、参加议会一样普遍。在这样一个国家，正义运动党取得的成就不容小觑。[①]

[①] 2002年，伊姆兰首次当选国民议会议员。2018年，伊姆兰赢得大选并宣誓就任巴基斯坦总理。

第十八章　边境之上

白沙瓦，1989 年

宗教对梵蒂冈意味着什么，暴力就对西北边境省意味着什么。在这里，暴力是一种*存在理由*①、一种生活方式、一种偏执、一种哲学。弹药带就挂在人们肩上，手榴弹就塞在他们的口袋里。在这里，彰显身份和地位的不是奔驰，也不是伦敦裁缝街的定制西装；如果你能开着一辆缴获而来的苏联 T-72 主战坦克去上班，你就知道自己已经到达了白沙瓦。

边境人民的扭曲心态一部分是严酷的地理环境造成的。这是一片艰苦、贫瘠、干旱的地区，没有丝毫缤纷、温暖或是柔和的景色。灰色的山坡非常陡峭，覆盖着尖锐的云母片岩，只有在谷底，白杨树和阿育王树形成的防风林能略微打破一点沉闷。由于气候过于干旱，这里不会下雪，但从雪峰上吹来的风会沿着山坡和伤痕累累的山谷边缘扫荡而下，刮擦着空无一人的街道。天空是灰的，空气是灰的，这种灰渗入大地、石头和建筑中。唯一的亮色是墓地的新坟上飘舞着的红黄色丝质彩旗。当你从这里漫步而过，你能感到，冬天就像一条蜷缩的龙，将大地围裹起来。

这里的人和云母片岩一样冷峻。那些茫然、石头般的脸上长着密林般的胡须，露出拉长而憔悴的面容。气温在零摄氏度以下，人们无论是从心态上还是身体上都不由得缩回自身。他们把膝盖抬到下颌处，再用厚重的克什米尔围巾把整个身体裹

---

① 原文为法语。

起来，头顶上戴着羊毛缠头帽。你会看见，他们只有黑色的眼睛向外凝视着严寒。80%的人口都是文盲，但他们依然怀着骄傲。他们透过髭须露出一丝冷笑，眼睛保持平直，像是在表示蔑视，又像是有些好奇。

这些人是普什图人。他们从未被征服，至少自亚历山大大帝以来没有过。数个世纪以来，他们送走了各种侵略者——波斯人、阿拉伯人、土耳其人、莫卧儿人、锡克人、英国人、苏联人——他们的性格中同时保留了傲慢和怀疑，这是历史遗留给他们的印记。历史还遗留给他们一种奇怪的政治地位。虽然大部分普什图人在法律上都居住在巴基斯坦境内，巴基斯坦的法律文书却在他们领地的中心地带不起作用。

这些分隔开来的区域事实上是独立的私人部落，不受巴基斯坦政府管辖。它们是英属印度时代的遗产：那时，英国人乐于让普什图人在帝国的边缘地带形成一个缓冲区，所以并未将其统治延伸到山区。有英国人的做法在前，巴基斯坦的现代政府也因循了这一先例。在白沙瓦边缘的检查站以外，部落法——一套基于部落议事会和家族世仇的习俗制度——远在基督降生以前就诞生了，至今仍不容置疑、不容改变地统治着这个区域。

官方禁止所有外国人进入部落区域，因为巴基斯坦政府无法保证他们的安全：在这里，绑架和谋杀是家常便饭，实际上已经成为一种家庭式的手工产业。要想参访部落区域，你得越过部落边境偷偷进去，理想情况下由一位部落长者陪同。这不是什么难事，但需要小心一点，再做点准备。

第十八章 边境之上

就在边境那边的部落区域,达拉·阿达姆·海勒村(Darra Adam Khel)市场的商铺里,一排排极易爆炸的子弹头端坐在玻璃橱柜里,面朝大街,看上去就像英国乡村商店里的罐装硬糖一样无辜。成堆的迫击炮弹和反坦克弹药在柜台上就能买到,现金交易,仿佛它们只是亨氏焗豆罐头。旁边挂着一串串机枪弹带,看起来就像是洋葱。商店外面,街上散放着的物件看上去就像随意丢弃的园艺工具,其实里面有重型机枪、火箭筒和野炮。站在这个地方有一种疯狂的,甚至是超现实的感觉:我们正在这儿逛着一个武器市场,半磅炮弹值两便士,五个绿色的防毒面具坐在墙上。

穆罕默德·拉菲克(Mohammed Rafiq)是开伯尔武器供应(私人)有限公司的老板,他是个严肃的人,戴着厚厚的黑框眼镜,穿一件细条纹马甲,头戴高高的阿斯特拉罕(Astrakhan)①羔皮帽。他在精致的瓷碗里倒上小豆蔻茶招待我,开始抱怨起阿富汗战争的结束。

"阁下,我跟你说实话吧,"他在茶碗边上呷了一口说道,"五年前我们一天就能卖四五十把卡拉什尼科夫自动步枪,没问题。现在生意不太好了。碰上了,我们能卖出一些防空导

---

① 阿斯特拉罕是位于伏尔加河三角洲上的城市,今俄罗斯阿斯特拉罕州首府。

弹，偶尔卖些火箭推进榴弹。但阿富汗战争结束了，现在只有我们部落里的人来买了。"

想到这里，穆罕默德·拉菲克似乎很是郁闷。但他的助手阿卜杜勒·卡迪尔（Abdul Qadir）乐观一些。

"我们部落里的人依然是很好的买主，"他说，像印度人那样左右摇晃着头，"每个人还是想买很多枪支。"

穆罕默德·拉菲克点头表示同意："对我们的人来说，这些武器多多益善。在部落地区，买武器不需要许可，就连买坦克也不需要。"

"就拿中间阶层的人来说，"阿卜杜勒·卡迪尔以哲学家似的口吻说，"他们的日子并不好过。但他们得有枪支，手枪步枪之类的，应该是两把：一把传统上大家都要有的李-恩菲尔德步枪，一把卡拉什尼科夫自动步枪，用来杀人。"

"如果他是个大人物——部落首领（malik）——他也许就有火箭筒和高射炮，还有好多好多枪。这个是好生意。"

"他们真的会使用这些枪吗？"我问。

"他们经常会用。"

"对谁用？"

"互相之间对打。"

"哦是的，"助手骄傲地说，"我们部落里的人都有仇家，他们得把仇家杀死。西北边境省内的所有人都是枪战高手。"

我们正说着，突然从外面刺入一道喇叭声，是宣礼师的高喊。

"不好意思，"穆罕默德·拉菲克说，"现在是我们的祈祷时间。"

两个搭档从一挺重型机关枪下面拿出几条毯子，铺在桌子后面。他们念诵着祈祷词，身体开始起起落落，你能看到的就是两顶阿斯特拉罕羔皮帽在电话机和桌上的订书机之间上下起伏。

在回白沙瓦的路上，我给汗·阿卜杜勒·瓦利·汗（Khan Abdul Wali Khan）打了个电话，他曾是这个地区最显赫的地主和政客之一，现在已经是个视力衰退的衰弱老人。我们坐在他的灌溉花园中间的凉亭里，亭子下方是一大片茂盛的九重葛花丛，放眼望去，他的花圃里开满了黄色的水仙、玫瑰和菊花。还能听到鸟鸣和潺潺的水声。汗倒了一杯茉莉花茶，示意我尝尝桌上碗里的核桃、干枣和葡萄干。我向他讲述了在达拉·阿达姆·海勒村的所见所闻。

"是的，"他说，"现在，就在这单独一个省里，就有100万把卡拉什尼科夫自动步枪。局势已经完全失控了。"

他悲伤地摇了摇头。

"我觉得，"他说道，"自己好像生活在一个火药桶里。"

白沙瓦的市场是各部落集会的盛大场地。地区的特产要带到这里进行交易，从阿富汗边境口岸走私过来的物品要通过这里流向巴基斯坦其他地区，新闻和小道消息在这里互相交换并传播开去。市场的主路便恰如其分地叫作"讲故事的路"（Qissa Khawani）。

当你漫步穿过市场，只有在这里，你才意识到各种入侵给这里留下了多么多元的种族类别。100个不同种族的基因在这里相遇、融合。成吉思汗和他的部落经过这里，让许多后裔的眼睛变得细长，也让普什图人原本蓄着厚重胡须的下颌变得光滑。山地居民包裹的头巾下面闪耀着雅利安人神采奕奕的蓝眼睛，让人遥想亚历山大大帝失联的军团曾困在这些深山里的古老传说，又让人想起1840年以后的一个世纪以来，普什图人的审美逐渐向英国太太们靠拢。蜷曲的头发和闪米特人式的鼻型提醒人们一个（虽然有点牵强附会的）传说：普什图人是古以色列人某个走散的部落——摩西带领犹太人在沙漠中流亡40年，其间这些人走散了，在寻找返回埃及的路途中，误打误撞地蹒跚越过了兴都库什山。

市场上的商品和里面的人一样丰富多彩。白沙瓦的路面上堆着羊毛地毯、羊皮外套、卡拉库尔（karakul）羊毛帽和吉德拉里（Chitrali）①披风，看起来仿佛伦敦周边各个郡里，成千上万位老奶奶骄傲地捐赠给救助儿童会或乐施会的许多针织羊毛衫和不穿的裤子最终都流落到了这里。沿街往下十码的地方，塑料镜子、破破烂烂的玩具坦克和红色水枪都像是它们从中国台湾运来途中从卡车后面掉下来的。山寨劳力士手表、黄铜神像、奏鸣乐磁带和浮夸绚丽的日历则是从印度边境走私过来的。

然而，这些小规模的二手生意背后隐藏着另一种暴利得多的交易。在过去几年里，白沙瓦很多泥砖堆砌的房子旁边出现了大理石建筑，牧羊人变成了百万富翁，市场也扩建了宽阔的

---

① 卡拉库尔是源于中亚的绵羊品种。吉德拉里族是生活在巴基斯坦北部吉德拉尔（Chitral）地区附近的少数民族。

大道。白沙瓦珍珠洲际酒店的大堂也发生了同样的转变,这让它成了巴基斯坦最奇异的景致之一。珍珠洲际酒店在南亚同类酒店中拥有最奢华的设施,却不像它的竞争对手那样,住的都是西方游客和商人。在这家酒店的五星级饭店就餐、在奢华的购物长廊中消费的都是外表野蛮的部落民,他们身上挂着弹药带和武器,吃饭用手抓,随意一瞥,会觉得他们看起来很穷,最多也就在市场上的烤肉串小店(kebabji)里吃吃东西。但实际上这些人兜里有钱,且不是一般地阔绰。他们在餐厅结账时都用现金支付,从身边的运动包里掏出塞在里面的一捆捆钞票。

对白沙瓦的居民来说,这些钱从何而来虽然使人心生愤怒,却不是什么秘密。"我是这家酒店的二号管理者,"珍珠洲际酒店的副经理穆罕默德·里亚兹(Mohanmmed Riaz)告诉我,"我每天工作13个小时,已经这样工作了八年。但八年来我攒下了多少钱呢?大概每两年能攒十万卢比(2000英镑),够我买个小摩托车。但看看我的同学,他们已经买了拉风的铃木吉普车,有的还买了奔驰。我问:'这些要花多少钱?'他们说:'70万卢比。'我又问:'你们的钱从哪儿来的?'他们说:'我们开店了。'开店!开店才不会赚到这些钱。当然是贩毒赚来的。去部落地区,你会看到那里的土地多么贫瘠,完全没有产业,那里的每个人都没受过教育,都是文盲。但很多部落民现在就开着宝马到处招摇。他们是把脖子套在绞索上赚钱。"

根据美国禁毒官员的数据,全美约30%、全英约80%的海洛因是通过白沙瓦流入的。罂粟在部落区域和阿富汗境内人民圣战者组织控制的地区都有种植。罂粟头从这些地区被运往遍布于开伯尔山口的非法加工厂——这样的工厂有60家之多——接着,加工过的海洛因流往白沙瓦,在那里装上卡车,有时候也通过军事运输带到卡拉奇,然后再通过海运抵达西方。巴基斯坦的一些海关官员也卷入这种贸易。他们的月薪只相当于40英镑,但毒贩能付给他们巨额报酬,所以不少拥有高技术的大学毕业生都竞相通过贿赂进入海关。卡拉奇大学最近的一项调查显示,海关官员是最受学生欢迎的职业。

白沙瓦的大部分富人都以某种方式卷入了毒品贸易,正如巴基斯坦政界和军方的许多要员一样:大名鼎鼎的海洛因走私者就坐在议会席中。在巴基斯坦,他们只要花钱就能摆平麻烦。只有在冒险出国的时候,他们才会面临被逮捕的风险。西北边境省首席部长的兄弟和省督的儿子目前正因为麻醉毒品指控被关押在纽约附近的监狱里。

即便是美国人在这里也得小心翼翼。巴基斯坦是一个有价值却脆弱的盟友,不能像对待哥伦比亚或巴拿马那样进行欺凌或入侵。巴基斯坦是海湾地区附近的基地,是针对阿富汗采取行动的基地,是伊朗边境上的基地。正是出于这个原因,美国人容忍了齐亚将军的军事管制,现在他们也出于同样的原因容忍着新出现并不断扩张的毒品文化。

位于开伯尔山口顶上的兰迪科塔尔是毒品贸易的中枢和巴基斯坦许多大毒枭的老巢。我雇用了一个武装着美国制自动步

枪的保镖，成功从部落管理机构那里获得了一张通行证，破晓后不久，便开着一辆老旧的莫里斯旅行家（Morris Traveller）①出发了，这辆车已经有 35 年的历史，而今还在用作出租车。

我们路过一座座土墙堆砌的阿富汗难民营，开出市镇以外，然后进入白沙瓦平原。当我们来到部落地区边界时，看见矮树丛上方竖起的两个指示牌，上面的话很不吉利：

向无所不能的真主求救

更远处是：

找个糟糕同伴，不如独自前行。

我慌张地望了一眼保镖。他向我回了一个茫然的微笑。

我们蜿蜒前行，进入开伯尔山口的狭窄道路，上升，穿过类似城堡的农场，爬升，爬升，进入荒芜的山地。在一个拐弯处，我们经过了一座大理石外观的巨型围场，四周都用高压电线围了起来。当我们行驶到大理石大门的侧边时，保镖握住了卡拉什尼科夫自动步枪。

"扎基尔·阿夫里迪（Zakir Afridi），一个大毒枭。"保镖解释道。

我们不时会经过一座堡垒，一连串荒凉的泥墙防御工事接连而过，其中有一个"不信教者堡"（Kafar Kot），至少可以

---

① 英国 1952 年推出的经济型轿车，特点是后半部分车身以木头制成的框架镶嵌，1970 年代逐渐停产。

追溯到亚历山大大帝时期。世界上很少有这样的地方，见证了军队接连从此地通过。当亚历山大大帝的将军赫费斯提翁（Hephaestion）和佩尔狄卡斯（Perdiccas）带领马其顿军团，沿着穿行于狭隘山谷中的商队之路向下进发时，他们的脚下是大流士经过的道路，其他无数更早的史前军队无疑也踏足过这里。从那以后，塞尔柱、莫卧儿、恺加（Khajar）①、阿富汗和英国的军队都沿着这条万古不变的蜿蜒道路来来去去。所有军队都在这里留下了印记，但没有任何一支军队守住山口的时间超过一两个世纪。

在兰迪科塔尔的外围地区，我们经过了一个火车站。它建于1925年，第三次阿富汗战争结束以后，这是英属印度最后一个轨头，也是开伯尔铁路的终点，还是英国人在印度建造的最出色、最昂贵的工程项目之一。整个工程造价超过200万英镑，穿越了15英里陡坡——这几乎是一项不可能完成的任务——包括34条隧道、超过92座桥梁和涵洞。但在1985年以后，这条铁路就关闭了。"部落民用毒刺导弹轰炸铁路，"一个白沙瓦的朋友告诉我，"是毒枭们在背后指使的，铁路穿越了这个区域，所以他们要把它停掉。"

当然，从外观上看，兰迪科塔尔火车站在修建时就已经为最坏的情况做好了准备。它四周都是坚固的石墙，墙上留着射箭用的细小窄缝，看上去似乎更像是一座城堡，而非一个轨头。四个角落都修建了炮塔，可以覆盖所有角度。站台四周都被清理干净，留出了可供交火的区域。阿富汗距离此地不到半

---

① 塞尔柱帝国是11世纪塞尔柱突厥人在中亚、西亚建立的伊斯兰帝国。恺加王朝，也译作卡扎尔王朝，是18世纪后期伊朗北部的土库曼人恺加部落建立的王朝，后被巴列维王朝取代。

英里，这里曾经是大英帝国的第一道防线。

窗户上都焊着粗重的铁护栏，门上也用钢铁进行了加固。但有一扇门从铰链上被撞倒了，于是我爬进去一探究竟。里面是屋子组成的一个四合院，回廊和中庭里植被蔓生，空气里有一种气息，仿佛是"卡斯特的最后抵抗"①。你本能地察觉到，这里发生过一些恐怖的事情：部落民或许在这里把站长折磨致死，或者绞死了检票员。吉卜林的短篇故事通常就在这种地方结束——忠诚的维多利亚英雄开膛破肚地躺倒在边境关口，附近有秃鹫在低徊：

> 当你受伤并留在阿富汗的平原上，
> 女人走出来收拾剩下的一切，
> 只要拿起你的步枪对准你的脑袋，
> 去见上帝时就会像个真正的士兵一样。②

站长办公室里，一切都保持着原状，好像最后一列火车刚刚在山口上慢慢停下。桌上放着一本打开的《1962年巴基斯坦铁路年鉴》，架子上放着满是灰尘的古旧账簿。这个地方太诡异了，我不想再作停留。

现在正是上午，兰迪科塔尔中心的市场已是熙熙攘攘。老人们围在火堆旁喝着普什图甜绿茶（khawa）。卖烤肉的小贩

---

① 乔治·阿姆斯特朗·卡斯特（George Armstrong Custer，1839—1876），美国陆军军官，以骁勇闻名。在北美印第安战争中的小比格霍恩河之战，他率领第七骑兵旅，最终和手下人马一起被斩尽杀绝，这场战役因此被美化为"卡斯特的最后抵抗"。
② 引自吉卜林诗歌《年轻的英国士兵》（*The Young British Soldier*）。

扇着小巧的木炭烤炉,屠夫正清理着鸡的内脏,制革匠剥着死山羊的皮,一道细细的血水流向敞开的阴沟。旁边,一个收废品的商人正在称量一个大箱子,里面装满了使用过的弹壳。我向保镖说明了我想找什么,他点点头,带我往迷宫深处走去。

沿着一条小巷,向下步入一道黑暗而狭窄的楼梯,我们到了一扇门前。保镖敲了三次门,门戛然打开。里面,八个蓄着胡须的部落民正坐在某种棚架下面,灯光昏沉,看不清楚。有一瞬间我望向我的同伴,不知道他为什么要带我来这里。然后,一个部落民从口袋里拿出一个纸信封。他把里面一些棕白色的粉末倒在一张银箔上,然后举到自己面前,点燃一根火柴给银箔加热,直到粉末变成液体。然后他拿出一根白色小管,吸食着蒸汽。空气里弥漫着海洛因那甜得发腻的臭味。

兰迪科塔尔到处都是麻醉毒品。一般来讲,柜台上是看不见海洛因的,但印度大麻和鸦片可以随意买到,就像雪茄和槟榔一样随意陈列着。有的大麻是一块一块的,像大号的太妃糖;有的被添加到了大麻薄饼或意大利面当中。一个路边小摊用模具把大麻做成了各种弯弯曲曲的形状,看起来就像甘草糖一样。

"美国人想哄骗我们不要再种罂粟,"一个小贩告诉我,他从一大块鸦片上撕下一小块,面无表情地把它团成球,再迅速放进嘴里,"他们承诺说,如果我们捣毁了罂粟苗,他们就会给我们修灌溉设施,还会修路。我们就让他们花钱,然后用他们打的井来浇灌罂粟。"

在兰迪科塔尔,毒品并非唯一兴起的非法贸易。亚洲最大的走私市场之一也位于这个镇上。从中国香港、日本走私来的电子产品,便宜的俄罗斯家用电器(巨大的洗衣机和过时的超大型空调）都通过铁路或航空从俄罗斯运抵喀布尔，然后转运到卡车上，运到巴基斯坦边境，再装上货运骡子或骆驼，在夜里蜿蜒穿过边界，到达部落区域。这些货物要么直接售卖，要么转给中间商，由他们走私到巴基斯坦其他地区。在每一个环节都无须交税，利润非常可观。

目前让情报机构担忧的问题是，还有多久，源自俄罗斯的核弹头就会和驴背上运载的武器结合并流入西北边境省，再从这里流入国际市场。

兴都库什山脉边缘这些贫瘠而偏僻的小山并非历史上首次同时拥有商业和战略价值。几个世纪以来，这个地区是印度、中国、波斯和中亚等异质文化的自然交界地带，来自不同文明的商品在这里交换，所有文化、宗教和语言在这里交汇融合，彼此渗透——"白沙瓦"意为"边界之城"并非全无来由。但无论当下白沙瓦的鸦片贸易有多么巨大的利润，跟丝绸之路为这个地区带来的富庶比起来都不值一提，尤其是在公元头五个世纪里，正是在那时，白沙瓦孕育出犍陀罗（Gandhar）文明，这是南亚历史上最辉煌、最包容的文化之一。

我第一次偶遇犍陀罗是在搭便车离开白沙瓦的几天以后，我发现自己正在斯瓦特（Swat）河谷中攀爬一条牧羊小道。那是地球上最美的河谷之一，喀喇昆仑山脉的雪峰变宽，融化后发生滑坡形成了梯田。下方，秋天里显出天青色的斯瓦特河正慵懒地潺潺流动,绕着一片铺满果园和麦田的绿色平原。当你漫步而过时,四周田野里是一片莫卧儿细密画的图景:一些男人在玉米秆下弯着腰,用镰刀收割着;其他人抱起杜松枝,准备拿去喂山羊。

柏油碎石路在远处下方终止了,一个牧羊男孩提出愿意带我去目的地。虽然他应该只有12岁,但他在前方大步走着,攀爬速度之快,只有从小生在山中的人才能赶上。我在后面断断续续地跟着,每隔几分钟就要停下来喘口气,调整一下呼吸。就这样,我们向上走着,经过泥砖砌的农舍,穿过未收割的田野,山路变得越来越窄,越来越陡峭。在我们身后,即将沉没的夕阳在山头上涂画着深邃的阴影。我们经过一片麦垛,在它们上方,一群奶牛正咀嚼着晚上反刍的食物。牧人正赶着宽尾羊群回家过夜,我们能听见远方响着铃铛声。我们继续攀爬;最后,折回山的一侧,再转个弯,我们到了。

这是一片超凡脱俗的景象。这个籍籍无名的偏远之地距离最近的主干道有数英里之远,在它的中央位置,完美保存着一片繁复精致、美轮美奂的寺庙建筑群的遗址。建筑风格与雅典、罗马和君士坦丁堡的建筑比起来也毫不逊色:精雕细刻的科林斯柱式①柱子支撑着外层的门廊和山墙,大殿、供奉厅、窣堵坡让人一眼就能辨识出希腊古典风格。但这些都是佛教建筑,距离阿富汗边境仅几英里,修建时间始于基督教时代早期的几个世纪,那时候,欧洲古典文明早已

---

① 科林斯柱式源于古希腊,是希腊古典建筑的三种柱式之一,比爱奥尼柱式更为纤细,柱头以毛茛叶纹作装饰,形似盛满花草的花篮,有很强的装饰性。

覆灭。

我站在最高的一座窣堵坡顶端。一弯新月刚刚升起,微微照亮了漆黑的夜空,鸣蝉正在歌唱。粪火堆的缕缕烟雾从山谷村庄中升起。我极目眺望,惊愕于眼前这片景色;直到后来回家后,我在图书馆中才明白这片景色的含义。

这些非凡建筑的起源应该可以追溯到公元前327年夏天,其时,亚历山大大帝以其战无不胜的马其顿军队为先锋,横扫斯瓦特山地。此前,亚历山大大帝意欲征服古代波斯帝国最遥远的省份,已经越过了兴都库什山,就在阿富汗高原上,他首次听到了关于印度次大陆如何富足的传奇故事——那里遍地黄金,由巨大的蚂蚁负责开采,狮身鹫首的怪兽负责看守;那里的男人寿命长达200年,女人在大庭广众下做爱;那里有一种独脚人(Sciapod),只长一只巨大的脚,喜欢躲在脚掌的荫凉之下;那里有香水和丝绸,阿富汗人曾告诉希腊人,它们都长在树上,甚至长在印度卷心菜里;那里有独角兽和侏儒;有大象和猎鹰;珍贵的珠宝就像尘土一样遍地散落;还有一种独特的钢,可以抵御风暴。

那正是热季结束、雨季来临的时候,亚历山大大帝到达了这个已知国度的边缘。现在他下定决心,要征服这个在眼前铺展开来的未知世界。他轻而易举地打败了杰赫勒姆河(Jhelum)畔的印度斯瓦特王公,准备渡过旁遮普地区的最后几条河,征服印度平原。但由于比亚斯河(Beas)水位不断上涨,他不得不停了下来。思乡情切的士兵们拒绝再往前挺进,酷热、饥饿、疾病等都没能摧毁士气,但季风时节倾注而下的暴雨却做到了。亚历山大大帝被迫折返,留下一系列希腊驻军以守卫他的胜利果实。在返回途中,亚历山大大帝逝世——也许是被人下毒——于巴比伦尼布甲尼撒（Nebuchadnezzar）① 空荡荡的宫殿之中，他的帝国也随之分崩离析。

驻守在印度和阿富汗的军队接着陷入了混乱，他们与故土的联系完全中断，不得已只能选择留在亚洲，同当地人通婚、融合，潜移默化地向印度人传授了希腊的哲学和古典思想。接下来的千年里，贵霜王朝（Kushan）又征服此地并带来了中亚文化的影响，在这个地处喀喇昆仑山脉要塞、偏远闭塞的山地王国中诞生了一种令人震惊的文明，即犍陀罗。犍陀罗具有古希腊的精神，同时信仰佛教，其供奉的万神殿中囊括希腊、罗马、伊朗、印度教和佛教的神祇，最重要的神像是一尊披着古希腊长袍、陷入冥想的佛像。

希腊文明在欧洲湮灭许久之后，犍陀罗又绵延了上千年；公元7世纪，犍陀罗国被新一轮的中亚入侵者摧毁时，却在白沙瓦附近的平原上留下了精美的寺庙群作为遗产。5世纪的中国旅行家法显在此地发现了多达2400座寺庙——还有散落分布在各地、精心布局、具有古希腊古典风格的城市、卫城、窣堵坡和精美绝伦的雕塑。这些中的大部分都是按照佛教典籍建造的，但也用到了希腊和罗马古典艺术中的图形和技巧，装饰着藤蔓涡卷、孩童图案、法螺和半人马像。这种不同文明碰撞产生的卓越文化的遗迹此后慢慢变得残破，至今仍散布在巴基斯坦北部的许多地区。

---

① 公元前12世纪的巴比伦国王。

第十八章 边境之上

一天前的清晨,我在一排喷得五颜六色的卡车里搭了个便车,离开了白沙瓦。

现在是巴基斯坦的收获时节,也正值选举季,路边的小村庄同时碰上农忙和政治活动,被搞得苦不堪言。快要抵达一个乡村集市时,我果然遇到了交通堵塞:一群跌跌撞撞的宽尾羊、数支脾气暴躁的骆驼队与满载着农民和庄稼的卡车挤成一团。用不了多久我就发现了堵塞的原因:对面的游行彩车载着一个议会候选人,他的支持者挥舞标语,粘贴海报,呼喊口号,正在乡村小道上磨磨蹭蹭地走着。

普什图人虽然气质沉郁,但他们非常热爱节日和绚烂的色彩,在他们心中,选举似乎和庆祝新年、朝圣、宗教节日有着同样的意义。他们十分喜欢用不同政治党派缤纷多彩的旗帜来装饰自己的泥砖房,即使有时候这意味着同一所房子上插着三个互相敌对的党派的旗帜。参加游行和集会的人很多,即使是最没有胜选希望的候选人也能组织一场挤满了欢呼的部落民的盛会。

这对候选人来说很好,但对在大选季想去某个地方的旅行者来说就不是什么福利了。在一个村子里,街道堵得水泄不通,我的卡车司机被迫放弃了,退到一间茶铺里,等着游行彩车过去再说。墙上到处都钉着海报:贝娜齐尔·布托、一些候选人、西尔维斯特·史泰龙、麦当娜和阿亚图拉·霍梅尼

(Ayatollah Khomeini)①。

"这些候选人当中哪个是最好的?"我站在海报旁问茶铺老板。

那人耸了耸肩:"谁知道呢?"他犹豫不决地望了一眼海报后答道:"他们都是很好的穆斯林。"

由于这场耽搁,等我们抵达布色羯逻伐底(Pushkalavati)②的遗址时已经过了中午。布色羯逻伐底意为"莲花之城",一度可与伟大的巴比伦媲美,但自从被亚历山大大帝征服后便开始衰落,再也无法重回其繁盛时期。直到今天,这片遗址依然充满怪异和浪漫的气息,它更像是美索不达米亚沙漠里古巴比伦的金字形神塔,而不像肥沃的旁遮普地区的古代都城废墟。沉闷的灰色土墙从植物碎渣中拔地而起,足足有 80 英尺高,巨大、陡峭、险峻。2500 年的风吹雨打已经消蚀了它们原来的形状,现在剩下的所有东西就是一堆气吞天地的土块和当地关于这座黄金之城的一系列传说。

我爬上土堆顶,打开一块小地毯,坐在上面大口嚼着我带的午餐,一边吃一边听一个牧羊男孩站在下面的植物碎渣上吹着芦笛。吃完后,我在土堆周围转了转,仔细查看散落在遗址小丘上的大量陶器、骨头和箭头。古代双耳罐手柄、彩绘陶器残片和绘有几何装饰的碎片如秋叶般散落在地上,成百上千块陶器碎片从泥土里伸出来,仿佛古时候有个挥舞着大锤的疯子洗劫过一座陶瓷窑。在布色羯逻伐底繁盛时期,世

---

① 阿亚图拉·霍梅尼(1900—1989),1979 年伊朗伊斯兰革命的政治和精神领袖,革命后成为国家最高领袖。
② 亚历山大大帝到达时,犍陀罗国的都城为布色羯逻伐底,位于今天的白沙瓦东北。贵霜王朝时期,都城迁往塔克西拉。

界各地的商人汇聚于此：考古学家在这里发现了罗马的雪花石膏、安条克（Antioch）①和亚历山大港的彩绘玻璃、上埃及（Upper Egypt）②的斑岩、南印度的象牙和中国沿海地区的漆器。但如今这里只有牧羊男孩、陶瓷碎片、泥土、废墟和我。我捡了几块釉面陶罐手柄，重新上路了。

在布色羯逻伐底遗址以外，喜马拉雅山脉第一座淡紫色的山峰直入云霄。我挥手拦下一辆过路的莫里斯旅行家，司机长着普什图人常见的又小又圆的脸庞，名叫穆尔塔扎（Murtazar），我俩一起朝着通往斯瓦特的门户——马拉根德山口（Malakand Pass）出发。

19世纪，山谷的统治者是斯瓦特的阿孔德（Akond of Swat），他激发爱德华·利尔（Edward Lear）③写下了这样的喜剧诗：

> 谁、为什么、哪一个，或者什么，
> 是斯瓦特的阿孔德？
> 他是高是矮？肤色是黑是白？
> 是坐在凳子、沙发还是椅子上，

---

① 罗马帝国重要城市，现改名为安塔基亚（Antakya），位于土耳其南部。
② 埃及南部地区，主要是农业区，气候干热，利用尼罗河水灌溉农田。
③ 爱德华·利尔（1812—1888），英国著名打油诗人、漫画家、风景画家。

> 还是蹲着，
> 斯瓦特的阿孔德？

然而，马拉根德山口一点也没有喜剧或幻想的意味。只在几英里之内，道路就几乎以垂直的角度上升了大概5000英尺。这是一段极有戏剧性的行程：我们沿着几近悬崖峭壁的表面行驶，而一些防撞护栏、防掉落围栏之类的烦人的障碍物并未破坏周围的天然美景。凡是难以忍受眩晕的人绝对不要走这条路，凡是开着一辆老旧的莫里斯旅行家的人也不建议走——很快我们就意识到了这一点。

我们刚刚通过第一个大的U形转弯，汽车就像烧开的水壶那样开始发出咔嗒咔嗒的声音。"汽车开始蹦嚓嚓了，"穆尔塔扎观察道，"蹦嚓嚓可不是什么好兆头。"当然不是了。但车依然勉强地颠簸向前。向下俯瞰，白沙瓦平原上的田野缩小成了一块棉被，上面是方形拼接的图案，路旁长着白杨树的大道如缝隙般从中穿过。我们缓慢向前爬行，越升越高，忽然之间就到了山顶。旅行家发出最后一声带着金属气息的呻吟，朝着远处的山谷志得意满地熄灭了前盖的声响。"老车可是个宝啊。"穆尔塔扎的语气里充满了惊讶和愉悦，仿佛是为了奖励旅行家的优秀表现似的，他关闭了点火装置，让车凭借惯性沿着山坡滑向了斯瓦特河岸边上。

成功登上山口顶端让我大大地松了一口气，我如释重负，没过几分钟，当我们朝着山谷急速下降时，我就开始欣赏山谷那令人惊讶的美丽风光。就像进入了一个早已消失的世界，一个喜马拉雅高原上与世隔绝、早已被人遗忘的伊甸园。

我们沿着一条两侧长着阿育王树的大道飞快前行，一面是蓝色的斯瓦特河，一面是绿色的果园，果园的灌溉沟渠里水声叮咚，那里有芒果树、樱桃树、橘树、苹果树、杏树和扁桃树。果园之外还有一丛丛柽柳树、木麻黄和缫丝农民种的桑树林。孩子们在小溪中戏水，女孩头上顶着柴捆，老人们坐在阴凉处，抽着银质水烟筒。目及之处，一切都是犍陀罗黄金时代留下的未受损的遗迹：贵霜王朝国王伽腻色迦命人在岩石表面开凿的巨型佛像和浮雕；高大的窣堵坡从六边形鼓状底座上升起；一座座堡垒坐落在岩石的巨大断崖之上，俯瞰着古老的丝绸之路。

穿过犍陀罗文明留存于马拉根德山口顶端的许多非凡遗址，往南走 60 英里，就到了犍陀罗的古老都城塔克西拉（Taxila）①。当亚历山大大帝出现在开伯尔山口时，塔克西拉王做出了不与希腊人对抗的明智决定。相反，他在斯瓦特拜见了亚历山大大帝，并带领他穿过开满杜鹃花和高山铁线莲的森林，到达了城墙之下。在这里，亚历山大大帝的部队第一次得以修整并欣赏印度的美景。

希腊人早已熟知宏伟壮丽的雅典、巴比伦、苏萨（Susa）② 和孟菲斯（Memphis）③，对他们而言，塔克西拉的

---

① 中国史籍称作呾叉始罗。
② 苏萨位于伊朗西南部，历史悠久，曾是古代埃兰王国、波斯帝国、帕提亚帝国的重要都城。著名的《汉谟拉比法典》在此出土。
③ 孟菲斯位于开罗南方 20 千米处，由法老美尼斯于公元前 3100 年前后建立，是古埃及中古王朝时期的都城。

建筑实在无甚可观：房子是由泥土和未经切割的石头建造的，选址随意，没有经过任何统一规划和设计。但是，他们感到惊奇的是居住在那里的普什图人。"从体态上来讲，印度人都很瘦，"亚历山大大帝的舰队司令尼阿库斯（Nearchus）写道，"他们个子很高，但跟其他男人比体重却要轻很多……他们戴着象牙耳环（至少富人如此），会给胡须染色，一些人染成纯然的雪白，其他人则是深蓝、红色、紫色甚至是绿色……他们身穿长袍，肩膀上绕着一条披在外面的围巾，再用另一条包住头。除了那些最低微的，其他人在夏天都会撑阳伞。"

还有人根本不穿衣服。在塔克西拉两英里以外，希腊人遇到了15个赤身裸体的智者，他们嘲笑希腊人还穿着斗篷和高筒靴，并要求说，如果外国人想聆听一些有关印度古老智慧的箴言，就应该先把衣服脱下来。"但烈日炎炎，"亚历山大大帝手下的一个人写道，"实在太热了，没有人能受得了赤脚走路，尤其是在正午。"所以希腊人仍然穿着衣服，年老的大师向他们询问关于苏格拉底、毕达哥拉斯和第欧根尼的问题。过了不久，大师们依然赤身裸体地来参加亚历山大大帝的宴请。"他们站着吃饭，"一个目击了现场情景的人记录道，"并且是以金鸡独立的姿势。"

尽管亚历山大在塔克西拉只待了几个星期，他的来访依然改变了这座城市的历史进程。从博物馆入口进到出土文物展示区，我漫步在不同的展厅，观看犍陀罗雕像，有些雕像是亚历山大大帝死后近千年才铸造的。即使是佛陀，这位东方哲学的象征，也经历了希腊化的过程：他的慈悲和带给观者的愉悦感受完全是印度式的，但塔克西拉博物馆内的所有形象都是按照西方关于人体比例和现实主义的理念来设定的，此外，佛陀还穿着一件罗马式长袍，典型的欧洲装束。

最令人赞叹不已的当数钱币展厅。一整面墙上挂满了雕刻着塔克西拉1000年来统治者形象的金银钱币。使我感到不可思议的不仅是这些钱币都是以希腊钱币为模板铸成的，还有统治者的名字：潘塔莱翁（Pantaleon），北印度国王；狄俄墨得斯（Diomedes），旁遮普国王；喀布尔的米南德（Menander）；赫利俄克勒斯（Heliochles），巴尔赫（Balkh）国王。它们暗示着这些国王生活在一个奇异的、混合的世界中。它们把东西方交织在一起，而那时候，英国人——后来唯一成功统治过这个地区的欧洲人——还穿着兽皮在史前的烟雾中奔跑。巴尔赫的赫利俄克勒斯的钱币尤为典型：正面是罗马风格的侧面像，国王长着大鼻子，眼里露出帝王的傲慢；但反面上，赫利俄克勒斯却选择了一头背部隆起的婆罗门公牛作为他的象征。

博物馆以外是绵延的废墟，大约有15平方英里的面积，其中长着茂盛的蜀葵和野生毛地黄。在这片废墟中，欧洲和亚洲的奇异融合还在超乎想象地继续进行。在塔克西拉边缘的锡尔卡普（Sirkap），巴克特里亚王国（Bactrian）① 的希腊人于公元前190年按照希腊城邦的模式重建了一座塔克西拉新城，在旧都基础上进行了大规模提升。他们仔细斟酌，将街道布置为棋盘一般的直线交叉网。正如在雅典，宏伟的防护墙环绕着居民区，防御城堡高高耸立，锡尔卡普正是对帕特农神庙的回应。

在那里，你可以站在城堡的墙壁上远眺，房屋就在你下方连绵展开。眼前的景象令人惊讶，甚至有些呆板地齐整：这就

---

① 中国史籍称作大夏。

像任何一座现代新城,除了点缀每条街的都是佛教寺庙而不是超市,而整座城市的建造时间比基督诞生还要早将近 200 年。最有趣的是,其中一座寺庙里还有双头鹰的标记。几个世纪以后,同样的标志将首先成为拜占庭帝国的国徽,然后是哈布斯堡家族(the Habsburgs)的徽章,最后成为沙皇俄国的国徽。它为何首次出现在喀喇昆仑山脉边缘一座已消失的城市?这是犍陀罗最大的未解之谜之一。

我认定,塔克西拉的废墟中我最喜欢的是尤利安(Julian)寺,这是以它的建造者,一位皈依佛教的罗马特使来命名的。这座寺庙一直是个隐修的地方,直到今天,它的遗址依然保留着原先的安宁。我到那儿的时候已是夜里了,村子里火堆的烟雾恰好浮在田野上,形成一道完美的水平线。山脚处,在橄榄树林下方,皮质坚韧的黑色水牛正坐在蜷缩的腿上。往上,橄榄树林中飞动着长尾小鹦鹉,当我往山上走的时候,跳动的蚱蜢不时从我脚下猛地跃起。

年老的看门人带着我四处转了转,他年轻时参加过莫蒂梅尔·惠勒(Mortimer Wheeler)[①] 爵士对遗址的挖掘,是个非常迷人的老头,当他向我讲解遗址不同区域的功能时,整座寺庙仿佛恢复了当时的景象。很快我就看到穿橘红色长袍的僧侣绕着窣堵坡顺时针行走,排队在斋堂领取食物,或者掐灭他们清寒石屋里的油灯。

最棒的是,我看到了寺庙建造者的形象。这些塑像都带有一点幽默感,因为他们的设计包含了许多小小的别出心裁之

[①] 莫蒂梅尔·惠勒(1890—1976),英国考古学家、陆军军官,曾任威尔士国家博物馆和伦敦博物馆馆长、伦敦大学学院考古研究所所长和印度考古研究所所长。

处，看门人亲切地向我一一指出。这里是一连串奇形怪状的男子像柱，他们都有蒙古人的狭长五官、八字胡，戴着巨大的耳环；当他们躬身把窣堵坡抬在肩上，承受着重量时，发出一阵呻吟。这里——显然这是看门人最喜爱的地方——是表现佛陀受诱惑的场景：他正坐在一扇拱门下冥想，两个年轻女子在角落里出现了，朝他露出乳房，试图让他从精神世界的潜心探求中分神。环绕着窣堵坡的底座上，看门人向我指出了更多的诱惑者，一些伸着腿，一些掩着私处，一些递上装着美酒的双耳罐。"女孩、舞蹈、美酒——这些对佛陀大师来说都不是什么问题。他只喜欢祈祷、讲道和唱经，"看门人赞许地说道，"佛陀大师是一位非常好的绅士。"

这些遗址引人注目，但让人最初难以理解的是，是什么让创造了犍陀罗佛教文明的普什图人从温和的希腊式哲学家变成了好战分子。然而他们的确如此，如果你参观过白沙瓦博物馆，你会渐渐开始明白，集市上好战的部落民和亚历山大大帝军队中的哲学家战士之间存在着怎样的联系。

最明显的联系是物质上的。在那些展示古代佛教典籍内容的浮雕长带①上，犍陀罗的雕塑家们也囊括了他们周围所见的日常生活的细节，今天人们依然能在西北边境省人民的生活中

---

① 浮雕长带通常雕刻在柱顶过梁或挑檐间，以长画卷的形式作装饰之用。

看到这些重复的细节。佛陀儿时用过的写字台和芦苇笔仍在西北边境省一些更加偏远的小学中使用;犍陀罗酋长在公元6世纪戴过的头巾仍未消失,许多部落民仍会染胡须,就跟尼阿库斯公元前3世纪在塔克西拉大街上转悠时所见的一模一样。人们依然穿着菩萨的凉鞋;他们的乐器依然有人演奏;他们的珠宝今天依然在银器市场上制造;甚至房子的设计样式也未随着时光流逝发生多少变化。

但当下和犍陀罗世界的联系远比这些深刻。白沙瓦博物馆收藏了大量现存佛陀塑像,其规模位居世界前列。一间又一间展厅中摆满了壮观的黑色片岩塑像,或站立,或冥想,或讲道,或禁食。这些塑像都有统一的程式。体型都是高大的,肌肉线条在透明的折叠长袍下清晰可见;佛陀盘腿而坐,半闭双眼,姿势既显倦怠,又很放松;他的头发涂着油膏,梳成蜂窝状的顶髻;他又高又光滑的前额上标记着一个显示种姓的圆点;他的脸饱满圆润,鼻子小而笔挺,双唇紧闭,显出高傲的气质。

只有当你注视这些雕像好几个小时以后,你才会认识到犍陀罗佛陀的惊人之处:他的傲慢。成功涅槃的形象中有一丝带着痛苦的自我满足,在悟道的瞬间嘴角又含有一点冷笑。这和佛陀在现实生活中作为一位王子的形象是吻合的。很快你就会意识到你此前在哪里看到过这种傲慢的表情——在市场以外。在次大陆其他一些民族的人身上,你会发现他们可能较容易表现出一种低三下四的顺从和谄媚,普什图人却会直视你的眼睛。他们有鹰隼般的眼睛和鹰钩鼻,身上一股傲气;而从佛陀的姿势和自信中能直接看出,近2000年前生活在白沙瓦平原犍陀罗地区、雕刻出这些形象的巴克特里亚希腊人也同样如此。

或许最能将西北边境省的当下和该地区的原始时期直接联系起来的习俗就是家族仇杀。每年，这种发生在不同家族之间、小规模却连绵不断的战斗实际上会造成数千人死亡，凭借现代武器的杀伤力，这种古老的复仇体系的威力放大了百倍。

最让我惊讶的是一些卷入这种暴力循环的家族的文化水平。家族仇杀听起来像是只有黑手党会干的事，但在西北边境省，最温和、最有修养的家族也会加入这种以牙还牙的杀戮，其残忍程度令人惊骇。

哈吉·费罗兹·丁－克尔（Hajji Feroz din-Khel）是一位很有魅力的老人，居住在一个名叫巴拉的部落村庄附近一间老旧而坚固的房子里。他去过两次麦加，有18个孙子，在巴拉村每个人心中都德高望重。他是村里最大的地主，也是清真寺的荣誉宣礼师。他留着长长的白胡须，在漆黑的夜晚会很容易被认作是圣诞老人。但他已经亲手杀死了三个人和许多孩子。以下是他对我的口述：

"世仇通常是因为土地或金钱纠纷而产生的。我们家族和另外两个家族之间有世仇，都是大概40年前同时产生的。那两个家族之间没有血缘关系，但他们联合起来对付我们。我已经为此失去了父亲、两个儿子、一个年仅七岁的侄子。另外两个家族一共失去了九个人，所以现在来看我们还是赢家。

"世仇的起因完全是一点芝麻小事。有一条小溪从我们的土地之间流过,我们垒了一排石头当边界,在我们这边,小溪里的水是被引到水磨坊里的。有一天,我从这些石头里拿了一点去修墙。邻居看见了就说:'住手,这些都是我的石头。'我们吵了一架,我骂了他。第二天他就杀死了我的父亲法伊扎尔·阿克巴(Faizal Akbar)。

"经过30年的仇杀,我们达成了休战协定。但协定去年被打破了。我最小的弟弟赛义德·拉尔(Said Lal)正沿路往巴拉村走,忽然一辆轿车停下来,冲出五个大汉,想绑架跟他走在一起的他的儿子。赛义德·拉尔朝他们开枪,把他们赶跑了,但他们在跑的时候,其中一个人拿起他的机关枪朝身后扫射。他们杀死了我的侄儿,他才七岁。

"虽然侄儿被杀,我还是想通过协议来解决。但对方有更多的人被杀,所以他们一定会来报复的。"

在我待在白沙瓦的那个秋天,我拜访了哈吉好几次,最后一次我亲眼见到了家族仇杀的影响。在那以前,我听到的所有关于枪支和暴力的故事都只是"故事"而已。然而那一次,我见到了它真正带来的残酷现实。

那是在傍晚时分,我和哈吉坐在他阳台上的阴凉处聊天。我们喝着茶,哈吉向我讲述他最近一次去麦加朝圣的经历。突然,四个人冲了进来,操着普什图语尖叫着。哈吉站了起来,向我致歉,然后径直走向他的吉普车。"市场上有麻烦了。我弟弟试图绑架一个欠他钱的人，那个人反抗了，现在赛义德·拉尔中枪了。"

我在哈吉家坐了一个小时，然后送信人到了。赛义德·拉尔已经身亡。人们把他的尸体带回了一座顺着这条路往下更远的房子里。

等我赶到那里时，院子里里外外已经聚集了100多人。哈吉过来迎接我，他的面庞因悲痛而变形，但眼里是干涸的。他低声祈祷了一句，然后走回房子里。我能听到从女人们居住的房间里传来低沉的哀泣声，外面站着的男人们却全然沉默。他们坐在绳索床上，耷拉着头，双手捧着脸。另一些人则拽着自己的胡子。这些没有一滴眼泪、沉默不语的男人表达悲痛的方式似乎比女人们吵吵嚷嚷的号哭要严重得多。虽然部落地区经常发生暴力事件，失去亲人的痛苦却和其他任何地方一样，都是实实在在的。

我还拿着记事本，肩膀上挂着摄像机；我是一个记者，粗暴地闯入了一个私密的悲剧时刻。我不应该继续待在这里。出门时，我遇到了丁-克尔家族的一个朋友，那个月早些时候，我和哈吉一起遇见过他。

"接下来会发生什么呢？"我问。

"会有一个休战时期，用来举办葬礼，"这个人说，"然后哈吉就必须去恢复他的荣誉。"

"这是什么意思？"我问。

"意思就是，"他说，"哈吉必须去复仇。"

第十九章　铁轨上的血迹

拉合尔，1997 年

天色刚刚破晓，天空上浮起一片土耳其软糖般的粉红色。虽然才是早上 5 点 45 分，拉合尔中央火车站已经像被踢翻的蜂巢一样熙熙攘攘了。

你睁着蒙眬的眼睛，迷惑不解地四下张望。在老家这个时辰，送奶工出门了，但只有他们没有别人。而在这里，商铺都已开张，蔬菜水果已经摆放整齐，店主走来走去，试图招揽顾客。

"您好朋友。"一个拎着花椰菜的人说。

"阁下——您尊姓大名？"

"素食（Subzi）！素食！素食！"

"您来自哪个国家？"

一个旁遮普人跟在人力车后头跑，挥舞着一个恐怖的东西，像是一顶假发，或者什么古怪的蔬菜。"阁下，来看看吧！好又棒商店！买吧没问题！"

拉合尔火车站屹立在这片混乱背景中，如一艘客轮屹立在海洋上。这是一座奇特的混合建筑：维多利亚式的红砖是模仿圣潘克拉斯车站（St Pancras）① 建造的；射弹孔、城垛和堞口是偷师文艺复兴时期的意大利宫殿——米兰或者帕维亚（Pavia）的；而塔楼则大体上是德式的，特别像瓦格纳舞台剧上的夸张布景。只有混乱才是真正属于巴基斯坦的。

---

① 位于伦敦圣潘克拉斯地区的一座大型铁路车站，是"欧洲之星"在英国的终点站。

天朗扩音系统里不间断地播放着一盘收录了卡朋特乐队最经典曲目的磁带，伴着歌声，你挣扎着穿过堵成一锅粥、来来往往的人力车，穿过步履踉跄、披着红色外套的脚夫，穿过睡在混凝土上、躺成八字形的村民，经过正在水龙头边上斋戒沐浴的男人，越过桥，走下楼梯，终于到了站台上。在清晨的微光里，七号站台人潮汹涌，就像100个高峰时期的皮卡迪利广场（Piccadilly Circus）。搬运工们把大大小小的箱子在肩膀上巧妙地堆成一座山，蹒跚着向一等车厢走去。站台往下，靠近三等车厢的位置，一个农妇孤单无援地坐在一大堆更加笨重的行李之间：笼子，箱子，用绳子绑着看不出是什么东西的包裹，高低不平凸起的麻布袋，袋子里露出几件瓷器、一把椅子的扶手、一只鸡的腿。小贩们穿梭在站台上，兜售着一盘盘色彩鲜亮的果脯、装在红黏土杯子里的热茶，或是最新的电影杂志。士兵们四下巡逻，八字胡在气流里一摇一摆的。

如今，铁路已经深深嵌入了次大陆的日常生活，所以现在很难理解它们会引发革命，也很难理解它们为英属印度带来了何种程度的破旧立新。1850年出现铁路以前，印度旅行意味着在原始的泥道上跋涉数月。而就在50年后，铁轨已经从南部马德拉斯的海岸铺设到了阿富汗边境，总共超过2.3万英里。这是世界上所有殖民地中由殖民政府修建的规模最大、花费最昂贵的建筑工程，也是整个19世纪英国资本最大的单个投资项目。

到1863年，约有300万吨铁轨、枕木和火车头从英国运到了印度，装满了大概3500艘船。工程师们绕着世界上最陡峭的山脉铺设铁轨，深入风沙漫卷的沙漠数百英尺的地方打地基，在恒河、印度河这样宽阔而波涛汹涌的河流上搭建桥梁。

即使以现在这个习惯于工业史诗的时代的标准来看，这仍是一项恢宏的壮举。

铁路也带来了社会革命。在车厢里，种姓壁垒不复存在：你买好票，然后坐到你的座位上。印度历史上头一次出现了这种情况：一个皓首穷经、钻研辉煌的《古兰经》的大毛拉可能会发现他旁边坐着一个剥死牛皮的不可接触者。更重要的是，由于旅行时间缩短，印度第一次意识到自身是一个单独统一的国家。这是史上第一次，随着火车头替代牛车，被广袤的距离和原始的交流形式分隔开来的次大陆忽然之间认识到，自己是一个单独的地理单元。正是铁路将印度塑造为一个国家。

讽刺的是，一个世纪以后，也正是这些铁路为次大陆不可逆转的分裂提供了可能性。1947年8月15日的印巴分治导致了或许是人类历史上最大规模的人口迁移。超过1200万人收拾好行囊，离开故土和祖国。印度的穆斯林大规模前往巴基斯坦，而印度教徒和锡克教徒则向反方向行进。在这场大规模迁移的过程中，受到压制的宗教仇恨恶狠狠地释放了：超过100万人在暴乱和此后爆发的屠杀中丧生。但如果没有铁路，分治是无法完成的；很多最恶劣的暴行都发生在火车上。拉合尔火车站就处在风暴眼中。

在8月14日两国公布最终边界地图以前，拉合尔的命运一直悬而未决。结果这座离印度边界仅有15英里的城市归了巴基斯坦，拉合尔和她的人民被撕裂了。数以千计的印度教徒和锡克教徒争相前往火车站逃去印度。同时，一列又一列火车从边界南部开来，把成千上万的穆斯林带到他们的新家园。于是火车站成了战场。

独立当晚，拉合尔最后一批英国官员抵达了火车站。他们小心翼翼地穿过毁坏一空、有的地方还尸体横陈的大街。他们到了站台后发现,铁路工作人员正在冷酷地用软管冲洗一汪汪血泊,把成堆的尸体搬运到行李手推车上送去集体埋葬。几分钟前,一群穆斯林暴徒屠杀了最后一批绝望的印度教徒,而后者当时只是在安静地坐着等待孟买特快。当火车最后驶出拉合尔时,英国官员看到整个旁遮普地区都燃烧了起来,每个村庄都冒出火焰。他们一辈子的心血就这样在他们眼前化为灰烬。

分治导致的大屠杀为英属印度时代画上了一个灾难性的句号。现在,仅仅隔了半个世纪,那段时间看起来却好像罗马时代一样久远了。但像拉合尔火车站这样的建筑依然留着。它们是打开那段历史的钥匙,那段历史虽然看似遥不可及,却与印度次大陆的历史一样,都是英国遗产的一部分。

拉合尔火车站有着宏伟的圆形堡垒和顶部带堞口的高耸塔楼,看起来就像是英属印度和迪士尼公司进行了一项短期合作而产生的成果,但其实它的建造过程是极其认真的。据它的建造者威廉·布伦顿(William Brunton)所说,整座火车站具有一种"易守难攻的特点",所以在这里"一小支卫戍部队就能成功抵御敌军来袭"。双塔式建筑看起来可能就跟瑞士布谷鸟钟一样天真可爱,但它们在设计上可以防止炸弹袭击;而布满外观的射弹孔并不是像它们看上去的那样只是模仿射箭用的细缝,而是放置马克沁重机枪的地方,上面绘制着精心设计的发射线。即使庞大而空旷的列车棚也能在紧急状况下用巨大的滑动金属门封闭起来，把整个空间变成一个巨大的防御堡垒。

拉合尔横跨向南通向德里和加尔各答的大干道（Grand Trunk Road）①，从西北边境省步行即可到达。在大博弈（the Great Game）② 时期，维多利亚时代的英国人将其视为防止俄国人可能通过开伯尔山口入侵的重要防御据点。更重要的是，这座火车站是在1857年印度民族大起义后很快就修建的，正因如此，它在功能设计上既是火车站也是要塞堡垒。布伦顿对这座建筑尤为满意，将其称作"世界上最好的"，并信心满满地认为它即使遭到榴弹炮攻击也会安然无恙。

但最终，布伦顿非凡的建筑并没有受到考验。相反，在19世纪晚期，这座火车站成了一种象征，即英国在其最大的殖民地开发了一个具有惊人盈利能力的合作项目。印度人接受火车的方式非常独特，这是第一批在次大陆平原上划定路线的英国工程师怎么也想不到的。就像印度的征服者总是会受到同化和改变一样，火车也以同样的方式被接纳和本土化。很快，车站上就住满了整个村子的人，他们在火车到达几天前就在站台上安营扎寨，在票务厅里洗漱、睡觉、做饭。在短短几年里，一些典型的英式东西就永远变成了典型的印式东西。

然后是官僚主义。印度教徒官僚从小到大接触的神都有多个化身，有三张脸，有关神的化身形式和供奉仪式都有一套最严格的行为规范。通过这些官僚之手，某种程度上，那些有关多张表

---

① 大干道建于公元前3世纪孔雀王朝时期，是纵贯古代北印度、连接中亚和印度次大陆地区的主要干道，也是亚洲最古老、最长的主要道路之一。
② 指19世纪中叶到20世纪初英国与沙皇俄国争夺中亚控制权的战略冲突。

格、一式三份的许可证、严格的业务法规的理念——这种理念也许起源于英国克鲁（Crewe），或者斯温登（Swindon）——在旁遮普平原的印度人身上演化出新的形式。铁路上的官僚层级似乎是印度教种姓体系的直接反映，在这套金字塔形的体系中，从最底层的清扫工大军开始，层层递减，依次是包裹办事员、货物办事员、预订办事员、特殊检票员，最后是车站长和总经理两大顶点。对穆斯林来说也是如此，铁路时刻表就像伟大的《古兰经》一样高贵仁慈、无所不能而不可更改，立即遵照执行这样的时刻表大概对他们颇有吸引力。

在工业革命前夕，铁路是英属印度所有引以为傲的东西的终极象征：既有开拓精神，又与时俱进，既勇敢无畏，又公正无私。即使在今天，伦敦周边各郡那些总是提出异议的上校也会首先指出，他们喜欢用铁路来象征英国"给予"印度的一切东西。然而，铁路并非慈善的产物。它们是良好的商业投资项目，提供初始资本的私人投资者已经把钱成倍地挣了回来。尽管如此，铁路的确在那些为其工作的人当中激发了一种真切的团队精神，这种精神一直延续到了最近的时期。

夏日的一天，我绕着车站散步时遇到了阿卜杜勒·马吉德（Abdul Majeed），这个老人用海娜粉染了头发，戴着一副沉甸甸的塑料眼镜，穿着一套干净得闪闪发亮的莎尔瓦克米兹，坐在一号站台一个红褐色平台上的恢宏宝座里，下面挂着一个牌匾，上面写着："我们的目标——速度和安全"。

阿卜杜勒·马吉德告诉我，他十年前就从巴基斯坦的铁道部门退休了，但他依然选择来到车站，坐在问询台上。"我在铁道部门工作了40年，"他说着，害羞地低下了头，"我回到这个车站是因为我热爱巴基斯坦铁路，我把我的一生都奉献给了铁路,还因为我的同事是我最好的朋友。"

我回应马吉德先生的话说,巴基斯坦铁路系统中有不少老人似乎都把工作几乎当成一项神圣的职责。

"我认为我们应该如此,"马吉德先生回答道,"我总是把我的职责看作是神圣的,就像我的宗教活动一样。如果不清洁自己,我就不会来到火车站,就像我去清真寺祷告前会做准备一样。"

我问他,在他经历的40年时间里,铁路有些什么变化?

"阁下,"马吉德先生说,"不仅仅是铁路,生活的方方面面都在发生变化。"

"在哪些方式上发生了变化?"

"通过腐败,通过要求,通过恶行,通过思维方式,通过骚扰,通过蓄意破坏。我觉得,现在的年轻人没有那么忠于职守了,变化很大。"

"你觉得腐败侵蚀了铁路系统?"

"阁下,你可以想见。在我当车站长的时候,人们会根据火车经过的时间来校正他们的手表。现在则是我们从公众那里调整我们的手表。今天没有准点的车,昨天该到的车今天到,今天该到的车明天到。一列火车晚点十个小时或十二个小时,根本没人会想着去提提这事儿。情况非常糟糕。"

聊着聊着我得知,阿卜杜勒·马吉德生于现在属于印度的那一半旁遮普地区。印巴分治时,他和他的家人从祖先居住的村子里被赶了出来,不得不在季风时节的暴雨中步行前往难民营。没有饮用水,甚至也没有最基本的卫生设施。很快,霍乱暴发了。

"在难民营,我妈妈大概凌晨2点的时候死于霍乱,"阿卜杜勒·马吉德说道,眼睛依然低垂,"同一天,我爸爸在下午 2 点去世了。"

"你在同一天失去了父母?"

"是的。我们那天晚上埋葬了我们的妈妈,然后在 10 月 9 日早上埋葬了我们的爸爸。"

"你们得自己去埋葬他们?"

"是的。我们把他们葬在了一座清真寺附近,进行了宗教祷告。我才 15 岁。第二天,我们得步行去一个新地方,从那里搭火车。在拥挤的人群中,我最小的弟弟和我们走散了。我再也没有见过他。清晨时分,当火车经过比亚斯河时,我往下看,看到几百具尸体散在整个河床上,被乌鸦、野狗和鹰啃食,发出阵阵恶臭。经过很多个小时,我们终于在下午 3 点从阿塔里(Atari)越过了巴基斯坦边境。当人们高喊'巴基斯坦万岁!'(Pakistan zindabad!)的时候,我们感到头晕目眩。有人来迎接我们,给我们拿来了食物和水。我们已经四五天没吃东西了。然后我们想,我们还活着。"

巴基斯坦的诞生之痛也伴随着印度经历的大屠杀。你遇到的每个人都有自己的故事,但我听到的最恐怖的故事是马吉德先生一位更年长的朋友赫瓦贾·比拉尔(Khawajah Bilal)讲的,1947 年他正担任拉合尔火车站站长,那可不是一个值得羡慕的工作。

"在我还是个学生的时候,我就到拉合尔火车站来了,"赫瓦贾·比拉尔和我坐在他原来的站长办公室门外的长凳上,他对我说道,"在分治以前,这座火车站是地标性的美丽建筑。站台上干干净净,车厢一尘不染。人们都平和安静。工作人员穿戴体面,他们的制服没有一点瑕疵,纽扣打磨得发亮,金色穗带在阳光下闪闪发光。所有这些都随着分治结束了。"

"发生了什么?"我问。

"8月14号那天我在值班。我们听到宣告说,分治已经拉开帷幕。很快杀戮开始了,屠杀开始了。我们目光所及之处都是血腥,命如草芥。法律和秩序完全消失了,即使等军队赶来,用带刺的铁丝网在站外筑起一道街垒也不管用。虽然有驻军,很多人还是被杀死了——在站台上,在桥上,在票务大厅里。到处都有人行凶、强奸、蓄意纵火。我不敢回家,就躺在站长办公室里的一张绳索床上。但到了晚上,我也不敢睡觉,因为站台上一直会传来尖叫和将死之人的呻吟。第二天早上,黎明降临时,遍地都是尸体。

"一天早上,我觉得那应该是8月30号,从德里经巴廷达(Bhatinda)① 开来的孟买特快到了。我们在厕所里发现了尸体,座位上、座位下全是。火车上大概有2000人。我们检查了整列火车,只有一个人还活着。火车在巴廷达停靠的时候发生了大屠杀。唯一的生还者告诉我们,他求助了火车司机,司机是个英国人,给了他一个避难的地方,把他藏到了机车旁边的水箱里。锡克人赶到时没能看到他,所以他们走开了,他活了下来。2000人中只有一个人。从那以后,每列从印度开来

---

① 今属印度旁遮普邦,靠近印巴边境。

的火车都遭到了袭击。我们通常每天会接收100列火车，每列车上都装满了尸体。"

这些恐怖的故事清楚地表明，对印度和巴基斯坦人民来说，印巴分治带来的恐怖事件不仅仅属于历史，不仅仅只停留在几个老人的记忆之中；对大多数人来说它们仍是鲜活的伤疤，仍是未愈的伤口，在半个世纪以后，它们仍在毒害印度教徒和穆斯林、印度和巴基斯坦之间的关系。

从拉合尔到德里的这条古老要道曾是印度最繁忙的线路，如今却几乎弃置不用了。目前，每周只有一列火车从拉合尔火车站开往印度，而列车上大部分座位都是空的。

第二十章　贝娜齐尔·布托：卡拉奇的言情小说

卡拉奇，1994 年

伊斯兰堡——受到军事管制、到处是混凝土建筑的巴基斯坦首都，是贝娜齐尔·布托和她麾下万名官员的家乡——之于巴基斯坦，就像欧洲迪士尼乐园（EuroDisney）① 之于法国：都在国土以内，却不属于这个国家。

清晨，当你开车穿过漫长而荒芜的大道时，伊斯兰堡看上去很是奇怪，就像一个无人居住的建筑区。官员们的办公大楼和沙特阿拉伯资助修建的清真寺从四面八方拔地而起，有很多依然笼罩在脚手架之中。几乎看不出巴基斯坦的人口正在快速增长。相反，当你绕过灰色而浮夸的总统府建筑群，再往上通往守卫森严的总理府区域时，你意识到，自从离开酒店后就再也没有在街上看到一个人影——你的意思是，除了警察。每个警察都面无表情地紧握着冲锋枪，仿佛一位银行家握着他的伞。

两天前，我通过巴基斯坦驻英国高级专员公署（Pakistan High Commission）② 收到了采访贝娜齐尔·布托的许可。在等

---

① 欧洲迪士尼乐园位于巴黎郊外，于 1992 年正式启用。
② 英联邦国家之间互驻的最高外交代表机构不称大使馆，而称为高级专员公署。

了五个月后,他们给了我 48 小时的时间去买票、拿签证、跳上一架航班,再让自己出现在伊斯兰堡。一下飞机,一名身材魁梧的政府部门陪同人员就接上了我,把我送到酒店,第二天一早,他又出现了,并带我前往总理府。在路上,他打破沉默,向我传授礼宾事宜。"你要称呼总理为布托女士(Ms Bhutto),而不是布托夫人(Mrs Bhutto),"他说,"而且我必须提醒你,在我们的社会里,男士从不和女士握手。"汽车在总统府区域的双开门前停住,他向卫戍部队出示了身份证,门旋转而开。

当之前那些灰色的野兽主义风格建筑消失以后,坐落在山顶上的总理府着实令人一惊:这是一幢令人眼花缭乱的仿墨西哥式乡村别墅,白色墙壁配红瓦屋顶,整幢建筑毫无巴基斯坦、伊斯兰或亚洲建筑的气息,陪同人员对此颇为赞许地晃着头说,这是"总理亲自设计的"。建筑内部也是如此。一个房间里有时吊着两三盏水晶枝形吊灯;装饰华丽的镀金檐口下挂着向日葵和走路蹒跚的小猫咪的油画,但这些画看上去还是挂在海德公园(Hyde Park)[①] 周边的栏杆上更合适;盆栽蕨类植物在俗气的新埃及风格花盆里抽芽。这个地方仿佛让人觉得,这是一个特别耀眼的拉丁美洲企业家的周末度假地,但实际上它也可能出现在任何地方。如果你在一个电视游戏竞猜节目上看到这幢特别的建筑,要猜出住在里面的人是谁,你可能会把这座庄园归属给任何人;但也许,你想不到它属于一个毗邻伊朗、一贫如洗的伊斯兰共和国的总理。

当然,这就是西方总是对贝娜齐尔·布托情有独钟的原

[①] 英国最大的皇家公园,位于伦敦市中心。

因。她的邻国的首脑们总是展现出一种陌生异质、令人惊惧的形象：一边是拉夫桑贾尼（Rafsanjani）总统和德黑兰毛拉们组成的内阁；另一边是一群满脸髭须、信奉宗教激进主义的阿富汗军阀。但贝娜齐尔似乎总是令人熟悉和安心的，似乎总能让人觉得，她是我们中的一员。

她的英语说得很流畅，因为这是她的第一语言。她曾有一位教英语的家庭女教师，童年时代的社交生活都是在卡拉奇赛马会、信德俱乐部这样一系列的英国殖民地俱乐部中展开的。她上了一所由爱尔兰修女开办的女修道会学校，放假期间就在家族的乡村庄园里和兄弟们、朋友们打板球和羽毛球。她在哈佛和牛津取得学位，圆满完成了学业。英国媒体总是对她偏爱有加，不仅是因为很多报纸编辑在牛津的时候都认识她（有一位甚至还试图追求她）。在所有这些资产之上，她长得漂亮，她很上镜，她很勇敢，她支持民主，而且她还是个女人。

对美国人来说，贝娜齐尔·布托"不是"什么比她是什么可能更有吸引力：她的名字不是没法读出来的，她不是宗教上的激进主义者，她不会组织一场人人叫嚣"美国人去死"并焚烧星条旗的大规模集会，她不会对畅销书作家签发追杀令（fatwas）——即使萨尔曼·鲁西迪（Salman Rushdie）① 在小说《羞耻》（Shame）中挖空心思地讽刺她是"铁裤处女"。

但正是那些让西方喜爱贝娜齐尔·布托的原因，也让她的许多巴基斯坦同胞对她产生疑虑。她的英语说得颇为流畅，但乌尔都语就不是那么回事了，她说起来就像一个小心翼翼的外

---

① 萨尔曼·鲁西迪（1947— ），英国著名作家，生于印度孟买一个穆斯林家庭，以小说《午夜之子》获布克奖，享誉国际文坛。1989 年，他因在《撒旦诗篇》中影射伊斯兰教而被阿亚图拉·霍梅尼下达追杀令。

国人：流畅，但语法不对，搞不清楚单复数、阴阳性和时态。她的信德语就更差了，虽然这种语言是她家好几代人的母语，但除了少数命令句式、一些问候语和俗语以外，她对信德语一无所知。她的政敌对她的批评不都是不公正的：比起巴基斯坦人，她更像英国人；比起东方人，她更像西方人。

更重要的是，虽然她是那种政治上的表演明星，在西方的电视屏幕上有着最好的形象——发表战斗演讲，透过催泪瓦斯的烟雾向集会群众演说，乘坐蒸汽火车游历巴基斯坦的沙漠——但关起门来，她的能力就不太够了：她没有清晰的施政纲领，没有明显支持的政治哲学。她的父亲是个社会主义者，但她不是；她既不主张实施货币控制政策，也不支持保守主义或共和主义。这种含混意味着，一旦贝娜齐尔实际掌权，她可能会失去势头，分散精力去处理琐碎的党派政治活动，而不是在治国理政方面有所建树。批评她的人说，她是个无足轻重的知识分子，根本不知道自己想做什么——当然，这些人都有良好的意愿——但事实上的确如此，在她总理任期前20个月的漫长时间里，她没能通过哪怕一部立法，这实在令人震惊。

贝娜齐尔在西方声名鹊起的基础是，她勇敢无畏地站出来反对齐亚·哈克将军实行的军事管制——齐亚曾夺取她父亲佐勒菲卡尔·阿里·布托的政权，并绞死了这位民选总理——然后把父亲的火炬接了过来。但如果你是个巴基斯坦人，还记得老布托自己就曾有反民主的倾向——喜欢操纵选举，对反对派使用酷刑，解散任何胆敢违逆他意愿的省级议会——那么贝娜齐尔的这一点看起来也没那么引人注目了。最令老布托声名狼藉的一桩案子是，他违反宪法，解散了经选举产生的俾路支省（Baluchistan）议会，遭到俾路支省多个部落的起义对抗，最终这场暴乱被残酷镇压，数千人死亡。此外，1970年大选后，布托拒绝和胜选的人民联盟（Awami League）分享权力，也直接导致了巴基斯坦历史上最黑暗的一页：西巴基斯坦和东巴基斯坦爆发内战，西巴基斯坦一年后惨败于印度，紧接着东巴基斯坦独立成为孟加拉国。

巴基斯坦人对贝娜齐尔·布托的丈夫、在卡拉奇打马球的花花公子阿西夫·阿里·扎尔达里也不是特别满意。在跟贝娜齐尔结婚之前，他之所以出名，主要是因为他在自己家里建了个私人迪斯科舞厅，想以此吸引卡拉奇政党中的主要人物，混进他们的圈子。由于类似的奢侈行为，扎尔达里在1988年结婚以前据说已经濒临破产。三年后他却富得惊人——财务上的巨大转变刚好和他妻子的总理任期相吻合。这导致扎尔达里被贴上了"10%先生"的标签，随着他的妻子1990年从权力宝座上跌落，他也因为腐败和勒索指控在狱中度过了两年。这些指控最终由于证据不足被撤销了，但无论是真是假，扎尔达里的名声无法洗净了，巴基斯坦人仍然认为他是个大骗子。

换句话说，对巴基斯坦人而言，布托主义所代表的不是以纤尘不染的民主去对抗齐亚将军的统治和巴基斯坦的大军：在二者之间存在许多灰色地带。1990年，在贝娜齐尔的第一届政府因为不称职和腐败遭到总统解散后，巴基斯坦人民通过民主投票，选举出由齐亚的门徒、旁遮普企业家纳瓦兹·谢里夫领导的穆斯林联盟执政的政府。在1993年的选举中，穆斯林联盟比贝娜齐尔领导的巴基斯坦人民党赢得了更多选票，但后者通过和一系列的地方政党组建战略同盟，重新夺回了执政权。

毫无疑问，从整体来看，巴基斯坦人对贝娜齐尔·布托重新带来民主心怀感激，很多人也认为她是个勇敢、令人难忘的

第二十章　贝娜齐尔·布托：卡拉奇的言情小说

女人。虽然我们在西方有时会一厢情愿地相信巴基斯坦人对她充满热情，但事实上他们从来不会如此。

我的陪同人员朝贝娜齐尔的枝形吊灯最后挥挥手，领着我走出总理官邸，来到花园里，采访将在这里进行。我们坐在仿墨西哥风格的庄园下方，坐着仿摄政时期风格的椅子，十分钟后，那个熟悉的身影在草坪顶端出现了。就像学童在等着女校长出现一样，我们不由自主地站了起来。

如果说贝娜齐尔的竞选风格近于疯狂——全都是虚张声势的演讲和震耳欲聋的汽车车队——面对面时，她的举止则是刻意斟酌而高贵的。她所在的房子和我们坐的椅子之间隔着100码远的草坪，但她花了整整三分钟时间徐徐走下来。她的眉毛重重地描黑了，唇上涂着丰盈的深红色口红；头发盘成一种复杂的蜂窝状，上面再披着一条白色纱巾（dupatta）。她全身包裹在橙色丝绸的褶皱中，整个色彩搭配让我想起《卡利古拉》（Caligula）或《我，克劳迪乌斯》（I, Claudius）中某个傲慢的罗马公主。经过这样庄严的入场仪式，当我问起她的新庄园时，她的反应似乎就再合适不过了：她像撒切尔夫人一般，选择带有王室意味的词"我们"来回答。"我们不想把它设计得太像宫殿（palatial），"她用一种沉缓、加重发音的方式说道，让"palatial"这个词听起来好像有五个音节，"设计师原来的方案极度恢宏，所以我们进行了修改，大幅修改。"

接着发生了一个小插曲。贝娜齐尔发现,太阳不是从她想要的方向照射过来的。"太阳的方向不对。"她宣布道。我们都站起身来,围着桌子一步一停地转了一圈,让她的新闻秘书坐在总理宝座上,在阳光下眯着眼睛。贝娜齐尔一宣布她准备好了,我就开门见山地问,在她度过牛津岁月以后,她还认为自己是个亲英的人吗?

"噢是的,"她直爽地说,"对我来说,伦敦就像第二故乡。我非常了解伦敦,我知道戏院在哪里,知道商店在哪里,知道美发师在哪里。我很喜欢逛斯隆广场(Sloane Square)的哈洛德百货(Harrods)和 W. H. 史密斯书店(W. H. Smith)。我知道我所有喜爱的冰激凌店在哪里,那时候我特别喜欢去大理石拱门(Marble Arch)的那家——芭斯罗缤。有时候我从牛津一路开车过去,就为了买一杯冰激凌,然后再开回去。那可真让我有点负罪感。"

"所以您很享受在牛津的生活?"

"回想起来,我想那曾是一段快乐的时光,因为完全不必承担责任,所以那段时光有一种纯真的氛围……"

"纯……?"

"……没有人生要面对的各种不择手段的扭曲,没有欺骗。我想,在大学时代,一个人不会遭遇各行各业都存在的欺诈和背叛。"

"您认为……?"

"……对我来说更重要的是,那是一段安全的时光,因为我父亲还活着,他是我人生的支柱。我觉得没有什么难题会大到连他都解决不了,所以我从不发愁,也从不焦虑,因为我总是觉得,我会一直有父亲可以依靠。"

第二十章 贝娜齐尔·布托：卡拉奇的言情小说

从采访一开始我就清晰地意识到，试图在贝娜齐尔说话时打断她并不比截断撒切尔夫人的话更容易，贝娜齐尔也经常提及，她将撒切尔夫人视为榜样［顺便提一句，在她上次去伦敦时，她和撒切尔夫人在多切斯特（Dorchester）一起喝茶并享用了司康饼］。她仔细研究过她的导师接受采访的方式。过程中没有任何形式的对话：贝娜齐尔主导着采访的走向，和她公开演讲的方式几乎一样，刻意回避所有试图中断她讲话的企图，她对待采访者的方式，仿佛对方就是不依不饶前来找碴的。

贝娜齐尔提到她的父亲也为剩下的采访奠定了基调。无论你向她提出任何问题，她都倾向于提及她的父亲。继承父亲的遗志依然是她活着的理由，提到父亲时，她经常会带着近乎神秘的尊崇称他为"沙希德"（Shaheed）[①] 或是"烈士"。近来，在眼下的布托家族的一次争执中，贝娜齐尔的母亲——她们之间长期不和——声称，实际上她父亲在考虑继承人时，贝娜齐尔并非首选。所以我问，在她所有的兄弟姐妹中，她与父亲的关系是最为亲密的吗？

"当然，"她答道，"他总是非常以我为傲。涉及政治方面，他总是很愿意训练我。在孟加拉国独立后，他带我去西姆拉（Simla）参加历史性的会议，所以我得以第一时间见证历史。他带我去莫斯科，去美国，去法国参加蓬皮杜总统的葬礼。还有书，我们会在一起读书……"

"什么样的书……？"

"……我记得每次我从大学回来的时候，我总是会给他买书当礼物，他也总是买书给我当礼物。有一次放暑假回来，我给

[①] 意为"殉教者"。

他买了一本书，是多米尼克·拉皮埃尔（Dominique Lapierre）写的《午夜的自由》（*Freedom at Midnight*）。就在那时父亲也给了我一本书，你知道是什么吗？多米尼克·拉皮埃尔写的《午夜的自由》！"

她是认真的吗？《午夜的自由》是一本糟糕低劣的通俗历史读物，写给蠢货看的印度独立运动史，你不会想到有任何一位资深的南亚政治家会承认他在看这种书。更重要的是，书中关于1947年大事件的记述对巴基斯坦带有深刻的偏见，把真纳仅仅塑造成一个妄自尊大的疯子。我以为她是在开玩笑，接着会说买这本书是个令人尴尬的错误，于是就笑了起来——只是我马上就意识到，她实际上的确是认真的。

"……所以真的很棒：显然，我们读到了同样的书评。我们在政治、历史、智识等方面都有很多共同点。"

"我从来都不喜欢那本书，"我小心翼翼地说，"我觉得……"

"嗯，我非常喜欢它，"她坚定地说，接着又转回到对父亲的连绵追忆当中，"小时候，我很喜欢穿过父亲的图书馆，坐在里面看各种各样的书。在他的谆谆教诲下，我才对阅读产生了巨大的兴趣。"

贝娜齐尔的兄弟姐妹们呢？我问道，他们和父亲相处得好吗？

"他总是很溺爱我最小的妹妹萨娜姆（Sanam），实际上他对她没有任何期待，"她说，"她出生时有一点早产，所以她的身体比我们其他几个都要瘦小。我父亲对她更有保护欲，好像她是个脆弱的小洋娃娃，不能应付人生的艰难险阻。他觉得我身上有一种韧性，可以让我渡过种种难关。"

她的兄弟们呢？

"他们不想从事这项事业,"她说着,和煦的口吻现在明显变得阴冷了,"他们不想坐在我父亲或者我身旁讨论这些事情。"

在我们整个谈话过程中,贝娜齐尔的身份转换十分明显,她有时轻松安逸,是阿里·布托活泼而有些多愁善感的女儿,对薄荷巧克力冰激凌有着极好的品位,但也会一下子变成严厉甚至是冷酷的巴基斯坦总理,带着政府官员的庄严持重。在她1988年的自传《东方的女儿》(Daughter of the East)中有无数这样的转换,最令人难忘的是她描述父亲之死的那一章。记述父亲和女儿最后一次见面的那一段勇敢而又感人肺腑,接着,她却全然抛开这一切,开始满怀同情地描写"我的小猫,纯纯,抛弃了她的小猫崽"。然后是在她父亲被绞死当晚,她在夜半时分突然醒来的场景。即使是乔吉特·海尔(Georgette Heyer)[①] 抑或巅峰时期的芭芭拉·卡特兰(Barbara Cartland)[②] 也无法把这一幕描写得比贝娜齐尔更为出色:

"不!"尖叫从我喉咙里喷涌而出。"不!"我感觉无法呼吸,也不想再呼吸了。爸爸!爸爸!我全身发冷,好冷啊。我感觉我的身体仿佛已经被撕裂了。我该如何继续下去?……那晚,苍穹落下冰做的泪雨……

熟悉贝娜齐尔·布托的人说,她身上经常表现出这截然相反的两面。一般来讲,贝娜齐尔留给牛津的朋友们的印象是那

[①] 乔吉特·海尔(1902—1974),英国小说家,善于写作历史浪漫小说。
[②] 芭芭拉·卡特兰(1901—2000),英国小说家,主要写作浪漫小说,是20世纪最畅销、商业上最为成功的作家之一。

个来自富裕家庭、感情丰富的社会名流：一个貌美而浮夸的亚洲宝贝，开着一辆黄色的名爵轿车去上课，在格施塔德（Gstaad）① 过冬，至今还在兴奋不已地谈论和她健壮迷人的弟弟走在戛纳海滨浴场时的情景，她成为"全场羡慕的焦点"，因为"不管沙赫纳瓦兹（Shahnawaz）走到哪里，女人们都会为他而倾倒"。这个贝娜齐尔通常被她的朋友们叫作"贝贝"（Bibi）或"小粉"（Pinky），她喜爱王室成员传记和浪漫伤感的言情小说（在她以前卡拉奇的卧室里，我发现了大量由米尔斯和布恩出版社出版、她常常翻阅的小说，包括《露水情缘》、《偷心》、《甜蜜骗子》、《冬天的风》和两本《蝴蝶与男爵》）。这个贝娜齐尔对1970年代煽情的流行歌曲〔《老橡树上的黄丝带》（*Tie a Yellow Ribbon Round the Old Oak Tree*）显然在她常听的播放列表里占据首位〕和催人泪下的电影〔她在伦敦的一个朋友告诉我，她最喜爱的电影是芭芭拉·史翠珊（Barbra Streisand）重演的《一个明星的诞生》（*A Star is Born*）〕没什么抵抗力。这个贝娜齐尔戴着红框时尚眼镜，拥有令人羡慕的人生轨迹，一看见法式糖渍栗子就走不动路，在内心深处——她在卡拉奇最好的朋友也向我印证了这一点——依然"柔软得像棉花糖一般"。

另一个贝娜齐尔·布托则截然不同。这位布托女士雄心勃勃，在获得牛津的学位以后，她在牛津大学待了整整一年，连续好几个月无休止地参加游说活动，保证自己能当上学生会主席。1979年巴基斯坦实施军事管制以后，这位布托女士领导游行示威，和挥舞棍棒的防暴警察抗争，在肮脏的监狱里关了

---

① 瑞士的滑雪胜地。

第二十章 贝娜齐尔·布托：卡拉奇的言情小说 / 421

很长一段时间，就为了将她父亲从齐亚将军手下救出来；后来，当父亲被绞死后，她获释了，便联合反对派勇敢地挑战齐亚。最后一次被带离父亲的死刑囚室时，这位布托女士不允许自己在父亲的警卫面前哭出来；三年后，她钟爱的弟弟沙赫纳瓦兹被人毒杀，凶手可能是齐亚的特工，这一次她也没有哭。在长达七年的时间里她狠狠予以回击，直到齐亚去世，在35岁那年，她当选为这个伊斯兰国家继13世纪早期的德里女王拉兹亚特丁·苏丹娜（Raziyya Sultana）以来的第一位女性首脑。这位布托女士有撒切尔夫人的风范，如今在伊斯兰堡以每天开12个小时的内阁会议、只睡四个小时而闻名。换句有些英雄主义的话说，这位布托女士勇敢无畏，坚硬如铁。

采访中，当我们谈起她最仇恨的对象——印度，尤其是印度采取措施，镇压克什米尔山谷中的分裂运动时，后一面的贝娜齐尔表现得最为强烈。

"印度试图掩盖其在克什米尔的压迫政策，声称巴基斯坦渗透到了激进分子之中，"她说，几分钟前，她刚刚描述过在芭斯罗缤常买的几种冰激凌口味，"印度完全不能证实这些无稽之谈。"

"但在这个问题上真的有必要跟印度冲突下去吗？"我问，"印度绝不会任由克什米尔这样下去，这难道不是一种各方皆输的情形吗？"

"我不认为这是各方皆输的情形，"贝娜齐尔答道，并摆出一种伟大的世界政治家的姿态，"因为我不相信历史就是武力战胜正义的说法。暴政无论有多煊赫，假以时日必然会瓦解；只要斗争是正义的，人民愿意为之牺牲，我相信这种斗争最后就一定会成功。使用武力没能在越南奏效，没能在阿富汗奏效，也不会在世界上任何暴政下奏效。印度的确拥有武力，它有50万大军，在山谷地区部署了十万武装准军事部队，但它还是不能击败克什米尔人民。"

"但由于在克什米尔问题上僵持不下，是不是两国都承担了巨额国防开支，无力为继呢？"

"我们准备好和印度商谈裁军事宜，但那并不意味着我们会保持沉默，我们如果沉默就是与那里正在上演的压迫同流合污。那是不可能的，尤其是对巴基斯坦人民党而言，我们党为巴基斯坦人民的自由和权利进行了艰苦卓绝的斗争。对我们来说很简单，在印度的暴行面前保持沉默就是不可能的。"

"但印度对克什米尔的压迫跟您父亲在俾路支省采取的行动相比，也并非全无相似之处吧？"

这是一个错误。贝娜齐尔怒目而视，她那柔和外表下的铁腕内质再也无法掩饰了，她开始长篇大论地解释，为什么巴基斯坦军队杀死约一万名俾路支分裂分子和印度军队杀死相同数量的克什米尔分裂分子是完全没有可比性的。

直到采访接近尾声的时候，我才有机会向贝娜齐尔询问她目前别的棘手之事——她的弟弟穆尔塔扎（Murtaza）和她的母亲努斯拉特·布托（Nusrat Bhutto）夫人。

布托家族的内部矛盾日益激化，正在开始和历史上的某些血腥争斗变得相似，在伟大的莫卧儿王朝时代，类似的争斗就曾让如今成为巴基斯坦的这块土地陷入祸患。和莫卧儿时代许多手足相残的争斗相似，布托家族的不和由来已久。1979年，阿里·布托死后，他的孩子们在采用何种办法继承他的遗产、让巴基斯坦重返民主的问题上发生了分歧。贝娜齐尔认为斗争应该以和平方式进行。她的弟弟沙赫纳瓦兹和穆尔塔扎不同意,并采取了恐怖主义的方式。他们飞到贝鲁特,受到了亚西尔·阿拉法特(Yasser Arafat)① 的支持。在后者的指导下,他们获得了必要的武器,接受了必需的训练,成立了巴基斯坦解放军(Pakistan Liberation Army),后来又更名为"利剑部队"(Al-Zulfiqar)。

虽然接受了巴勒斯坦解放组织的训练,但事实上利剑部队只取得了零星的成绩:他们实施了几起行刺和谋杀,在1981年劫持了巴基斯坦国际航空公司(Pakistan International Airlines)的一架航班。这迫使当局释放了大约55名政治犯,但导致一名无辜乘客死亡。齐亚以此为借口打压人民党,贝娜齐尔不得不与弟弟们疏远,虽然他们否认自己实施了劫机行动。1985年7月沙赫纳瓦兹被毒害以后,穆尔塔扎以阿萨德总统客人的身份流亡大马士革,由于针对他提起了谋杀、蓄意破坏、谋反、抢劫等多项指控,他无法返回他的家园。

事态一如既往,直到1993年10月,穆尔塔扎突然宣布他计划参加巴基斯坦大选。他依然身在大马士革,但以独立候选人身份在九个选区进行了登记,意欲参选信德省省级议会和国民议会。努斯拉特·布托夫人虽然仍是人民党主席,却参加她儿子的竞选活动,屡屡与人民党的官方候选人为敌。其时,有人信心满满地预测,布托家族的追随者会大量转向穆尔塔扎,但结果穆尔塔扎只在省级议会中赢得了独独一席,他的姐姐却胜利回到了伊斯兰堡。穆尔塔扎不惧危险,于11月3日晚从叙利亚飞了回来,在卡拉奇机场即遭逮捕。他的母亲对此表示

---

① 亚西尔·阿拉法特(1929—2004),巴勒斯坦解放运动领袖,曾任巴勒斯坦总统。

抗议，随后突然被解除了人民党主席一职。她予以回击，接受了一系列采访，在采访中用最华丽的乌尔都语辱骂她的女儿。"我不知道我用自己的乳房养育了一条毒蛇，"她告诉一位采访者，"如果我那时知道她是如此蛇蝎心肠，我绝不会把人民党的权力交给她……我永远不会原谅她。"

我问贝娜齐尔，她被母亲的话激怒过吗？

"我极其伤心，"她用一种鸽子般的、最温柔的声音答道，"但许多年来，我都是一个极其顺从、极其可爱的女儿，既然如此，我觉得她会以某种方式，回到我一直爱她、尊敬她的那个状态。她说了这些糟糕、糟糕、糟糕透顶的话来针对我，读到这些东西时我简直要疯了。但最后，她还是我妈妈，我了解她的脆弱，在我心里，我甚至都不能把她放在对立的位置上。"

那穆尔塔扎，那个威胁要让她倒在布托家族的宝座上，结果被她送到监狱里自生自灭的弟弟呢？

"我爱我的弟弟，一直希望他能回来，"她发出无辜的喉音，"是我给了他护照：在我给他发护照以前，他甚至都没有巴基斯坦护照。为此我遭受了严厉的批评，但我认为这是他的权利，我说了，我会公正对待他。"

正在这时，贝娜齐尔的新闻秘书巧妙地打断进来，他说五分钟后我就会被"领出去"，我可以提最后一个问题。

"您是否认为政治权力正在日益成为您家族的毒酒呢？"我问道，"它已经夺去了您父亲和小弟弟的生命，导致您和您的母亲、大弟弟之间不和。您有时候会不会觉得，所有这些您个人必须付出的代价太高了？"

贝娜齐尔在回答前停顿了一会儿。

"是的，的确是极其艰难。在竞选活动期间，当我发现穆尔塔扎在争夺这些席位时，我想起了我的父亲。我想到他如果看到他的孩子们彼此争斗该是多么悲痛。我甚至做好了准备，让自己退出这场丑陋的家族闹剧。但最后我不得不做出选择：是参与这场丑陋的决斗，还是被它勒索，举手投降。最后我感到我不能那样对待我父亲的政治遗产，不能那样对待他留下的政治印记。"

当贝娜齐尔站起身来，我问她，是否还有机会再多采访一些时间，或许可以在第二天？

"明天总理要去拉合尔和卡拉奇。"那位精明的新闻秘书说道。

"但我想你也可以一同前往，"贝娜齐尔说，"如果你愿意的话。"

第二天早上 9 点，我已经在军事基地的柏油碎石跑道上站着了，一个魁梧的军警正在对我上上下下搜身，然后，一辆黑色奔驰停在了总理的喷气式飞机旁边，里面走出贝娜齐尔的两个菲佣，她们拿着一堆 LV 包、一个装满依云水的木箱，带着贝娜齐尔最小的孩子——十个月大的可爱宝宝阿西法（Asifa），她盛装亮相，穿着红色的奥什科什（OshKosh B'Gosh）[①] 设计师款连身裤。等菲佣们都登上飞机，一个助手把我带到我的座位

[①] 美国知名童装品牌，创立于威斯康星州奥什科什。

上:在几个党内官员后排,和菲佣们隔着过道。

贝娜齐尔比预定时间晚了20分钟赶到机场。她登上悬梯,出现在过道顶端,两侧站着两个穿制服的助手。机舱里所有人都站起来,几个上了年纪的官员还向她鞠躬。总理点点头,一言不发地坐下,然后从她身后座位上的一堆彩印杂志中拿起一本《时尚》。她微微示意,飞机沿着跑道开始滑行。

当飞机到达巡航高度时,我走上前去问贝娜齐尔是否可以继续采访,但她断然挥手拒绝。"航程只有30分钟。"她说。她埋首于时尚杂志,我只得勉强打发时间,逗逗坐在我脚边上的她的女儿。她正玩着电动玩具,用一个红色的小电话机打电话(如果你是一个政治王朝的一员,你越早开始做这种事情越好)。

半小时后,我们抵达了拉合尔。一群政治人物和达官显贵排成新月形站在跑道上等着我们,身旁是身形壮硕的普什图保安。在他们身后,一排黑色奔驰组成的豪华车队已然就位,发动机已经启动,只待贵宾落座;远处,在黑色豪车后面有一辆孤零零的普通白色丰田。贝娜齐尔站在悬梯顶端轻快地挥手,然后缓缓步下台阶,从等待着的显贵们身旁走过,朝他们一一点头致意,低声说着"向您问好"①。旁遮普省的首席部长发表了简短的欢迎致辞,然后他们坐进豪车,绝尘而去。那辆丰田,很明显,是给我准备的。

身为巴基斯坦总理自然有荣耀的时刻。为了贝娜齐尔的车队,整条机场路都封锁了。路边列队站着全副武装的警卫;仰头望去,旗帜和彩旗在道路两旁飘扬,路上到处都是欢迎贝娜

---

① 原文为阿拉伯语。

齐尔的标语,来自各种各样的仰慕者,包括哈比银行(Habib Bank)① 和轻怡可乐(Diet Pepsi)。我们飞速经过了拉合尔旧殖民时代的城中心——经过了吉卜林在《吉姆》开篇提到的赞赞玛(Zam-Zammah)大炮②,经过了吉卜林的父亲担任馆长的博物馆——奔驰车队由一队吉普警车在前方开道,两侧各有一组摩托车护卫队,所有车辆都高按喇叭,长鸣汽笛。另一队吉普车跟在后面。最后跟着我坐的那辆破破烂烂的白色汽车。

贝娜齐尔这次前往拉合尔是为了出席一个巴基斯坦基里姆地毯(kilim)③ 展览的开幕仪式。我们的目的地是巴基斯坦最重要的当代艺术画廊阿尔罕布拉(Al-Hambra)。我以前去过那里几次,但从没见过眼下这样的欢迎仪式:一支缠着苏格兰格子花纹头巾的巴基斯坦管乐队,正喜气洋洋地吹奏着《快乐戈登》(The Gay Gordons)舞曲。当贝娜齐尔俯身从豪车里走出时,乐队长向乐手们扬起指挥棒,鼓点响起,风笛手开始吹奏巴基斯坦国歌。(后来,当我跟贝娜齐尔的新闻秘书议论起这件事时,他说巴基斯坦现已是世界上领先的风笛制造国,并已开始向苏格兰出口风笛。)

在画廊的礼堂中,与会观众首先听了半个小时的祈祷,一个满脸胡子、戴着羊皮帽的毛拉,先是用阿拉伯语,再用乌尔都语念着;紧接着是将近一个小时的演讲,主题是巴基斯坦对

---

① 巴基斯坦跨国银行,总部位于卡拉奇,按资产计算是巴基斯坦最大的银行。
② 这门大炮铸于1757年,位于拉合尔博物馆外,《吉姆》中写道:"谁拥有了赞赞玛这条'喷火龙',谁便拥有了旁遮普。"
③ 一种平织地毯,图案多为几何造型,在土耳其、伊朗及中亚等国家和地区均有生产。

手工编织地毯所做的贡献。然后贝娜齐尔站起身来,就重要展品匆忙发表了四分钟的演讲,接着就回到豪车里——轮胎呼啸而过,更多刺耳的汽笛声响起——匆忙赶往下一座城市,往南飞三个小时,抵达位于信德省沙漠与阿拉伯海交界处的卡拉奇。当我们走出飞机,走进信德省的潮湿闷热中时,另一支豪车队伍在跑道上等着我们,伴随着另一阵汽笛声,我们在另一支摩托车队的护卫下前往城市中心。

这一次,我们的目的地是总统国宾馆(Presidential Guest House),贝娜齐尔要在那里主持一场地方人民党的会议。宾馆里,这座殖民时代老建筑的大理石过道上挤满了政客,他们互相摩拳拍背,或者站在凹室里,把要好的同僚拉到自己身边,耳语着政治八卦。在主会客厅挂着一幅巨大的真纳肖像,他面容苍白憔悴,就像恐怖电影里的克里斯托弗·李(Christopher Lee)①。画像下,33 个男人坐成半圆形,中间围着一个女人。

虽然舟车劳顿,但贝娜齐尔一分钟也没有休息,径直召集起拉尔卡纳(Larkhana)选区党内工作人员会议。参会的大多数男人看上去年纪是她的两倍,但所有人都表现得恭敬有加——不该他们说话时就绝对不说,贝娜齐尔懒洋洋地躺在前面的长沙发椅上,他们却坐得端正笔直。总理对这些人盘问了 20 分钟:"具体说说,阿里!""谢谢,纳迪尔(Nadir)。"而他们则结结巴巴地为自己辩解着:"不好意思,尊敬的总理,我很抱歉,但是……"最后贝娜齐尔挥挥手让他们走,

---

① 克里斯托弗·李(1922—2015),英国演员,出演过多部恐怖电影,在《魔戒》中饰演巫师萨罗曼。

同时命令"快点去做"。接着另一组人员被召唤进来,又开始新一轮的盘问。

等到贝娜齐尔结束时已经是晚上 10 点了。整个晚上,鱼贯而入的男人们都精神萎靡,她却没有表现出半点疲乏的痕迹。

第二天一早,我打电话给克利夫顿(Clifton)① 70 号,布托家族 40 余年来一直住在这里。

在家庭秘书的帮助下,我成功安排了一场对穆尔塔扎·布托的黎巴嫩妻子金娃(Ghinwa)的采访,但当我问道是否可以采访努斯拉特·布托夫人时,对方告诉我这是不可能的:夫人正在外面午餐。然后,秘书犹豫了几秒后补充道,她正在和她的女儿,亦即总理一起午餐。

巴基斯坦的朋友们早已警告过我,他们认为,这对母女眼下不睦已久却仍然保持会面,这是她们关系中最古怪、最令人困惑的特征之一。每次去卡拉奇的时候,贝娜齐尔都坚持去看望她的母亲,她们不会谈及政治,只会有眼泪和微笑,一切都会变好——直到两天后,媒体上再次出现双方对彼此的指责。在政坛上,这种态势不仅令人摸不着头脑,而且有很大的潜在

---

① 克利夫顿是卡拉奇的一个滨海区域,是该市地价最高、最富裕的地区之一,许多外国领事馆也位于此地。

风险，布托阵营里的每个人都不得不选边站队，没有人清楚，如果最终这对母女尽释前嫌他们该如何是好。普通人都会受到提醒，不要尝试介入她们的战争，贝娜齐尔的新闻秘书就清楚地向我表明——以直截了当的方式——如果我试图采访夫人，并过于关注她们之间的纷争，那以后我就别想再接近贝娜齐尔了。

按照预约的时间，我在下午2点半前往克利夫顿70号采访贝娜齐尔的弟媳。这幢房子位于卡拉奇最整洁的住宅区中心，长期以来都是布托家族最主要的圣殿。但自从我上次拜访过后，这座圣殿里的图像已经发生了微妙的变化。附近的每一面墙上依然还涂着"沙希德"布托的画像，他女儿的画像曾经也无处不在，如今却都被移除，取而代之的是她的弟弟穆尔塔扎。其中最大的一个巨幅广告牌大概有30英尺高，竖立在房屋大门口正对面的人行道上，采用了印度电影海报那种缤纷绚烂的彩印方法。画像上，穆尔塔扎戴着信德省传统软帽，正向支持者挥手致意。其他海报则是复制媒体上刊登的穆尔塔扎的照片，他正被一个警察铐着，坐在去往监狱的囚车里，一个新的"烈士"正在形成。

一个拿着卡拉什尼科夫自动步枪的家臣带我穿过院子，让我就在前门里面的一间会客室等待。正如圣殿里其他各处一样，这里也到处是布托的形象：桌子上放着老布托和伊朗国王、尼克松、毛泽东的签名合照；其他相框里展示着家庭照，如佐勒菲卡尔的父亲沙赫纳瓦兹·布托爵士、各式各样的表亲、各种不同的孩子；但同样没有贝娜齐尔，这一点颇引人注目。

几分钟后金娃出现了。她比我想象的要年轻，二十五六岁的样子,长得十分美丽,举手投足透露着黎巴嫩式的时尚气息。上好了茶,我们聊了几分钟家常,她有多想念中东,她的孩子们有多思念爸爸,巴基斯坦的食物有多辣。她看上去害羞、天真、性格温柔,丈夫回家后一个小时内发生了一系列事件,最后导致他直接被押送到监狱,这着实令她感到不解。"他只是想帮助巴基斯坦,"她不断重复着,"他只想竭尽所能为国家效力。这有点奇怪。①"

"你和贝娜齐尔谈过穆尔塔扎被捕的事吗?"我问。

"我从来没和大姑子说过话,"金娃说,"她从来不会对我说一个字。"

我们聊了大概半个小时,外面传来一阵有车抵达的声音。"我婆婆回来了。"金娃说。

前门打开了,布托夫人走进房间。尽管夫人快到70岁了,这位曾经闻名遐迩的伊朗美人依然十分吸引人:她和她的女儿一样有着醒目的颧骨,姣好的身躯包裹在一件相当招摇的豹纹莎尔瓦克米兹的层层褶皱中。我解释说,我正在写贝娜齐尔的报道,能和她聊一聊她和她的女儿之间存在的问题吗?

正在那时,贝娜齐尔走进了房间。她应该无意中听到了我最后一句话,并看见我正在和她母亲握手,金娃就站在我身边。我和她的敌人聊天,这一"罪行"被当场抓获。贝娜齐尔皱起眉头,向我投来匕首般的目光。然后她一言不发走出了房间。她的母亲跟着她冲了出去。

"这很奇怪,"金娃摇摇头说,"这个国家,真是太奇怪了。"

---

① 本节楷体字部分原文为法语。

第二天早上 10 点，四辆皮卡跟着一队吉普车开来，皮卡上面满载持枪的警察，要把穆尔塔扎·布托带到正在审理他的案子的法庭。喧声和场面都像是贝娜齐尔自己的一个车队。唯一不同的是，穆尔塔扎无法向路人挥手致意，他的手被坐在他身边的警察紧紧铐着。

我花了 100 卢比贿赂警察，得以走进警戒线，很快发现穆尔塔扎、他的母亲还有他的律师坐在法庭旁边的附属建筑里。穆尔塔扎和他的父亲长得极为相似：他很英俊，个子很高——肯定超过六英尺——肚子稍微有点圆鼓鼓的；他声音低沉，就像他父亲一样，透露出一丝自信、温和且富有魅力的气质。他邀请我坐下来，并表示很高兴能和国际媒体聊聊。"贝娜齐尔并不在意本地媒体怎么说她，"他说，"但她特别在意她在巴黎、伦敦和纽约的朋友会读到她什么样的新闻。"

"你回到巴基斯坦后，你姐姐和你联系了吗？"我问。

"没有，根本没有。一个纸条也没有。"

"即使在私下里也没有？"

"完全没有。"

"你希望她介入，帮你摆脱目前的困境吗？"我问，"你希望她能为你做出什么样的安排呢？"

"我不想要任何帮助，"穆尔塔扎说，"我只希望她能让正义自行彰显，希望她不要干扰法律程序。事实上，她已经指示控方采取拖延战术，这样就能让我尽可能长时间地受到关押。控方已经告诉好几个人，说这些都是她的指示。这起审讯现在已经进行了三个月，他们还没有审完第一个证人。"

"但你能理解，因为你回来，她觉得受到了威胁。"我说。

"她应该认为，我回来是一项增强家族实力的举措，而不是威胁。我不想领导人民党，我也不要求在党内或政府担任任何职位。我只想成为巴基斯坦国民议会的一员，能够代表我父亲选区内的人民。但她有被害妄想症，深信我回来是为了扳倒她。"

"你觉得为什么会这样呢？"

穆尔塔扎然后开始宣称，他姐姐的政治决断有时候是基于迷信做出的。"大概是听了她某个算命大师的话吧。她相信各种各样的巫术，认为她第一届政府倒台是因为她求教了一位圣人，从而引起另一位法力更强的圣人的嫉妒和诅咒。如果你是基于那些东西来做政治决断的，那你的麻烦可就大了，"穆尔塔扎咯咯笑道，"1990年她来大马士革的时候，我不得不去给她找一位占星师——她听说了一个贝都因女人，一个满身盖着贝壳的老神婆，手上满是刺青，长着一双对眼——你懂的，就是那套玩意儿。贝娜齐尔和她待了两个小时。我只能从侍者的通道里把那个女人悄悄带进总统国宾馆。看样子无论她走到哪里，她那些助手都得为她操办这种事，不管是在巴黎还是在纽约……不管怎么说，她能那么轻易受别人影响，也就很容易理解她为什么要将我视作威胁了。"

"你觉得最近几年，她变得更强硬、更无情了吗？"我问。

这一次是布托夫人回答。"五年前，我女儿不能做出今天这种事，"她摇了摇头说道，"她现在的所作所为，就连齐亚将军也不会做。"

但我问她到底指的是什么时,夫人开始很情绪化地讲起了一件事。那是一个月前的1月5日,发生在布托家位于拉尔卡纳的乡村庄园阿尔穆尔塔扎(Al-Murtaza)。那天是佐勒菲卡尔·布托的生日,为了表示纪念,声称继承了他的事业的敌对双方——母亲和女儿——都计划前往"沙希德"的墓前拜祭。由于担心双方的支持者发生冲突,安全部队包围了布托家在拉尔卡纳的庄园——夫人的大本营——并禁止夫人的车队进入。当夫人吩咐把庄园大门打开,准备进入时,警察开枪了。一人当场死亡,由于警察拒绝让救护车进入,另外两人随后也因伤势过重身亡。当天晚上,当这边的家臣因流血过多而逝世时,十英里以外,贝娜齐尔正在她的新庄园里载歌载舞庆祝父亲的生日。

"死了三个人,她和她丈夫竟然还在跳舞!"夫人说着,几乎流下眼泪,"他们肯定知道,警察朝阿尔穆尔塔扎开枪了。如果不是她下令,这些事还会发生吗?但她最恶毒的罪行还是不让救护车进来。只要他们让救护车进来,那两个男孩现在还会活得好好的。那两个男孩以前很爱贝娜齐尔,她的车一来,他们就会冲上前去迎接。"

夫人现在已经满面泪痕。"我一直给贝娜齐尔打电话,一直说:'看在真主的份上,解除封锁吧。'但她的人只是一再重复着:'女士现在不在。'她甚至不接我的电话。她只要朝对讲机说一句话,伤者就能送去治疗了。甚至齐亚将军……"这句话慢慢减弱,"英国有句话怎么说的来着?权力使人堕落,权力越大,堕落越深。是这么说的吧?"

"您跟您女儿共进午餐时谈过这件事吗?"我问。

第二十章　贝娜齐尔·布托：卡拉奇的言情小说

眼泪从她脸上淌下来，眼影融入一道道泪痕，睫毛膏也晕成一片。

"不，"夫人摇摇头，情绪崩溃了，"我只是……只是去……去……"

她把脸埋入手帕之中，穆尔塔扎用胳膊揽住了她。

第二天是我在巴基斯坦的最后一天，一早我就搭乘了一架老式福克 F-27 "友谊" 号飞机（Fokker Friendship）①，通过这条每天跨越信德省沙漠荒地的航线前往摩亨佐达罗（Mohenjo Daro），那里是离拉尔卡纳最近的机场。

纳瓦布②穆斯塔法·拉霍里（Mustafa Lahori）在机场迎接我。他是一个邻近的大地主，也是布托夫人的长期追随者。当我们沿着印度河平原上干涸的盐滩开车前往布托家的庄园阿尔穆尔塔扎时，纳瓦布向我讲述了1月5日那天发生的事，当时他就在现场。和那天我遇到的所有老布托的支持者一样，他对贝娜齐尔的行为困惑不解，不能理解她何以要让警察袭击自己家里，杀害三个她最忠心耿耿的家臣，然后还禁止伤员通行。她声称自己第二天一早才得知开枪的事，但没人相信；至于警察对这次封锁给出的官方解释——夫人在阿尔穆尔塔扎里窝藏

---

① 荷兰福克公司1950年代推出的军民两用运输机，于1986年底停产。
② 此处的纳瓦布指大地主。

了印度秘密特工武装分子——大家只有嗤之以鼻。

"人人都知道,这种指控是捏造的,"纳瓦布说,"她支持警察的行动,结果只会在这个地区败坏自己的名声。"

这种断言看上去的确如此。拉尔卡纳曾是贝娜齐尔最忠诚的支持者的核心地区,而现在整个拉尔卡纳几乎每一面墙上的海报和涂鸦都在宣布,这座城市将转而忠于她的弟弟。我在全城只看见一幅贝娜齐尔的海报,而那一幅看上去也已经年累月、黯然失色了。

阿尔穆尔塔扎位于城中心,是一座面积广大、四面围墙的大庄园。进入墙内,沙漠的尘土消失不见,映入眼帘的是可爱的灌溉而成的波斯花园,成行的棕榈树和盛开的九重葛把草坪分隔开来。两个年长的园丁带着我们四处参观,向我们示意警察在门上、建筑上留下的弹孔,或者把哪里的树皮擦破了;他们把封锁期间发射的催泪瓦斯罐收集起来,攒了一大堆。

"我们对我们的贝贝女士(Bibi Sahiba)① 非常骄傲,"一个园丁说,"但这次……这次很糟糕。不让夫人去墓地拜祭她的丈夫,这是没有道理的。5 日那天发生的事是按照贝贝的命令执行的。"

"贝贝女士是总理,"另一个园丁表示同意,"巴基斯坦哪里发生了什么事她都知道。她知道警察干了些什么。一个人不应该对自己的母亲、自己的家干出这种事。"

"这里的人以后还会投票给她吗?"我问。

"当然不会了,"第一个园丁说,"5 日以后,我们的想法全都变了。我们支持穆尔塔扎,不支持贝贝了。信德省所有人

---

① 贝娜齐尔的昵称。

都对她不满意,每个人都很愤怒。"

他们带着我们在花圃边转了转,园丁们转移到了一个更轻松的话题上——贝娜齐尔的父亲,毫无疑问他们都很崇拜他。

"'沙希德'是个了不起的人,"第一个园丁说,"别的政客一拿到你的选票就把你的名字忘了,但'沙希德'布托永远都记得。"

"'沙希德'被杀害时,"第二个人说,"我们都哭了。"

我问起他们我听到的传言,据说拉尔卡纳的村民们已经在他的墓地上看到了奇迹。

"这是真的,"刚刚加入我们的布托家的看门人穆罕默德·易卜拉欣(Mohammed Ibrahim)说道,"妇女如果想生孩子就去他的墓地,很快'沙希德'就会保佑她们梦想成真的。"

"那些想要工作的人就会找到工作。"第一个园丁说。

"很多人都在梦里见过他,"第二个说,"他们都叫他'沙希德爸爸'。对我们拉尔卡纳的所有人来说,'沙希德'跟伊斯兰教里的伟大圣人是一样的。"

"我自己就在梦里见过他,"穆罕默德·易卜拉欣说,"我睡在花园里,然后做了那个梦。'沙希德'布托坐在一张大椅子上,先知就陪在他身边。"

"真主与这个家族同在,"第二个园丁说,"我们可以确定无疑地这么说。"

"所以你们相信有一天或许贝娜齐尔也会成为圣人吗?"我问。

三个家臣面面相觑,脸上露出犹疑的神色。

"我们伊斯兰教里可没有那么多女圣人。"一个园丁说。

"那么，穆尔塔扎怎么样呢？"

"我相信他也会到那个最高境界，"穆罕默德·易卜拉欣说，"他是'沙希德'布托真正的继承人。我们都祈祷有一天他也会成为一位伟大的圣人。"

附言

两年半后，1996年9月，在距离克利夫顿70号前门几码远的地方，穆尔塔扎·布托和他的六名支持者在警察的射击下中弹身亡。警方宣称这只是一次偶然事故，但几天后，受到枪击指控的警官被发现上吊而死，据官方称是自缢行为，情况开始变得更加扑朔迷离。贝娜齐尔否认与杀人事件有任何牵连，公开展示了一次声情并茂的哀悼，但当1996年11月5日，她的政府因为大规模腐败遭到总统解散时，她的丈夫很快就被控参与谋杀案，目前正关押在卡拉奇等候审讯。不过看起来鲜有针对他的有力证据，他很有可能再次成功摆脱指控。

在丈夫死后，金娃·布托和她的继女法蒂玛（Fatima）接管了穆尔塔扎领导的人民党（"沙希德"布托派），并带领该党对贝娜齐尔发起了猛烈的进攻。由于他们的努力，同时由于涉及贝娜齐尔和扎尔达里大规模腐败的证据渐渐浮出水面，越来越多的细节显示他们在海外拥有一系列豪华地产，在瑞士银行账户上存有上千万美元，因此，在紧接着1997年2月的大选中，纳瓦兹·谢里夫领导的穆斯林联盟大获全胜，胜选优势打破了历史纪录。在我写作本文时，谢里夫依然坐在总理宝座上，虽然巴基斯坦正在经历日益恶化的教派冲突和严重的经济危机，且1998年5月巴基斯坦试爆核弹所招致的经济制裁更让国内经济状况雪上加霜。

贝娜齐尔虽然名声扫地，但依然是反对派领袖。她的孩子们都出于"安全原因"被送到了迪拜。贝娜齐尔看上去可能不太会东山再起——虽然巴基斯坦经常会发生令人难以置信的事——但现在还有传言怀疑她是不是真的想这么做：她的一些朋友认为，她的目的只是把扎尔达里从狱中救出来，然后离开这个国家。这样的话，她把孩子们送到迪拜可能就是她自己要离开的先兆。不过，不管针对她的腐败证据有多么充分，贝娜齐尔对自己的命运有一种先知式的预感，她相信自己不会完全放弃政治生涯。①

最后一件我意外发现的事：1997 年，缘分使然，在即将上映的传记电影《真纳》中，克里斯托弗·李将演绎这位"伟大的领导"（Quaid-e-Azam）的一生。德古拉伯爵最令人难忘的化身和那个应该为印巴分治大屠杀承担大部分责任的男人在容貌上有着惊人的相似性，我肯定不是唯一发现这一点的人。②

---

① 2007 年 12 月 27 日，贝娜齐尔在伊斯兰堡附近地区举行的竞选集会上遭遇自杀式袭击，不治身亡。
② 克里斯托弗·李曾在 1958 年上映的《恐怖吸血鬼》中扮演德古拉伯爵。

术语表

angurka 长罩袍

arti 阿尔蒂，印度教中在神像前挥舞灯盏、向神灵供奉光的礼拜仪式

ashram 宗教隐修地，苦行僧居所

babu 文书或官员（字面意为"受过教育的绅士"）

bania 债主或店主；拥有商人种姓的印度教徒

baradari 部落，族人，社群，亚种姓名称或兄弟情谊，尤见于巴基斯坦

begum 穆斯林贵族妇人

bhajan 拜赞歌，印度传统音乐中的一种祷告歌

bibi ghar 18 世纪的专门用语，指欧洲人的印度妻子或妾室单独居住的地方

biryani 一种用印度香米做成的特殊菜肴，菜里通常含有羊肉块等，是海得拉巴地区的特色菜肴

bungi 粗人，下等人

chador 穆斯林女性戴的面纱（字面意为"薄片"），可以指头巾，也可以指包裹全身的罩袍

chai 茶

chaikhana 茶铺

charpoy 绳索床，一种简易床，通常为木结构，中间以绳索或带子编织而成，在印度农村地区较为常见（字面意为"四条腿"）

chattri 莫卧儿时代的穹顶凉亭，由柱子支撑，常在角楼或尖塔处用作装饰（字面意为"伞"）

choli 束胸衣

chowk 集市

chowkidar 守卫，看门人

cirque 火山坑

crore 印度英语中的计量单位，表示一千万（lakh 表示十万）

dacoit 歹徒，抢劫团伙成员

dal 豆糊，涂抹在米饭或面饼上食用

Dalits 达利特人，字面意为"被压迫者"，印度种姓制度中的最低等级，又称"不可接触者"

darshan 瞻仰，观看，尤指对寺庙神像或莫卧儿皇帝像而言

dhoti 托蒂，印度男性围在腰间的裹裙

diwan 迪万，波斯语或乌尔都语诗集；亦指莫卧儿王朝时代在土邦掌管财政事务的官员

dupatta 绕过肩头的纱巾，与莎尔瓦克米兹搭配穿戴

durbar 正式的接待仪式

durree 地毯

gajra 金盏菊花环

ghat 通向沐浴之地或河流的石梯

ghazal 加扎勒，北印度乌尔都语或波斯语抒情诗

ghee 酥油，醍醐

godown 仓库

goonda 雇用的暴徒

gopi 牧女（特指黑天神话中的牧女）

gopura 瞿布罗，南印度神庙入口的仪式性塔门，通常呈金字塔形

gupshup 闲聊，八卦

Harijan 字面意为"神的孩子"，指不可接触者

haveli 庭院式宅邸

henna 海娜，一种热带灌木，叶子可用于红色印染，在巴基斯坦西北边境省，普什图部落民用其来染胡子

holi 洒红节，印度庆祝春天到来的节日，人们通常用水和彩色颜料搅拌，然后互相涂在脸上或身上，在节日期间也大量吸食大麻和鸦片

hookah 水烟筒

idli sambhar 南印度菜肴，包括蒸米糕和咖喱炖蔬菜

imambara 伊曼巴拉，伊斯兰教什叶派在穆哈兰姆月，即伊斯兰历第一个月进行集会的带柱子的大厅，集会上会朗读及讲解纪念穆罕默德外孙侯赛因及哈桑的经文。勒克瑙的伊曼巴拉达到了最高建筑水准

jati 社群，宗族，拥有同一种姓或亚种姓的群体

Kali Yug 迦利时代，黑暗和瓦解的时代

karma 命运

khadi 卡迪，手工棉布，通常与甘地追随者相关

khana 食物，一顿饭

khawa 绿茶，尤指克什米尔地区及巴基斯坦北部地区出产的绿茶

kirtan 科尔坦，赞歌，字面意为"赞颂神灵"，经常在宗教仪式上演唱

Kshatriya 刹帝利，武士种姓

kumhar 种姓名称，指不可接触者中的陶匠

kumkum 象征女神性力的红色粉末

ladoo 北印度用牛奶制成的甜品

lathi 竹制棍子，一般是警察和守卫使用

lingam 林伽，象征作为创世之神的湿婆的生殖器

lungi 一种围在腰上、围裙样式的男装，是简化版的"托蒂"

mahout 象夫

maidan 印度城市中心的公园或公共用地（广场）

malik 拥有资产的穆斯林地主；普什图部落首领

mandala 曼荼罗，一种用来表现或说明如何获得解脱的圆形图像

masala dosa 马萨拉卷饼，南印主食

mehfil 莫卧儿宫廷在夜晚的娱乐活动，通常包括跳舞、背诵诗歌和唱诵加扎勒

mofussil 大城市以外地方性的小镇

moksha 解脱，觉悟

mona 剪去头发、剃掉胡须的锡克教徒

murshad 巫师，圣人

mushaira 诗歌会；莫卧儿王朝的诗歌之夜

naan 馕，筒状泥炉烤出的面饼

nagashwaram 泰米尔大双簧管

namaskar 印度教徒的问候语（字面意为"我向您鞠躬"）

naqqar khana 鼓楼；北印度宫殿的入口门楼

nautch 源自卡塔克舞、由专业舞女表演的舞蹈，这些舞女通常是高级妓女，尤在 18 世纪及 19 世纪早期

nichla 下等人，粗人

nirvana 涅槃

paan 印度食物，用于助消化，包含一片叶子，里面包裹着槟榔果等物，是非常温和的兴奋剂

palki 轿舆

panch 字面意为"五"，乡村五人长老会首领（sarpanch）的缩写

panchayat 潘查亚特，即乡村五人长老会，理论上包含五个人，但实践中并不总是如此

parikrama 转经路线

pir 穆斯林圣人或苏菲派圣徒

prasad 印度教中一份供奉给神灵，再返还给信徒的祭品（通常是食物或小份白色甜点）

puja 宗教供奉仪式（字面意为"崇拜"）

pukka 好的，合适的，正确的，高贵的

pullao 炒饭

pundit 婆罗门（字面意为"有学识的人"）

qalander 神圣的愚人

qila 城堡

rath 战车，尤在印度教神庙节日庆典中使用

roti 面饼

sadhu 印度教圣人，苦行僧

salwar kameez 莎尔瓦克米兹，长衫和宽松裤子组成的套装，在北印度主要是女性穿着，在巴基斯坦和阿富汗则两性均可穿着

sardar 贵族、指挥官或首领。敬语

sarpanch 村长；乡村五人长老会首领

sathin 萨丁，即非正式的乡村社工（字面意为"朋友"）

sati 萨蒂，古代印度教寡妇自焚殉夫的实践，现在是非法行为（字面意为"好女人"）

sepoy 印度步兵，尤指在东印度公司中服役者

shaheed 沙希德，即穆斯林殉教者

shastra 古代印度典籍

shenai 北印度唢呐

sherwani 长外套

shikar 狩猎

shish mahal 镜厅，尤指宫殿中的

tabla 成对的印式小手鼓，在印度斯坦音乐中用作伴奏

ta'wiz 苏菲派魔法

tawwaif 塔薇芙，即高级妓女

teppam 漂流

thug 绞杀者，迦梨女神的信徒，会用绳索勒死旅人，以此满足其神祇（字面意为"骗子""欺骗""欺诈者"）

tilak 印度教徒额心的宗教纹饰

tirtha 联结世俗与神圣的交叉之地

vibhuti 湿婆涂抹在身上的白色灰烬粉末，信仰湿婆的苦行僧也会涂抹

yadav 北印度自耕农和牧牛人的种姓，该种姓虽然属于低种姓，但在北方邦和比哈尔邦非常有政治影响力

yakshi 夜叉

zamindar 柴明达尔，即封建地主

zenana 穆斯林的闺房（字面意为"与女性有关的"）

zindabad 字面意为"万岁"，政客经常使用的口号

索　引

（以下页码为原书页码，即本书页边码）

Abdullah, Farooq, 155
Afghan war, 301, 315, 320
Afghanistan, 318, 319, 321
Afridi, Mohammed ud-Din, 289–92
Afridi, Zakir, 320
Akbar, Faizal, 335
Albuquerque, Afonso de, 228
Alexander the Great: army, 209, 317; death, 325; influence, 330–1; Khyber Pass, 320; North-West Frontier conquests, 314, 317, 327; Swat campaign, 324–5, 329–30
Alexandra, Queen, 69–70
Alfred, Anton, 258–9
Allahabad, 37
All-Karnataka Youth Council, 159
Amnesty International, 307
Amparai, 252, 253–5
Anarche, Father Samy, 267
Angre, Sardar, 65–73
Ansari, Mumtaz, 4, 23
Antonedi, 190
Anuradhapura, 239–42, 243
Arafat, Yasser, 357
Ashoka, Emperor, 6
ashrams, 55–8
Assad, Hafez al-, 357
Atari, 344
Aurangzeb, Emperor, 208
Avadh (Oudh), Nawabs of, 27, 29–37, 84
Awami League, 350
Ayodhya, 12, 74–5, 77, 80, 165

Babur, Emperor, 32, 78, 173
Bachchan, Amitabh, 163
Bahveri Devi, 97–110

Balasingham, Adele, 252
Balasingham, Anton, 251–2, 253
Baluchistan, 356
Bangalore, 158–60, 163–8, 170–3; Chikkalalbagh, 170; Electronic City, 164
Bangladesh, 349
baradari politics 299–302
Barra (India), 3, 6–9, 21
Barra (Pakistan), 335
Barucha, Jasmine, 143
Bassi, 103, 107
Batteri, Village, 99, 101, 108
BBC World Service Television, 137
Beas, River, 325, 343
Bedi, Pooja, 156
Benares, 183
Bengal, 50
Bentinck, Lord William, 126
Bhangra, 142
Bhaskar, K.R., 187–8
Bhatinda, 344–5
Bhopal, 77
Bhumihars, 6–8, 21
Bhutto, Benazir, 346–71; corruption charges, 307–8, 370; education, 347–8; family relationships, 352–3, 356–8, 362–7; interview with, 350–9; law and order under, 305–6; political career, 292, 296, 311–12, 350, 370; popular attitude to, 295, 368; posters, 327, 368; reading, 309, 354; Sindh, 305, 348, 368
Bhutto, Fatima, 370
Bhutto, Ghinwa, 362–4, 370

Bhutto, Murtaza, 356-8, 363, 364-7, 369-70
Bhutto, Begum Nusrat, 352, 356, 357-8, 362, 363-70
Bhutto, Sanam, 353
Bhutto, Shahnawaz, 354, 356-7
Bhutto, Sir Shahnawaz, 363
Bhutto, Zulfikar Ali: death, 354, 356, 358, 369; grave, 366; political career, 348-9, 356; portraits, 284, 362; relationship with daughter, 352-4, 358-9
Bihar, 3-9, 16-21, 121, 160; Legislative Assembly, 10, 40, 46-8
Bilal, Khawajah, 344
Bishnoi, 114, 120
BJP (Bharatiya Janata Party): Ayodhya dispute, 74-5; Bombay massacre (1993), 76; caste issues, 24, 40; establishment, 62; Miss World contest (1997), 165; political position, 63, 80-1; Rajmata's involvement, 62, 64, 65, 74-6, 81; relationship with RSS, 62-4
Bodh Gaya, 18, 240
Bollywood, 142, 154
Bombay: brothels, 56; business centre, 161, 169; massacre (1993), 12, 75-6; music scene, 135-44; social life, 145-57; Taj Mahal hotel, 148, 154; Yacht Club, 151
Bombay Express, 339, 344-5
Bombay Union of Journalists, 126-7
Border Rangers, 286
Bori, River, 208
Botham, Ian, 284, 296
Boulat, Alexandra, 309
Boulone (wife of Claude Martin), 35, 36
Brahmins: astronomy, 164, 190, 216; caste attitudes, 10-12, 22, 114-16, 119; computer industry, 164-5; Hindu revival, 9-10; Kerala, 216, 219, 222; Madurai, 178, 182, 190-1; political status, 10-12, 23-4; *sati* issue, 125

Brodie, Fawn, 309
Brunton, William, 340-1
Buchan, John, 85
Buddhism, 3, 6, 18, 239-40, 326, 331-4
Burton, Sir Richard, 309

Calcutta, 37, 51, 220
Cargill Seeds, 159, 173
Castro, Pedro da Alem, 227
Castro (Tiger commander), 252, 253-6, 262
Cellattamman, 186
Central Bureau of Investigation (CBI), 24, 108
Chadha, Monica, 117
Chaitanya, Shri Krishna, 57-8
Chanakya, 14
Channel V, 162-3
Chaudary, Arvind, 118
child-marriage, 101-2
China Bay, 239
Churamani, Atul, 139
Cilaos, 269, 271, 272
Citizens for Peace, 76
CNN, 162
Collins, Jackie, 146, 147
Colombo, 239, 241, 262
Compagnie des Indes, 266
Congress Party: Bihar policies, 17; caste issues, 9-10, 24; criminal associations, 46; government (1998), 25, 67; Independence (1947), 207; Miss World contest (1997), 165; *sati* issue, 127
Créole culture, 268, 269, 272
cricket, 282, 289

dacoits, 3, 17, 25, 306
Dagh, 86
Dalits, see Untouchables
Darra Adam Khel, 314-16
Das, Arvind, 19
Daula, Asaf ud-, 33
Dé, Shobha, 145-57
de Boer, Kito, 161-2

de Souza, Elton, 89
Deccan, 198, 228
Deccan Herald, 166
Delhi: brothels, 56; Moghul Empire, 31, 33, 123; newspapers, 20; politics, 13, 77, 112, 129; publishers, 145
Deorala, 124, 126, 129–32
Dilani, Comrade, 249–50, 259, 261
Dilip (shipping magnate), 147, 154, 155–6
din-Khel, Hajji Feroz, 334–6
Diodorus Siculus, 123
Diomedes, King of the Punjab, 331
Diwali, 19, 84
Doordashan, 4, 40, 137–8
Dutugümunu, 240

East India Company: Bangalore, 170, 171; Bombay Fleet, 263; Lucknow, 34, 35, 36, 84
Edward VII, King, 69–70
Eelam, 240, 245
elections: Indian: (1962), 10, 20; (1980), 20; (1984), 10; (1989), 10; (1991), 9, 11; (1992), 80; (1996), 5, 11, 80; (1998), 80: Pakistani, 297–8, 300–2, 326–7; (1990), 350; (1993), 350; (1997), 292–3, 296, 311–12, 370
Elephant Pass, 246
Elphinstone, Mountstuart, 202
Emergency (1975), 67
Evening Standard, 292
Expedit, St, 274–5

Faridi, Farid, 40–1
Faridi, Mrs (schoolmistress), 85–6
Faxian, 326
Figueiredo, Donna Georgina, 230–6
Filose, Michael, 70
France, 266, 277
Francis Xavier, St, 229–30

Gadvada, 118–21
Gagadi, 119–20, 121

Gama, Vasco da, 227
Gandhara, 323–6, 332–4
Gandhi, Indira, 9, 11, 67, 144
Gandhi, Mahatma, 207: assassination, 63, 158; homespun cotton, 13; influence, 83, 112, 159, 207
Gandhi, Rajiv: caste, 9, 12; government, 41, 46, 129, 137
Ganjoti Paygah, 210
Garland of Madurai, The, 185
Garuda, 80
Gates, Bill, 160
Genghis Khan, 317
Ghalib, 86
Ghosh, Kamala, 51, 56
Goa, 164, 227–36; Anjuna Beach, 234–5; Bom Jesus, 229; Chapel of Our Lady of the Mount, 230; invasion (1961), 231–4; Panjim, 233, 234, 235; St Francis of Assisi convent, 227
Goan Royal Hospital, 228
Godrej, 166
Godse, Nathuram, 63
Golconda, 31, 198, 201, 208
Goldsmith, Sir James, 292, 309, 311
Goldsmith, Jemima, 292, 296, 309–10
Gomes, Frederick, 82, 88–9
Gomoh, 3–4
Gomti, River, 84
Gopalganj, 4
Goswami, Rajeev, 116–17
Govardhan, 49
Gowalkar, Madhav, 63
Gowda, H.V. Deve, 11
Great Moghul Diamond, 198
Greeks, 183, 325, 331
Guevara, Che, 238, 252
Gujjar, Badri, 98, 99, 102–4, 107, 109–10
Gujjar, Gyarsa, 107
Gupta Biscuit Company, 17
Gwalior, 60–1, 70–3; Dowager Maharani of, *see* Scindia; Jai Vilas Palace, 64, 68–71

Hanuman, 65–6, 67, 79, 117
Harijans, see Untouchables
Harrison, Mr (schoolmaster), 84–5
Haryana, 22
Heliochles, King of Balkh, 331
Herath, Dhanapala, 242
Hindi, 12, 84, 85
Hindu, 166
Hindu Kush, 31, 287, 317, 323, 324
Hindu revival movement, 10, 12, 74–5, 79
Hindustan Times, 17, 127
Hira, Nari, 146
Hitler, Adolf, 63, 209
Ho Chi Minh, 252
Houston, Whitney, 138, 143
Husain, Mir Moazam, 192–6, 206–14
Hussein, Abida, 296
Hyderabad, 192–214; Asad Bagh, 193; Azakhan Zehra, 199; Begum's Garden, 202; British Residency, 201; Char Minar, 203; City Palace, 211; Falaknuma Palace, 200; Fateh Maidan, 193; invasion of (1948), 207–11; Iram Manzil, 194, 212–13; King Kothi, 211–12; Lad Bazaar, 203; Osmania university, 199; Qu'tb Shahi tombs, 200–1; University College for Women, 201
Hyderabad, Nizam of, 192–3, 196, 197–200, 202–4, 207–9
Hyderabad: After the Fall, 209
Hyderabad Bulletin, 195

Ibrahim, Mohammed, 369
Îlet des Trois Salazes, 272–4, 275
Independence (1947), 83, 162, 339
Indian Administrative Service, 22
Indian Air Force, 249
Indian Armed Constabulary, 44
Indian Army: education of officers, 83; in Bihar, 25; in Sri Lanka, 238–9, 245–6, 249, 252; invasion of Hyderabad, 207–9
Indian Express, 3

Indian High Court, 75, 107
Indian Rapid Action Force, 166
Indian Women and Children's Development Fund, 109
Indo–Pakistani war (1965), 44
Infosys, 164–5
Inquisition, 229
International Monetary Fund (IMF), 307
Iqbal, Mohammed, 301
Iran, 42, 297
Islamabad, 295, 346–7
Issar, T.P., 167

Jackson, Michael, 139
Jaffna, 246–50, 256, 257–61; cathedral, 257–8; fort, 260–1; government bombardment, 258–62; Hotel Elara, 246–7; Memorial Hospital, 259; Tirunveli market, 259
Jaffna Peninsula, 245–6, 262
Jagatikanda, 218
Jagger, Mick, 284
Jaipur: Agra Gate, 99; High Court, 127; Maharajahs' cremation ground, 99; Old City, 98; police, 105, 126; political influence, 102, 103, 110
Jaipur Institute of Development Studies, 106
Jamaat-i-Islami, 165, 300
Janata Dal, 24
Jatoi, Ghulam Mustafa, 302
Jats, 114, 120
Jaya, Lieutenant, 248–9, 250
Jean-Claude (grave-digger), 277–8
Jehan, Shah, 31
Jehanabad District, 21
Jhelum, River, 325
Jinnah, Mohammed Ali, 42, 353, 361, 370–1
Jodhpur, 113, 114, 117, 121
Julian, monastery of, 332
Jumna, River, 49, 55
Jung, Salar, 212
Justice Movement, *see* Tehrik-e-Insaaf

Kabul, 322
Kafar Kot, 320
Kale, Grandmère, 267
Kali: age of, 9, 132; Parashakti, 217–18, 221; Réunion, 267, 276; worship, 217–18, 220–1, 267, 276
Kama Sutra, 148, 172
Kanaklatha (widow), 51–5
Kanishka, King, 329
Kannada language, 159, 165, 172
Kant, Chandra, 140
Kanwar, Roop, 123–32
Karachi, 318–19, 361, 362, 370
Karakorum mountains, 323
Karnataka, 121, 159, 167
Karnataka State Farmers' Association, 159, 165, 171
Kashmir, 301–2, 355–6
Kentucky Fried Chicken, 158, 163, 166, 168, 171–3
Kerala, 215–24; Chottanikara, 216, 219, 220
Kerbala, Iraq, 42
Khair-un-Nissa, 201
Khajaraho, 172
Khan, Imran, 281–312; celebrity status, 281–2; character, 283–5, 296–7; election campaign, 293–312; interviews with, 283–92, 305–6, 308–9, 310–11; marriage, 285, 292, 309–10; political career, 292–3, 298–9, 311–12; reading, 309
Khan, Khan Abdul Wali, 316
Khan, Sir Osman Ali, Nizam of Hyderabad, 197–200, 203–4, 207–9
Khan, Zakir, 285
Khomeini, Ayatollah, 297, 327
Khyber Pass, 290, 318, 319–21, 340
Kim, 83, 86, 360
Kipling, Rudyard, 82–3, 321, 360
Kirkpatrick, James Achilles, 201–2
Koh-i-Noor, 198
Krishna, 49–59, 66, 69
Krishnaiah, G., 4–5
Kshatriyas, 10

Kumar, Anand, 168
Kushans, 325

La Buse, *see* Levasseur
La Martiniere College, 82–90
La Sitarane, 275–8
Lahore, 295, 299, 301, 360; Al-Hambra gallery, 360; Central Station, 337–45; Zam-Zammah gun, 360
Lahori, Nawab Mustafa, 367–8
Lakshmi, 217
Lal, Said, 335–6
Lala Mousa, 294–5, 298
Landi Khotal, 290, 319–23
Lapierre, Dominique, 352–3
Larkhana, 366, 368–9
Lawyer, Gary, 136
Lear, Edward, 328
Lee, Christopher, 361, 370
Leghari, Farooq, 296
Levasseur, Olivier (La Buse), 263–5, 267, 268, 276
Liberation Tigers of Tamil Eelam (LTTE, Tamil Tigers), 237–9, 240–2, 244–5, 247–61
Lok Sabha, 5, 80, 112
Lucknow, 26–41, 87–9, 144, 199; Aminabad, 26, 28; *chowk*, 37–40; Clarke's Hotel, 30; Constantia (La Martiniere), 35–6, 42; Dilkusha, 36, 42; Great Imambara, 33; Habibullah Hostel, 90–1; Hussainabad, 28; Jama Masjid, 27; Kaiserbagh, 41; La Martiniere College, 82–90; University, 90–4; Victoria Hostel, 91–2, 93
Lucknow University Students' Union, 88, 90
Lutolim, 231

McDonald's, 173
McKinsey & Co, 161
Madagascar, 263, 266, 269, 275
Madhavi of Puhar, 184
Madonna, 142–3, 163, 327
Madras University, 206

Madurai, 177–91
Mafate, 269
Magnasound, 138–9, 144
Mahabharata, 123, 196
Mahadevi, 218
Mahmudabad, 42–8
Majeed, Abdul, 342–3
Maladi, Lieutenant, 249
Malakand Pass, 328, 329
Mandal Commission, 121
Mandovi, River, 230
Mao Tse Tung, 252, 363
Martin, Claude, 35–6, 84
Mary, Queen, 200
Mascarenhas, Fernando Martins, 227
Maula Jat, 303
Mayawati 88
Mecca, 287, 288
Meenakshi, 177–83, 186, 189–91
Megasthenes, 183
Mehrishi, M.M., 128
Menander of Kabul, 331
Menem, Count of, 233
Mir Taqi Mir, 29, 32, 86
Miss World (1997), 165–6, 171–2
Moghul Empire, 31, 32, 48, 58, 227, 306
Mohammed, Ali, 203
Mohan, Susaria, 117
Mohenjo Daro, 367
Mohinuddin, Professor, 18
Mohurram, 213
Moses, 317
Mossad, 240
MTV Asia, 137, 139, 143, 160, 172
Mulk, Fakrool, 192–6, 212
Mullaitivu, 262
Murdoch, Rupert, 86
murshad, 203–6
Murtaza, Al-, 366, 367–8
Murugan, 180
Muslims: in Bihar, 11; in Lucknow, 27, 29, 31–2; Partition massacres, 339–40; political status, 62; Rajmata's views on, 77–8; riots (1992–3), 12–13, 74–6

Muslim League, 42, 296, 301, 311, 350, 370
Mussolini, Benito, 209
Mutiny (1857): history of, 84, 86–7; Lahore station, 341; Lucknow, 26, 27, 31, 36–7, 41
Muzaffarpur, 5, 17

Nag, Arundhati, 166
Nainital, 144
Nanjundaswamy, M.D., 171
Naqvi, Mushtaq, 26–31, 37–40
Naqvi, Saeed, 83, 84–5, 89–90
Narayanan, K.R., 121
Nasikh, 32
National Security Act, 22
National Thermal Power Corporation, 19
Nearchus, 330
Nebuchadnezzar, 325
Neem Ka Thana, 122
Nehru, Jawaharlal: caste, 9, 11; dynasty, 83; education, 161; Goa invasion (1961), 231; Hyderabad policy (1948), 207, 209–10
Neil, Andrew, 292
Nero, Emperor, 184
Nesargi, Pramilla, 171–2
Niloufer, Princess, 197
Nixon, Richard M., 363
North-West Frontier, 313, 319, 324, 334–5, 340
Nostra Senhora de Cabo, 263
nuclear bomb: Indian, 81; Pakistani 370
Nutt, Ansar, 303–4
Nutt, Nouri, 303

'Operation Polo', 207–10
Osmania university, 199
Oudh, *see* Avadh
Oxfam, 16, 317

Paigah nobility, 198, 199
Pakistan International Airways, 357
Pakistan Liberation Army, 357

Pancapretasanasina, 218
Pandyan dynasty, 184
Panjim, 233, 234; Fontainhas, 233
Pantaleon, King of North India, 331
Parashakti, 215, 217, 218–20, 221–2
Partition (1947): border, 286; expulsions, 343; Kashmir, 301; Lucknow, 27–8, 29, 30, 42; massacres, 64, 210, 339–40, 344–5; RSS violence, 63
Patel, Sardar, 209, 210
Pathans, 285, 291, 314, 326, 330, 334
Patna, 16–21; Buddhism, 3; employment, 15; hospital, 19; politics, 13; University, 18; violence, 5, 9, 17–20, 21, 24
Pawar, Brigadier, 70–1
Pawar, Vanmala, 70–1
Pepsi, 160
Periplus Maris Erythraei, 183
Peshawar: bazaar, 316–17, 334; heroin, 290, 318–19; Hotel Pearl Continental, 289, 317–18; museum, 333–4; Qissa Khawani, 317; violence, 313–14
Pilot, Rajesh, 107
Pizza Hut, 159, 163, 168
Point Pedro, 251
Pompidou, Georges, 352
Pondicherry, 184, 266
Portal, Iris, 196–8
Portuguese, 227–9, 232–3
PPP (Pakistan People's Party), 312, 350, 356, 357, 361, 365
Prabhakar, Sharon, 141
Prabhakaran, Vellupillai, 238, 240, 251, 252
Prasad, Brij Behari, 25
Ptolemy, 184
Pundit, Mohan, 190–1
Punjab, 210, 331, 343
Punjabi language, 39
Purnea, 22, 25
Pushkalavati, 327–8
Pushtu, 285, 292

Qadir, Abdul, 315–16

Rabri Devi, 24
Radha, 49, 57
Rafiq, Mohammed, 315–16
Rafsanjani, Hojatoleslam Ali Akbar Hashemi, 347
railways, 3–4, 320–1, 338–43
Rajadhyaksha, Anuradha, 146
Rajasthan: caste issues, 114–15, 117, 118–20; child-marriage, 101–2; *sati* issue, 122–4, 127–8; *sathins*, 107
Rajdhani Express, 3–4
Rajputs: caste issues, 22, 111–12, 114, 117, 119; *sati*, 123, 130–1
Ram, 11, 74, 78, 132
Ram, Bhera, 120
Ram, Bodu, 131
Ram, Oma, 120–1
Ramadan, 213
Rao, Narasimha, 9, 11
Rathore, Pratab Singh, 105–6
RAW (Indian intelligence service), 240
Razakar movement, 207, 210
Razik, Mohammed, 241
Raziyya Sultana, 355
Referendum Party, 311
Rekha, 163
Remo, 136
Réunion, 263–78; Boucan Canot, 264; Cirque de Mafate, 269; Marin Cemetery, 264–5
Riaz, Mohammed, 318
Romans, 6, 183, 184, 326
RSS (Rashtriya Swayamsewak Sangh), 62–4, 165
Rushdie, Salman, 348
Russell, William, 31

Sacred Games of Shiva, The, 185
Saint-Denis, 267, 269, 272, 278
Saint-Louis, 269
Saint-Paul, 263, 264, 265, 269, 277
Saint-Pierre, 269, 275, 276
Salahuddin, Yusouf, 299–302, 310–1
Salazar, Antonio de, 235

索 引 / 453

Salazie, 269
Sangam, 184-5
Saraswati, 217
sathins, 101-2, 105, 107
sati, 122-32
Sati Mata, 122-3, 125, 128, 132
Savarna Liberation Front, 7, 21
Save the Children, 317
Schwarzenegger, Arnold, 254
Scindia, Mahadav Rao, Maharajah of Gwalior, 65, 66-7, 69, 70
Scindia, Rajmata Vijayaraje, Dowager Maharani of Gwalior, 60-9, 70-80
Sehgal, Baba, 135-6, 138-44
Sengupta, Uttam, 18-19, 21
Seth, Vikram, 138
Shah, Wajd Ali, 29, 32
Sharia law, 297
Sharif, Nawaz, 311, 350, 370
Shekhar, Chandra, 10, 121
Shekhawat, Kripal Singh, 130
Shetty, Shweta, 143
Shiism, 33, 42
Shilappadikaram, 184
Shiv Sena, 76, 77
Shiva, 68, 72, 168, 177, 179
Shivpuri, 77
Shukla, Pundit Krishna Gopal, 55-6
Sialkot, 282, 283
Sikar, 124
Sikhs, 138, 144, 345
Sindh, 302, 305, 357, 361
Sindhi, 348
Singh, Abhay, 91-2, 93
Singh, Anand Mohan, 4-5, 21
Singh, Ashok, 6-9
Singh, Inder, 131-2
Singh, Khushwant, 148
Singh, Maal, 124-5
Singh, Narayan, 130-1
Singh, Veeru, 91-4
Singh, V.P., 10, 115, 117, 118, 121
Singhala language, 240
Singhalese, 239-40, 260-1
Sirkap, 331-2
Sita, 79

Socotra, 228
Sohai, Mohan, 88
Special Task Force, 240
Sri Lankan Army, 245, 258, 259
Sri Lankan Air Force, 259-60
Srivastava, Kavitha, 106-8
Srivastava, Sanjeev, 99, 100-1, 108-9
Stallone, Sylvester, 254, 327
Star TV, 86, 137-8, 143
Stardust, 146
Statesman, Calcutta, 25, 88
Sting, 284
Strabo, 184
Streisand, Barbra, 354
Sufis, 203, 297
Sukhar, Ram, 104-5
Suleiman, Rajah of Mahmudabad, 39-48
Sun, 292
Sundareshvara, 177-8, 179-80, 182, 185-6, 189-91
Sunday Observer, Bombay, 126
Sunday Times, 292
Sunderlal, Pandit, 209, 210
Swat, 323, 325-6, 328-30

Taj Mahal, 32, 35
Tamil Nadu, 22, 121, 164, 187, 266
Tamil Tigers, *see* Liberation Tigers of Tamil Eelam
Tamils, 177, 187, 239, 266, 277-8
Tavernier, Jean Baptiste, 201
Taxila, 329-32
Tebbit, Norman, 78
Tehrik-e-Insaaf (Justice Movement), 292, 293-6, 297-8, 304-5, 308, 311-12
Telegraph, Calcutta, 126
television, 137-8, 162-3, 169-70
Thackeray, Bal, 76, 77
Thatcher, Margaret, 61, 351, 352
Tibrewal, Justice N.M., 108
Tihar jail, 67
Times of India, 18, 83
Timur the Lame (Tamburlaine), 32, 209

Tipu Sultan, 170
Tirumala Nayyak, King, 190
Tirupati, 178
Tourist Protection Force, 18
Transparency International, 307
Tyagi, Dr, 111–14, 117, 119, 121

Untouchables (*Harijans, Dalits*): caste politics, 10, 21–2, 115, 116, 118–21; caste status, 112, 114–15, 118–21; caste violence, 3–5, 7–8, 21–2, 112–13
Urdu, 29, 39, 41, 84–6, 348, 357
Uttar Pradesh, 9, 11, 87, 121; Legislative Assembly, 90

Vaigai, River, 177
Vajpayee, Atal Behari, 80
Vavuniya, 244
Venkateshwara, Lord, 178
Verma, Praveen, 92–3
Victoria, Queen, 160
Vidyanath, V., 166
Vishnu, 275
Vishwa Hindu Parishad, 165

Vrindavan, 49–59; Shri Bhagwan Bhajan ashram, 52
Vyas, Shyam, 118

Walters, Miss, 35
Wando, 302–3, 307
Wheeler, Sir Mortimer, 332
World Hindu Council, 61

Yadav, Dular Chand, 3
Yadav, Laloo Prasad, 8, 9–16, 22–5
Yadav, Mulayam Singh, 11–12, 87–8, 89
Yadav, Pappu, 21–2
Yadav, Suraj Pal, 88

Zardari, Asif Ali, 308, 349–50, 370
Zardari, Asifa, 359–60
Zia ul-Haq, Mohammed: death, 355; government, 319, 349; Muslim League, 350; portraits, 288; relationship with Bhutto family, 349, 355, 357, 366–7; relationship with Imran Khan, 282, 287
Zubin (choreographer), 136, 140–1
Zulfiqar, Al-, 357

图书在版编目(CIP)数据

迦利时代：南亚次大陆游记/(英)威廉·达尔林普尔(William Dalrymple)著；杨沁译.--北京：社会科学文献出版社，2022.10

书名原文：The Age of Kali：Indian Travels and Encounters

ISBN 978-7-5201-9842-4

Ⅰ.①迦… Ⅱ.①威…②杨… Ⅲ.①印度-历史-文集 Ⅳ.①K351.0-53

中国版本图书馆 CIP 数据核字(2022)第 040372 号

迦利时代：南亚次大陆游记

著　　者 / [英]威廉·达尔林普尔（William Dalrymple）
译　　者 / 杨　沁

出 版 人 / 王利民
组稿编辑 / 董风云
责任编辑 / 张　骋　成　琳
责任印制 / 王京美

出　　版 / 社会科学文献出版社·甲骨文工作室（分社）（010）59366527
　　　　　地址：北京市北三环中路甲29号院华龙大厦　邮编：100029
　　　　　网址：www.ssap.com.cn
发　　行 / 社会科学文献出版社（010）59367028
印　　装 / 南京爱德印刷有限公司

规　　格 / 开　本：889mm×1194mm　1/32
　　　　　印　张：14.875　字　数：341千字
版　　次 / 2022年10月第1版　2022年10月第1次印刷
书　　号 / ISBN 978-7-5201-9842-4
著作权合同
登 记 号 / 图字01-2022-2512号
定　　价 / 89.00元

读者服务电话：4008918866

版权所有 翻印必究